Análise Econômica do Direito

Análise Econômica do Direito

Temas Contemporâneos

2020

Organização: Luciana Yeung

Bruno M. Salama, Claudia Cristofani, Claudio Shikida, Cristiano Oliveira, Cristiano Rosa Carvalho, Diana Coutinho, Diogo Costa, Diego Franco Jurubeba, Erik Navarro Wolkart, Fernando Meneguin, Flavia Vera, Flavianne Nobrega, Guilherme Fowler, Ivo Gico, Juliana Oliveira Domingues, Kharen Herbst, Luciana Sorrentino, Luciana Yeung, Luciano Timm, Marcia Carla Ribeiro, Marcos Nobrega, Mariana Pargendler, Orlando Celso da Silva Neto, Paulo Furquim de Azevedo, Pery Shikida, Rachel Sztajn, Renato Caovilla, Thomas V. Conti, Vinicius Klein

ANÁLISE ECONÔMICA DO DIREITO
TEMAS CONTEMPORÂNEOS
© Almedina, 2020
ORGANIZAÇÃO: Luciana Yeung

DIRETOR ALMEDINA BRASIL: Rodrigo Mentz
EDITOR DE CIÊNCIAS SOCIAIS E HUMANAS: Marco Pace
ASSISTENTES EDITORIAIS: Isabela Leite e Marília Bellio

REVISÃO: Gabriela Leite e Frederico Rossin
DIAGRAMAÇÃO: Almedina
DESIGN DE CAPA: Roberta Bassanetto

ISBN: 9786587019062
Setembro, 2021

Dados Internacionais de Catalogação na Publicação (CIP)
(Câmara Brasileira do Livro, SP, Brasil)

Análise econômica do direito : temas contemporâneos / organização Luciana Yeung. – São Paulo : Actual, 2020.

Vários autores.
Bibliografia.
ISBN 978-65-87019-06-2

1. Direito - Aspectos econômicos 2. Direito e economia I. Yeung, Luciana.

20-45392   CDU-34:33

Índices para catálogo sistemático:

1. Análise econômica do direito 34:33

Cibele Maria Dias - Bibliotecária - CRB-8/9427

Este livro segue as regras do novo Acordo Ortográfico da Língua Portuguesa (1990).

Todos os direitos reservados. Nenhuma parte deste livro, protegido por copyright, pode ser reproduzida, armazenada ou transmitida de alguma forma ou por algum meio, seja eletrônico ou mecânico, inclusive fotocópia, gravação ou qualquer sistema de armazenagem de informações, sem a permissão expressa e por escrito da editora.

EDITORA: Almedina Brasil
Rua José Maria Lisboa, 860, Conj.131 e 132, Jardim Paulista | 01423-001 São Paulo | Brasil
editora@almedina.com.br
www.almedina.com.br

Sobre a Organizadora

Professora e Coordenadora do Núcleo de Análise Econômica do Direito do Insper. Doutora em Economia (EESP-FGV) com estágio na Boalt Hall Law School da University of California, Berkeley; Mestre em Economia Aplicada e em Relações Industriais (University of Wisconsin–Madison); Bacharel em Economia (FEA-USP). Fundadora e ex-Presidente da Associação Brasileira de Direito e Economia (ABDE). Diretora da Associação Latinoamericana e Ibérica de Direito e Economia (ALACDE). Dedica-se à pesquisa empírica em temas da Análise Econômica do Direito como comportamento judicial, impactos legislativos e judiciais na economia, funcionamento do Judiciário, entre outros.

Sobre os Autores

Bruno Meyerhoff Salama. Lecturer em UC Berkeley School of Law. Senior Global Fellow na FGV Direito SP. Sócio de Salama Silva Filho Advogados. Doutor (JSD) e mestre (LLM) em direito por UC Berkeley, mestre em economia (FGV/EESP) e bacharel em direito pela USP. Admitido a praticar direito no Brasil e nos Estados Unidos. Integrou o Conselho de Recursos do Sistema Financeiro Nacional (CRSFN). Foi professor visitante em Columbia Law School e em Beijing Jiaotong University Law School na China.

Claudia Cristina Cristofani. Desembargadora Federal e Mestre em Ciências Jurídico-Econômicas pela Universidade de Lisboa.

Claudio D. Shikida. Professor Adjunto do Programa de Pós-Graduação em Organizações e Mercados da Universidade Federal de Pelotas (PPGOM-UFPel) e Coordenador-Geral de Pesquisa da Escola Nacional de Administração Pública (Enap). Doutor em Economia pela Universidade Federal do Rio Grande do Sul, Mestre em Economia pela Universidade de São Paulo, Graduado em Economia pela Universidade Federal de Minas Gerais.

Cristiano Aguiar de Oliveira. Professor do Programa de Pós-graduação em Economia Aplicada - Universidade Federal do Rio

Grande. Doutor em Economia Aplicada pela Universidade Federal do Rio Grande do Sul, Mestre em Economia pela Universidade Federal do Ceará, Graduado em Economia pela Universidade Federal do Rio Grande.

Cristiano Carvalho. Livre Docente em Direito Tributário (USP), Doutor em Direito Tributário (PUC-SP), Pós-Doutorado em Direito e Economia (U.C. Berkeley), Advogado.

Diana Coutinho. Diretora de Pesquisa e Pós-Graduação da Enap (Escola Nacional de Administração Pública).

Diego Franco de Araújo Jurubeba. Doutorando em Direito do Estado pela Universidade de São Paulo – USP, Mestre em Direito e Políticas Públicas pelo Centro Universitário de Brasília – UniCEUB (2017), Especialista em Economia Nacional pela The George Washington University – GWU (2014) e Graduado em Direito pela Universidade Federal de Pernambuco – UFPE (2006).

Diogo Costa. Presidente da Enap (Escola Nacional de Administração Pública).

Erik Navarro Wolkart. Juiz Federal, Doutor em Direito (UERJ em colaboração com a Harvard Law School), Ex Presidente da Associação Brasileira de Direito e Economia, Fundador e Coordenador Acadêmico do Instituto New Law.

Fernando B. Meneguin. Mestre e Doutor em Economia pela Universidade de Brasília. Pós-Doutor em Análise Econômica do Direito pela Universidade da California/Berkeley. Professor Titular do Instituto Brasiliense de Direito Público – IDP. Pesquisador do Economics and Politics Research Group – EPRG, CNPq/UnB. Consultor Legislativo do Senado na área de Microeconomia Aplicada.

Flavia Santioni Vera. Doutora em Direito pela UC Berkeley. Bacharel em Direito e em Economia pela UnB. Pós-doutorado na Columbia University, Brandeis University, Universidade de Hamburgo e Fellow do International Centre for Economic Research. Professora do Instituto Brasiliense de Direito Público (IDP-DF). Analista Legislativo do Senado Federal. Ex-Presidente da Associação Latinoamericana e Ibérica de Direito e Economia (ALACDE) e Presidente fundadora da Associação Brasileira de Direito e Economia (ABDE).

Flavianne Fernanda Bitencourt Nóbrega. Professora da Faculdade de Direito do Recife – Universidade Federal de Pernambuco. Coordenadora do Laboratório de Pesquisa em Desenhos Institucionais no Programa de Pós-graduação em Direito da UFPE. Pós doutorado no Max Planck Institute for Comparative and International Private Law – Hamburg. Doutora em Direito pela UFPE, com período sanduíche na Bucerius Law School, Hamburg (Alemanha). Mestre em Ciências Política e Mestre em Direito pela UFPE.

Guilherme Fowler A. Monteiro. Professor Associado do Insper, onde já ocupou a Cátedra Endeavor. Formado pela Universidade de São Paulo (USP), bacharel em Economia, mestre em Teoria Econômica e doutor em Administração (Economia Organizacional) com distinção. Frequentou cursos de extensão na London School of Economics, no Ollin College of Engineering e na Harvard Business School. É especialista nas áreas de estratégia competitiva, corporativa e organizacional.

Ivo Teixeira Gico Jr. Doutor em Economia pela UnB, Doutor em Direito pela USP, mestre com honra máxima pela Columbia Law School (James Kent Scholar), especialista em Processo Civil pelo IBEP/IBDP. É também professor do mestrado e doutorado do UniCEUB, onde leciona Análise Econômica do Direito, Direito Regulatório, Direito Concorrencial e Direito dos Contratos. É fundador e ex-Presidente da Associação Brasileira de Direito e Economia – ABDE e autor e editor de vários livros.

Juliana Oliveira Domingues. Professora Doutora de Direito Econômico e de Direito Antitruste da FDRP/USP. Foi Visiting Scholar na Georgetown University (2018) e Scholar in Residence da American Bar Association (Antitrust Section). Diretora Regional da Academic Society of Competition Law (ASCOLA), Non-Governmental Advisor da ICN, Cofundadora da Rede Women In Antitrust (WIA).

Kharen Kelm Herbst, Mestranda. Mestranda em Direito Econômico e Desenvolvimento pela Pontifícia Universidade Católica do Paraná – PUCPR. Bacharel em Direito pela Pontifícia Universidade Católica do Paraná – PUCPR. Pesquisadora integrante do Grupo de Estudos em Análise Econômica do Direito – GRAED e membro da Associação Paranaense de Direito e Economia – ADEPAR. Advogada.

Luciana Yuki Fugishita Sorrentino. Mestre em Administração Pública pelo Instituto Brasiliense de Direito Público – IDP: Juíza de Direito do TJDFT. Coordenadora da linha de pesquisa "Justiça Multiportas" do Comitê Científico de Pesquisa do TJDFT. Agraciada com o Prêmio Conciliar é Legal – categoria Juiz Individual do Conselho Nacional de Justiça, no ano de 2016.

Luciano Benetti Timm. Advogado. Pós Doutor pela U.C. Berkeley, EUA. Master of Laws (LLM) pela Universidade de Warwick. Mestre e Doutor em Direito pela UFRGS. Professor da FGVSP. Foi Secretário Nacional do Consumidor/Ministério da Justiça. Presidente do Conselho Nacional de Combate a Pirataria e membro do Conselho Nacional de Defesa do Consumidor.

Marcia Carla Pereira Ribeiro. Professora Titular de Direito da PUCPR, Professora Associada de Direito da UFPR. Pós-doc pela FGV/SP, pela Faculdade de Direito da Universidade de Lisboa e pela Université Paris 1 Panthéon Sorbonne. Diretora de Regulação Econômica da AGEPAR (Agência Reguladora dos Serviços

Públicos Delegados do Paraná). Foi Procuradora Geral do Estado do Paraná e Secretária de Estado da Administração. Ex-Presidente da Associação Brasileira de Direito e Economia e da Associação Paranaense de Direito e Economia.

Marcos Nóbrega. Conselheiro Substituto do Tribunal de Contas de Pernambuco. Professor de Direito da Universidade Federal de Pernambuco. Pós-Doutor pela Harvard Law School e Kennedy School of Government – Harvard University, e pela Universidade de Direito de Lisboa. Bacharel, Mestre e Doutor em Direito pela Universidade Federal de Pernambuco (UFPE). Bacharel em Economia pela UFPE. Bacharel em Administração pela Universidade Católica de Pernambuco. Senior Fellow na Harvard Kennedy School of Government.

Mariana Pargendler. É Professora Associada na FGV Direito SP e Diretora do Núcleo de Direito, Economia e Governança. É Research Member do European Corporate Governance Institute e Global Professor of Law na New York University School of Law. Lecionou como Visiting Professor of Law nas Universidades de Yale, Stanford, Columbia e Pennsylvania. É LL.M. e Doutora pela Yale Law School.

Orlando Celso da Silva Neto. Advogado, professor universitário, mestre e Doutor em Direito (USP), ex-presidente da Associação Brasileira de Direito e Economia e da Comissão Nacional de assuntos regulatórios do Conselho Federal da OAB, autor de "Direito Processual Civil Internacional" (2003), "Comentários ao Código de Defesa do Consumidor" (2013) e "Falência e recuperação: uma análise econômica e jurídica" (2019), além de vários artigos nacionais e estrangeiros.

Paulo Furquim de Azevedo. É Professor Titular e coordenador do Centro de Regulação e Democracia do Insper. Foi Visiting Professor no MIT, Visiting Scholar na University of California at

Berkeley e Conselheiro do CADE de 2006 a 2009. É Pesquisador do CNPq, tendo coordenado projetos temáticos junto à Fapesp e ao Inter-American Development Bank, na área de instituições e desenvolvimento, e junto ao CEDES e CNJ, na área de Direito e Economia.

Pery Francisco Assis Shikida. Doutor em Economia Aplicada pela ESALQ/USP. Professor Associado da Universidade Estadual do Oeste do Paraná (UNIOESTE). Bolsista de Produtividade em Pesquisa do CNPq. Membro do Conselho Nacional de Política Criminal e Penitenciária.

Rachel Sztajn. Professora da USP. Livre docente. Precursora do Direito e Economia no Brasil.

Renato Vieira Caovilla. LLM pela UC Berkeley, EUA. MBA pela Fundação Getúlio Vargas – FGV (em andamento). Presidente da Associação Brasileira de Direito e Administração (ABD&A). Advogado.

Thomas Victor Conti. Professor no Insper e no Instituto de Direito Público (IDP-SP). É mestre e doutor em economia pela Unicamp, consultor, pesquisador e cientista de dados (em R). Membro da Associação Brasileira de Direito e Economia (ABDE) e da Associação Brasileira de Jurimetria (ABJ). Professor convidado na Especialização em Direito & Economia da Unicamp e na Especialização em Direito e Economia da Escola Superior da Procuradoria Geral do Estado de São Paulo (ESPGE).

Vinícius Klein. Procurador do Estado do Paraná, Doutor em Direito pela UERJ, Doutor em Desenvolvimento Econômico pela UFPR, Visiting Scholar na Universidade de Columbia/EUA em 2012, Professor do Departamento de Economia da UFPR (graduação e mestrado profissional em economia), Fundador e ex-Presidente da ADEPAR.

Apresentação

Luciana Yeung

Neste ano de 2020 a obra intitulada "Direito & Economia: Análise Econômica do Direito e das Organizações", organizada pelos professores Decio Zylbersztajn e Rachel Sztajn completa 15 anos. Aquela publicação foi um marco no movimento brasileiro da Análise Econômica do Direito, ou *Law and Economics*, não apenas por ter juntado os maiores pensadores nacionais e pioneiros neste tema, mas por ter sido a concretização de um movimento único na academia brasileira, de interdisciplinaridade e diálogo entre diferentes áreas científicas.

No nosso país, por muito tempo, a interdisciplinaridade era sinônimo de superficialidade, mediocridade. As razões disso eram muitas, desde as dificuldades de se cruzar a ponte – de profissionais de uma área irem além de suas respectivas áreas de conhecimento e dominarem minimamente outras – até a falta de teorias sólidas (nacionais e estrangeiras) sobre as quais se basear. E aquele início dos anos 2000 combinou fatores que tornaram possível uma mudança de paradigma. Lá fora, sobretudo nos Estados Unidos da América, a Análise Econômica do Direito (AED) como escola de pensamento tinha conquistado, de uma vez por todas, o seu lugar na ciência *mainstream*, tanto na Economia quanto no Direito. Na Economia, Ronald Coase tivera o maior reconhecimento da área, com o Prêmio Nobel em 1991. Gary Becker, considerado por alguns também como um representante da área (apesar de seus trabalhos terem se estendido bem além do Direito, incluindo temas como Educação e Família), fora agraciado com o mesmo Prêmio Nobel no ano seguinte, em 1992. Já no Direito, praticamente todas as *top schools* contavam com professores PhDs em Economia, com cadeiras regulares de AED. Bruce Ackerman, professor da tradicional Escola de Direito da Universidade Yale, afirmava que: "[O movimento de *Law and Economics* é] o mais importante desenvolvimento no estudo jurídico do século XX".

Internamente, do lado da Economia, havíamos acabado de vencer a guerra contra a hiperinflação, com a estabilização trazida pelo Plano Real. Além de gigantescas perdas econômicas e sociais, foram décadas de produção intelectual estagnada: na academia só se falava, só se discutia e só se pesquisava sobre a inflação. As políticas também se resumiam a planos macroeconômicos voltados à estabilização monetária. Do lado do Direito completávamos a primeira década da nova Constituição Federal, a consolidação da democracia com a volta do funcionamento pleno das instituições políticas. Era um momento perfeito para se refletir sobre os resultados alcançados até então e pensar sobre os rumos futuros do novo milênio.

Assim, a primeira década dos anos 2000 representaram a combinação perfeita, um terreno fértil para o nascimento de uma nova área do saber na nossa academia. E foi isso que representou o movimento liderado pelos professores Decio e Rachel. Vale lembrar que outros movimentos de AED surgiam e se desenvolviam naquele mesmo tempo – sobretudo nos estados do Rio Grande do Sul e da Bahia. Mas foi com o impulso daquela obra em 2005 que o movimento ganhou ímpeto nacional e começou a se propagar em todo o território.

Hoje a AED é um movimento acadêmico, profissional e de políticas públicas que alcançou plenamente seu *début*, em termos de idade e de amadurecimento. A Associação Brasileira de Direito e Economia (ABDE), fundada em 2007, consolidou-se definitivamente como fórum de discussões teóricas e práticas, envolvendo acadêmicos, estudantes, advogados, consultores, magistrados, procuradores, demais servidores públicos etc. Diversas associações regionais, pelo país afora, também organizam eventos de maneira permanente. A quantidade de trabalhos acadêmicos – teses de doutorado, dissertações de mestrado, artigos em periódicos científicos nacionais e internacionais (trabalhos citados inclusive por renomados autores estrangeiros), livros, capítulos e mesmo Trabalhos de Conclusão de Curso – já é tão vasta, que é impossível acompanhar tudo. Mais ainda, a quantidade de cursos de pós-graduação, extensão e aperfeiçoamento multiplica-se de maneira também espantosa, não somente nas instituições de ensino tradicional (faculdades e universidades), mas também em escolas de magistratura, de procuradorias, e afins. Pode-se dizer que em praticamente todas as regiões do país há escolas de aperfeiçoamento de profissionais públicos do Direito com disciplinas (senão cursos inteiros) de Análise Econômica do Direito.

Isso demonstra o desenvolvimento bem-sucedido desta área no país. Demonstra também a urgência que temos para acolher novas perspectivas no Direito e na Economia para a implementação de políticas públicas. As ciências, de maneiras separadas e estanques, não serão mais capazes de resolver satisfatoriamente os complexos problemas contemporâneos. No momento em que este livro é escrito, o mundo é assolado pela pandemia da COVID-19, exemplo contundente de questão para a qual a AED é chamada a resolver.

É com este objetivo, de rever os problemas clássicos, mas também de pensar nos desafios presentes e futuros, que os autores desta coletânea fizeram suas contribuições. Apesar das conquistas recentes e rápidas sabemos que a AED no Brasil ainda está longe de ter exaurido seu potencial, seja na teoria ou seja na prática das políticas públicas. É também com o intuito de interessar a um número cada vez maior de estudiosos e profissionais práticos que realizamos esta obra. Esperamos continuar semeando os ensinamentos da Análise Econômica do Direito, assim como fizeram os primeiros mestres nacionais e estrangeiros.

Prefácio
Interdisciplinaridade – Análise Econômica do Direito

Rachel Sztajn

O termo universidade, derivado de universal, que considera a generalidade e não a especialização, aplicado a instituições de ensino e pesquisa, designa o conjunto de áreas do conhecimento cujo escopo é promover a formação profissional e científica, estimular a pesquisa e, como consequência, promover o diálogo entre as diferentes áreas do conhecimento, ou seja, tornar o conhecimento universal entre os integrantes daquele espaço.

Experiências com os professores Antonio Zoratto Sanvicente, Decio Zylberstein, Alexsandro Broedel Lopes, Milton Barossi Filho e, mais recentemente, Fernando Dal Ri Murcia, foram fundamentais para que eu entendesse a importância do diálogo entre os diferentes ramos do conhecimento e, especialmente, me levasse à busca de parcerias com estudiosos de outras disciplinas para, sob outras perspectivas, investigar e compreender motivações de agentes econômicos na tomada de decisões e seus impactos socioeconômicos, mas sobretudo, como o Direito pode utilizar informações extrajurídicas para melhor formular normas que incentivem as pessoas a optarem por decisões que atendam, também, aos interesses sociais.

Com a colaboração de estudiosos do campo da Economia foi-se consolidando o diálogo entre as duas áreas, ambas ciências sociais aplicadas, até que se considerasse oferecer disciplinas em conjunto, organizar encontros entre docentes de diferentes áreas da Universidade de São Paulo e analisar de forma mais ampla, temas como, por exemplo: propriedade, contrato, instituições, tomados de forma distinta, e apesar de muitos dos termos serem plurívocos, não impedem o profícuo diálogo entre as áreas, bastando equacionar as eventuais diferenças terminológicas.

Dos debates acima referidos resultaram textos que o professor Decio Zylberstein reuniu e organizou de forma sistemática, resultando no livro intitulado "Análise Econômica do Direito e das Organizações", publicado há cerca de 15 anos. Prova mais eficaz de que diálogos são profícuos não há.

Lembra-se que a relação entre Direito e Economia deve ser retrotraída a trabalhos do economista e professor da escola de Direito da Universidade de Chicago, Ronald Coase, que em 1960 publicou *"The Problem of Social Cost"*, também conhecido como Teorema de Coase, no qual demonstra a relevância das normas jurídicas, não apenas na atribuição de direitos ou posições jurídicas, mas sobretudo, na modelagem de incentivos, na criação de externalidades e seus efeitos sobre o bem-estar social, que ele denominou como "custos sociais". O conceito de "custos de transação" (no sentido econômico), foi empregado por Coase para demonstrar como o sistema jurídico pode impactar o econômico.

Como de regra os sistemas jurídicos de base romano-germânico-canônico privilegiam a estrutura normativa fundada em uma espécie de lógica igualitária, por vezes distributivista, a dogmática tem papel relevante e, raramente, se fazem perguntas do tipo: "por que é assim que o instituto/instituição se consolida?" Tal tema foi questionado por Tullio Ascarelli que afirmava ser necessário entender o funcionamento do mundo, compreender por que as pessoas decidem em determinado sentido (e o modelo de tentativa e erro, em que a repetição do que funciona serve para consolidar a regra social, que depois pode ser recepcionada pelo Direito positivo), para só então pensar em normas jurídicas positivadas. Essa visão é perfeita para compreender e celebrar o diálogo entre Direito e Economia, sem afastar outros ramos do conhecimento.

PREFÁCIO

Ficando na análise econômica do direito, expressão que se consolida com a publicação do livro *"Economic Analisys of Law"*, em 1973 por Richard A. Posner, professor da escola de Direito da Universidade de Chicago, conforme explicam Sophie Harnay e Alain Marciano, é alterado o ponto de inflexão da relação entre Direito e Economia. O motivo é que a par da matéria concorrencial e de valores mobiliários, o livro avança para abranger temas como responsabilidade civil, propriedade, contratos e processo civil.

Veja-se ainda, o texto de Guido Calabresi e A. Douglas Melamed, *"Property Rules, Liability Rules, and Inalienability: One View of the Cathedral"*, publicado na *Harvard Law Review*, vol. 85, em abril de 1972, que discute efeitos da atribuição de posições jurídicas e sua possível violação, igualmente buscando a relação e integração de diferentes áreas do Direito.

As contribuições de Coase, Posner, Calabresi e Melamed, para se analisar impactos socioeconômicos de normas jurídicas, não são, ainda que oriundos do sistema da *Common Law*, incompatíveis com os sistemas de Direito codificado, como bem o demonstram Ejan Mackaay e Stéphane Rousseau em *"Analyse économique du droit"*, de 2002.

Os autores demonstram com limpidez que é possível aplicar as regras de Direito positivo próprias dos sistemas de base romano--germânico-canônica, as análises e comentários desenvolvidos para os sistemas da *CommonLaw*.

Interessa aos operadores do Direito compreender como a formulação de normas – positivadas ou não – pode afetar o comportamento na tomada de decisões, na linha do que Norberto Bobbio denomina função promocional do Direito (prêmios e punições).

Mais recente, o trabalho de Oliver Hart sobre incompletude contratual facilita compreender peculiaridades dos contratos de execução continuada ou diferida, sem se ater simplisticamente à regra *rebus sic stantibus*, ou seja, à impossibilidade de se prever todos e quaisquer eventos futuros que possam afetar as prestações de uma ou ambas as partes e dispor a respeito. Isso explica a regra relacionada à tomada de contas de administradores de sociedades, para o que se presta a *business judgment rule* ao avaliar se os administradores adotaram as melhores medidas necessárias à boa gestão do negócio.

Se os recursos são escassos (no sentido de não haver quantidade suficiente para satisfazer, ilimitadamente, os desejos de todas as pessoas todo o tempo) convém priorizar, havendo demandas concorrentes, os usos alternativos mais eficientes. Nessa esfera o Direito tem muito a contribuir, a exemplo do que se faz em face da emissão de poluentes.

A Associação Brasileira de Direito e Economia (ABDE), e ramificações em diferentes unidades da Federação, tem relevantes contribuições para o diálogo entre Direito e Economia. A realização de congressos em que são apresentados e debatidos trabalhos, muitas vezes inovadores, leva à crescente publicação de obras de aplicação de noções e conceitos econômicos a distintos ramos do Direito, fortalecendo-se a universalização do conhecimento e deixando tênues as barreiras formais entre diferentes áreas.

Igualmente frutos da ABDE, pioneiros no Brasil, vêm a público textos demonstrando que não deve haver estranhamento entre estudiosos/acadêmicos e operadores, tanto é que membros do Judiciário começam a se preocupar com efeitos de segunda ordem de decisões judiciais, o que representa ganho relevante para a sociedade em geral.

Em suma, a cooperação entre estudiosos aprofunda os ganhos do diálogo entre Direito e Economia (e outras ciências), evidenciando os benefícios sociais alavancados com a parceria, a exemplo da obra organizada pela professora Luciana Yeung.

Sumário

1 Análise Econômica e Jurídica da "Presunção de Boa-Fé" no Direito Privado Brasileiro   23
Mariana Pargendler

2 Estudos Comparados na Economia do Crime: Velhos Comportamentos, Novos Desafios   43
Pery Francisco Assis Shikida

3 Empreendedorismo e Instituições   61
Guilherme Fowler A. Monteiro

4 Análise Econômica do Direito e Defesa da Concorrência: Novos Desafios   79
Vinícius Klein, Juliana Oliveira Domingues

5 Direito Tributário e Análise Econômica: uma Introdução Atualizada   109
Cristiano Carvalho

6 Propriedade e Desenvolvimento: Análise Pragmática da Função Social   141
Luciano Benetti Timm, Renato Vieira Caovilla

7 A Natureza Econômica do Direito e dos Tribunais   171
Ivo Teixeira Gico Junior

8 Contratos em Tempos de Covid-19   205
Rachel Sztjan, Flavia Santinoni Vera, Flavianne Fernanda Bitencourt Nóbrega, Luciana Yuki Fugishita Sorrentino

9   O que é Cooperação no Processo Civil Brasileiro? Direito, Teoria dos Jogos e Psicologia 239
    Erik Navarro Wolkart

10 *Spread Bancário* e *Enforcement* Contratual: Hipótese de Causalidade Reversa e Evidência Empírica 271
    Bruno Meyerhof Salama

11 LIND e a Prova Judicial: Breves Notas sobre a Assimetria Informativa e as Consequências das Decisões Probatórias 299
    Claudia Cristina Cristofani

12 Comportamento Judicial, Decisões Judiciais, Consequencialismo e "Efeitos Bumerangues" 321
    Luciana L. Yeung

13 Juízes de Jaleco: a Judicialização da Saúde no Brasil 343
    Paulo Furquim de Azevedo

14 A Análise de Impacto Regulatório e o Aprimoramento das Normas 357
    Fernando B. Meneguin

15 Escassez nos Direitos Intelectuais, Incentivo e Concentração de Riqueza em Tempos de *Blockchain* 375
    Marcia Carla Pereira Ribeiro, Kharen Kelm Herbst

16 Cidades Experimentais: Minha Cidade, Minhas Regras 395
    Claudio D. Shikida, Diana Coutinho, Diogo Costa

17 Métodos Empíricos Aplicados à Análise Econômica do Direito 421
    Thomas Victor Conti

18 Regulação de Aplicativos de Transporte 445
    Cristiano Aguiar de Oliveira

19 Assimetrias de Informação na Nova Lei de Licitação e o Problema da Seleção Adversa 477
    Marcos Nóbrega, Diego Franco de Araújo Jurubeba

20 Análise Econômica das Falências e Recuperações de Empresa 509
    Orlando Celso da Silva Neto

Capítulo 1
Análise Econômica e Jurídica da "Presunção de Boa-Fé" no Direito Privado Brasileiro

Mariana Pargendler

Este trabalho tem por base o artigo "Alcance e limites da 'presunção de boa-fé': Custos probatórios e normas profiláticas no Direito Privado", originalmente publicado em BENETTI, Giovana; CORRÊA, André Rodrigues; FERNANDES, Márcia Santana; NITSCHKE, Guilherme Carneiro Monteiro; PARGENDLER, Mariana; VARELA, Laura Beck (orgs.) *Direito, Cultura, Método: Leituras da obra de Judith Martins-Costa*. Rio de Janeiro: GZ, 2019.

1. Introdução

Em 20 de setembro de 2019, a Lei 13.874 instituiu a "Declaração de Direitos de Liberdade Econômica", que veio a ser conhecida como Lei da Liberdade Econômica ou, simplesmente, LLE. Segundo a medida provisória que precedeu a LLE, "a liberdade econômica é cientificamente um fator necessário e preponderante para o desenvolvimento e crescimento econômico de um país." Busca o legislador promover o desenvolvimento econômico, tanto é que chega até mesmo a, quixotescamente, legislar as suas *causas*.[1] A LLE inova também ao positivar o "princípio da boa-fé do particular perante o poder público" (art. 2º, II) e a "presunção de boa-fé nos atos praticados no exercício da atividade econômica, para os quais as dúvidas de interpretação do Direito civil, empresarial, econômico e urbanístico serão resolvidas de forma a preservar a autonomia privada, exceto se houver expressa disposição legal em contrário" (art. 3º, VI). Trataremos aqui primordialmente da presunção de boa-fé no Direito Privado invocada pelo art. 3º, VI, embora muitas de suas lições possam ser úteis também para a presunção de boa-fé consagrada no âmbito do Direito Público pelo art. 2º, II.

---

[1] Dispõe o art. 3º da LLE que os direitos ali elencados são "essenciais para o desenvolvimento e o crescimento econômicos do País".

Por certo, o apelo à presunção de boa-fé não é exatamente novo no Direito brasileiro. Ao examinar a experiência pretérita da jurisprudência brasileira sob aspectos jurídicos e econômicos, pretende-se oferecer subsídios seguros para a correta aplicação da presunção de boa-fé no Direito Privado consagrada pela LLE. Em particular, ao prescrever com todas as letras que a presunção de boa-fé jamais pode afastar disposição legal expressa, a LLE serve para sanar equívocos na interpretação de regras de Direito Privado por vezes observada na jurisprudência anterior.

Passa-se explicar justamente por que (i) o dito princípio da presunção de boa-fé jamais pode conduzir ao afastamento de regras legais expressas em sentido contrário e (ii) há boas razões para tanto, de modo que a criação jurisprudencial nesse sentido é equivocada e deve, portanto, ser repudiada sob a vigência da LLE. O desenvolvimento desse argumento tomará como base tanto razões de dogmática jurídica quanto considerações de política pública – recorrendo-se, neste último caso, às lições de Direito e Economia. Para tanto, analisaremos como o problema se apresenta em duas controvérsias paradigmáticas do Direito Civil e Comercial brasileiro, que concernem (i) ao regime jurídico aplicável à cobertura do suicídio em contratos de seguro de vida, conforme disciplina prevista no art. 798 do Código Civil e (ii) ao significado e aos efeitos jurídicos do conflito de interesses para fins de impedimento de voto, nos termos do art. 115 da lei acionária brasileira.

A exposição será organizada da seguinte forma. A seção 1.2 descreverá sucintamente como a ideia de que a "má-fé não se presume" vinha sendo utilizada para afastar a aplicação literal da lei em dois casos relevantes de Direito Privado. A seção 1.3 desenvolverá o conceito de "normas profiláticas", técnica jurídica tradicionalíssima e dotada de forte racionalidade econômica – e que, portanto, não pode ser solapada mediante o uso indiscriminado da presunção de boa-fé. Por fim, a seção 1.4 apresentará brevemente as principais conclusões para o aplicador do direito.

2. Dois Casos Paradigmáticos sobre a Presunção de Boa-Fé

Passemos agora a analisar duas controvérsias jurídicas relevantes nas quais a ideia de que a "má-fé não se presume" vinha sendo sido invocada mesmo antes da promulgação da LLE. Elas se referem à interpretação (2.1) da regra contida no art. 798 do Código Civil, que afasta a cobertura do seguro de vida em caso de suicídio cometido nos primeiros dois anos de vigência inicial do contrato, e (2.2) da disposição prevista no art. 115, § 1º, da Lei 6.404 de 1976 (Lei das Sociedades por Ações – LSA), segundo a qual "o acionista não poderá votar nas deliberações da assembleia geral" que "puderem beneficiá-lo de modo particular, ou em que tiver interesse conflitante com o da companhia". Em ambos os casos, a noção de que a má-fé não se presume foi aduzida para afastar a expressa dicção legal, a qual, vale frisar, não faz qualquer referência ao conceito de boa-fé ou má-fé.

2.1. Art. 798 do Código Civil

O art. 798 do Código Civil de 2002 dispõe que "[o] beneficiário não tem direito ao capital estipulado quando o segurado se suicida nos primeiros dois anos de vigência inicial do contrato, ou da sua recondução depois de suspenso, observado o disposto no parágrafo único do artigo antecedente". Seu parágrafo único, por sua vez, diz que, "ressalvada a hipótese prevista neste artigo, é nula a cláusula contratual que exclui o pagamento do capital por suicídio do segurado". O texto legal parece deixar pouca margem para dúvidas: a hipótese de suicídio fica excluída da cobertura do contrato de seguro de vida nos dois primeiros anos da sua vigência, mas obrigatoriamente incluída na sua cobertura após esse período, por força de regra legal de natureza cogente.

Não obstante, o dispositivo em questão veio a suscitar relevante controvérsia jurisprudencial. A adoção do art. 798 tinha o claro objetivo de afastar o regime jurídico anteriormente vigente. Em síntese apertada, sob a égide do art. 1.440 do Código Beviláqua, a cobertura do suicídio dependia de sua caracterização como "voluntário" ou "involuntário"[2] – entendendo-se com isso que apenas o suicídio premeditado anteriormente à contratação (dito voluntário) afastaria o dever de indenizar por parte da seguradora. Contudo, é certo que a comprovação da premeditação do suicídio,[3] exigida por súmulas dos tribunais superiores, representava verdadeira "prova diabólica" para a seguradora relativamente às intenções do segurado, a qual, quando bem conduzida, levaria à "pesquisa invasiva de sua privacidade ou exposição de suas mais íntimas dores".[4] Diante dessas dificuldades, a codificação de 2002 procurou abandonar o critério da voluntariedade/premeditação do suicídio, que depende de prova, em prol de um critério objetivo de natureza temporal.

Ocorre que, mesmo após a promulgação do novo diploma, muitos tribunais inicialmente mantiveram o posicionamento jurisprudencial anterior para impor a cobertura securitária do suicídio cometido dentro do prazo de dois anos a partir da celebração do contrato, salvo se a seguradora efetivamente provasse a premeditação do ato. A manutenção do antigo entendimento jurisprudencial em face de alteração legislativa destinada a modificá-lo não pode deixar de surpreender.

---

[2] *In verbis:* "Art. 1.440. A vida e as faculdades humanas também se podem estimar como objeto segurável, e segurar, no valor ajustado, contra os riscos possíveis, como o de morte involuntária, inabilitação para trabalhar, ou outros semelhantes. Parágrafo único. Considera-se morte voluntária a recebida em duelo, bem como o suicídio premeditado por pessoa em seu juízo".

[3] *Cf.* Súmula 105 do Supremo Tribunal Federal, editada em 13 de dezembro de 1963 ("Salvo se tiver havido premeditação, o suicídio do segurado no período contratual de carência não exime o segurador do pagamento do seguro"); Súmula 61 do Superior Tribunal de Justiça, editada em 14 de outubro de 1992 ("O seguro de vida cobre o suicídio não premeditado").

[4] MARTINS-COSTA, Judith. "Contrato de Seguro. Suicídio do Segurado. Art. 798, Código Civil. Interpretação. Diretrizes e Princípios do Código Civil. Proteção ao Consumidor. Interpretação. Diretrizes e Princípios do Código Civil. Proteção ao Consumidor". *Revista Brasileira de Direito Civil.* vol. 1 (2014), p. 260.

Qual foi então o fundamento utilizado pelos tribunais para afastar a clara dicção do texto legal? Justamente o princípio da boa-fé, consagrado expressamente pelo novo Código, o qual obstaria a "presunção de má-fé" suscitada pela interpretação literal do art. 798. No julgamento do Agravo Regimental em Agravo de Instrumento nº 1.244.022, em 2011, a Segunda Seção do STJ assentou que

> "[o] dispositivo contido no Código Civil de 2002 não teve o condão de revogar a jurisprudência tranquila da Corte, cristalizada na Súmula 61, sobretudo porque o novo diploma legal não poderia presumir a má-fé de um dos contratantes, sendo um dos fundamentos principais do Código Civil justamente a boa-fé. Segundo os princípios norteadores do Código Civil, o que se presume é a boa-fé, devendo a má-fé ser sempre comprovada" (grifou-se)[5].

Esse entendimento somente veio a ser revertido em 2015, quando a Segunda Seção do Superior Tribunal de Justiça passou a acolher o argumento de que o art. 798 consagra critério objetivo, o qual absolutamente afasta a investigação acerca da premeditação do suicídio e da boa-fé ou má-fé do segurado[6] – posicionamento este que culminou na edição da súmula 610 em 2018.[7] No entanto, o acórdão da Segunda Seção não examinou de forma mais detida o princípio, referido nas decisões anteriores e citado no voto vencido do ministro Paulo de Tarso Sanseverino, segundo o qual "a boa-fé é

---

[5] Superior Tribunal de Justiça. Segunda Seção. Agravo Regimental em Agravo de Instrumento nº 1.244.022-RS. Rel. Min. Luis Felipe Salomão. J. 13.4.2011. DJ. 25.10.2011.

[6] Superior Tribunal de Justiça. Segunda Seção. Recurso Especial nº 1.334.005-GO. Rel. Min. Paulo de Tarso Sanseverino. Rel. p/ acórdão Min. Maria Isabel Galotti. J. 8.4.2015. DJ. 23.6.2015.

[7] Súmula 610, editada em 25 de abril de 2018: "O suicídio não é coberto nos dois primeiros anos de vigência do contrato de seguro de vida, ressalvado o direito do beneficiário à devolução do montante da reserva técnica formada". Na mesma ocasião, cancelou-se a súmula 61, segundo a qual "[o] seguro de vida cobre o suicídio não premeditado".

sempre pressuposta, enquanto a má-fé deve ser comprovada".[8] Antes de enfrentar este ponto, porém, cumpre analisar mais uma questão importante, desta vez na seara societária, que a presunção de boa-fé tem sido chamada a solucionar.

2.2. Art. 115, § 1º, da LSA

A parêmia de que "a má-fé não se presume" também tem aparecido no contexto da controvérsia relativa ao tratamento do conflito de interesses e do eventual impedimento de voto de acionistas em sociedades anônimas. A questão concerne à interpretação do art. 115, § 1º, da LSA. Reza o *caput* do art. 115 que "[o] acionista deve exercer o direito a voto no interesse da companhia; considerar-se-á abusivo o voto exercido com o fim de causar dano à companhia ou a outros acionistas, ou de obter, para si ou para outrem, vantagem a que não faz jus e de que resulte, ou possa resultar, prejuízo para a companhia ou para outros acionistas". Já o § 1º do artigo citado dispõe que "o acionista *não poderá votar* nas deliberações da assembleia geral relativas ao laudo de avaliação de bens com que concorrer para a formação do capital social e à aprovação de suas contas como administrador, *nem em quaisquer outras que puderem beneficiá-lo de modo particular, ou em que tiver interesse conflitante com o da companhia*".[9]

Exemplo de situação fática que potencialmente enseja a aplicação do dispositivo é aquela verificada no já célebre caso Tractebel,[10] decidido em 2010 pela Comissão de Valores Mobiliários: o acionista controlador de uma companhia X pode votar na assembleia geral que deliberará sobre a aquisição, pela companhia X, das ações de uma companhia Y, detidas integralmente pelo mesmo

---

[8] Trecho da ementa do Superior Tribunal de Justiça. Terceira Turma. Recurso Especial nº 1.188.091-MG, Rel. Min. Nancy Andrighi, J. 26.4.2011, D.J. 6.5.2011.
[9] Grifou-se.
[10] Comissão de Valores Mobiliários, Processo Administrativo nº RJ 2009-13179, Diretor-relator Alexsandro Broedel Lopes, J. 9.9.2010.

acionista controlador? A contraposição de interesses entre companhia adquirente e acionista controlador é nítida: enquanto a companhia adquirente teria interesse econômico em fixar o menor preço, o acionista controlador, no papel de vendedor, tem interesse pelo maior preço possível para a transferência das participações societárias.

Apesar da clara dicção legal ("não poderá votar") e da nítida contraposição de interesses em tal caso, surgiram duas correntes doutrinárias sobre a interpretação do art. 115, § 1º, em situações como essa. A primeira, defendida por juristas como Modesto Carvalhosa,[11] Fabio Konder Comparato[12] e Calixto Salomão Filho,[13] sustenta que o conflito de interesses impeditivo do direito de voto tem natureza *formal*. Isto é, basta a configuração da contraposição de interesses verificável *ex ante* para que seja o acionista impedido de exercer o direito de voto em assembleia. Já a segunda corrente, acolhida por autores como Luiz Paes de Barros Leães,[14] Nelson Eizirik[15] e Erasmo Valladão Azevedo e Novaes França,[16] defende que o conflito de interesses tem natureza *substancial*: o acionista *pode* votar em tais situações, desde que o faça tendo em vista o interesse da companhia. Segundo essa concepção, o impedimento abrange tão somente o voto que seja efetivamente contrário ao interesse da companhia, o que só pode ser aferido *ex post*.

---

[11] CARVALHOSA, Modesto. *Comentários à Lei de Sociedades Anônimas*: Volume II: Arts. 75 a 137. 5ª ed. São Paulo, Saraiva, 2011, pp. 513 e ss.

[12] COMPARATO, Fábio Konder. *Direito Empresarial: Estudos e Pareceres*. São Paulo: Saraiva, 1990, p. 91.

[13] SALOMÃO FILHO, Calixto. O *Novo Direito Societário*. 3ª. ed. São Paulo: Malheiros, 2006, pp. 99-100.

[14] LEÃES, Luiz Gastão Paes de Barros. *Pareceres – Volume I*. Singular: São Paulo, 2004, p. 181.

[15] EIZIRIK, Nelson. *A Lei das S/A Comentada. Volume I: Arts. 1º a 120*. São Paulo: Quartier Latin, 2011, p. 663.

[16] FRANÇA, Erasmo Valladão Azevedo e Novaes. *Conflito de Interesses nas Assembleias de S.A. (e outros escritos sobre conflito de interesses)*. 2ª. ed. São Paulo: Malheiros, 2014, pp. 96 - ss.

O posicionamento da Comissão de Valores Mobiliários (CVM) sobre o assunto tem oscilado entre as duas correntes.[17] Chama a atenção, porém, que um dos argumentos aduzidos em favor da concepção substancial do conflito de interesses é precisamente o da presunção de boa-fé. Em voto vencido proferido no caso TIM,[18] de 2001, e reproduzido na decisão da CVM no caso Tractebel, o diretor Luiz Antonio de Sampaio Campos formulou a seguinte crítica à posição do conflito formal, caracterizando-a como "algo muito violento e assistemático dentro do regime do anonimato, pois afasta a presunção de boa-fé, que me parece ser a presunção geral e mais tolhe um direito fundamental do acionista ordinário que é o direito de voto, no pressuposto de que ele não teria como resistir à tentação".[19] E continua:

> Dito de outra forma, estar-se-ia a expropriar o direito de voto do acionista no pressuposto de que ele poderia vir a prejudicar a companhia mediante o seu exercício, em virtude de um aparente conflito de interesse. Haveria a presunção de que o acionista perpetraria uma ilegalidade acaso fosse lícito que proferisse o seu voto, numa espécie de consagração da fraqueza humana. Prefiro, em situações genéricas, entender que as pessoas cumprem a lei, que não se deixam trair por seus sentimentos egoísticos, porque, como disse, a boa-fé é a regra igualmente o cumprimento da lei e a inocência. Ora, se isto não fosse verdade, talvez fosse melhor não haver sociedade, pois a confiança é algo fundamental nas relações societárias, até mesmo nas companhias abertas, pois ninguém, em sã consciência, gostaria de ser sócio de alguém em que não confia,

---

[17] Para uma síntese dos posicionamentos da CVM em julgamentos anteriores, *Cf.* Comissão de Valores Mobiliários, Processo Administrativo nº RJ 2009-13179, Diretor-relator Alexsandro Broedel Lopes, J. 9.9.2010.

[18] Comissão de Valores Mobiliários, Processo Administrativo Sancionador CVM nº TA/RJ2001/4977, Diretora-relatora Norma Jonssen Parente, J. 19.12.2001.

[19] Comissão de Valores Mobiliários, Processo Administrativo nº RJ 2009-13179, Diretor-relator Alexsandro Broedel Lopes, J. 9.9.2010, item 10, citando o Diretor Luiz Antonio.

principalmente se este alguém for o acionista controlador. Parece-me, assim, evidente a distorção, pois a presunção de hoje e sempre é que as pessoas cumprem a lei.

3. Normas Profiláticas e seus Méritos

Diante da consagração da presunção de boa-fé pela LLE, o que dizer do regramento previsto no art. 798 do Código Civil e no art. 115, § 1º, da LSA, os quais parecem, para alguns intérpretes, contemplar presunções absolutas de má-fé? Configuram elas técnicas úteis e legítimas no nosso ordenamento jurídico? Ou atentariam elas contra princípios e valores fundamentais, como a presunção de inocência?

A fim de compreender este ponto é fundamental examinar a distinção entre duas técnicas legislativas distintas, que chamaremos aqui de *normas corretivas* de cunho customizado, de um lado, e de *normas profiláticas* de cunho abstrato, do outro, conforme definidas a seguir.[20] As regras corretivas apresentam abertura às características fáticas do caso concreto conforme aferido *a posteriori*, diferenciando o regramento jurídico adequado (porque mais eficiente ou mais justo) para cada hipótese. A regra do Código Civil de 1916, que tratava de forma diferenciada o suicídio premeditado do não premeditado, configura norma corretiva. Também é corretiva a regra de conflito de interesses nas sociedades anônimas segundo a corrente que defende que o conflito é substancial, pois novamente o tratamento será dado segundo os fatos do caso concreto, isto é, conforme a decisão em questão tenha sido ou não danosa à companhia.

No entanto, essa averiguação dos fatos do caso concreto necessariamente implica custos, aqui referidos como custos probatórios.

---

[20] Em verdade, não se trata de dicotomia estanque, havendo verdadeiramente um espectro entre normas corretivas e profiláticas. Além disso, não se pretende aqui sugerir que apenas a modalidade de regras aqui denominadas de profiláticas tenha conteúdo preventivo ou dissuasório, pois as regras corretivas também o tem, embora operem de forma distinta.

Em um mundo em que a prova dos fatos *ex post* fosse sempre exata e sem custos, isto é, os custos probatórios fossem nulos, o ordenamento jurídico sempre optaria por normas corretivas. Tal não é, porém, o mundo em que vivemos. Assim como o mundo real apresenta custos de transação positivos e normalmente altos, como alertou Ronald Coase, os custos probatórios são também significativos, sendo em muitos casos efetivamente inviável reconstruir a realidade dos fatos ocorridos.[21]

Nessas hipóteses, que são muitas, o sistema jurídico pode optar por um regramento único e objetivo, de caráter profilático, como o previsto no art. 798 do Código Civil e no art. 115, §1º, da LSA, interpretado segundo a corrente do conflito formal. Optamos por chamá-las de normas profiláticas porque desestimulam certas ações potencialmente contrárias ao bem-estar social, sem exigir prova do caráter nocivo da conduta no caso concreto. Essas regras refletem uma ponderação de três considerações de política pública: (i) o potencial socialmente danoso de uma dada conduta (como a contratação de seguro de vida com premeditação do suicídio ou a aprovação de negócio jurídico prejudicial à companhia); (ii) os custos probatórios relativos à identificação da conduta danosa no caso concreto e (iii) as consequências de uma regra geral de caráter preventivo. Tais considerações são extremamente comuns na técnica legislativa, manifestando-se em um grande número de regras legais.

Um exemplo de norma profilática é dado pela proibição ao nepotismo na Administração Pública, tão cara ao sistema jurídico brasileiro atual que o Supremo Tribunal Federal derivou o conteúdo preciso da súmula vinculante nº 13 diretamente dos princípios da impessoalidade, eficiência, igualdade e moralidade plasmados no art. 37 da Constituição Federal.[22] A premissa fática a justificar a

---

[21] COASE, Ronald. "The Problem of Social Cost". *Journal of Law and Economics*. vol. 3 (1960), pp. 1-44.

[22] *In verbis*: "A nomeação de cônjuge, companheiro ou parente em linha reta, colateral ou por afinidade, até o terceiro grau, inclusive, da autoridade nomeante ou de

vedação ao nepotismo é a de que os vínculos afetivos levam as pessoas a promover o bem-estar de seus parentes próximos, ou exagerar as suas qualidades, de modo que o princípio republicano e o bom funcionamento do Estado seriam prejudicados na ausência de proibição da contratação. É possível, porém, que em certas situações, pessoas com vínculos de parentesco sejam as mais qualificadas para o cargo sob o ponto de vista objetivo. Ainda assim, considerações sobre o caráter socialmente danoso da tendência ao favorecimento de parentes, bem como a dificuldade probatória em se aferir a competência ou conveniência da contratação no caso concreto, aliada às modestas desvantagens da proibição absoluta, militam em favor de uma regra geral objetiva.

De um modo geral, a ideia subjacente às normas profiláticas é a de que "é melhor prevenir do que remediar", sobretudo em razão dos altos custos probatórios associados à administração do remédio jurídico alternativo, comparativamente aos custos de prevenção do potencial dano. Tal como as vacinas ou medicações profiláticas, é possível que a intervenção seja desnecessária em alguns casos (por conta de sistema imunológico excepcionalmente forte ou de hábitos particularmente seguros de um dado indivíduo) ou que existam efeitos colaterais associados à sua administração (febre, dor de cabeça), mas ainda assim os benefícios da prevenção geral superam essas desvantagens, até porque a verificação desses fatores no caso concreto é extremamente custosa, se não impossível. O mesmo ocorre com as normas profiláticas: é possível que o regime jurídico preventivo seja desnecessário e desvantajoso no caso do segurado com saúde mental impecável no momento da contratação e do acionista controlador excepcionalmente justo, mas, ainda assim, os benefícios gerais da prevenção subsistem.

---

servidor da mesma pessoa jurídica, investido em cargo de direção, chefia ou assessoramento, para o exercício de cargo em comissão ou de confiança, ou, ainda, de função gratificada na Administração Pública direta e indireta, em qualquer dos Poderes da União, dos Estados, do Distrito Federal e dos municípios, compreendido o ajuste mediante designações recíprocas, viola a Constituição Federal."

Dito de outro modo, o Direito literalmente não "paga para ver" o que aconteceria em cada caso, mas busca coibir o mal pela raiz. É precisamente porque as sanções previstas pelas normas profiláticas de Direito Privado são relativamente pouco gravosas para as partes no tocante aos interesses em jogo (anulabilidade do ato ou negócio jurídico, ausência de cobertura do seguro etc.) que a técnica se justifica. Não estão aqui em jogo penas restritivas de liberdade ou de direitos de modo a autorizar extensão analógica da presunção de inocência que vigora no Direito Penal e é constitucionalmente tutelada.

Examinando mais detidamente a aplicação dessas considerações aos casos em exame, percebe-se que o art. 798 visa sobretudo prevenir a contratação de seguro de vida por aqueles que planejam se suicidar. Tal contratação representaria não apenas um problema jurídico, pois eliminaria a álea ínsita ao contrato de seguro, mas também um problema econômico. Caso fosse permitida ou facilitada a contratação de seguro de vida por suicidas, teria lugar o problema econômico conhecido como *seleção adversa*.[23] Ocorre a seleção adversa quando, diante da dificuldade em se diferenciar os "bons" dos "maus" contratantes no momento da celebração do acordo, incentiva-se a participação desses últimos (sendo "maus contratantes", neste caso, os que agem em fraude contra a comunidade segurada). Isso, por sua vez, conduz a um aumento do preço, desestimula a participação por "bons contratantes" (para quem o seguro se torna excessivamente caro) e, em última análise, pode levar à redução ou mesmo à aniquilação do mercado de seguros.

Se a contratação de seguro de vida com premeditação do suicídio é um problema comum, também é verdade que a prova da premeditação é não apenas de difícil concretização por parte da seguradora (o que conduz, inelutavelmente, a um aumento no número de

---

[23] O problema foi identificado pelo economista norte-americano George Akerlof, em artigo que lhe rendeu o Prêmio Nobel de Economia em 2001. AKERLOF, George A. "The Market for Lemons: Quality Uncertainty and the Market Mechanism". *The Quarterly Journal of Economics*. vol. 84, n° 3 (1970), pp. 488-500.

potenciais suicidas no *pool* de segurados, em detrimento dos demais), como também se mostra lesiva à intimidade do segurado.[24] Sendo assim, as vantagens dessa norma profilática – que tem por objetivo dissuadir a contratação por futuros suicidas – provavelmente superam as suas desvantagens.

Aliás, a profilaxia, nesse caso, tem efeitos mais amplos. Para além do problema da seleção adversa, a regra do art. 798 ainda mitiga, durante o período inicial de dois anos, outro problema econômico fundamental, conhecido como risco moral (*moral hazard*). Tal como a seleção adversa, o risco moral também pressupõe a assimetria de informações. Porém, enquanto na seleção adversa o objeto dessa assimetria é um fato anterior à contratação (decisão, já tomada, de tirar a própria vida), no risco moral o problema é posterior à contratação, sendo que a própria existência de cobertura contratual pode afetar a predisposição do segurado ao suicídio. Em outras palavras, a existência de cobertura por suicídio acaba por estimulá-lo mesmo com relação àqueles que não premeditaram o ato anteriormente à contratação. Com efeito, estudos empíricos sugerem que este efeito é real, pois é possível verificar um aumento na taxa de suicídios em diversos países após o transcurso do tempo mínimo exigido por lei para a sua cobertura.[25]

A preocupação com a profilaxia se coaduna com abordagens de Direito e Economia, pois compartilham o olhar voltado ao futuro. Sob a perspectiva econômica, o que passou, passou (*"bygones are bygones"*); é somente olhando para o futuro que se consegue incentivar condutas que maximizem os objetivos de uma dada sociedade.

---

[24] MARTINS-COSTA, Judith. "Contrato de Seguro. Suicídio do Segurado. Art. 798, Código Civil. Interpretação. Diretrizes e Princípios do Código Civil. Proteção ao Consumidor. Interpretação. Diretrizes e Princípios do Código Civil. Proteção ao Consumidor". *Revista Brasileira de Direito Civil*. vol. 1 (2014), p. 284.

[25] Ver, por exemplo, CHEN, Joe; CHOI, Chen Yun Jeong; SAWADA, Yasuyuki. "Suicide and Life Insurance". *Working Paper* (2008). Disponível em <https://core.ac.uk/download/pdf/6341736.pdf>. Acesso em: 04 jul. 2020 (encontrando evidências empíricas sobre a existência dos problemas de seleção adversa e risco moral em contratos de seguro de vida).

E é justamente esse olhar orientado para o futuro que permite que se obtenha uma diferente percepção sobre as consequências de diferentes regimes jurídicos.

Por exemplo, as decisões do STJ que afastavam a letra do art. 798 mencionavam, para além da boa-fé, os "ditames da justiça social".[26] Olhando para o passado (isto é, para os fatos do processo que refletem necessariamente um suicídio que já ocorreu), a decisão mais justa e humanitária parecia ser a de facilitar a indenização dos familiares vitimados pela tragédia. Contemplando o futuro, porém, é possível alcançar solução distinta. Não apenas a regra do art. 798 promove a função social do contrato ao proteger a comunidade de segurados, mas também, nas palavras do ministro Sidnei Benetti, "atende muito mais ao sentido humanitário do que a da liberação pura e simples de pagamento de indenização em favor do beneficiário do suicida, porque é a que mais protege a vida contra o suicídio, visto que fortemente desestimula o ato extremo durante os dois primeiros anos do contrato".[27]

A regra sobre o impedimento de voto em caso de conflito de interesses também configura norma profilática. Em razão do conflito de interesses é possível, se não provável, que o acionista conflitado vote em benefício próprio. Essa é a premissa não apenas da análise econômica tradicional de viés neoclássico, que presume o comportamento autointeressado, mas também da análise baseada na economia comportamental, segundo a qual as pessoas tendem a formar opiniões que lhes beneficiem (*self-serving bias*), acreditando na justiça daquilo que atende aos seus interesses.[28] Isso, aliás, confirma

---

[26] Superior Tribunal de Justiça. Segunda seção. Agravo Regimental em Agravo de Instrumento nº 1.244.022-RS. Rel. Min. Luis Felipe Salomão. J. 13.4.2011. D.J. 25.10.2011 (voto-vista do Min. Raul Araújo).

[27] Trecho do voto do Min. Sidnei Benetti no Recurso Especial 1.077.342-MG, Rel. Min. Massami Uyeda, Terceira Turma, J. 22.6.2010, D.J., 3.9.2010, p. 20.

[28] BABCOCK, Linda; LOEWENSTEIN, George. "Explaining Bargaining Impasses? The Role of Self-Serving Biases". *Journal of Economic Perspectives*. vol. 11, nº 1 (1997), pp. 109-126, p. 110 (descrevendo "*the tendency of parties to arrive at judgments that reflect a self-serving bias – to conflate what is fair with what benefits oneself*").

a inutilidade em examinar a situação à luz do conceito de má-fé, pois a psicologia humana é tal que os indivíduos tendem a crer na justiça daquilo que lhes beneficia, de modo que a boa-fé subjetiva frequentemente coexiste com a lesão ao interesse alheio.

A adoção do regime do conflito substancial suscita grandes dificuldades e custos na seara probatória, pois, diante da complexidade dos juízos empresariais e das controvérsias relativas à avaliação de bens e contratos, não é fácil demonstrar que um determinado negócio jurídico foi celebrado em condições não equitativas, nos termos do art. 117, § 1º, *f*, da LSA. Assim, busca-se novamente prevenir em vez de remediar. As desvantagens dessa regra, por sua vez, são relativamente modestas. Sempre que o contrato com acionista em questão for de fato benéfico à companhia, os acionistas desinteressados terão incentivos adequados em aprová-lo. Tanto é assim que, nos países nos quais os controladores têm menos influência política, são comuns as hipóteses de aprovação de decisões societárias pela "maioria da minoria" (*majority of the minority*) em caso de conflito de interesses.[29] A mesma lógica de dissuasão a negócios jurídicos eivados por conflitos de interesses é também prevalente em outras áreas do nosso ordenamento jurídico, justificando, por exemplo, a anulabilidade do contrato consigo mesmo (art. 117 do Código Civil) independentemente de prova do efetivo prejuízo.

Conclusões

A verificação ou não da boa-fé subjetiva no mundo dos fatos (bem como a sua presunção ou não, de acordo com o Direito) é apenas raramente relevante no âmbito do Direito Privado. O Direito Privado não costuma, como regra geral, premiar a ignorância,

---

[29] *Cf.* ENRIQUES, Luca; HERTIG, Gerard; KANDA, Hideki; PARGENDLER, Mariana. "Related-Party Transactions". *In*: ARMOUR, John et al. *The Anatomy of Corporate Law: A Comparative and Functional Approach*. Oxford: Oxford University Press, 2017, pp. 156-158.

nem tampouco exigir, para a caracterização de ato ilícito, uma ação dolosa ou intencional. A relevância da boa-fé subjetiva e da má-fé, portanto, fica adstrita às hipóteses em que o legislador explicitamente as acolhe como elemento do suporte fático, o que é raro.

São comuns e tradicionais no Direito Privado o que aqui chamamos de "normas profiláticas", isto é, regras que desestimulam certas ações potencialmente contrárias ao bem-estar social, sem exigir prova do caráter nocivo da conduta no caso concreto. Em razão dos altos custos probatórios, as normas profiláticas consagradas pela tradição civilista e comercialista costumam ser eficientes do ponto de vista econômico, frequentemente tutelando, ainda, outros valores jurídicos relevantes. Inexiste qualquer fundamento jurídico para se negar validade ou eficácia às normas legais profiláticas com fundamento no "princípio geral de presunção de boa-fé". Ao contrário, ao mesmo tempo em que consagra a presunção de boa-fé, a LLE expressamente veda a sua aplicação quando existe disposição legal expressa em sentido contrário, assim garantindo a aplicação hígida de normas jurídicas de caráter profilático.

Referências

AKERLOF, George A. "The Market for Lemons: Quality Uncertainty and the Market Mechanism". *The Quarterly Journal of Economics*. vol. 84, nº 3 (1070), pp. 488-500.

BABCOCK, Linda; LOEWENSTEIN, George. "Explaining Bargaining Impasses? The Role of Self-Serving Biases". *Journal of Economic Perspectives*. vol. 11, nº 1 (1997), pp. 109-126.

BENETTI, Giovana; CORRÊA, André Rodrigues; FERNANDES, Márcia Santana; NITSCHKE, Guilherme Carneiro Monteiro; PARGENDLER, Mariana; VARELA, Laura Beck (orgs.) *Direito, Cultura, Método: Leituras da obra de Judith Martins-Costa*. Rio de Janeiro: GZ, 2019.

CARVALHOSA, Modesto. *Comentários à Lei de Sociedades Anônimas*. Volume II: Arts. 75 a 137. 5ª ed. São Paulo, Saraiva, 2011.

CHEN, Joe; CHOI, Chen Yun Jeong; SAWADA, Yasuyuki. "Suicide and Life Insurance". *Working Paper, 2008*. Disponível em <https://core.ac.uk/download/pdf/6341736.pdf≥. Acesso em: 04 jul. 2020.

COASE, Ronald. "The Problem of Social Cost". *Journal of Law and Economics*. vol. 3 (1960), pp. 1-44.

COMPARATO, Fábio Konder. *Direito Empresarial: Estudos e Pareceres*. São Paulo: Saraiva, 1990, p. 91.

EIZIRIK, Nelson. *A Lei das S/A Comentada:* Volume I: Arts. 1º a 120. São Paulo: Quartier Latin, 2011.

ENRIQUES, Luca; HERTIG, Gerard; KANDA, Hideki; PARGENDLER, Mariana. "Related-Party Transactions". In: ARMOUR, John et al. *The Anatomy of Corporate Law: A Comparative and Functional Approach*. Oxford: Oxford University Press, 2017.

FRANÇA, Erasmo Valladão Azevedo e Novaes. *Conflito de Intersses nas Assembleias de S.A. (e outros escritos sobre conflito de interesses)*. 2ª. ed. São Paulo: Malheiros, 2014.

LEÃES, Luiz Gastão Paes de Barros. *Pareceres – Volume I*. Singular: São Paulo, 2004.

MARTINS-COSTA, Judith. "Contrato de Seguro. Suicídio do Segurado. Art. 798, Código Civil. Interpretação. Diretrizes e Princípios do Código Civil. Proteção ao Consumidor. Interpretação. Diretrizes e Princípios do Código Civil. Proteção ao Consumidor". *Revista Brasileira de Direito Civil*. vol. 1 (2014), p. 260.

SALOMÃO FILHO, Calixto. *O Novo Direito Societário*. 3ª. ed. São Paulo: Malheiros, 2006.

Capítulo 2
Estudos Comparados na Economia do Crime: Velhos Comportamentos, Novos Desafios

Pery Francisco Assis Shikida

Agradeço aos doutores Alexandre L. Schlemper e Josineide A. da S. Amaral, e à mestre Helena Nickel, pois sem eles estes estudos comparados não seriam possíveis.

1. Introdução e Formulação do Problema[1]

Gary Stanley Becker, saudoso professor da Universidade de Chicago e Prêmio Nobel de Economia de 1992, é considerado um dos economistas que avançou além do seu tempo, teorizando sobre o comportamento racional a partir de preceitos econômicos. Na economia do crime, uma de suas áreas de pesquisa, afirmou que o delinquente de crimes lucrativos (como assalto), distintamente de autores de crimes de natureza não lucrativa (como homicidas), age em função de incentivos diante de situações de incerteza/risco, porém, se comportando de forma racional (OLIVEIRA, 2011; SCHLEMPER, 2018).

Mas o que vem a ser crime de natureza lucrativa ou econômica? Antes, é preciso esclarecer que um crime "é um ato de transgressão de uma lei vigente na sociedade" (BRENNER, 2001, p. 32). Fragoso (1982, p.1) conceitua juridicamente crime econômico como "[...] crime cuja objetividade jurídica reside na ordem econômica, ou seja, em bem-interesse supraindividual, que se expressa no funcionamento regular do processo econômico de produção, circulação e consumo de riqueza". De acordo com Becker (1968), os crimes

---

[1] Esta introdução e formulação de problema baseia-se em Shikida (2020), que adaptou este texto ao escopo de cotejar três estudos com públicos pesquisados distintos, para ressaltar suas similaridades e diferenças.

lucrativos (econômicos) têm como objetivo final o ganho pecuniário, sendo exemplos o furto, roubo, usurpação, extorsão, estelionato, receptação, tráfico de entorpecentes, crimes contra a administração pública, entre outros. Os crimes não lucrativos (ou não econômicos) não visam ao lucro, embora tenham consequências econômicas, sendo exemplos o estupro, homicídio, abuso de poder, tortura etc.

Com efeito, quando Becker (1968) tipificou os crimes em econômicos e não econômicos ele estava embasando uma teoria sobre o comportamento racional do indivíduo no tocante à efetivação de uma prática ilícita. Nesta teorização, uma pessoa ao cogitar cometer um delito econômico está avaliando, racionalmente, se esta atividade ilícita lhe proporcionará maior ganho *vis-à-vis* uma atividade lícita. Este comportamento criminoso não é, portanto, considerado uma atitude desproposital, emotiva ou antissocial, mas uma escolha racional. Isso porque, ao projetar o valor esperado do ganho com o delito, esta pessoa subtrai dessa atividade ilegal seus custos, quais sejam: despesas com a operação criminosa em si, custo de oportunidade no mercado legal e os custos morais de ter sua reputação afetada, considerando também o risco de ser detido e a pena que eventualmente possa vir a ter que cumprir, caso seja preso e condenado. Após a realização da avaliação de custos e benefícios, com os ganhos esperados mostrando-se superiores aos custos e riscos, a tendência é de que esta pessoa pratique a ação criminosa (OLIVEIRA, 2011; SCHLEMPER, 2018).

Sumarizando a teoria de Gary Becker em uma equação (1), postula-se que os indivíduos são racionais, com utilidade esperada U_i expressa como *payoff* também esperado pela realização de uma atividade ilícita (R_i) vezes a probabilidade de não ser preso $[1 - p(r)]$, menos o custo de execução e planejamento do crime (C_i), o custo de oportunidade (O_i), o valor esperado da punição no caso de ser preso $[p(r) \cdot J_i]$ e a perda moral proveniente da execução do crime (W_i). Se o benefício líquido dessa utilidade U_i for positivo, o crime será cometido.

$$U_i = [1 - p(r)] \cdot R_i - C_i - O_i - [p(r) \cdot J_i] - W_i \qquad (1)$$

Em uma linha de pesquisa iniciada em 1999 no Paraná, a economia do crime baseada na teoria de Becker (1968) foi pela primeira vez testada, na prática, no Brasil. Esse trabalho, ainda que embrionário, consistiu na análise do crime econômico a partir de evidências empíricas, isto é, de dados primários obtidos via aplicação de questionários/entrevistas a réus já julgados e condenados por crimes econômicos que cumpriam pena em determinado ambiente carcerário. A publicação resultante desse estudo ocorreu em Schaefer e Shikida (2001). A partir desse trabalho pioneiro, outros artigos foram publicados seguindo a linha de pesquisa em economia do crime, tendo como norte a busca de dados primários em estabelecimentos penais essencialmente brasileiros (BORILLI; SHIKIDA, 2003; ENGEL; SHIKIDA, 2003; SHIKIDA, 2005; BORILLI; SHIKIDA, 2006; SHIKIDA et al., 2006; BORILLI; SHIKIDA, 2009; SHIKIDA, 2010; SHIKIDA et al., 2014).

Como sumário das principais conclusões dessa linha de estudo, corroborou-se a teoria da escolha racional do agente criminoso, que avalia custos e benefícios decorrentes de suas atividades ilícitas. Portanto, o ato de delinquir trata-se de uma decisão individual tomada racionalmente, em face da percepção de benefícios e custos derivados dessa atividade. Neste contexto, para a maioria dos detentos, os retornos econômicos foram maiores do que os custos de migração para o crime, o que significa dizer que o crime, infelizmente, compensou. Não obstante, o objetivo da sociedade deve ser tornar nulo o retorno lucrativo médio do empresário criminoso, aumentando o risco da atividade ilegal. Cumpre dizer, como *insight* dos resultados dessas pesquisas no Brasil, a observação contundente da fragilidade de três grandes travas morais (família, religião e escola) junto aos entrevistados, que migraram para as atividades ilegais em função da somatória dessa fragilidade, implícita no cômputo dos custos (na equação 1 corresponde ao W_i). Entretanto, como subsídio para políticas públicas, a sociedade precisa melhorar suas ações coibidoras do crime, recuperar o tripé "família, religião e escola", além de expandir a oferta de trabalho (mas que ofereça remuneração capaz de reduzir a probabilidade de migração para a atividade criminosa) e do ponto de vista macro, estruturar ainda mais os aparatos policiais e judiciais, fortalecendo as instituições ligadas, direta ou indiretamente, ao combate da criminalidade. Em suma, urge desestimular a prática delituosa mediante a quebra de incentivos que favoreçam a atividade ilegal.

As pesquisas empíricas feitas no Brasil para a economia do crime levantaram e analisaram, a partir de informações reais provenientes dos delinquentes, quais as motivações dessas pessoas no cometimento do(s) crime(s) de natureza econômica – em que foram ressaltados fatores como a cobiça, ambição, ganância, entre outros; levantar e analisar quais as circunstâncias socioeconômicas da escolha ocupacional entre o setor legal e ilegal da economia para este tipo de pessoa – observando sua tipificação; e, por último, mas não menos importante, levantar e analisar se o crime econômico de fato compensou monetariamente.

Isto posto, este artigo parte da mesma premissa teórica do comportamento racional da economia do crime[2], vinte anos após o início do primeiro estudo feito com este fito, procurando contribuir para o entendimento da criminalidade a partir de dados primários obtidos via aplicação de questionários/entrevistas com apenados(as) cujas violações foram oriundas de crimes econômicos, tais como tráfico de drogas, roubo etc.. Estas evidências empíricas foram extraídas de três diferentes pesquisas que agora serão comparadas visando ressaltar suas similaridades e diferenças: 1ª) de apenados em estabelecimentos penais paranaenses e gaúchos (SCHLEMPER, 2018); 2ª) de apenados da 4ª Vara da Justiça Federal de Foz do Iguaçu (PR), cujas penas privativas de liberdade foram substituídas por prestação de serviços à comunidade e/ou prestação pecuniária (NICKEL, 2019);

---

[2] Objetivando uma maior linearidade, este artigo prescinde de uma revisão teórica sobre o modelo teórico de Becker (1968), em prol de um maior aproveitamento das seções de metodologia e dos resultados e discussão. Recomenda-se, entretanto, a leitura de Araujo Junior e Fajnzylber (2000), Cerqueira (2010), Oliveira (2011) e Schlemper (2018) – dentre outros especialistas em economia do crime – para embasamento desse modelo.

3ª) de mulheres presas na Unidade Prisional Feminina (UPF) de Rio Branco (AC) (AMARAL, 2019).

Este artigo contém quatro seções, incluindo esta introdução e formulação do problema. São expostos, na sequência, a metodologia e os resultados e a discussão. As conclusões sumarizam este estudo.

2. Metodologia

Esta pesquisa pode ser classificada como uma investigação qualitativa baseada em um estudo de casos múltiplos incorporados, pois tem como escopo identificar fatores e/ou variáveis explicativas de determinados fenômenos ou populações por meio de percepções e constatações construídas ao longo do processo de pesquisa em diferentes espaços/unidades. Neste aspecto, Yin (2001) classifica o estudo de casos múltiplos incorporados como aqueles em que se têm várias unidades de análise e várias observações a serem pesquisadas. Como esse trabalho procura explorar variados grupos de apenados, de algumas unidades prisionais em três estados brasileiros e de uma Vara da Justiça Federal, este tipo de estudo se mostra mais apropriado para um maior grau de generalização dos resultados (GIL, 2000; SCHLEMPER, 2018).

A primeira pesquisa de campo, de um projeto maior financiado pelo CNPq (Conselho Nacional de Desenvolvimento Científico e Tecnológico), ocorreu ao longo de 2017 em duas unidades prisionais no Estado do Paraná (Penitenciária Estadual de Foz do Iguaçu (PEF-I) e Centro de Reintegração Social Feminino (CRESF)), e em outras quatro unidades prisionais no Estado do Rio Grande do Sul (Presídio Central de Porto Alegre, Penitenciária Feminina Madre Pelletier, Penitenciária Estadual Feminina de Guaíba e Penitenciária Estadual de Arroio dos Ratos). Foram aplicados 302 questionários válidos baseados no modelo de questionário de Schaefer e Shikida (2001), Borilli (2005) e atualizado por Schlemper (2018).

A segunda pesquisa de campo, também de um projeto financiado pelo CNPq, consistiu em analisar apenados(as) no âmbito da 4ª Vara da Justiça Federal de Foz do Iguaçu (PR), cujas penas privativas de liberdade foram substituídas por prestação de serviços à comunidade e/ou prestação pecuniária. Foram realizadas entrevistas, mediante aplicação de questionários, em 222 apenados(as) na 4ª Vara no ano de 2019.

A terceira pesquisa de campo ocorreu exclusivamente com mulheres que cumprem pena ou aguardam julgamento na Unidade Prisional Feminina (UPF) de Rio Branco (AC), sendo aplicados 146 questionários/entrevistas com presas de crimes econômicos da UPF.

Os três estudos comparados neste artigo são frutos de duas teses de doutorado (SCHLEMPER, 2018; AMARAL, 2019) e uma dissertação de mestrado (NICKEL, 2019). Maiores considerações sobre o procedimento e técnica de coleta de dados, o instrumento de pesquisa (questionário), permissão institucional e outros elementos correlatos à metodologia podem ser encontrados, em um maior nível de detalhamento, nos trabalhos supracitados.

3. Resultados e Discussão

Nesta seção o artigo apresenta de forma descritiva a análise de frequência das principais caracterizações das amostras pesquisadas, conforme questionário aplicado. As análises econométricas podem ser vistas em Schlemper (2018), Amaral (2019) e Nickel (2019). Assim serão ressaltados os perfis sociodemográfico e criminal e a relação custo/benefício da prática criminosa, sendo esta última um dos fundamentos da teoria econômica do crime.

A tabela 1 apresenta o número de entrevistas realizadas em cada unidade prisional pesquisada nos estados do Rio Grande do Sul e do Paraná.

Como corolário, o perfil sociodemográfico das presas e presos pesquisados nas unidades prisionais paranaenses e gaúchas selecionadas evidenciou a predominância do sexo masculino nascidos, mormente, nos estados do Paraná e Rio Grande do Sul, maioria

Tabela 1

Número de entrevistado(a)s por unidades prisionais paranaenses e gaúchas selecionadas

Unidade prisional	Número de entrevistado(a)s
Penitenciária Estadual de Foz do Iguaçu (PEF-I)	99
Centro de Reintegração Social Feminino (CRESF)	72
Presídio Central de Porto Alegre	43
Penitenciária Feminina Madre Pelletier	21
Penitenciária Estadual Feminina de Guaíba	16
Penitenciária Estadual de Arroio dos Ratos	51
Total	302

Fonte: Schlemper (2018, p. 89).

jovens entre 18 a 29 anos (61%), de cor branca e origem urbana, que se dizem majoritariamente católicos, porém, 52% confessaram não praticar a religião declarada. O maior contingente dos entrevistados foi de solteiros, sendo que 56% já tiveram uniões desfeitas, prática comum para 34% de seus pais (separados). O nível de instrução que aparece com maior frequência nos resultados da pesquisa é o ensino fundamental incompleto, interrompido, principalmente, por motivos como a necessidade de renda e o envolvimento com crimes, drogas ou detenção. Dos 65,2% que declararam trabalhar à época do crime, 40,7% estavam na formalidade (com carteira assinada) e 50,7% na informalidade (sem carteira assinada). Para 60,9% a renda situou-se entre menor que um salário mínimo e três salários mínimos, que foi considerada não suficiente para suprir as necessidades básicas para 46,7% dos pesquisados. O consumo de bebida alcoólica e cigarro declarado foi de 70% e 60%, respectivamente, considerado relativamente alto. Para 51% dos entrevistados, o consumo de drogas ilícitas também era frequente.

O perfil sociodemográfico das 146 presas na Unidade Prisional Feminina (UPF) de Rio Branco (AC) evidencia a predominância das nascidas, mormente, nos Estados do Acre e Amazonas, maioria jovens entre 18 e 28 anos (72,7%), de cor parda e origem urbana. Se dizem majoritariamente de religião evangélica, porém, 35,1% confessaram não praticar a religião que professaram. O maior contingente das entrevistadas foi de casadas (estado civil). 57,5% já tiveram uniões desfeitas e 48,6% é filha de pais separados. O nível de instrução que aparece com maior frequência nos resultados da pesquisa é o ensino médio, mormente interrompido por envolvimento com o crime ou drogas, por exemplo. Para 52,7% que se declararam trabalhar à época do crime, 16,67% estavam na formalidade (com carteira assinada) e 83,3% na informalidade (sem carteira assinada). Para 97,9% a renda situou-se entre menor que um salário mínimo e três salários mínimos, que foi considerada não suficiente para suprir as necessidades básicas para 68,5% das pesquisadas. O consumo de bebida alcoólica e cigarro declarados foi de 64,4% e 54,8%, respectivamente. Já o consumo declarado de drogas ilícitas pelas entrevistadas foi de 50,7%.

Quanto ao resultado dos 222 apenados no âmbito da 4ª Vara da Justiça Federal de Foz do Iguaçu (PR), seu perfil sociodemográfico médio pode ser assim descrito: maioria de homens; de cor branca; nascidos no Paraná; com faixa etária considerada jovem (entre 18 a 33 anos, perfazendo 55%); de origem urbana; acredita em Deus; dos que afirmaram ter uma crença religiosa (a maioria católica), 59,5% se disseram praticantes e 40,5% se declararam não-praticantes; 47,3% possuem ensino fundamental (completo ou incompleto); tiveram como motivo para a interrupção dos estudos a necessidade de contribuir com a renda familiar. Pouco mais da metade dos entrevistados estava trabalhando à época do crime, mas não tinha carteira assinada e ganhava entre um e quatro salários mínimos (51,8%). Em relação à sua vida pregressa, a maioria fazia uso de bebida alcóolica (51,8%), porém, a maioria não fumava (74,3%) e não usava drogas ilícitas (95,5%). Sobre o estado civil dos participantes da pesquisa, o mais frequente foi amasiado (45,5%), sendo constatado que 25,7% disseram que já haviam desfeito uma união. Para 59,9% dos apenados os pais também estavam separados.

Sobre o perfil criminal das presas e presos entrevistados nas unidades prisionais paranaenses e gaúchas selecionadas, o tráfico de drogas foi o mais comum dentre os crimes cometidos (64,2%), sendo que a motivação para a prática delituosa se concentrou em decisões orientadas para maximização do bem-estar e/ou pelas interações em grupos sociais que fornecem incentivos à prática da atividade ilegal, destacando a ideia de ganho fácil, cobiça, ambição e ganância (55,3%). O não uso da arma no delito foi maior do que o seu uso. Neste ponto vale considerar se isto está relacionado ao fato de a comercialização das drogas não implicar na utilização do atributo arma de fogo, ou se o Estatuto do Desarmamento está de fato tendo alguma relação nesta incidência. Destaque para a prática do delito feito em equipe (81,5%), sendo o insucesso da atividade delituosa muito em função da ação da polícia (51%); da ação dos chamados "dedos-duros", com ocorrência de 31% dos casos; e de falha própria, com 13,6%.

No tocante ao perfil criminal das presas da UPF, o tráfico de drogas foi o crime mais comum dentre os cometidos (55,5%), sendo a principal motivação para a prática delituosa a ideia de ganho fácil//indução de outras pessoas (43%). Neste estudo, o uso da arma utilizada no delito foi maior do que o seu não uso (58,3%). Constatou-se a prática do delito feito em parceria (50%) igual ao ato feito isoladamente, ou seja, somente pela pessoa (50%). O insucesso da atividade delituosa ocorreu em função da polícia (43,2%), da ação dos chamados "dedos-duros" (42,5%) e falha própria (4,1%).

Sobre o perfil criminal dos apenados no âmbito da 4ª Vara da Justiça Federal de Foz do Iguaçu, o crime econômico mais praticado foi o de contrabando (52,7%), tendo como principal motivação a ideia de ganho fácil/indução de outras pessoas/cobiça, ambição, ganância/inveja/manter o *status* (46,1%), sendo a ação policial o principal vetor de insucesso da atividade criminosa (86%). Em função da maioria dos crimes praticados terem sido o contrabando e o descaminho (este último com 34,2% das ocorrências), 55,9% dos apenados afirmaram ter "patrão", 41,9% trabalhavam por conta própria e 2,3% não responderam. Assim como nos casos anteriores, o não uso da arma no delito foi maior do que o seu uso, obviamente em função da tipificação do ilícito praticado que, teoricamente, dispensa este *modus operandi*.

As indagações sobre o custo e o benefício econômico tiveram uma intenção comum, de verificar se os benefícios provenientes da atividade criminosa foram suficientes para cobrir os custos associados à atividade ilícita. Neste sentido, as questões, em ambos os estudos comparados, foram as seguintes: de zero (mínimo) a nove (máximo) qual era a estimativa do custo da prática criminosa? Aqui se computa as despesas de execução e planejamento com a operação criminosa em si, o custo de oportunidade no mercado legal, valor esperado da punição no caso de ser detido e os custos morais de ter sua reputação afetada. Semelhantemente, de zero (mínimo) a nove (máximo) qual foi o retorno econômico/financeiro de sua atividade criminosa? Estas escalas foram utilizadas para aferir a prática do crime econômico, sendo não aconselhável perguntar qual a monta financeira obtida com o tráfico, assalto etc. para este tipo de público (SHIKIDA, 2005; SCHLEMPER, 2018).

Nessa escala, as respostas para as pessoas entrevistadas nas unidades prisionais paranaenses e gaúchas selecionadas mostraram que para 75% o benefício econômico foi maior do que o custo, para 18% esse benefício foi igual ao custo, e para 7% o benefício foi menor do que o custo. Isto implica dizer que, para expressiva parcela dos pesquisados, os retornos econômicos foram maiores *vis-à-vis* os custos de migração para o crime. Ademais, o benefício médio apontado pelos entrevistados foi de 6,25, enquanto o custo médio foi de 2,58, sendo a diferença (entre benefício e custo) de 3,67, valor este considerado alto que mostra o quão compensador foi, em termos econômicos estimados, a prática do crime lucrativo segundo seus autores.

Com relação às presas da UPF, para 63,7% das pesquisadas o benefício econômico foi maior do que o custo, para 14,4% esse benefício foi igual ao custo, enquanto para 4,1% o benefício foi menor do que o custo, não respondeu 17,8%. O benefício médio apontado pelas entrevistadas foi de 5,6, enquanto o custo médio foi de 4,1, sendo a diferença (entre benefício e custo) de 1,5, valor este considerado alto, mas, menor do que no caso anterior. Porém, esta relação também evidencia o quão compensador foi, em termos econômicos estimados, a prática desse crime segundo suas autoras.

Ao questionar os apenados – no âmbito da 4ª Vara da Justiça Federal de Foz do Iguaçu (PR) – sobre o custo da atividade criminosa, o benefício foi maior que o custo para 73% dos entrevistados, o custo foi maior que o benefício em 4,5% dos casos, e o custo foi igual ao benefício para 16,7%, enquanto 5,9% não souberam responder. O valor médio do benefício ficou em torno de 3,35 e o custo em 1,01, sendo que a diferença entre o benefício e o custo de 2,34. Este resultado líquido ficou um pouco abaixo do resultado encontrado nas unidades prisionais paranaenses e gaúchas selecionadas, porém, maior do que para as presas da UPF.

Como corolário, tais decorrências confirmam um dos pressupostos básicos da teoria econômica do crime de Becker (1968), que reside na expectativa de lucro da prática ilícita mediante ponderação racional realizada entre custos e os benefícios esperados. Destarte, em havendo ganhos superiores aos custos, no discernimento do agente criminoso, a tendência é de que seja efetuado o delito, ainda mais ocorrendo uma combinação de travas morais fragilizadas.

Novamente, estes resultados vão ao encontro do que Schaefer e Shikida (2001), Borilli (2005) e Shikida (2010) obtiveram, confirmando a avaliação racional da relação ganho/custo por parte das pessoas pesquisadas em um contundente processo de maximização da utilidade esperada. Lamentavelmente, é triste asseverar isso, mas o crime lucrativo continua compensando segundo dados deste artigo, isto duas décadas depois do início deste tipo de estudo empírico a partir de dados primários. Entrementes, como um ponto importante a ser realçado, mormente, para um delinquente que ambiciona obter na equação de Becker (1968) o U_i positivo, a expectativa média de vida de um bandido, segundo a maioria dos pesquisados nestes três estudos comparados, *é de 25-26 anos*. Isto quer dizer que a morte, quase sempre violenta, revela uma longevidade, em média, muito pequena para aqueles que vivem do crime econômico, mesmo sendo este delito compensador sob o prisma da relação custo/benefício.

Conclusões

Tendo como premissa teórica o comportamento racional da economia do crime, este artigo procurou contribuir para o entendimento da criminalidade a partir de dados primários obtidos via aplicação de questionários/entrevistas de três estudos comparados. Ao todo, foram pesquisadas 670 pessoas cujas violações foram oriundas de crimes econômicos nos Estados do Paraná, Rio Grande do Sul e Acre.

Como principais apontamentos finais, o perfil sociodemográfico das pessoas pesquisadas mostrou que as três grandes travas morais (religião, família e educação – não estanques entre si, frise-se), que contribuem para tolher a migração para o crime econômico, estão fragilizadas. Embora os entrevistados acreditem em Deus, dizendo-se devotos de alguma religião, muitos não praticavam a religião que professaram ter. No tocante à família, constatou-se que várias uniões, formais ou informais, já haviam sido desfeitas, sendo esta prática comum também para os pais dos participantes da pesquisa. Como elementos adicionais que estão relacionados com a má formação e exemplo familiar, verificou-se uma média relativamente expressiva para o uso de bebida alcoólica, cigarro e drogas ilícitas para uma parcela das pessoas que colaboraram com os três estudos em cotejo. Evidentemente, a combinação desses consumos está calcada em um tipo de vida considerada inapropriada, denotando falta de base familiar.

A maior frequência no nível de instrução encontrado foi o ensino fundamental, interrompido em vários casos por motivos como o envolvimento com crime/drogas/prisão e necessidade de renda.

Estando essas travas morais fragilizadas, a perda moral proveniente da execução do crime (W_i), exposta na equação do modelo de Becker, não vai ser expressiva sendo, ao contrário, facilmente dispensada. Com efeito, a utilidade U_i definida como *payoff* esperado pela realização de uma atividade ilícita (R_i) vai cobrir não só este custo moral como os demais custos – custo de execução e planejamento do crime (C_i), custo de oportunidade (O_i) e o valor esperado da punição no caso de ser preso $[p(r) \cdot J_i]$. Logo, o crime econômico foi cometido porque os benefícios financeiros foram, em média, superiores aos seus custos, sendo motivado, principalmente, pela ideia de ganho fácil, cobiça, ambição e ganância/indução de outras pessoas. A novidade desta pesquisa que compara três estudos a partir de públicos distintos, até então inexistente nos questionários precedentes, é a revelação de que a longevidade de pessoas delinquentes é muito baixa, haja vista morrerem cedo e quase sempre vitimadas de forma violenta.

Neste sentido, ao término deste artigo e considerando não somente os postulados do modelo de Becker (1968), mas também a expectativa média de vida de um delinquente no mundo do crime, as indagações inevitáveis que precisam ser revisitadas, refletidas e discutidas pela academia, autoridades criminais e a própria sociedade são: o crime econômico (*ainda*) compensa? Vale a pena ter dinheiro à custa de perder sua condição moral? Não obstante, não está na hora de o Brasil tolher, ao máximo, os velhos comportamentos oportunistas assentados no binômio "crime econômico compensador/ /impunidade", efetivando novos desafios[3] em prol de uma segurança cada vez mais justa e perfeita para nosso país? Reflita!

Referências

AMARAL, J. A. da S. *Determinantes da entrada das mulheres no tráfico de drogas: um estudo para o Acre (Brasil)*. 2019. 148 f. Tese (Doutorado em Desenvolvimento Regional e Agronegócio) – Universidade Estadual do Oeste do Paraná, Toledo, 2019.

ARAUJO JUNIOR, A. F. de; FAJNZYLBER, P. "Crime e economia: um estudo das microrregiões mineiras". *Revista Econômica do Nordeste*. Fortaleza. vol. 31, nº especial (nov. 2000), pp. 630-659.

BECKER, G. S. "Crime and punishment: an economic approach". *Journal of Political Economy*. Chicago, vol. 76, nº 2 (1968), pp. 169-217.

---

[3] Não é objetivo do presente artigo tecer comentários sobre estes desafios e proposições. No entanto, este autor coaduna com o que está fundamentado no Plano Nacional de Política Criminal e Penitenciária (2020-2023), do Conselho Nacional de Política Criminal e Penitenciária (2019).

BORILLI, S. P. *Análise das circunstâncias econômicas da prática criminosa no Estado do Paraná: estudo de caso nas penitenciárias Estadual, Central e Feminina de Piraquara*. 2005. 154 f. Dissertação (Mestrado em Desenvolvimento Regional e Agronegócio), Universidade Estadual do Oeste do Paraná, Toledo, 2005.

BORILLI, S. P.; SHIKIDA, P. F. A. "Breves notas sobre a criminalidade: custo, papel das organizações e a questão feminina". *Revista Desafio*. Campo Grande. vol. 10, n° 20 (jan./abr. 2009), pp. 97-113.

BORILLI, S. P.; SHIKIDA, P. F. A. "Crime econômico no Paraná: um estudo de caso". *Análise Econômica, Porto Alegre*. ano 24, n°. 46 (set. 2006), pp. 123-143.

BORILLI, S. P.; SHIKIDA, P. F. A. "Economia e crime: um estudo exploratório na Penitenciária Industrial de Guarapuava e Cadeia Pública de Foz do Iguaçu (PR)". *Revista Econômica do Nordeste*. Fortaleza. vol 34, n° 2 (abr./jun. 2003), pp. 328-346.

BRENNER, G. *A racionalidade econômica do comportamento criminoso perante a ação de incentivos*. 2001. Tese (Doutorado em Economia) – Universidade Federal do Rio Grande do Sul, Porto Alegre, 2001.

CERQUEIRA, D. *Causas e consequências do crime no Brasil*. 2010. 168 f. Tese (Doutorado em Economia) – Pontifícia Universidade Católica do Rio de Janeiro, Rio de Janeiro, 2010.

CONSELHO NACIONAL DE POLÍTICA CRIMINAL E PENITENCIÁRIA (CNPCP). Plano Nacional de Política Criminal e Penitenciária (2020-2023), Brasília, Distrito Federal, 2019. p. 123.

ENGEL, L. E. F.; SHIKIDA, P. F. A. "Um estudo de caso sobre o perfil socioeconômico de migrantes rurais que praticaram crimes de natureza econômica". *Cadernos de Economia*. Chapecó. ano 7, n° 13 (jul./dez. 2003), pp. 83-113.

FRAGOSO, H. C. "Direito penal econômico e Direito penal dos negócios". *Revista de Direito Penal e Criminologia*, n° 39 (1982), pp. 122-129.

GIL, A. C. *Técnicas de pesquisa em economia e elaboração de monografias*. 1ª ed. São Paulo: Atlas. 2000.

NICKEL, H. *Análise da execução penal envolvendo crimes econômicos no Paraná cuja pena privativa de liberdade foi substituída por prestação de serviços e/ou pecuniária*. 2019. 113 f. Dissertação (Mestrado em Desenvolvimento Regional e Agronegócio) – Universidade Estadual do Oeste do Paraná, Toledo, 2019.

OLIVEIRA, C. A. de *Ensaios em economia do crime: dissuasão, armas e carreira criminosa*. 2011. 86 f. Tese (Doutorado em Economia) – Universidade Federal do Rio Grande do Sul, Porto Alegre. 2011.

SCHAEFER, G. J.; SHIKIDA, P. F. A. "Economia do crime: elementos teóricos e evidências empíricas". *Análise Econômica*, Porto Alegre, ano 19, n° 36 (set. 2001), pp. 195-217.

SCHLEMPER, A. L. *Economia do crime: uma análise para jovens criminosos no Paraná e Rio Grande do Sul*. 2018. 164 f. Tese (Doutorado em Desenvolvimento Regional e Agronegócio) – Universidade Estadual do Oeste do Paraná, Toledo, 2018.

SHIKIDA, P. F. A. "Considerações sobre a Economia do Crime no Brasil: um sumário de 10 anos de pesquisa". *Revista de Análise Econômica do Direito/Economic Analysis of Law Review*. vol. 1, n° 2 (jul./dez. 2010), pp. 318-336.

SHIKIDA, P. F. A. "Economia do crime: teoria e evidências empíricas a partir de um estudo de caso na Penitenciária Estadual de Piraquara (PR)". *Revista de Economia e Administração*. São Paulo. vol. 4, n° 3 (jul./set. 2005), pp. 315-342.

SHIKIDA, P. F. A. "Uma análise da economia do crime em estabelecimentos penais paranaenses e gaúchos: o crime compensa?". *Revista Brasileira de Execução Penal* (no prelo para 2020).

SHIKIDA, P. F. A.; ARAUJO JR., A. F.; SHIKIDA, C. D.; BORILLI, S. P. "Determinantes do comportamento criminoso: um estudo econométrico nas Penitenciárias Central, Estadual e Feminina de Piraquara (Paraná)". *Pesquisa & Debate*. São Paulo. vol. 17, n° 1 (2006) (29), pp. 125-148.

SHIKIDA, P. F. A.; GONÇALVES JÚNIOR, C. A.; CARDOSO, B. F. "Reincidência penal: uma análise a partir da 'economia do crime' para subsidiar decisões judiciais". *Revista Publicatio Ciências Sociais*. Ponta Grossa. vol. 22, n° 1 (jan./jun. 2014), pp. 41-51.

YIN, R. K. *Estudo de caso: planejamento e métodos*. 2ª ed. Porto Alegre: Bookman. 2001.

Capítulo 3
Empreendedorismo e Instituições

Guilherme Fowler A. Monteiro

Mesmo que as condições econômicas em uma indústria favoreçam a entrada de novas firmas, que os avanços tecnológicos gerem oportunidades de negócios e que o capital de risco (*venture capital*) esteja disponível, novas empresas não serão criadas na ausência de comportamento empreendedor focado e sustentado (SHAVER; SCOTT, 1991). Não por outra razão, o empreendedorismo apresenta um impacto estável e significativo sobre o crescimento da produtividade de uma economia (ERKEN; DONSELAAR; THURIK, 2016).

O comportamento empreendedor a que me refiro aqui é aquele que ocorre de forma planejada e intencional. É o que alguns denominam por *empreendedorismo de oportunidade ou transformacional*, em oposição ao *empreendedorismo de subsistência ou de necessidade* (SCHOAR, 2010) Este último ocorre, essencialmente, quando o indivíduo desempenha uma atividade com o intuito de obter certo grau de independência financeira, seja por motivos pessoais (fazer o que gosta) ou por razões circunstanciais (por exemplo, o desemprego). O empreendedor de necessidade, todavia, não possui um interesse primário e sustentado em criar uma empresa que obtenha elevada participação de mercado. Esse aspecto é que o diferencia de um empreendedor transformacional: para essa classe de pessoas, a sua ambição é, desde o início, que o seu negócio se torne grande.

O meu foco no empreendedorismo transformacional não deve ser visto como uma escolha pautada em pré-julgamentos. O empreendedorismo de necessidade se mostra como uma alternativa relevante para milhares de pessoas em momentos de crise econômica. E isso não pode ser negligenciado.[1] Porém, é o empreendedorismo transformacional que desempenha um efeito econômico de longo prazo, aumentando a produtividade do país. Isso decorre, fundamentalmente, do fato de que são esses empreendedores que dão vida às chamadas *scale-ups* – empresas cujo ciclo acelerado de crescimento e criação de riqueza baseia-se na escalabilidade do seu modelo de negócios (MONTEIRO, 2019). E essas empresas, por sua vez, desempenham um papel relevante na geração de empregos e na produtividade de uma região.[2]

Ocorre que, se o empreendedorismo exerce tamanha influência sobre o desempenho econômico, é natural que nos questionemos sobre os seus determinantes. E nesse tocante, o ambiente institucional emerge como um campo natural de investigação. A questão básica deste capítulo é entender a relação entre o empreendedorismo e as instituições.

1. Empreendedorismo e Custos de Transação

O empreendedorismo configura-se como um daqueles conceitos que comporta múltiplas interpretações e visões de mundo. Infelizmente isso é uma fonte quase inesgotável de debates e desentendimentos, sobretudo, porque a maioria dos autores falha em esclarecer de imediato qual lente teórica emprega em sua análise.

---

[1] Enquanto escrevo essas linhas recordo-me de uma reportagem que narra como os bailarinos do Theatro Municipal do Rio de Janeiro enfrentam a crise que assola a cidade e o estado no final da década de 2010. Alguns deles, diante da suspensão dos seus salários, estão produzindo e comercializando pequenos doces caseiros. Esse é um exemplo triste de empreendedorismo de necessidade.

[2] Coad, Daunfeldt, Hölzl, Johansson e Nightingale (2014) apresentam uma revisão sobre esses temas.

Muitos autores, por exemplo, veem o empreendedorismo como sinônimo de gestão de pequenas empresas ou *startups*. Outros associam o conceito com a atuação de um líder carismático (*e.g.*, WITT, 1998). Há ainda autores que relacionam empreendedorismo com ousadia, imaginação e criatividade (*e.g.*, CHANDLER; JANSEN, 1992), inovação (SCHUMPETER, 1939) ou atenção e descoberta (KIRZNER, 1979).

A visão dominante atual, todavia, examina o empreendedorismo em termos de *oportunidades*. A pesquisa concentra-se em três questões centrais (SHANE; VENKATARAMAN, 2000): (i) por que, quando e como surgem oportunidades empreendedoras; (ii) por que, quando e como certos indivíduos e empresas descobrem e exploram essas oportunidades e (iii) por que, quando e como diferentes mecanismos de governança são usados para organizar os processos de descoberta, avaliação e exploração. Segundo esse modo de pensar, o empreendedorismo é visto como uma função econômica ao invés de uma ocupação ou tipo de empresa (FOSS; KLEIN, 2012;KLEIN, 2008). Particularmente, o empreendedor é aquele indivíduo que faz julgamentos e toma decisões em um contexto de incerteza (CASSON, 1982; KNIGHT, 1921). Essa discussão é atraente porque nos faz refletir menos sobre aquilo que o indivíduo criou e mais sobre o seu modo de pensar e agir.

1.1. Custos de Transação

A discussão acima também é atraente porque nos permite examinar com mais cuidado a relação entre empreendedorismo e custos de transação. Ronald Coase, em seu trabalho seminal, definiu *custos de transação* como os custos associados tanto à coleta de informações relevantes, quanto à negociação e execução de contratos (COASE, 1937). Furubotn e Richter (1994) ampliaram este conceito ao caracterizar, adequadamente, custos de transação como aqueles necessários para se colocar em funcionamento o mecanismo econômico.

Neste sentido, se entendemos o empreendedorismo como uma função econômica, os custos de transação incluem também os custos dos empreendedores em descobrir, avaliar e explorar recursos produtivos na sua busca por lucros sob incerteza (FOSS; FOSS, 2008) (FOSS; FOSS; KLEIN; KLEIN, 2007). A implicação é simples: quanto mais baixos os custos de transação, mais a atividade empreendedora ocorrerá.

2. O Papel das Instituições

As instituições desempenham um papel-chave no empreendedorismo uma vez que os custos de transação são, em grande parte, moldados pela matriz institucional de uma sociedade (NORTH, 1990). Assim, não é surpresa que em uma pesquisa sobre as dificuldades à formação de empresas em diferentes países, Brunetti, Kisunko e Weder (1997) mostrem que os obstáculos mais frequentemente mencionados pelos empreendedores são: impostos, normas trabalhistas e de segurança. No Brasil, uma pesquisa realizada pela Endeavor em 2016 vai na mesma direção. A maioria dos empreendedores brasileiros considera aspectos jurídicos e de regulação (contratos e complexidade tributária) como o maior desafio da sua empresa.[3]

O número de estudos que examinam a relação entre instituições e empreendedorismo tem crescido de forma consistente (SU; ZHAI; KARLSSON, 2017). De modo geral, empreendedores tendem a adaptar suas atividades e estratégias com o objetivo de explorar oportunidades e neutralizar ameaças geradas pelo ambiente institucional (BAUMOL,1990;NORTH,1990). Como observado por Bruton, Ahlstrom e Li (2010) "os governos podem garantir que os mercados funcionem eficientemente, removendo condições que criam barreiras à entrada, imperfeições do mercado e regulamentação desnecessariamente sufocante". De fato há evidências de uma relação positiva entre a atividade empreendedora e um ambiente de

---

[3] Pesquisa com 1000 empreendedores, em todo o Brasil.

menor complexidade regulatória (BOWEN; DE CLERCQ, 2008; BROADMAN *et al.*, 2004; MCMULLEN; BAGBY; PALICH, 2008; SOTO, 2000). Nessa mesma linha, Bjørnskov e Foss (2013) mostram que o tamanho do governo está correlacionado negativamente com a atividade empreendedora em um determinado país. De Castro, Khavul e Bruton (2014) encontram evidências de que empreendedores em economias emergentes, ao tomarem decisões sobre informalidade, navegam entre as facilidades e as restrições dos ambientes macro e meso institucional.

Boudreaux, Nikolaev e Klein (2019) adotando uma perspectiva mais micro analítica examinam como o contexto institucional de um país modera o relacionamento entre o empreendedorismo de oportunidade e três características sociocognitivas (autoeficácia empreendedora, atenção às novas oportunidades de negócios e medo de fracassar). Utilizando dados do *Global Entrepreneurship Monitor* e do índice *Economic Freedom of the World* de 45 países, entre 2002 e 2012, os autores encontram evidências de que a autoeficácia e a atenção às novas oportunidades promovem o empreendedorismo, enquanto o medo do fracasso o desencoraja. Tais relações, no entanto, são fortemente influenciadas pelo contexto institucional. Especificamente, a autoeficácia e a atenção empreendedora tendem a gerar novos empreendimentos em países com níveis mais altos de liberdade econômica.

3. O Caso Brasileiro: Disfunções Burocráticas

Infelizmente as evidências sobre a relação entre instituições e empreendedorismo no Brasil ainda são escassas. Muito disso decorre do fato de carecermos de melhores métricas, sobretudo que levem em conta os diferentes tipos de empreendedores (oportunidade e necessidade). Um aspecto, no entanto, tem ganhado destaque crescente. Cada vez mais o impacto do "custo Brasil" sobre o empreendedorismo tem sido debatido. Essa discussão envolve, basicamente, o papel por vezes perverso que a burocracia excessiva exerce sobre os empreendedores, elevando os custos de transação ao longo de todo o ciclo de vida das firmas.

3.1. Burocracia no Ciclo de Vida das Empresas[4]

3.1.1. Abertura

Quando se trata da abertura e do ingresso de novas empresas, Djankov, Ganser, McLiesh, Ramalho e Shleifer (2010) argumentam que a rigidez excessiva do ambiente regulatório faz com que mais empresas passem a atuar na irregularidade, ao mesmo tempo em que tende a desencorajar pequenas empresas a entrarem no mercado regularizadas. Em contraponto, as evidências disponíveis sugerem que uma regulação mais leve aumenta o número de empresas abertas, eleva a produtividade[5] e reduz a corrupção[6].

Para abrir uma empresa no Brasil diferentes etapas são necessárias. Embora essas etapas devam ser cumpridas presencialmente pelo empreendedor (e algumas delas possam ser feitas pela internet), cada procedimento representa exigências específicas das prefeituras, dos governos estaduais ou dos órgãos federais. A Tabela 1 apresenta o tempo médio gasto, em dias, para completar cada uma das etapas de abertura da empresa. Os dados foram coletados no ano de 2016 diretamente nos órgãos responsáveis pela etapa em questão e considerando o tipo de atividade da empresa. Assim, tem-se que para uma empresa típica do setor de serviços são necessários, em média, 64 dias para o início das operações. Para uma empresa comercial são necessários 95 dias e no caso de uma indústria, 110 dias. A título de comparação,

---

[4] Esta seção é baseada em Monteiro, Lipkin, Bezerra, Aguirre e Almeida (2017).

[5] Quando os custos são muito altos, eles funcionam como barreiras à entrada, o que possibilita a manutenção no mercado de empresas improdutivas ou tecnologicamente atrasadas.

[6] De modo geral, quando o fluxo de informações flui mais facilmente e de forma objetiva, há menos espaço para corrupção.

Tabela 1

Tempo médio, em dias, por processo – Municípios selecionados, 2016

Processo	Serviços	Comércio	Indústria
Ato Constitutivo da Empresa	11	11	11
Inscrição do CNPJ	—	—	—
Inscrição estadual	—	6	6
Obtenção do alvará do Corpo de Bombeiros	27	41	52
Alvará de funcionamento e localização	17	26	30
Inscrição municipal	9	11	11
Total em dias	**64**	**95**	**110**

Fonte: Monteiro, Lipkin, Bezerra, Aguirre, & Almeida (2017)

Obs1: Os números referem-se a média do tempo de cada processo nas 32 cidades consultadas. São elas: São Paulo – SP, Rio de Janeiro – RJ, Belo Horizonte – MG, Brasília – DF, Fortaleza – CE, Curitiba – PR, Salvador – BA, Porto Alegre – RS, Recife – PE, Goiânia – GO, Campinas – SP, Manaus – AM, São Luís – MA, Belém – PA, Natal – RN, Campo Grande – MS, Cuiabá – MT, Ribeirão Preto – SP, Maceió – AL, Joinville – SC, São José dos Campos – SP, Maringá – PR, Aracaju – SE, Uberlândia – MG, João Pessoa – PB, Londrina – PR, Teresina – PI, Sorocaba – SP, Caxias do Sul – RS, Florianópolis – SC, Vitória – ES e Blumenau – SC, no período de abril a junho de 2016. Não inclui o tempo eventualmente gasto com licenças adicionais, por exemplo, licença ambiental ou licença da Agência Nacional de Vigilância Sanitária (Anvisa).

Obs2: Para elaboração da tabela foram considerados os seguintes CNAEs: Serviços (CNAE 70.20-4 – Serviços de Consultoria em Gestão Empresarial); Comércio (CNAE 47.81-4 -- Comércio Varejista de Vestuário e Acessórios); Indústria (CNAE 14.12.-6 – Indústria de Confecção de Vestuário).

segundo o relatório *Doing Business* (2017), do Banco Mundial, na cidade de Nova York (EUA) a abertura de uma empresa demanda 6 procedimentos que demoram, em média, 4 dias. No Chile, são 7 processos que duram 5,5 dias.

Talvez mais importante, os empreendedores brasileiros se deparam com a falta de informações nos sites dos órgãos reguladores, o que provoca várias idas e vindas para se conseguir a concessão de licenças ou alvarás. Isso é a própria materialização dos custos de transação. Os empreendedores despendem recursos (incluindo tempo) para coletar as informações relevantes para a abertura do seu negócio.

3.2. Operação: o Papel da Tributação

De acordo com a pesquisa *Doing Business* (2017) o Brasil figura entre os piores países do mundo em relação à carga tributária e à facilidade de pagamento de tributos (os quais são elementos relevantes da operação de um negócio). Especificamente, na categoria referente ao pagamento de impostos, o Brasil aparece em 181º lugar dentre os 190 países analisados. O Banco Mundial estima que no Brasil são gastas, por ano, 2038 horas para que uma empresa preencha os documentos necessários e pague os impostos devidos. Isto equivale a, aproximadamente, 85 dias gastos pelos empreendedores para manter a conformidade fiscal.

Para além do tempo gasto, existem ineficiências associadas à resolução de divergências na interpretação de questões tributárias, tanto na via administrativa quanto judicial. Isso tende a gerar insegurança, o que dificulta o planejamento de negócios e faz surgir custos (inclusive multas e juros) não previstos pelos empreendedores. Contribuem para essa insegurança a morosidade processual decorrente da ampla possibilidade de recursos, a quantidade de regras e exceções, o excessivo número de obrigações acessórias e, sobretudo, a instabilidade normativa (*i.e.* atualizações e mudanças constantes nas regras tributárias).

A título de exemplo, dentre 32 municípios brasileiros analisados, 16 deles fizeram de uma a 13 atualizações na legislação do ISS entre 2013 e 2017, enquanto 12 modificaram a legislação municipal entre 13 e 25 vezes no mesmo período. No nível estadual, as modificações do ICMS são particularmente relevantes, sendo que o total de atualizações, entre 2013 e 2017, varia consideravelmente (vide Tabela 2). O estado de Santa Catarina foi o que menos modificou a legislação no período analisado, tendo feito 54 mudanças ou novas regras ao longo dos quatro anos, cerca de 14 atualizações por ano (o que não é, em si, desprezível). O Rio Grande do Sul, por sua vez, editou 558 novas leis e decretos no mesmo período para o imposto estadual, o que resulta, em média, em 140 atualizações tributárias por ano.

Tabela 2

**Total de atualizações na legislação do ICMS – Estados selecionados, 2013-
-2017**

Estado	n.	Estado	n.
AL	182	PA	101
AM	64	PB	413
BA	58	PE	318
CE	130	PI	86
DF	178	PR	361
ES	271	RJ	218
GO	178	RN	143
MA	65	RS	558
MG	157	SC	54
MS	311	SE	220
MT	234	SP	221

Fonte: Monteiro, Lipkin, Bezerra, Aguirre e Almeida (2017)

Vale notar que, dentre os motivos para o elevado número de atualizações no ISS e ICMS, está o ativismo tributário. Quando a Constituição de 1988 atribuiu a estados e municípios a competência de legislar sobre tributos específicos, acabou por produzir o que se denomina por "guerra fiscal". Do ponto de vista do empreendedor, tal guerra gera um sistema complexo e muito pouco estável, o que eleva sobremaneira a incerteza do ambiente de negócios – e, com isso, os custos necessários para se colocar o sistema econômico em funcionamento.

3.2.1. Fechamento

O fechamento de um negócio é, por vezes, tão relevante quanto a sua abertura. Isso porque existe uma relação positiva entre o crescimento da produtividade da economia e o dinamismo da distribuição das taxas de crescimento das firmas (BRAVO-BIOSCA, 2010, 2011). Ou seja, para que a economia cresça é necessário que novas empresas nasçam, enquanto aquelas que não operam mais com lucratividade fechem as suas portas. O que se deseja é um ambiente em constante mudança, com ideias (e empresas) nascendo e crescendo de modo contínuo. Por outro lado, quanto maior a porcentagem de firmas que permanecem estáticas, menor o crescimento da produtividade.

Empresas podem encerrar suas atividades devido a diferentes fatores, como questões de planejamento, problemas de execução ou contingências não previstas. Há casos, ainda, em que empresas são fechadas para que o empreendedor possa iniciar um novo projeto. A literatura já indicou que um dos fatores para o sucesso de empreendedores é a sua experiência acumulada, o que não exclui o conhecimento sobre como encerrar uma firma (AUDRETSCH, 2012; BARRINGER; JONES; NEUBAUM, 2005). O fechamento de uma empresa também possibilita ao empreendedor desenvolver habilidades como resiliência e perseverança o que, não raras vezes, o fortalece para empreender novamente (HENREKSON; JOHANSSON, 2010).

Formalmente, o fechamento (ou baixa) de uma empresa é o processo de encerramento das suas atividades comerciais. Isso envolve, de modo geral, quatro etapas: a primeira é o registro de distrato social, caracterizando a baixa da empresa na Junta Comercial; a segunda etapa é a baixa no Cadastro Nacional de Pessoas Jurídicas (CNPJ), extinguindo a inscrição da empresa na Receita Federal; a terceira é a baixa na inscrição estadual, seguida pela baixa na inscrição municipal. Em muitos casos a dificuldade de fechar uma empresa é causada pela assimetria de informações – seja pela imprecisão de informações fornecidas pelo empreendedor, seja pela sua falta de conhecimento acerca de pendências a serem resolvidas. Em qualquer um dos casos, é quase sempre necessário recorrer à ajuda especializada (contadores, advogados etc.), o que eleva os custos de transação.

Em termos quantitativos o que isso representa? Com auxílio de uma empresa de *big data*, Monteiro *et al.* (2017) constataram a existência no Brasil de 20,5 milhões de CNPJs ativos em 2017. Desse total, aproximadamente 3,7 milhões de empresas (18%) apresentam nível de atividade baixo ou muito baixo (Tabela 3), o que sugere uma reduzida probabilidade de estarem efetivamente funcionando. Incluem-se aí as micro, pequenas e médias empresas que não conseguiram encerrar suas operações em razão de alguma pendência formal. Frise-se: mais de três milhões de empresas no país continuam a existir, embora devessem ter fechado as suas portas. São "empresas zumbis". Ainda que se argumente que indivíduos podem registrar uma nova empresa no nome dos filhos ou de outros parentes – e, portanto, a atividade empreendedora em si não seria prejudicada – vale notar que tal solução cria distorções e representa uma "segunda melhor opção" (*second best*). No limite, tais empresas representam uma ineficiência para a economia, visto que são recursos paralisados por uma situação inconclusiva que poderiam, em tese, ser realocados para usos mais produtivos.

Tabela 3

Distribuição de CNPJs por nível de atividade – Brasil, 2017

Nível de atividade	Número de empresas	Porcentagem
Alta	6.507.542	32%
Média	10.275.670	50%
Baixa e muito baixa	3.688.351	18%
TOTAL	20.471.563	100%

Fonte: Monteiro, Lipkin, Bezerra, Aguirre e Almeida (2017)

Obs: O nível de atividade é estimado levando-se em conta a movimentação referente à contratação e demissão de funcionários; mudanças no quadro societário; mudanças no cadastro da empresa junto a Receita Federal; número de funcionários registrados e frequência de pagamento dos tributos.

4. Considerações Finais

Existem fortes razões para se acreditar que o empreendedorismo de oportunidade é um fator explicativo essencial do desempenho econômico de um país (DAVIDSON; HENREKSON, 2002).

Todavia, essa relação não é necessariamente direta. A contribuição dos empreendedores para o desenvolvimento pode variar muito em função da alocação dos seus esforços entre atividades produtivas (como inovação) e atividades amplamente improdutivas (por exemplo, *rent-seeking*) (BAUMOL, 1990;MURPHY,SHLEIFER;-VISHNY, 1991). Como nos ensina North, "[o] principal papel das instituições em uma sociedade é reduzir a incerteza, estabelecendo uma estrutura estável (mas não necessariamente eficiente) para a interação humana" (NORTH, 1990, p. 6).

Sob essa perspectiva, as instituições são componentes essenciais que determinam onde os empreendedores acharão mais promissor direcionar seus esforços (BAUMOL; STROM, 2007), diante da magnitude dos custos de transação incorridos. Ao criar incentivos adequados para que os agentes se comportem de maneira honesta e previsível, instituições de alta qualidade ajudam a garantir que as consequências dos empreendimentos sejam mais facilmente previstas e que incentivos estimulem comportamentos empreendedores produtivos. Isso, por sua vez, aumenta o valor esperado dos investimentos, reduz os prêmios de risco e torna mais provável a realização de projetos lucrativos, o que eventualmente contribui para o crescimento econômico (BJØRNSKOV; FOSS, 2012). Um objetivo da boa política, portanto, é o redesenho das instituições a fim de atrair a atividade empreendedora para direções benéficas (BAUMOL; STROM, 2007).

No caso brasileiro, ao analisar os dados e conversar com diferentes *stakeholders*, os principais pontos de atenção e recomendações convergem para a necessidade de se reduzir as disfunções burocráticas. Os empreendedores e gestores no Brasil sofrem influências negativas do excesso de burocracia em todo o ciclo de vida das empresas, da abertura ao fechamento, dedicando uma enorme quantidade de tempo apenas para lidar com questões burocráticas e com o pagamento de impostos. O tamanho dessa distorção? Estima-se que se os procedimentos e atrasos fossem reduzidos à metade no país, a renda per capita, no longo prazo, seria 25% maior (CAVALCANTI; MAGALHÃES; TAVARES, 2008).

Referências

AUDRETSCH, D. B. "Determinants of high-growth entrepreneurship". *OECD/DBA International Workshop on "High-Growth Firms: Local Policies and Local Determinants*. Copenhagen, 2012.

BARRINGER, B. R.; JONES, F. F.; NEUBAUM, D. O. "A quantitative content analysis of the characteristics of rapid-growth firms and their founders". *Journal of Business Venturing*. vol. 20, n° 5 (2005), pp. 663-687.

BAUMOL, W. J. "Entrepreneurship: Productive, Unproductive and Destructive". *The Journal of Political Economy*. vol. 98, n° 5 (1990), pp. 893-921.

BAUMOL, W. J.; STROM, R. J. "Entrepreneurship and economic growth". *Strategic Entrepreneurship Journal*. vol. 1, n° 3 - 4 (2007), pp. 233-237.

BJØRNSKOV, C.; FOSS, N. "How Strategic Entrepreneurship and The Institutional Context Drive Economic Growth". *Strategic Entrepreneurship Journal*. vol. 7, n° 1 (2013), pp. 50-69.

BJØRNSKOV, C.; FOSS, N. J. "How institutions of liberty promote entrepreneurship and growth". *Economic freedom of the world: 2012 annual report*. 2012, pp. 247-270.

BOUDREAUX, C. J.; NIKOLAEV, B. N.; KLEIN, P. "Socio-cognitive traits and entrepreneurship: The moderating role of economic institutions". *Journal of Business Venturing*. vol. 34, n° 1 (2019), pp. 178-196.

BOWEN, H. P.; DE CLERCQ, D. "Institutional context and the allocation of entrepreneurial effort". *Journal of International Business Studies*. vol. 39, n° 4 (2008), pp. 747-767.

BRAVO-BIOSCA, A. *Growth dynamics: exploring business growth and contraction in Europe and the US*. London: NESTA, 2010.

BRAVO-BIOSCA, A. *A look at business growth and contraction in Europe*. London: NESTA, 2011.

BROADMAN, H. G.; ANDERSON, J.; CLAESSENS, C. A.; RYTERMAN, R.; SLAVOVA, S. et al. *Building market institutions in South Eastern Europe:* Comparative prospects for investment and private sector development. Washington, D.C.: World Bank Publications, 2004.

BRUNETTI, A.; KISUNKO, G.; WEDER, B. "Institutional obstacles to doing business: Region-by-region results from a worldwide survey of the private sector". *Policy Research Working Paper 1759.* Washington, D.C.: The World Bank, 1997.

BRUTON, G. D.; AHLSTROM, D.; LI, H.-L. "Institutional Theory and Entrepreneurship: Where Are We Now and Where Do We Need to Move in the Future?". *Entrepreneurship Theory and Practice.* vol. 34, nº 3 (2010), pp. 421-440.

CASSON, M. C. *The entrepreneur: An economic theory.* Aldershot, UK: Edward Elgar, 1982.

CAVALCANTI, T. V.; MAGALHÃES, A. M.; TAVARES, J. A. "Institutions and economic development in Brazil". *The Quarterly Review of Economics and Finance.* vol. 48, nº 2 (2008), pp. 412-432.

CHANDLER, G. N.; JANSEN, E. "The founder's self-assessed competence and venture performance". *Journal of Business Venturing.* vol. 7, nº 3 (1992), pp. 223-236.

COAD, A.; DAUNFELDT, S. O.; HÖLZL, W.; JOHANSSON, D.; NIGHTINGALE, P. "High-growth firms: Introduction to the special section". *Industrial and Corporate Change.* vol. 23, nº 1 (2014), pp. 91-112.

COASE, R. H. "The Nature of the Firm". *Economica.* vol. 4, nº 16 (1937), pp. 386-405.

DAVIDSSON, P.; HENREKSON, M. "Determinants of the prevalance of start-ups and high-growth firms". *Small Business Economics.* vol. 19, nº 2 (2002), pp. 81-104.

DE CASTRO, J. O.; KHAVUL, S.; BRUTON, G. D. "Shades of Grey: How do Informal Firms Navigate Between Macro and Meso Institutional Environments?" *Strategic Entrepreneurship Journal.* vol. 8, nº 1 (2014), pp. 75-94.

DJANKOV, S.; GANSER, T.; MCLIESH, C.; RAMALHO, R.; SHLEIFER, A. "The Effect of Corporate Taxes on Investment and Entrepreneurship". *American Economic Journal: Macroeconomics.* vol. 2, nº 3 (2010), pp. 31-64.

ERKEN, H.; DONSELAAR, P.; THURIK, R. "Total factor productivity and the role of entrepreneurship". *Journal of Technology Transfer,* 2016, pp. 1-29.

FOSS, K..;FOSS, N. J. "Understanding opportunity discovery and sustainable advantage: the role of transaction costs and property rights". *Strategic Entrepreneurship Journal.* vol. 2, nº 3 (2008), pp. 191-207.

FOSS, K.; FOSS, N. J.; KLEIN, P. G.; KLEIN, S. K. «The Entrepreneurial Organization of Heterogeneous Capital". *Journal of Management Studies*. vol. 44, n° 7 (2007), pp. 1165-1186.

FOSS, N. J.; KLEIN, P. G. *Entrepreneurial Judgment and the Theory of the Firm*. Cambridge: Cambridge University Press, 2012.

FURUBOTN, E.; RICHTER, R. *Institutions and economic theory: the contribution of the new institutional economics*. MIchigan: University of Michigan Press, 1994.

HENREKSON, M.; JOHANSSON, D. "Gazelles as job creators: A survey and interpretation of the evidence". *Small Business Economics*. vol. 35, n° 2 (2010), pp. 227-244.

KIRZNER, I. M. *Perception, opportunity and profit: Studies in the theory of entrepreneurship*. Chicago and London: University of Chicago Press, 1979.

KLEIN, P. G. "Opportunity discovery, entrepreneurial action, and economic organization". *Strategic Entrepreneurship Journal*. vol. 2 (2008), pp. 175-190.

KNIGHT, F. H. *Risk, Uncertainty and Profit*. Boston, MA: Hart, Schaffner & Marx; Houghton Mifflin Company, 1921.

MCMULLEN, J. S.; BAGBY, D. R.; PALICH, L. E."Economic Freedom and the Motivation to Engage in Entrepreneurial Action". *Entrepreneurship Theory and Practice*. vol. 32, n° 5 (2008), pp. 875-895.

MONTEIRO, G. F. A."High-growth firms and scale-ups: a review and research agenda". *RAUSP Management Journal*. vol. 54, n° 1 (2019), pp. 96-111.

MONTEIRO, G. F. A.; LIPKIN, P.; BEZERRA, R. M.; AGUIRRE, B.; ALMEIDA, K. *Burocracia e ciclo de vida das empresas*. São Paulo: Endeavor Brasil, 2017.

MURPHY, K. M.; SHLEIFER, A.; VISHNY, R. W."The allocation of talent: Implications for growth". *The Quarterly Journal of Economics*. vol. 106, n° 2 (1991), pp. 503-530.

NORTH, D. C.*Institutions, Institutional Change and Economic Performance*. 1ª ed. Cambridge: Cambridge University Press, 1990.

SCHOAR, A."The Divide between Subsistence and Transformational Entrepreneurship". *Innovation Policy and the Economy*. vol. 10, n° 1 (2010), pp. 57-81.

SCHUMPETER, J. A.*Business cycles : a theoretical, historical, and statistical analysis of the capitalist process*. New York, NY: Mac Graw Hill, 1939.

SHANE, S.; VENKATARAMAN, S."The Promise of Entrepreneurship as a Field of Research". *Academy of Management Review*, vol. 25, n° 1 (2000), pp. 217-226.

SHAVER, K.; SCOTT, L."Person, process, choice: The psychology of new venture creation". *Entrepreneurship Theory and Practice*. vol. 16, n° 2 (1991), pp. 23-45.

SOTO, H. D.*The mystery of capital: Why capitalism triumphs in the West and fails everywhere else*. New York: Basic Books, 2000.

SU, J., ZHAI, Q.; KARLSSON, T."Beyond Red Tape and Fools: Institutional Theory in Entrepreneurship Research, 1992-2014". *Entrepreneurship Theory and Practice*. vol. 41, n° 4 (2017), pp. 505-531.

WITT, U."Imagination and leadership – The neglected dimension of an evolutionary theory of the firm". *Journal of Economic Behavior & Organization*. vol. 35, n° 2 (1998), pp. 161-177.

Capítulo 4
Análise Econômica do Direito e Defesa da Concorrência: Novos Desafios

Vinícius Klein, Juliana Oliveira Domingues

1. Introdução

O movimento de *Law and Economics* sempre teve uma ligação muito próxima com o Direito da Concorrência também denominado Direito Antitruste. Afinal, o debate antitruste desempenhou um papel central no surgimento do movimento na sua versão atual, na década de 1960, ou no que se convencionou chamar de primeira onda de *Law and Economics*[1] em 1890.

Essa primeira onda surgiu nos Estados Unidos da América (EUA) e está ligada aos esforços iniciais de regulação da atividade econômica por meio do *Interstate Commerce Act* de 1887 e do *Sherman Act* de 1890: marco inicial do Direito Concorrencial[2]. Trata-se,

---

[1] Esta classificação foi apresentada por HOVENKAMP. *Cf.* HOVENKAMP, Herbert. "The First Great Law & Economics Movement". *Stanford Law Review*, vol. 42, n° 1(1990), pp. 993-1058.

[2] A literatura indica que a primeira norma antitruste moderna é o *Competition Act* do Canadá promulgado em 1889 e nos EUA aponta-se que o estado do Kansas promulgou, também em 1889, a primeira norma concorrencial norte-americana e que, quando da entrada em vigor do *Sherman Act,* onze estados norte-americanos já possuíam alguma norma antitruste. Entretanto, mesmo não sendo cronologicamente a primeira lei concorrencial do mundo, o *Sherman Act* pode ser considerado o marco inicial do Direito Antitruste. Para uma análise das legislações estaduais norte-americanas anteriores ao *Sherman Act* ver: MILLON, David. "The First Antitrust Statute". *Washburn Law Journal*, vol. 29,

igualmente, do momento em que houve a construção do aparato regulatório estatal, num movimento constante de crescimento que foi catalisado pelo *New Deal* na década de 1930, nos EUA[3]. O referido movimento seguiu até as primeiras ondas de desregulação iniciadas na década de 1970, consagradas com a eleição de Ronald Reagan (EUA) e de Margaret Thatcher (Reino Unido).

Vale neste início recordar, em especial, que durante os primeiros passos da construção do *Law and Economics*, a demanda pela incorporação de conceitos econômicos úteis à compreensão, justificação e controle da intervenção estatal, era concentrada nos tópicos tipicamente ligados ao mercado. Assim, inevitavelmente, o Direito da Concorrência ocupava lugar de destaque.

Quando do surgimento da segunda onda de *Law and Economics* – que ficou conhecida como Análise Econômica do Direito (AED) – o Direito da Concorrência também desempenhou papel central, mesmo que a AED neste momento tenha ido para além dos ramos jurídicos mais próximos ao mercado[4]. Isto porque as críticas

---

n° 2 (1990), pp.141-149. De acordo com Gaban e Domingues: "O pioneirismo do direito da concorrência é creditado ao Canadá que, em 1889, editou o *Act for the Prevention and Suppression of Combinations Formed in Restraint of Trade*, cuja finalidade era atacar arranjos ou combinações voltados a restringir o comércio mediante a fixação de preços ou a restrição da produção (cartéis) [...]". *Cf.* GABAN, Eduardo; DOMINGUES, Juliana. *Direito Antitruste*. 4ª ed. São Paulo: Saraiva, 2016, p. 47. Para uma análise do *Competition Act* canadense ver: TREBILCOCK, Michael J.; WINTER, Ralf A.; COLLINS, Paul; IACOBUCCI, Edward M. *The Law and Economics of Canadian Competition Policy*. Toronto: University of Toronto Press, 2002, pp. 3-36. Para uma análise da origem histórica do *Sherman Act* ver: HOVENKAMP, Herbert. *Federal Antitrust Policy*: the law of competition and its practice. 3ª ed. St. Paul: West Publishing Co., 2005, pp. 48-77. Para uma análise do contexto institucional do surgimento da legislação antitruste ver: SALGADO, Lucia Helena. A *Economia Política da Ação Antitruste*. São Paulo: Singular, 1997, pp. 9-25.

[3] Neste sentido ver: VISCUSI, W. Kip; VERNON, John M.; HARRINGTON JR, Joseph E. *Economics of Regulation and Antitrust*. 4ª ed. Cambridge: The MIT Press, 2005, p. 297-307.

[4] Como se pode perceber da leitura do índice da obra seminal de Posner ainda na sua primeira edição: POSNER, Richard. *Economic Analysis of Law*. Boston: Little, Brown and Company, 1973.

da Escola de Chicago – berço desta segunda onda de *Law and Economics* – acerca da forma de imposição da legislação concorrencial e ao gigantismo e ineficiência da regulação estatal, exigiriam um novo diálogo entre Direito e Economia, mas desta vez, objetivando incorporar a teoria econômica típica da Escola de Chicago na teoria jurídica e a consequente absorção de uma preocupação significativa com a eficiência[5].

O ponto inicial deste movimento foi o Direito da Concorrência, tanto em função de se tratar de um campo jurídico diretamente orientado por questões econômicas, quanto pela construção concomitante de uma nova teoria microeconômica e de Organização Industrial pela Escola de Chicago, que romperia com o modelo anteriormente vigente da chamada Escola de Harvard[6]. O sucesso desse movimento no Direito da Concorrência foi central para que as novas premissas se espalhassem e avançassem para os outros ramos do Direito.

Portanto, percebe-se que o entrelaçamento entre o Direito da Concorrência e a AED é muito forte em uma perspectiva histórica. Entretanto, mesmo que o contexto atual apresente algumas diferenças com os dois momentos anteriores, o que se pretende demonstrar é que a proximidade deve ser mantida, mesmo que sujeita a mudanças nos conceitos econômicos empregados e no seu papel na definição das questões concorrenciais.

Entretanto, pode-se afirmar que, atualmente, também existem argumentos que procuram promover o distanciamento entre a AED e o Direito da Concorrência. Após décadas de prevalência quase que absoluta da Escola de Chicago (que tem forte ligação com a AED Posneriana), o Direito Concorrencial está vivendo um momento de questionamento do paradigma do bem-estar do consumidor (*consumer welfare*). Por sua vez, apesar da AED ter se consolidado como um

---

[5] Sobre o histórico da escola de Chicago, veja-se: GABAN, Eduardo; DOMINGUES, Juliana. *Direito Antitruste*. 4ª ed. São Paulo: Saraiva, 2016, pp. 69-75.
[6] Sobre a escola de Harvard, veja-se: GABAN, Eduardo; DOMINGUES, Juliana. *Direito Antitruste*. 4ª ed. São Paulo: Saraiva, 2016, p. 88.

movimento teórico na teoria jurídica norte-americana e em diversos países ocidentais[7], observa-se um momento de maior pluralidade e de menor fidelidade à versão fundacional da Escola de Chicago ou Posneriana[8].

No entanto, todo momento de crise pode se tornar, também, um momento de oportunidade. Assim os questionamentos ao paradigma de bem-estar do consumidor podem abrir espaço para uma nova contribuição significativa do movimento de *Law and Economics* no Direito da Concorrência.

A caraterística de maior diversidade de aportes teóricos – que pode ser vista, por exemplo, como avanço da proposta do *Law and Economics* comportamental – permite que se pense em formas da AED contribuir para o Direito da Concorrência, tanto no contexto do paradigma do bem-estar do consumidor quanto nas abordagens concorrentes.

No Direito Antitruste o paradigma do bem-estar do consumidor tem enfrentado indagações que destacam a importância de se retomar essa discussão[9]. Desta forma, o objetivo deste capítulo

---

[7] A afirmação do sucesso do movimento de *Law Anda Economics* pode ser vista em diversos autores, por exemplo: LANDES, William M. "The Empirical Side of Law and Economics". *University of Chicago Law Review*, vol. 70, n° 1 (2003), pp. 167 - 180. Para uma análise empírica ver: LANDES, William M.; POSNER, Richard A. "The Influence of Economics on Law: a quantitative Study". *Journal of Law and Economics*, vol. 36, n° 1 (1993), pp. 385 - 424. Para uma análise do movimento de Law and Economics na Europa ver: BERGH, Roger Van der. "The Growth of Law and Economics in Europe". *European Economic Review*, vol. 40, n° 3 (1996), pp. 969 - 977.

[8] Richard A. Posner ganhou destaque no início dos anos 1970 ao defender a Análise Econômica do Direito. Partindo da crença no livre mercado e na eficiência econômica, passou a ser um dos grandes líderes da chamada Escola de Chicago. *In* GABAN, Eduardo; DOMINGUES, Juliana. *Direito Antitruste*. 4ª ed. São Paulo: Saraiva, 2016, p. 55.

[9] Nesse sentido: *"Given the clear consumer benefits of technology-driven innovation, I am concerned about the push to adopt an approach that will disregard consumer benefits in the pursuit of other perhaps even conflicting goals. But believing that consumer welfare is the appropriate goal of antitrust does not mean being passive or embracing the view that antitrust in the pursuit of consumer welfare cannot be improved. Antitrust law has changed as our understanding of market dynamics has gotten more sophisticated, and it should continue to evolve as we refine*

é apresentar como a AED pode contribuir ao enfrentamento dos principais desafios contemporâneos do Direito da Concorrência, principalmente em função das mudanças tecnológicas e econômicas, ou daquilo que se convencionou chamar de "era digital".

Apesar do Direito da Concorrência e do movimento de *Law and Economics* serem fenômenos globais, em função dos limites deste capítulo, optamos por dar enfoque ao contexto norte-americano, uma vez que se trata do berço do Direito da Concorrência e do movimento de *Law and Economics*. Ainda, os EUA possuem uma influência significativa nos rumos da economia global e das políticas econômicas e comerciais presentes nos países ocidentais, mesmo quando diante de contextos institucionais diversos que tenham modelos e/ou nuances próprias.

Para enfrentar a missão de sintetizar os objetivos traçados, este capítulo está dividido em mais três sessões (além desta introdução e da conclusão). Inicialmente trataremos da relação histórica entre o Direito da Concorrência e a AED, mostrando as contribuições do movimento de *Law and Economics* ao direito concorrencial. A partir deste contexto, na seção seguinte, apresentaremos os desafios atuais do Direito da Concorrência e em quais situações há necessidade, ou possibilidade, de contribuições significativas pela AED. Dessa maneira será possível definir, na terceira seção, qual aparato conceitual e as tendências futuras da AED aptas a atender aos desafios identificados na seção anterior.

Deste modo, o capítulo traz uma contribuição histórica da AED ao Direito Concorrencial e o potencial de contribuições adicionais aos novos desafios presentes na economia atual.

---

our predictive tools. If those tools suggest that competition will be harmed and consumers made worse off from the behavior of any firm, even a platform, antitrust enforcers should act. With that said, I do believe that today's antitrust can confront meaningful competitive harm in the modern, digitally mediated economy". Veja-se: USA. FTC. OHLHAUSEN; Maureen K. "Antitrust Enforcement in the Digital Age". *Remarks Before the Global Antitrust Enforcement Symposium*. Georgetown University, 2017. Disponível em: < https://www.ftc.gov/system/files/documents/public_statements/1253163/georgetown_mko_9-11-17.pdf>. Acesso em: 17 jul. 2020 .

2. AED e o Antitruste: uma Perspectiva Histórica

A relação entre o movimento de *Law and Economics* e o Direito Concorrencial é bastante extensa. A perspectiva histórica a ser apresentada nesta seção evidencia a relevância do *Law and Economics* para o desenvolvimento do Direito Concorrencial. Isso porque o Direito Concorrencial é um ramo da teoria jurídica bastante propício ao influxo da teoria econômica, já que a sua interpretação passa, inevitavelmente, por conceitos e teorias econômicas[10].

Ainda o papel central da teoria econômica, a partir da prevalência da Escola de Chicago, tornou os argumentos econômicos - em especial aqueles relacionados à eficiência - decisivos no Direito Concorrencial. Nesse contexto, Crane[11] defende que o isolamento de questões políticas e generalistas (tais como a influência política das grandes corporações e os seus aspectos redistributivos) e a aplicação de parâmetros exclusivamente econômicos, transformaram o Direito Concorrencial em uma tecnocracia, sendo que a técnica em questão é precisamente a teoria microeconômica introduzida

---

[10] Afirmam Kovacic e Shapiro: *"By enlisting the courts to elaborate the Shermam Act's broad commands, Congress also gave economists a singular opportunity to shape competition policy. Because the statute's vital terms directly implicated economic concepts, their interpretation inevitably would invite contribution from economists. What emerged is a convergence of economics and law without parallel in public oversight of business. As economic learning changed, the contours of antitrust doctrine and enforcement policy eventually would shift, as well"*. (KOVACICI, William E.; SHAPIRO, Carl. "Antitrust Policy: a century of economic and legal thinking". Journal of Economic Perspectives, vol. 14, n° 1 (2000), p. 43.)

[11] Crane afirma: *"This article argues that antitrust has undergone a technocratic shift in the more general sense of the word. The antitrust enterprise has become more technocratic in the sense that antitrust decision making is increasingly insulated from popular political pressures and delegated to industrial-policy specialists and problem solvers. Ironically, although the original technocrats favored displacing private-market ordering with centralized governmental administration, the technocratic shift in antitrust has tended to correlate with a trend in just the opposite direction--toward greater faith in private-market ordering and deregulation and toward a rejection of central planning as an administrative modality. Antitrust's modern technocrats see their task largely as enforcing a set of legal industrial norms predicated on a competitive-market capitalist system."* Cf. CRANE, Daniel A. "Technocracy and Antitrust". *Texas Law Review*, vol. 86, n° 6 (2008), *p. 1163*.

inicialmente pela Escola de Chicago. Portanto, o debate técnico, que é necessariamente econômico, passa a ter uma grande capacidade de direcionamento na definição do presente e da escolha dos rumos futuros do Direito Concorrencial.

Deste modo, reiteramos: não há como se separar o Direito Concorrencial da teoria econômica. Nesse contexto não deve causar nenhum estranhamento a aproximação entre o *Law and Economics* e o Direito Concorrencial. A fase fundacional do Direito Concorrencial nos EUA relaciona-se com a promulgação do *Sherman Act* em 1890 e com o início do movimento de *Law and Economics*. Esse período foi caracterizado por um intenso movimento antitruste na opinião pública norte-americana[12].

Apesar do amplo debate na literatura, o movimento antitruste à época tinha relação especial com o receio que existia de que as grandes companhias pudessem promover o fechamento de oportunidades para pequenas empresas e agricultores, afetando o exercício da liberdade econômica[13]. Isso pode ser observado no antagonismo aos grandes industriais, conhecidos como *Robber Barons* (Barões Ladrões).

A Escola de Chicago, por sua vez, procurou reforçar o papel da eficiência e minimizar as preocupações distributivas na origem do *Sherman Act*, mas para fins deste estudo, pode-se afirmar que as preocupações originais dificilmente seriam resumidas, unicamente, à busca pela eficiência no sentido utilizado no Direito Concorrencial atual[14].

---

[12] *Segundo Hofstadter: "Presumably the historians drop the subject of antitrust at or around 1938 not because they imagine that it had lost its role in society but because after that point it is no longer the subject of much public agitation – in short, because there is no longer an antitrust movement."* (HOFSTADTER, Richard. "What Happened to the Antitrust Movement?". In HOFSTADTER, Richard. *The Paranoid Style in American Politics and other essays*. New York: Vintage Books, 2008, p. 189.)

[13] Ver: MAY, James. "Antitrust in the Formative Era: Political and Economic Theory in Constitutional and Antitrust Analysis, 1880-1918". *Ohio State Law Journal*, vol. 50, nº 2 (1989) pp. 257 - 395.

[14] Nesse sentido tem-se a posição de HOVENKAMP, Herbert. *Federal Antitrust Policy*: the law of competition and its practice. 3ª ed. St. Paul: West Publishing Co., 2005, p. 48-52.

No contexto dessa primeira fase, a preocupação do movimento antitruste encontrava espaço na primeira onda do movimento de *Law and Economics* e na preocupação de regulação da atividade econômica. Dentre os conceitos econômicos mais influentes à época destacamos o de *barreiras à entrada* desenvolvido por Joe S. Bain. Outros economistas fizeram contribuições relevantes ao Direito Concorrencial com a produção dos fundamentos da regulação da atividade econômica no contexto do *New Deal*[15]. Neste momento tinha-se a prevalência da Escola de Harvard de Organização Industrial que era caracterizada pelo modelo Estrutura-Conduta-Desempenho, ou E-C-D[16]. Na questão concorrencial o ponto central do modelo E-C-D era a defesa da intervenção na estrutura dos mercados oligopolizados e monopolizados como medida necessária para que fossem atingidos conduta e desempenho eficientes. Por exemplo, a premissa era de que grandes firmas eram capazes de produzir barreiras à entrada (em regra), afastando novos competidores. Para afastar as barreiras à entrada e permitir novos competidores, a solução era evitar a consolidação de empresas com grande participação de mercado.

Mesmo que se aponte que a imposição judicial no período tenha sido até mais agressiva do que o proposto pela teoria econômica em questão, a teoria econômica definia a imposição antitruste[17]. Assim,

---

[15] Ver: HOVENKAMP, Herbert. "The Antitrust Movement and the Rise of Industrial Organization". *Texas Law Review*, vol. 68, n° 1 (1989), pp. 105-168.

[16] Basicamente no modelo E-C-D o desempenho de uma firma depende da conduta dos agentes econômicos participantes do mercado e que, por sua vez, respondem a estrutura do mercado em questão. Assim, a variável mais relevante era a estrutura do mercado, e mercado com uma estrutura monopolizada ou oligopolizada, por exemplo, produziam condutas e desempenhos em regra ineficientes. Para uma análise mais detalhada ver: CARLTON, Dennis W.; PERLOFF, Jeffrey M. *Modern Industrial Organization*. 4ª ed., Boston: Pearson, 2004, p. 244-288.

[17] De acordo com Hovenkamp: *"Although Warren Era antitrust enforcement policy may seem excessive even in light of these economic views, government enforcement was largely defined by them. For example, the 1968 Justice Department Merger Guidelines of the 1980's and 1990's were based squarely on Bainian views about the relation between competition and market concentration."* HOVENKAMP, Herbert. *Federal Antitrust Policy*: the law of competition and its practice. 3ª ed. St. Paul: West Publishing Co., 2005, p. 59-61.

estava clara a justificativa econômica para intervenções antitruste mais agressivas, inclusive com a quebra de empresas monopolistas como por exemplo a cisão da *Standard Oil* em 34 companhias por decisão da Suprema Corte dos EUA em 1911[18].

Posteriormente as críticas à intervenção antitruste encontraram fundamento no avanço da Escola de Chicago e perda de proeminência política da questão antitruste[19]. Novamente o papel da teoria econômica fica claro, tal como no primeiro manual de Direito Concorrencial da Escola de Chicago, desenvolvido por Richard Posner, que adota a eficiência no seu significado econômico e a teoria econômica do monopólio como guias apropriados para o Direito Concorrencial[20]. Logo, a relevância da teoria econômica ficou ainda mais evidente.

Além da questão da eficiência como objetivo primordial do Direito Concorrencial, alguns outros pontos merecem destaque. A concorrência potencial passou a ter maior relevância e a concentração passou a ser vista não mais como uma produtora necessária de ineficiências, mas também como uma resposta possível à economia de escala e outras especificidades de determinados mercados. Ainda, a visão sobre as barreiras à entrada – antes um obstáculo instransponível que afastaria a concorrência potencial – também foi flexibilizada.

---

[18] *Standard Oil Co. of New Jersey v. United States, 221 U.S. 1 (1911).*

[19] Nesse sentido afirma Hofstadter:"*The 1940's can be seen retrospectively as a watershed in the history of antitrust jurisprudence. Today, anybody who knows anything about the conduct of American business knows that the mangers of large corporations do their business with an eye constantly cast over their shoulders at the Antitrust Division, and that the antitrust enterprise has gone fat to make up for its inability to reverse business concentration by considerable success in affecting business conduct. Antitrust has won its spurs as a useful approach to the problems of large-scale enterprise, and in the western world as a whole it is gaining acceptance.*" (HOFSTADTER, Richard. "What Happened to the Antitrust Movement?" *In* HOFSTADTER, Richard. *The Paranoid Style in American Politics and other essays.* New York: Vintage Books, 2008, pp. 192-193.)

[20] POSNER, Richard. *Antitrust Law:* an economic perspective. Chicago: University of Chicago Press, 1976, pp. 3-7.

No âmbito da teoria jurídica, a obra de Robert Bork[21] foi decisiva ao apontar para um paradoxo: a punição pelo Direito Concorrencial dos ganhos de poder mercado, obtidos por eficiência, anulava os incentivos de mercado que o mesmo Direito Concorrencial visava proteger. Esse raciocínio acabou sendo incorporado na jurisprudência e doutrina concorrencial norte-americanas.

O *Horizontal Merger Guidelines* de 1982 representou a consolidação da Escola de Chicago no Direito Concorrencial, que havia sido iniciada ainda na década de 1960[22]. A proposta desenvolvida pela Escola de Chicago envolve outros aspectos, mas para fins desta análise, estes são suficientes para demonstrar o papel central do movimento da AED também no Direito Concorrencial sob a égide da Escola de Chicago.

Após a apresentação deste panorama histórico, passaremos aos desafios atuais do Direito da Concorrência e à apresentação da principal construção teórica rival a Escola de Chicago.

3. Os Novos Desafios da Defesa da Concorrência

Com base na teoria econômica tradicional utilizada nas mais diversas circunstâncias relacionadas ao antitruste, sempre houve razoável consenso sobre os objetivos da intervenção antitruste na livre iniciativa dos agentes econômicos. Vale dizer que a proteção do bem-estar do consumidor sempre esteve no centro da avaliação moderna do Direito Antitruste.

Para a comunidade Antitruste (acadêmicos, advogados, economistas, os *policy makers*, servidores públicos, autoridades, entre outros) não é difícil observar o avanço das análises e o aumento da complexidade de algumas questões que surgiram nas últimas décadas.

---

[21] BORK, Robert H. *The Antitrust Paradox:* A Policy at War with Itself. New York: Basic Books, 1978.

[22] Ver: FOX, Eleonor M. "The 1982 Merger Guidelines: when economists are kings". *California Law Review*, vol. 71, n° 2 (1983), pp. 281-302.

Assim, conforme explicam Joshua Wright e Douglass Ginsburg, antes de entrarmos na era moderna de "bem-estar do consumidor", a existência de doutrinas "confusas" com tendências populistas levou a análise de casos a resultados quase sempre contraditórios ou insuficientes. Portanto, o amadurecimento dos *standards* que culminou com o padrão de bem-estar do consumidor passou a mitigar resultados que, muitas vezes, eram considerados paradoxais.

Com o avanço da era da economia digital e das novas tecnologias, os objetivos do antitruste e seus *standards* voltam a chamar atenção no século XXI. Afinal, estaria o antitruste apto a lidar com os novos contornos econômicos e com o poder econômico emanado pelas *Big Techs* que surgiram no mercado (*i.e. Amazon, Facebook, Apple, Google, Microsoft*)?

E é dentro deste cenário que surgem os novos desafios do Direito da Concorrência. Assim, tem se fortalecido o chamado "Movimento Antitruste Hipster", originalmente denominado "*Hipster Antitrust*[23]". O referido movimento tem levantado dúvidas não apenas sobre os padrões tradicionais de análise antitruste como também, ao mesmo tempo, marca o retorno do denominado "populismo" na aplicação da lei antitruste.

Tim Wu, por exemplo, alega que a abordagem de bem-estar do consumidor (*consumer welfare approach*) criou limitações ao alcance

---

[23] Ainda, "*Hipster Antitrust* é uma terminologia que fora cunhada pelo advogado Konstantin Medvedovsky em junho de 2017, tendo sido popularizada com o auxílio do ex-conselheiro do FTC, Joshua D. Wright. [...] Medvedovsky chamou atenção mundial ao usar a expressão *Hipster Antitrust* para relacionar as expressivas multas sobre condutas unilaterais anticompetitivas das empresas de tecnologias, impostas pela Comissão Europeia às preocupações dos anos 1960 nos EUA, em que 'ser grande é ruim necessariamente'. *Hipster* expressa, assim, um movimento de retorno, *vintage*". *Cf.* SCHMIDT; Christiane Alkmin J. "Hipster Antitrust: poder de mercado e bem-estar do consumidor na Era da Informação". *JOTA*, 28 dez. 2018. Disponível em: <https://www.jota.info/opiniao-e-analise/colunas/coluna-da-cristiane-alkmin/hipster-antitrust-poder-de-mercado-e-bem-estar-do-consumidor-na-era-da-informacao-28122018>. Acesso em: 16 jul. 2020.

material da legislação antitruste nos EUA[24]. Em sua argumentação, apesar de reconhecer a simplificação que o *consumer welfare approach* trouxe ao processo decisório, Wu questiona a suposta previsibilidade (certeza) e rigor científico atribuídos a essa teoria.[25]

Entretanto, a questão que não parece estar tão claramente respondida é a seguinte: será que o padrão de bem-estar do consumidor fracassou[26]? Bem, em primeiro lugar, cumpre esclarecer que o movimento *Hipster Antitrust* não traz apenas essa questão, mas levanta uma série de problemas sócio-políticos que – supostamente – poderiam ser mitigados pelo direito antitruste. Tais problemas são velhos conhecidos, tais como: i) o aumento da desigualdade[27], ii) as

---

[24] Wu questiona: *"would, in fact, abandoning the "consumer welfare" standard make the antitrust law too unworkable and indeterminate? This concern is well captured by Judge Doug Ginsburg, who is willing to admit doubt that Congress really intended maximization of "consumer welfare" to be the Sherman Act's goal, but who argues that the alternatives used for most of the 20th century created too much leeway and unpredictability. As he complains, "[c]ourts were freely choosing among multiple, incommensurable, and often conflicting values"*. Cf. WU, Tim. "After Consumer Welfare, Now What? The 'Protection of Competition' Standard In Practice". *The Journal of the Competition Policy International*, 2018, p. 1-12. Disponível em: <https://ssrn.com/abstract=3249173>. Acesso em 17 jul. 2020.

[25] Wu afirma: *"Bork offered a calming remedy, with an appealing simplicity and apparent rigor. For Bork's antitrust economics are easy – not easy enough for a schoolchild, but easy enough for a lawyer who does not specialize in antitrust and is looking for a dignified and respectable manner in which to decide, or get rid of, a hard case."* (WU, Tim. *The Curse of Bigness*: antitrust in the new gilded age. New York: Columbia Global Reports, 2018, p. 91).

[26] Veja-se: WU, Tim. *The Curse of Bigness*: antitrust in the new gilded age. New York: Columbia Global Reports, 2018 e KHAN, Lina M. "Amazon's Antitrust Paradox". *Yale Law Journal*, vol. 126, n° 3 (2016), pp. 710-805.

[27] *"The arguments for an antitrust consumer welfare approach are of three general kinds – those derived from legislative history, those derived from principle, and those derived from administrative concerns. The legislative history makes a weak case for consumer welfare, but as between consumer welfare and general welfare the former is a clear winner. Second, arguments from principle do not get us anywhere because they are very sensitive to assumptions. Third, the arguments from administrability strongly favor a consumer welfare approach. That then leaves one question pertaining to wealth inequality. Suppose we start out with the premise that antitrust harm consists in a market-power-driven output reduction. Accepting that competitive markets*

preocupações com diminuições salariais[28] e iii) a concentração do poder político[29].

Ainda que existam diferentes vertentes que possam ser encaixadas no universo do movimento *Hipster Antitrust*, o que tem

---

are conducive to greater wealth equality, hasn't antitrust already done all it can do? [...] the one class of people that would clearly be injured by a policy of advocating lower output on distributional grounds is consumers. They would pay higher prices. Other losers include employees whose jobs would disappear in a lower output market; creditors, landowners, tax authorities, distributors and retailers, all of whom face reduced business when output goes down. In sum, it seems unlikely that a policy of condemning firms who charge lower prices or produce higher quality goods would yield a distribution of wealth any more desirable than a policy of maintaining high output by condemning anticompetitive restraints". HOVENKAMP, Herbert. "Antitrust Policy and Inequality of Wealth". *University of Penn, Inst for Law & Econ Research Paper*, n° 17-26 (out. 2017). De outro ponto de vista, veja-se: *"While competition law is unlikely to take on the same importance as tax, labor, and trade policy for combating inequality, it might be called upon to complement and support those policies. The range of competition policy options set out here can be a useful starting point for a policy debate. Further analysis can identify the advantages and disadvantages of each. In that way, better competition policies can be adopted, if and when the inequality issue reaches the front burner of politics and policy"*. *Cf.* BAKER, Jonathan; SALOP, Steven. "Antitrust, Competition Policy, and Inequality". The *Georgetown Law Journal Online*, vol. 104 (2015), p. 27. Disponível em: <https://scholarship.law.georgetown.edu/cgi/viewcontent.cgi?article=2474&context=facpub> Acesso em: 16 jul. 2020.

[28] Veja-se nos EUA: NAIDU, S.; POSNER, E. A.; WEYL, E. G. "Antitrust Remedies for Labor Market Power". Harvard Law Review, Forthcoming, University of Chicago Coase-Sandor Institute for Law & Economics Research Paper N°. 850, U of Chicago, Public Law Working Paper N°. 665, Columbia Law and Economics Working Paper, 2018. Disponível em: <https://papers.ssrn.com/sol3/papers.cfm?abstract_id=3129221>. Acesso em 16 jul. 2020. No Brasil, vale observar RIVERA, Amanda A. L., M.; DOMINGUES, Juliana O.; SOUSA, Nayara M. S. e. "O improvável encontro do direito trabalhista com o direito antitruste". *Revista do IBRAC*, vol. 24, n° 2 (2018), pp. 65-93. Ver também: DOMINGUES, Juliana O.; RIVERA, Amanda. A. L; MENDONÇA; Nayara. "Acordos de não contratação: o antitruste e o Direito do Trabalho". *Jota*, 17 abr. 2019.

[29] Veja-se: WU, Tim. *The Curse of Bigness*: antitrust in the new gilded age. New York: Columbia Global Reports, 2018. Veja-se, também: PITOFSKY, Robert. "The Political Content of Antitrust". *University of Pennsylvania Law Review*, vol. 127, n° 4 (1979), pp. 1051-1075.

motivado fortemente os debates são as discussões decorrentes das novas demandas da quarta revolução industrial[30]. Isto é, não se imaginava à época da promulgação do *Sherman Act* que a posse de dados, por exemplo, poderia traduzir um ganho que viesse a reforçar o poder de mercado de alguns agentes econômicos no século XXI *em detrimento ao bem-estar do consumidor*, e, mais ainda, *não exatamente sob o formato de preço mais elevado do bem ofertado ou do serviço prestado*[31].

O movimento também conhecido como *"New Brandeis Movement*[32]*"* tem ganhado adesão e chamado atenção da comunidade antitruste com os recentes movimentos de concentração econômica que motivam diversas investigações às *chamadas Big Techs* em diversas jurisdições. Nesse sentido, verificamos um grande número de acadêmicos entusiasmados, assim como intelectuais, e até mesmo membros do Congresso norte-americano, que passaram a defender ideias que fogem dos *standards* tradicionais[33].

---

[30] Sobre o tema no Brasil, veja-se: GABAN, Eduardo; DOMINGUES; Juliana Oliveira; MIELE, Aluisio; SILVA, Breno Fraga. *Direito Antitruste 4.0*. São Paulo: Singular, 2019.

[31] SCHMIDT; Christiane Alkmin J. "Hipster Antitrust: poder de mercado e bem-estar do consumidor na Era da Informação". *JOTA*, 28 dez. 2018. Disponível em: <https://www.jota.info/opiniao-e-analise/colunas/coluna-da-cristiane-alkmin/hipster-antitrust-poder-de-mercado-e-bem-estar-do-consumidor-na-era-da-informacao-28122018>. Acesso em: 16 jul. 2020.

[32] *"According to Lynn, there are two competing antitrust traditions, one personified by Judge Bork that embraced the "Chicago School" of economics, and a second tradition that is encapsulated in the work of Louis Brandeis. Since publication of Lynn's book, there has been an avalanche of literature critical of the Chicago School and advocating more active antitrust enforcement. This movement has come to be known as the New Brandeis School or the New Brandeisians. The New Brandeisians has emphasized two major themes. First, Robert Bork's goal of consumer welfare has led antitrust jurisprudence astray and has resulted in misguided policy that has done economic damage to the American economy. Second, the New Brandeisians believe that the kind of aggressive antitrust enforcement reminiscent of the 1960s could be a potent remedy to many of these problem"*. GLICK, Mark. "The Unsound Theory Behind the Consumer (and Total) Welfare Goal in Antitrust". *Roosevelt Institute Working Paper*, 2018. Disponível em: <https://rooseveltinstitute.org/wp-content/uploads/2018/11/The-Unsound-Theory-Behind-the-Consumer-and-Total-Welfare-Goal-in-Antitrust-final-1.pdf>. Acesso em 16 jul. 2020.

[33] No ano de 2019 foram diversas as notícias na mídia especializada sobre o tema. *Cf.* NICAS, Jack; MCCABE, David. «Congress asks more yhan 80 companies for Big

De um lado, há quem defenda que o movimento *Hipster Antitrust* significa a total rejeição à metodologia econômica e da política baseada em evidências[34] em razão de premissas como "grande é ruim". De outro, há quem defenda que se trata de um momento oportuno para colocar a AED no centro para um possível refinamento, ou adaptação, diante das mudanças promovidas pela economia digital[35].

De fato, todo momento de crise promove profundas reflexões e é importante observar que a legislação antitruste sempre se mostrou como um instrumento importante em qualquer democracia[36].

Tech Complaints». *The New York Times*. 20 set. 2019. Disponível em: <https://www.nytimes.com/2019/09/20/technology/house-antitrust-investigation-big-tech.html>. Acesso em: 17 jul. 2020, ou BARTZ, Diane. «Congressional antitrust panel to discuss Big Tech competition». *Reuters*. 3 set. 2019. Disponível em: <https://www.reuters.com/article/us-usa-congress-tech/congressional-antitrust-panel-to-discuss-big-tech-competition-idUSKCN1VO2D9>. Acesso em 17 jul. 2020.

[34] Em adição, Wright e Ginsburg: *"The promotion of economic welfare as the lodestar of antitrust laws— to the exclusion of social, political, and protectionist goals—transformed the state of the law and restored intellectual coherence to a body of law Robert Bork had famously described as paradoxical. Indeed, there is now widespread agreement that this evolution toward welfare and away from noneconomic considerations has benefitted consumers and the economy more broadly."* WRIGHT, Joshua D.; GINSBURG, Douglas H. "The Goals of Antitrust: Welfare Trumps Choice". *Fordham Law Review*, vol. 81 (2013). Disponível em: < https://www.ftc.gov/sites/default/files/documents/public_statements/goals-antitrust-welfare-trumps-choice/130320goalsofantitrustbp4.pdf>. Acesso em: 16 jul. 2020.

[35] *"New voices have emerged. Issues long considered settled have been opened for re-examination. Lively debate has prompted antitrust stakeholders to re-evaluate familiar concepts like 'consumer welfare'. Some have welcomed this opportunity for self-reflection. But it has also been greeted with a different set of responses that seem more likely to stifle debate than to encourage it. These include charges of 'populism', fallacious criticisms, and a refusal to engage with the core arguments of the new progressives, who are labeled as 'Hipster Antitrust'."* Cf. NEWMAN, John M. "Reactionary Antitrust". *Concurrences Revue*, n° 4 (2019), pp. 66-72. Disponível em: <https://ssrn.com/abstract=3454807>. Acesso em 16 jul. 2020.

[36] Neste sentido: DOMINGUES, Juliana Oliveira; GABAN, Eduardo Molan. "Livre Iniciativa, Livre Concorrência e Democracia: Valores Indissociáveis do Direito Antitruste?" In NUSDEO, Fábio (coord.); PINTO, Alexandre Evaristo (org.). *A Ordem Econômica Constitucional – Estudos em celebração ao 1° Centenário da Constituição de Weimar*. São Paulo: Revista dos Tribunais, 2019, pp. 111 – 130.

A criação de uma política de defesa da concorrência pavimenta um ambiente mais competitivo e a busca de maior concorrência nos mercados. Não sem razão, na prática, as leis de defesa da concorrência coíbem não apenas abusos, mas também podem limitar uma concentração excessiva de poder econômico. Mirando brevemente o passado, ao colocarmos no centro de análise o histórico dos EUA, casos como *Standard Oil* e *U.S. Steel* refletem, claramente, como funciona a relação entre concentração econômica e poder econômico[37], e denotam a importância do antitruste como mecanismo de controle.

A era digital possui características e dinâmicas próprias que desafiam os padrões tradicionais até então utilizados. Vemos por exemplo situações que sequer passam pelas autoridades, uma vez que diversas empresas tecnológicas ou *mavericks* não possuem faturamento suficiente para se subsumir ao crivo do controle de estruturas[38] das autoridades que aplicam o Direito Antitruste. E é nesse cenário que novas questões emergem, pois verificamos um aumento de teóricos que argumentam que a AED limitaria tanto a compreensão quanto

---

[37] DOMINGUES, Juliana Oliveira; GABAN, Eduardo Molan. "Livre Iniciativa, Livre Concorrência e Democracia: Valores Indissociáveis do Direito Antitruste?" *In* NUSDEO, Fábio (coord.); PINTO, Alexandre Evaristo (org.). *A Ordem Econômica Constitucional – Estudos em celebração ao 1º Centenário da Constituição de Weimar.* São Paulo: Revista dos Tribunais, 2019, pp. 111-130.

[38] Conforme Domingues (2019): "Na tradicional análise antitruste, as questões que emergem não são simples de endereçamento mesmo quando se trata de controle prévio. Note-se, por exemplo, que as leis antitruste possuem critérios de faturamento para determinar obrigatoriedade, ou não, de submissão de operações empresariais. Entretanto, os critérios tradicionais podem ser incapazes de detectar problemas de monopolização, como é o caso de algumas das *Big Techs*. A aquisição do *WhatsApp* pelo *Facebook* é um bom exemplo: uma operação avaliada em mais de US$ 20 bilhões, mas que não despertou a atenção das autoridades antitruste, inclusive do Cade (onde sequer precisou ser notificada em razão do baixo faturamento do *WhatsApp*), uma vez que não cumpria os critérios da nossa lei antitruste. Vale recordar que, em 2012, antecipamos o problema no artigo "Nova lei antitruste permitirá a criação de monopólios". *Cf.* DOMINGUES, Juliana Oliveira. "Big Techs e o Direito Antitrsute 4.0". *Folha de São Paulo*, 13 jun. 2019.

a análise da concorrência em alguns mercados, favorecendo a concentração de poder de grandes empresas de tecnologia.

Entretanto, seria correta a presunção de que a AED seria incapaz de responder a esses desafios? Ou, dito de outra forma, seriam tais críticas à AED (especialmente aplicadas ao Direito Antitruste) e à Escola de Chicago, suficientes para afirmar uma fragilidade do modelo econômico eficientista?

Ao que parece, alguns autores partem de pressupostos e premissas relacionadas à ausência de neutralidade política e de racionalidade em muitas decisões dos agentes econômicos. Entretanto, não podemos negar que o *Law and Economics* é muito abrangente em seu escopo, uma vez que não apenas propõe políticas públicas, mas acaba por indicar um processo de interpretação do direito baseado em critérios de eficiência[39].

Se de um lado o *New Brandeis Movement* nos provoca a refletir sobre os fundamentos do antitruste e coloca em dúvida as premissas até então adotadas, de outro também provoca a defesa dos padrões tradicionais por grupos respeitados. Hovenkamp[40], Orbach e Rebling[41], Whrigt e Ginsburg, por exemplo, defendem os pressupostos da Escola de Chicago e a orientação de Bork. Regra geral, sustentam que a *análise* deve se basear em critérios econômicos objetivos e mensuráveis. Além disso, o bem-estar do consumidor e o combate às práticas anticompetitivas devem ser os focos centrais sem se basear unicamente no tamanho das empresas[42].

---

[39] O critério de eficiência potencial de Pareto, também chamado de critério de Kaldor-Hicks, tem como pressuposto que na alocação de recursos a compensação aos perdedores deveria partir dos vencedores, ou seja, uma decisão eficiente *(i.e.* com base em Kaldor-Hicks) deve permitir uma compensação à perda de bem-estar dos "agentes" prejudicados.

[40] HOVENKAMP, Herbert. "Antitrust Policy and Inequality of Wealth". *University of Penn, Inst for Law & Econ Research Paper*, n° 17 – 26 (out. 2017)..

[41] ORBACH, B; REBLING, G. "The antitrust curse of bigness". *Southern California Law Review*, vol.85, n° 11 (2012), pp. 605-655.

[42] HOVENKAMP, Herbert. "Antitrust Policy and Inequality of Wealth". *University of Penn, Inst for Law & Econ Research Paper*, n° 17 – 26 (out. 2017), p. 2.

Em sentido oposto temos autores da linha *new brandeis* ,como Khan e Bogus, que defendem um novo paradigma antitruste. Aliás, a proposta de Bogus é instigante, pois o autor reforça a necessidade de estudo das eficiências de mercado e da manutenção do bem--estar do consumidor em casos com pressupostos para o exercício do poder econômico consolidado, mas defende, ao mesmo tempo, a consideração às consequências econômicas e possíveis efeitos sócio-políticos[43]. Claramente há um pano de fundo em seus argumentos que busca conter o tamanho das empresas[44],o que o coloca em desacordo com a linha mais tradicional.

Certamente são grandes os desafios para o enfrentamento dos monopólios e das concentrações econômicas nos mercados digitais, o que vem despertando atenções necessárias das autoridades, da comunidade acadêmica em geral (e global), e das organizações internacionais (OCDE, ICN, UNCTAD entre outras). Entretanto, se partirmos de uma proposta baseada em evidências, aparentemente a onda *hipster* carece de instrumentos seguros que fundamentem suas reivindicações (afinal tudo deve ser enfrentado como um problema antitruste?[45]). Portanto, por mais carismática que sejam as propostas,

---

[43] BOGUS, C. "The new road of serfdom: the curse of bigness and the failure of antitrust". *University of Michigan Journal of Law Reform*, vol. 49, n° 1 (2015). pp. 1-120.

[44] Em Estudo anterior tratando da discussão aquecida nos EUA sobre *se fake news* deveria, ou não, ser um problema enfrentado pelo antitruste destacamos que "[...] vale a pena recuperar a discussão trazida por Pitofsky no final da década de 70, cuja visão era ampliada sobre a abrangência do antitruste ao se posicionar pela necessidade de "reconhecer que os critérios não econômicos e políticos devem ser assimilados pelo instrumental antitruste como passíveis de aplicação". DOMINGUES; Juliana O.; SILVA, B. M. "Fake news: um desafio ao antitruste?". *Revista de Defesa da Concorrência*. Brasília, vol. 06 (2018). Disponível em: <http://revista.cade.gov.br/index.php/revistadedefesadaconcorrencia/article/view/411> Acesso em: 17 jul. 2020.Veja-se também: PITOFSKY, Robert. "The Political Content of Antitrust". *University of Pennsylvania Law Review*, vol. 127, n° 4 (1979), pp. 1051-1075. p. 20-21.

[45] Trata-se de questão também enfrentada no artigo: DOMINGUES; Juliana O.; SILVA, B. M. "Fake news: um desafio ao antitruste?". *Revista de Defesa da Concorrência*. Brasília, vol. 06 (2018). Disponível em: <http://revista.cade.gov.br/index.php/revistadedefesadaconcorrencia/article/view/411> Acesso em: 17 jul. 2020

existem perigos não desprezíveis – e históricos – ao se buscar uma abordagem antitruste mais populista e menos fundada em instrumentos seguros de análise.

4. Novas Contribuições da AED na Defesa da Concorrência

Os novos desafios trazidos pelo cenário econômico atual e a proposta do movimento neobrandeiseano não afastam a relevância da teoria econômica no Direito Antitruste e tampouco o papel da AED. Afinal, a AED como movimento teórico não se resume a sua versão fundacional Posneriana e atualmente é bastante plural, incorporando propostas teóricas diversas, tais como a economia comportamental, a *public choice*, a economia dos custos de transação, o institucionalismo original e a economia experimental. Assim, o eventual rompimento da ligação historicamente muito próxima entre o paradigma do bem-estar do consumidor com a AED Posneriana, uma vez que ambas foram gestadas na Escola de Chicago, não significa que outras perspectivas de AED não sejam necessárias no Direito Concorrencial pós-Chicago.

Afinal, os desafios da economia atual, seja em função dos mercados digitais, *dos mavericks* ou dos mercados de plataforma, podem ser melhor tratados pelo Direito Concorrencial por meio da teoria econômica.

A compreensão desta nova realidade também envolve conceitos e uma problemática que tem sido objeto de análise pela teoria econômica. Por exemplo analisar a capacidade inovativa e possibilidade de abertura de novos mercados em função de novas tecnologias, com a flexibilização da definição de mercado relevante ou mesmo da participação de mercado no caso de empresas inovadoras com as *mavericks*, não implica um afastamento da teoria econômica ou mesmo do movimento da AED. O fenômeno da inovação e sua capacidade de destruição criativa envolvem conceitos e são melhor compreendidos por meio da teoria econômica.

Mesmo na perspectiva neobrandeiseana em que se propõe o avanço do papel de variáveis não tão tipicamente econômicas, como a concentração do poder político das grandes corporações, não leva necessariamente a uma fuga da teoria econômica. Afinal, a mensuração dos custos sociais da concentração de poder político pode ser trabalhada por meio da *public choice* e do conceito de *rent-seeking*[46]. Assim, mesmo que a teoria econômica passe a conviver com questões de cunho mais político, ela ainda continuará a desempenhar um papel relevante no Direito Concorrencial.

Por fim, mesmo a crítica à eficácia do Direito Antitruste no contexto da economia atual e de forma geral, traz a aplicação das questões referentes a *public choice*. Um ponto inicial diz respeito à possibilidade de captura das autoridades antitruste e como isso pode afetar a efetividade da imposição das normas antitruste[47]. Trata-se de questão relevante, uma vez que, em geral, as críticas de captura das autoridades regulatórias são feitas de forma a tratar as autoridades concorrenciais como uma exceção. Todavia, não há razão teórica para que se pense que as autoridades antitruste são imunes aos riscos de captura e não deva existir uma governança apta a minimizar este risco.

Ainda, com os avanços da economia comportamental e o ganho de relevância na teoria econômica, o seu uso também no Direito Concorrencial, apesar do ceticismo de parcela da literatura[48], tem

---

[46] O conceito *de rent-seeking* foi desenvolvido por Tullock em: TULLOCK, Gordon. "The welfare costs of tariffs, monopolies, and theft". *Western Economic Journal*, vol. 5, n° 3 (1967), pp. 224-232.

[47] Nesse sentido afrma TOLISSON: *"What forces, then, guide antitrust decisions? There are at present only hints at the answer to this question, which has been largely ignored by the industrial organization community. Most discussions of antitrust policy still rest on the benign assumption that antitrust decision makers are disinterested maximizers of the public interest (whatever this may mean) rather than on the public choice assumption of self-interested regulators and politicians. In my opinion, industrial organization scholars need to spend less time on normative discussions of antitrust policy and more time on the positive issues associated with the behavior of antitrust enforcers"*. (TOLLISON, Robert D. "Antitrust in the Regan Administration: a report from the belly of the beast". *International Journal of Industrial Organization*, vol. 1, n° 2 (1983), p. 220.)

[48] Para uma avaliação crítica da utilidade da economia comportamental ver: WRIGHT, Joshua D.; STONE II, Judd E. "Misbehavioral Economics: the case against Behavioral Antitrust". *Cardozo Law Review*, vol. 33, n° 4 (2012), pp. 1517-1553.

sido objeto de atenção e debate. Afinal, relaxar a hipótese de que as firmas são racionais e maximizadoras implica em um rompimento com a teoria econômica que fundamenta o Direito Antitruste.

Por outo lado, a construção pelas autoridades antitruste de formas mais realistas de análise do comportamento das firmas pode ser bastante benéfica, tanto à análise de condutas e estruturas, quanto à eficácia de remédios. Por exemplo, ao relaxar a hipótese de racionalidade na perspectiva da economia comportamental, uma opção padrão pode ser vista como uma barreira à entrada, em função da heurística do consumidor e um comportamento que, na análise tradicional, não seria considerado anticompetitivo passa a ser[49]. Ainda, a mera forma pela qual uma informação é apresentada para o consumidor pode afetar os seus efeitos concorrenciais, o que pode permitir que a análise de uma conduta, ou mesmo a eficácia de um remédio, seja aperfeiçoada.

Existem outras contribuições potenciais da AED para o Direito Concorrencial no contexto da economia atual, mas estas são suficientes para ilustrar o raciocínio aqui exposto.

Conclusões

A relação entre a AED e o Direito da Concorrência é bastante próxima e a teoria econômica sempre desempenhou um papel central neste ramo jurídico desde a sua gênese. Em realidade, o surgimento do movimento *Law and Economics* e o início do Direito Concorrencial estão interligados. Isso pode ser observado tanto no período de prevalência da Escola de Harvard, e de maior imposição antitruste, quanto com a consolidação do paradigma do *consumer welfare* como núcleo duro do Direito Concorrencial na perspectiva da Escola de Chicago. Apesar da vitória da Escola de Chicago ter elevado

---

[49] Para uma defesa da relevância da economia comportamental no Direito Concorrencial atual ver: STUCKE, Maurice E. "Behavioral Antitrust and Monopolization". *Journal of Competition Law and Economics*, vol. 8, n° 3 (2012), pp. 545-574.

os argumentos econômicos à posição de argumentos decisivos no Direito Concorrencial, nem sempre eles tiveram relevância na área.

Entretanto, as críticas à proposta original da Escola de Chicago avançam tanto no Direito Concorrencial quanto movimento de *Law and Economics* ou AED. Na AED pode-se afirmar que o momento pós-Chicago se encontra mais consolidado e a convivência com abordagens rivais não tem sido objeto de grande resistência, mesmo que os defensores da AED Posneriana continuem a ocupar um espaço relevante na AED. Por exemplo, o avanço recente da AED comportamental tem levado ao movimento de incorporação dos vieses comportamentais, e não necessariamente a defesa irrestrita da racionalidade, típica da Escola de Chicago.

Por outro lado, no Direito Concorrencial, a transição para o momento pós-Chicago tem sido objeto de maior resistência tanto das autoridades antitruste quanto da literatura especializada. Apesar da literatura indicar que mesmo pesquisadores liberais e alguns mais conservadores passaram a entender que são insuficientes os objetivos traçados por Bork no final da década de 1970,[50] a defesa do *consumer welfare* encontra bastante espaço no debate atual.

É um fato, também, que mesmo dentro da divisão antitruste do Departamento de Justiça dos EUA há aspectos do movimento *New Brandeis* que têm sido observados para um avanço das discussões relacionadas às *Big Techs*. Werden (2018) explica que a *New Brandeis School* também motivou o debate sobre duas questões fundamentais: i) as fontes e o conjunto de valores que devem permear o antitruste; e ii) os critérios que devem guiar os casos. A Escola de Chicago tem respondido corretamente à primeira pergunta, isto é, a economia parece ser melhor caminho do que a política populista para a orientação e formulação de regras antitruste. Na linha do defendido por Bork: "Abandonar a teoria econômica é abandonar a possibilidade de uma lei antitruste racional." o que é especialmente preocupante diante dos recursos finitos e escolhas que precisam ser realizadas.

---

[50] CRANE, Daniel. "Antitrust's Unconventional Politics". *Virginia Law Review Online*, vol. 118 (2018), pp. 118-135.

Com relação à segunda questão, a complexidade é maior e os critérios da Escola de Chicago abrem espaço para as propostas do movimentoneobrandeiseano , especialmente em temas envolvendo os mercados digitais onde o enfoque nos indicadores de desempenho do mercado pode tornar o antitruste menos eficaz na proteção da concorrência.

Portanto, observa-se que nem os antecessores da Escola de Chicago e tampouco a principal alternativa atual defendem um abandono da teoria econômica no Direito Concorrencial. O movimento neobrandeiseano , em realidade, questiona a capacidade de adaptação do instrumental econômico da Escola de Chicago aos desafios da economia atual. Ainda, para superar este desafio entende necessário o desenvolvimento de novos instrumentos econômicos e, de forma conjunta, a reinclusão de questões excluídas pelo *consumer welfare*, tais como a influência política das grandes corporações e a capacidade inovativa das firmas.

Neste contexto, vivemos um momento ímpar para a AED do Direito Concorrencial, já que segue aquecida a discussão sobre quais os valores e premissas que serão utilizados para adaptar o Direito Concorrencial aos seus novos desafios. Contudo, mesmo que alguns desses critérios deixem ser de exclusivamente econômicos, não há dúvida que a teoria econômica e a AED, não apenas continuarão a desempenhar um papel relevante no Direito Concorrencial, como também serão decisivas na busca pela eficácia do Direito Concorrencial nos desafios surgidos na economia atual.

Referências

BAKER, Jonathan; SALOP, Steven. "Antitrust, Competition Policy, and Inequality". The *Georgetown Law Journal Online*, vol. 104 (2015). Disponível em: <https://scholarship.law.georgetown.edu/cgi/viewcontent.cgi?article=2474&context=facpub> Acesso em: 16 jul. 2020.

BARTZ, Diane. «Congressional antitrust panel to discuss Big Tech competition». *Reuters*. 3 set. 2019. Disponível em : <https://www.reuters.com/

article/us-usa-congress-tech/congressional-antitrust-panel-to-discuss-big-tech-competition-idUSKCN1VO2D9>. Acesso em 17 jul. 2020.

BERGH, Roger Van der. "The Growth of Law and Economics in Europe". *European Economic Review*, vol. 40, nº 3 (1996), pp. 969-977.

BLAIR, Roger D.; SOKOL, Daniel. "The Rule of Reason and the goals of Antitrust: an economic approach". *Antitrust Law Journal*, vol. 78, nº 2 (2012), pp. 471 - 504.

BOGUS, C. "The new road of serfdom: the curse of bigness and the failure of antitrust". *University of Michigan Journal of Law Reform*, vol. 49, nº 1 (2015). pp. 1 – 120.

BORK, Robert H. *The Antitrust Paradox:* A Policy at War with Itself. New York: Basic Books, 1978.

CARLTON, Dennis W.; PERLOFF, Jeffrey M. *Modern Industrial Organization*. 4ª ed., Boston: Pearson, 2004.

CRANE, Daniel. "Antitrust's Unconventional Politics". *Virginia Law Review Online*, vol. 118 (2018), pp. 118 - 135.

CRANE, Daniel A. "The tempting of Antitrust: Robert Bork and the Goals of Antitrust Policy". *Antitrust Law Journal*, vol. 79, nº 3 (2014), pp. 835 - 853.

CRANE, Daniel A. "Technocracy and Antitrust". *Texas Law Review,* vol. 86, nº 6 (2008), pp. 1159 - 1221.

DOMINGUES, Juliana Oliveira; GABAN, Eduardo Molan. "Livre Iniciativa, Livre Concorrência e Democracia: Valores Indissociáveis do Direito Antitruste?" *In* NUSDEO, Fábio (coord.); PINTO, Alexandre Evaristo (org.). *A Ordem Econômica Constitucional – Estudos em celebração ao 1º Centenário da Constituição de Weimar*. São Paulo: Revista dos Tribunais, 2019, pp. 111 – 130.

DOMINGUES, Juliana Oliveira. "Big Techs e o Direito Antitrsute 4.0". *Folha de São Paulo*, 13 jun. 2019. Disponível em: <https://www1.folha.uol.com.br/opiniao/2019/06/big-techs-e-o-direito-antitruste-40.shtml> Acesso em: 16 jul. 2020.

DOMINGUES, Juliana O.; RIVERA, Amanda. A. L; MENDONÇA; Nayara. "Acordos de não contratação: o antitruste e o Direito do Trabalho". *Jota*, 17 abr. 2019. Disponível em: < https://www.jota.info/paywall?redirect_to=//www.jota.info/opiniao-e-analise/artigos/acordos-de-nao-contratacao-o-antitruste-e-o-direito-do-trabalho-17042019>. Acesso em: 16 jul. 2020.

DOMINGUES; Juliana O.; SILVA, B. M. "Fake news: um desafio ao antitruste?". *Revista de Defesa da Concorrência*. Brasília, vol. 06 (2018). Disponível em: http://revista.cade.gov.br/index.php/revistadedefesa-daconcorrencia/article/view/411. Acesso em: 17 jul. 2020..

DORSEY, E.; RYBNICEK, J.; WRIGHT, J. D. "Hipster antitrust meets public choice economics: The consumer welfare standard, rule of law, and rent-seeking". *George Mason Law & Economics Research Paper*, n° 18-20 (abr. 2018). Disponível em: < https://papers.ssrn.com/sol3/papers.cfm?abstract_id=3165192>. Acesso em 16 jul. 2020.

FOX, Eleonor M. "The 1982 Merger Guidelines: when economists are kings". *California Law Review*, vol. 71, n° 2 (1983), pp. 281 - 302.

FOX, E. M.; CRANE, D. *Global Issues in Antitrust and Competition Law*. New York: West, 2010.

GABAN, Eduardo; DOMINGUES; Juliana Oliveira; MIELE, Aluisio; SILVA, Breno Fraga. *Direito Antitruste 4.0*. São Paulo: Singular, 2019.

GABAN, Eduardo; DOMINGUES, Juliana. *Direito Antitruste*. 4ª ed. São Paulo: Saraiva, 2016

GLICK, Mark. "The Unsound Theory Behind the Consumer (and Total) Welfare Goal in Antitrust". *Roosevelt Institute Working Paper*, 2018. Disponível em: <https://rooseveltinstitute.org/wp-content/uploads/2018/11/The-Unsound-Theory-Behind-the-Consumer--and-Total-Welfare-Goal-in-Antitrust-final-1.pdf>. Acesso em 16 jul. 2020.

HOFSTADTER, Richard. *The Paranoid Style in American Politics and other essays*. New York: Vintage Books, 2008.

HOVENKAMP, Herbert. "Antitrust Policy after Chicago". *Michigan Law Review*, vol. 84, n° 2 (1985), pp. 213 - 284.

HOVENKAMP, Herbert. "The Antitrust Movement and the Rise of Industrial Organization". *Texas Law Review*, vol. 68, n° 1 (1989), pp. 105 - 168.

HOVENKAMP, Herbert. *Federal Antitrust Policy*: the law of competition and its practice. 3ª ed. St. Paul: West Publishing Co., 2005.

HOVENKAMP, Herbert. "Antitrust and innovation: where we are and where we should be going". *Antitrust Law Journal*, vol. 77, n° 3 (2011), pp. 749 - 756.

HOVENKAMP, Herbert. "The First Great Law & Economics Movement". *Stanford Law Review*, vol. 42, n° 1(1990), pp. 993 - 1058.

HOVENKAMP, Herbert. "Antitrust Policy and Inequality of Wealth". *University of Penn, Inst for Law & Econ Research Paper*, n° 17 – 26 (out. 2017).

KHAN, Lina M. "Amazon's Antitrust Paradox". *Yale Law Journal*, vol. 126, n° 3 (2016), pp. 710 - 805.

KOVACICI, William E.; SHAPIRO, Carl. "Antitrust Policy: a century of economic and legal thinking". *Journal of Economic Perspectives*, vol. 14, n° 1 (2000), pp. 43 - 60.

LANDES, William M. "The Empirical Side of Law and Economics". *University of Chicago Law Review*, vol. 70, n° 1 (2003), pp. 167 - 180.

LANDES, William M.; POSNER, Richard A. "The Influence of Economics on Law: a quantitative Study". *Journal of Law and Economics*, vol. 36, n° 1 (1993), pp. 385 - 424.

MAY, James. "Antitrust in the Formative Era: Political and Economic Theory in Constitutional and Antitrust Analysis, 1880-1918". *Ohio State Law Journal*, vol. 50, n° 2 (1989) pp. 257 - 395.

MILLON, David. "The First Antitrust Statute". *Washburn Law Journal*, vol. 29, n° 2 (1990), pp.141 - 149.

NAIDU, S.; POSNER, E. A.; WEYL, E. G. "Antitrust Remedies for Labor Market Power". Harvard Law Review, Forthcoming, University of Chicago Coase-Sandor Institute for Law & Economics Research Paper N°. 850, U of Chicago, Public Law Working Paper N°. 665, Columbia Law and Economics Working Paper, 2018. Disponível em: <https://papers.ssrn.com/sol3/papers.cfm?abstract_id=3129221>. Acesso em: 16 jul. 2020.

NEWMAN, John M. "Reactionary Antitrust". *Concurrences Revue*, n° 4 (2019), pp. 66 - 72. Disponível em: <https://ssrn.com/abstract=3454807>. Acesso em: 16 jul. 2020.

NICAS, Jack ; MCCABE, David. «Congress asks more yhan 80 companies for Big Tech Complaints». *The New York Times*. 20 set. 2019. Disponível em : <https://www.nytimes.com/2019/09/20/technology/house-antitrust-investigation-big-tech.html>. Acesso em: 17 jul. 2020

OHLHAUSEN; Maureen K. "Antitrust Enforcement in the Digital Age". *Remarks Before the Global Antitrust Enforcement Symposium*. Georgetown University, *2017*. Disponível em: < https://www.ftc.gov/system/files/documents/public_statements/1253163/georgetown_mko_9-11-17.pdf>. Acesso em: 17 jul. 2020.

ORBACH, B; REBLING, G. "The antitrust curse of bigness". *Southern California Law Review*, vol. 85, nº 11 (2012), pp. 605 - 655.
POSSAS, Mario Luiz (coord.). *Ensaios sobre economia e direito da concorrência*. São Paulo: Singular, 2002.
PITOFSKY, Robert. "The Political Content of Antitrust". *University of Pennsylvania Law Review*, vol. 127, nº 4 (1979), pp. 1051 - 1075.
POSNER, Richard. *Antitrust Law:* an economic perspective. Chicago: University of Chicago Press, 1976.
POSNER, Richard. *Economic Analysis of Law*. Boston: Little, Brown and Company, 1973.
REEVES, Amanda P.; STUCKE, Maurice E. "Behavioral Antitrust". *Indiana Law Journal*, vol. 86, nº 4 (2011), pp. 1527 - 1586.
RIVERA, Amanda A. L., M.; DOMINGUES, Juliana O.; SOUSA, Nayara M. S. e. "O improvável encontro do direito trabalhista com o direito antitruste". *Revista do IBRAC*, vol. 24, nº 2 (2018), pp. 65-93.
SALGADO, Lucia Helena. A *Economia Política da Ação Antitruste*. São Paulo: Singular, 1997.
SCHMIDT; Christiane Alkmin J. "Hipster Antitrust: poder de mercado e bem-estar do consumidor na Era da Informação". *JOTA*, 28 dez. 2018. Disponível em: <https://www.jota.info/opiniao-e-analise/colunas/coluna-da-cristiane-alkmin/hipster-antitrust-poder-de-mercado-e-bem-estar-do-consumidor-na-era-da-informacao-28122018>. Acesso em: 16 jul. 2020.
SHELANSKI, Howard A. "Information, Innovation, and Competition Policy for the Internet". *University of Pennsylvania Law Review*, vol. 161, nº 4 (2013), pp. 1663 - 1705.
STUCKE, Maurice E. "Behavioral Antitrust and Monopolization". *Journal of Competition Law and Economics*, vol. 8, nº 3 (2012), pp. 545 - 574.
TOLLISON, Robert D. "Antitrust in the Regan Administration: a report from the belly of the beast". *International Journal of Industrial Organization*, vol. 1, nº 2 (1983), pp. 211 - 221.
TULLOCK, Gordon. "The welfare costs of tariffs, monopolies, and theft". *Western Economic Journal*, vol. 5, nº 3 (1967), pp. 224 – 232.
TREBILCOCK, Michael J.; WINTER, Ralf A.; COLLINS, Paul; IACOBUCCI, Edward M. *The Law and Economics of Canadian Competition Policy*. Toronto: University of Toronto Press, 2002.

VISCUSI, W. Kip; VERNON, John M.; HARRINGTON JR, Joseph E. *Economics of Regulation and Antitrust*. 4ª ed. Cambridge: The MIT Press, 2005.

WRIGHT, Joshua D.; GINSBURG, Douglas H. "The Goals of Antitrust: Welfare Trumps Choice". *Fordham Law Review*, vol. 81 (2013). Disponível em: < https://www.ftc.gov/sites/default/files/documents/public_statements/goals-antitrust-welfare-trumps-choice/130320goalsofantitrustbp4.pdf>. Acesso em: 16 jul. 2020.

WRIGHT, Joshua D.; STONE II, Judd E. "Misbehavioral Economics: the case against Behavioral Antitrust". *Cardozo Law Review*, vol. 33, nº 4 (2012), pp. 1517 - 1553.

WU, Tim. "After Consumer Welfare, Now What? The 'Protection of Competition' Standard In Practice". *The Journal of the Competition Policy International*, 2018, p. 1-12. Disponível em: <https://ssrn.com/abstract=3249173>. Acesso em 17 jul. 2020.

WU, Tim. *The Curse of Bigness*: antitrust in the new gilded age. New York: Columbia Global Reports, 2018.

Capítulo 5
Direito Tributário e Análise Econômica: uma Introdução Atualizada

Cristiano Carvalho

1. Introdução

O movimento de Direito e Economia no Brasil teve início pelos idos de 2004 com um pequeno grupo de professores, juristas e economistas, predominantemente dos Estados do Rio Grande do Sul e de São Paulo, que, ao organizar as primeiras publicações e eventos dedicados ao tema, passaram a interagir e a formar laços acadêmicos e pessoais.

Passados mais de 15 anos, esses primeiros passos frutificaram em dezenas de congressos, simpósios, dissertações de mestrado e teses de doutorado, artigos publicados no Brasil e no exterior, além de precedentes em diversos tribunais, inclusive os superiores, citando e aplicando Análise Econômica do Direito. A curva de crescimento, desde então, evoluiu de forma exponencial, solidificando esta que é, ao mesmo tempo, uma grande escola de pensamento jurídico e um método de análise extremamente potente.

Desde aquele começo estive estudando e aplicando esta ferramenta para a minha área específica, acadêmica e profissional, que é a tributação. De fato, não obstante, o Direito e Economia sejam métodos aplicáveis a todo e qualquer ramo jurídico, a verdade é que em seus primórdios, na primeira metade de século passado, a teoria econômica passou a ser empregada primeiro nos segmentos do antitruste e da tributação provavelmente por serem, à primeira vista, os mais próximos a situações que envolvam finanças e impactos no mercado.

Por incrível que pareça, a tradição tributária brasileira, ao contrário, por exemplo, da norte-americana, tradicionalmente repudiava a interdisciplinaridade típica e necessária empregada pela AED, como se as ferramentas da teoria econômica fossem absolutamente "alienígenas" ao fenômeno jurídico, e devessem, a priori, serem rechaçadas tal como um vírus moral que iria contaminar a pureza da dogmática jurídico-tributária. Tal resistência, que foi sendo quebrada aos poucos, mas ainda existe, deve-se, em nosso entender, a uma concepção errônea do que seja a teoria econômica, bem como também do que é (ou deveria ser) a ciência do direito e, por fim, do que é a própria tributação.

É o que passaremos a tratar a fim de buscar esclarecer equívocos que persistem – ainda que em muito menor escala – após 15 anos de Direito e Economia no Brasil, especialmente na área tributária.

2. Esclarecendo Equívocos: o que, afinal, é a Análise Econômica do Direito e porque ela é Importante

Como adiantamos na introdução, boa parte das concepções errôneas a respeito da Análise Econômica do Direito se devem aos equívocos a respeito dos métodos e dos fins pretendidos. Uma vez que queremos tratar de *análise econômica* aplicada ao Direito, é necessário trazer a lume qual a natureza da própria Economia. Mas afinal, de que trata a Economia? Serão objetos desta ciência fenômenos como moeda, inflação, taxa de juros, consumo, finanças e emprego? Tal é a visão normalmente empregada, responsável por grande parte da confusão gerada, principalmente por parte dos juristas da *civil law*.

Ora, é evidente que os referidos fenômenos são, de fato, estudados por economistas. Mas antes de constituírem o(s) objeto(s) *per se* da Economia, são tão somente temas específicos. *O objeto por excelência da Economia é a escolha humana* . E essa escolha é *racional*, no sentido de que os indivíduos procuram sempre aumentar o seu bem-estar (no jargão econômico, a sua "utilidade").¹ Portanto, diz-se que a racionalidade, conforme vista pelos economistas, é instrumental: está na escolha dos meios e não dos fins.²

Sendo assim, os economistas estudam como os indivíduos tomam decisões³, como escolhem agir num mundo onde os recursos são escassos, e como essas decisões afetam a outros indivíduos num contexto interacional.

Em outras palavras, a Economia fornece um método de análise do comportamento humano, ou seja, é a partir de tal observação que os analistas constroem seus modelos, que buscam deslindar determinadas interações e, consequentemente, prever comportamentos futuros. Isso possibilita que as lentes econômicas sejam capazes de discernir não apenas interações de mercado em sentido estrito, mas também situações extramercado, tais como crime, casamento, saúde etc.⁴

Considerando que o Direito contemporâneo regula o comportamento humano de forma intensa e abrangente, é de causar espécie que as teorias jurídicas mais tradicionais deem tão pouca importância à análise do processo de escolha que os indivíduos realizam

---

[1] Categoria introduzida pelo filósofo inglês Jeremy Bentham (1742/1836), pai do Utilitarismo, filosofia moral pela qual se deve agir de modo a alcançar a maior felicidade para o maior número de pessoas. Trata-se de uma moral consequencialista, que julga os atos pelos seus resultados, distinta de uma moral deontológica, para qual as ações boas ou más são como são *a priori*, independente de consequências.

[2] Alguns autores denominam essa racionalidade de *instrumental*. Em outras palavras, não interessa aos economistas os fins pretendidos pelo indivíduo, mas sim os meios empregados para alcançá-los. Por exemplo: o suicídio pode ser uma decisão perfeitamente racional, desde que a escolha seja feita em um contexto onde a alternativa seria minimizadora da utilidade do indivíduo. Ou, ainda: entre ser torturado por inimigos, situação que resultará em grande sofrimento ou mesmo em eventual morte, um soldado pode escolher suicidar-se e ter um fim rápido e indolor. Nesse sentido, a escolha é *consistente*, pois o indivíduo é capaz de elencar suas preferências: prefere *A* à *B*, *i.e.*, dar cabo da própria vida do que ser torturado.

[3] *Cf.* MANKIW, N. Gregory. *Princípios de Microeconomia*. Tradução de Allan Vidigal Hastings. São Paulo: Pioneira Thomson Learning, 2005, p. 4.

[4] Essa foi a grande contribuição de Gary Becker, economista da Escola de Chicago, e que lhe rendeu o Nobel de Economia.

incessantemente, bem como à estrutura de incentivos a que eles respondem.

Em outras palavras, falta à dogmática jurídica, praticada principalmente na América Latina (por influência continental europeia), uma teoria do comportamento humano. A Economia fornece potentes ferramentas para compreensão da mecânica deste comportamento, *i.e.*, para prever como as pessoas responderão às alterações no sistema jurídico.[5]

O *input* essencial da Análise Econômica do Direito é o direito positivo, entendido como conjunto de regras sustentadas por sanções estatais.[6] Tais regras, e principalmente, as respectivas sanções que são impostas pelo seu descumprimento, são poderosos incentivos que influenciam drasticamente a tomada de decisão dos agentes racionais.

Nesse sentido, as regras/sanções são processadas como preços pelos indivíduos racionais. Uma vez que se considere o direito positivo, e todas as suas instituições e organizações como um complexo sistema de comunicação formador de preços para as condutas intersubjetivas, é possível então aplicar de forma altamente eficaz os instrumentos econômicos no campo jurídico.

Teorias e instrumentos tais como escolha do consumidor, teoria dos preços e teoria dos jogos, assim como os métodos empíricos da Estatística e da Econometria, tornam-se então as mais potentes ferramentas que o jurista e o operador jurídico já dispuseram para interpretar, decidir e aplicar o direito.

Sendo assim, a Análise Econômica do Direito é o método interdisciplinar que busca aplicar ao fenômeno jurídico conceitos e ferramentas microeconômicas, a fim de observar, compreender e prever o comportamento humano em um contexto normativo, bem como

---

[5] *Cf.* COOTER, Robert D.; ULEN, Thomas. *Law and Economics*. New York: Addison Wesley, 1992, p. 3.

[6] Tal concepção data de John Austin (1790/1859), jurista inglês considerado o pai do positivismo jurídico e que foi grandemente influenciado por BENTHAM, Jeremy. *The Province of Jurisprudence Determined (1832)*. New York: Prometheus Books, 2000.

propor alterações no próprio direito positivo, de modo que este possa alcançar de forma mais eficiente os valores e fins almejados socialmente.

Tal definição traz a questão que veremos a seguir, qual seja, a divisão entre análise positiva e análise normativa.

3. Análise Econômica Positiva e Análise Econômica Normativa: a Dicotomia entre *Lege Data* e *Lege Ferenda*

Como ensina Steven Shavell[7], a análise econômica busca responder dois tipos fundamentais de pergunta sobre o Direito:

1) A primeira pergunta é descritiva, referindo-se aos efeitos das normas jurídicas no comportamento e seus respectivos resultados. Por exemplo: um aumento na alíquota do Imposto sobre Operações Financeiras (IOF) sobre investimentos estrangeiros em mercado de capitais terá efeito sobre o ingresso de dólares no país?

2) A segunda pergunta é normativa, ou seja, refere-se ao quão socialmente desejável são determinadas regras em vista dos fins que a sociedade valora como importantes. Por exemplo: vale a pena obter uma eventual valorização do real frente ao dólar ao custo de, possivelmente, afugentar investimentos estrangeiros?

A dogmática jurídica de tradição mais positivista, principalmente a tributária, costuma desprezar considerações de *lege ferenda*, considerando-as matérias destinadas a outras disciplinas, tais como a Sociologia ou a Política do Direito.

A Análise Econômica do Direito, no entanto, considera o Direito como pertencente ao domínio da razão prática, *i.e.*, as normas

---

[7] SHAVELL, Steven. *Economic Analysis of Law*. New York: Foundation Press, 1994, p. 1.

jurídicas visam certos fins. Sendo assim, sem desprezar a forma, o que se pretende analisar é se os fins pretendidos são realmente alcançados, quais as consequências dos meios utilizados para tanto e se seriam possíveis alternativas mais eficientes.

4. Algumas Aplicações no Direito Tributário

A partir desse ponto iremos apresentar algumas das diversas aplicações que a Análise Econômica oferece para o Direito Tributário.

Devido ao escopo deste artigo, importantes teorias tais como escolha do consumidor, ação coletiva, teoria dos jogos e economia neoinstitucional serão apresentadas de forma sucinta, sem maiores exposições de suas premissas, hipóteses ou alcance. Os leitores interessados em saber mais sobre os temas poderão recorrer às obras aqui citadas.

4.1. Por que e para que existem Tributos?

Os tributos são tão antigos quanto a própria civilização.[8] Aliás, um não existe sem o outro, pois, conforme a frase célebre do juiz da Suprema Corte norte-americana, Oliver Wendell Holmes[9] "tributos são o que pagamos por uma sociedade civilizada".

Se os tributos são o preço que pagamos para viver em sociedade, logicamente conclui-se que não é possível haver civilização sem tributos. Mas por quê?

---

[8] Os registros mais antigos sobre tributação datam de mais de 5000 anos, provenientes da Suméria, antiga civilização localizada entre as margens dos Rios Tigre e Eufrates, região da Mesopotâmia (atual Iraque). O conteúdo, escrito em cuneiforme, trata das leis liberando o povo da opressão dos coletores de tributos. Cf. ADAMS, Charles. *For Good and for Evil*: The impact of taxes on the course of civilization. 2ª ed. Lanhan Madison Books, 2001, p. 2.

[9] No original: "taxes are what we pay for a civilized society". A frase está insculpida na entrada do prédio da Receita Federal norte-americana, em Washington D.C.

Segundo os filósofos contratualistas clássicos, os ingleses Thomas Hobbes[10] e John Locke[11], e o francês Jean Jacques Rousseau[12], a sociedade (abstraindo as diferenças entre suas teorias) forma-se a partir de um *contrato social*.

Por *contrato social* entende-se o pacto realizado entre os indivíduos, que ao renunciarem parte de sua liberdade individual, constituem uma entidade central dotada de autoridade sobre todos. Esta autoridade, normalmente o Estado, terá a função de proteger e garantir a liberdade dos mesmos indivíduos que abdicaram, de parcela dela, ao pactuarem o contrato social.

Por paradoxal que possa parecer, é a renúncia parcial da liberdade que possibilita a manutenção dessa mesma liberdade, pelo monopólio estatal do uso da violência. Como exemplo, podemos salientar a segurança contra violência interna (polícia), a segurança contra violência externa (forças armadas) e árbitros para dirimir conflitos de interesses entre os indivíduos (juízes).

Todavia, alguns poderiam pensar: não seria possível abdicar do Estado e, por meio de contribuições voluntárias, custear alguma forma, talvez mais descentralizada e menos opressiva, de organização social?

Adam Smith[13] nos ensinou, e a experiência de séculos comprova que quase sempre o agir racional e autointeressado (e, sobretudo, livre de coerção estatal) dos indivíduos, num contexto intersubjetivo, ou seja, em um mercado, é eficiente. Outrossim, a busca dos objetivos e interesses próprios pelos indivíduos quase sempre atende aos interesses de toda a sociedade.

---

[10] HOBBES, Thomas. *Leviatã*. São Paulo: Martins Fontes, 2008.
[11] LOCKE, John. *Segundo Tratado sobre o Governo Civil*. Petrópolis: Vozes, 1994.
[12] ROUSSEAU, Jean Jacques. *O Contrato Social*. São Paulo: Cultrix, 1999.
[13] Não é da bondade do homem do talho, do cervejeiro ou do padeiro que podemos esperar o nosso jantar, mas da consideração em que eles têm pelo seu próprio interesse. Apelamos, não para a sua humanidade, mas para o seu egoísmo, e nunca lhes falamos das nossas necessidades, mas das vantagens deles." (SMITH, 1989, p. 95).

Todavia, há exceções a essa máxima. Como bem sintetiza o laureado pelo Nobel Paul Krugman[14] "às vezes, a busca do interesse próprio do indivíduo, em vez de promover o interesse da sociedade como um todo, pode, na verdade, causar dano à sociedade".

Essas são as chamadas *falhas de mercado*, ou seja, situações em que a interação racional e autointeressada dos agentes econômicos não leva a resultados eficientes sob o ponto de vista de ganho social. Dentre tais falhas, encontram-se determinados bens que, não obstante necessários e muitas vezes imprescindíveis para o bem-estar de todos, não são produzidos de forma eficiente (ou suficiente) pelo mercado. Esses são os *bens públicos*.

Importante salientar que para a Economia, *bens públicos* têm uma conotação distinta da que guarda para o Direito. Para este, um bem é público se pertence à coletividade, ou mais simplesmente, é de propriedade do Estado (em nosso caso, da União Federal, dos Estados, do Distrito Federal, dos municípios, ou das autarquias destes entes federativos).

Para a Economia, no entanto, um bem é *público* quando possui duas características em conjunto: ser de uso *não rival e não excludente*.[15] Uso não rival significa que o uso de um bem por um indivíduo não reduz a sua quantidade, possibilitando o uso por outros. Uso não excludente significa que não se pode impedir o uso do bem pelas pessoas. Os exemplos mais comuns são a segurança pública, o ar

---

[14] KRUGMAN, Paul, WELLS, Robin. Introdução à Economia. Traducão de Helga Hoffman. São Paulo: Campus, 2007, p.3.

[15] Os bens privados são exatamente o oposto, sendo, portanto, de uso rival e exclusivo. Por exemplo: o pedaço de pão que eu comer é de uso rival, pois uma vez consumido, não poderá ser consumido por outro. E também posso excluir outros do seu uso. Já a universidade pública, por exemplo, é um bem privado sob o ponto de vista econômico. Há um número limitado de vagas e o uso delas pelos alunos que ali cursam, impede que outros indivíduos possam também cursar. Entretanto, a educação como um bem intangível, é um bem público, pois toda a sociedade se beneficia de seus frutos. Deve então o Estado ser proprietário de universidades? É algo bastante controverso, mas uma solução provavelmente mais eficiente seria o subsídio estatal a estudantes, através de bolsas e créditos escolares em instituições de ensino privadas.

puro, a luz solar, a iluminação por postes de luz, a televisão aberta e o rádio, dentre inúmeros outros.

O bem público é uma espécie de externalidade, o que significa custos ou benefícios que atingem a terceiros externos à relação entre produtor e consumidor. Se a externalidade gerar custos a terceiros, ela será negativa.[16] Se gerar benefícios, será positiva. O bem público, portanto, é uma espécie de externalidade positiva.

Quando não se pode impedir o uso de um bem, torna-se difícil cobrar por ele. Consequentemente, não há incentivos suficientes para que o mercado o produza, restando então ao Estado fornecer tais bens à sociedade. Como o Estado não gera riqueza, pois não tem vocação para ser agente econômico no mercado, ele utiliza-se da tributação para adquirir os recursos financeiros necessários e suficientes para produzir e fornecer estes bens públicos.

Nesse sentido, tributo é o custo que temos para usufruir dos bens públicos que o mercado não nos fornece adequadamente.[17] Sua função essencial, portanto, é gerar a receita necessária para que o Estado possa produzir e fornecer tais bens.

A regra geral, portanto, é que para haver eficiência econômica, os bens privados devem ser ofertados pelo setor privado e os bens públicos pelo Estado.

É imprescindível que a sociedade possa usufruir de importantes bens públicos, tais como cultura, saúde e infraestrutura. Mas

---

[16] Por exemplo, a poluição causada por uma fábrica. Ou, situação ainda mais comum, a inalação passiva da fumaça do cigarro do fumante ao lado.

[17] Note-se que as chamadas "falhas de mercado" não devem ser utilizadas como pretexto para o intervencionismo estatal demasiado. Sempre que os bens e serviços puderem ser produzidos pelo mercado, ou seja, tiverem características de bens privados, tanto melhor, pois provavelmente serão produzidos com menor custo e oferecidos a menor preço. Assim, em um mercado livre, os bens acabarão sendo transferidos para aqueles que lhes atribuem o maior valor. Além disso, não é pelo fato de bens serem não rivais e não excludentes que o Estado será eficiente em fornecê-los. Assim como existem falhas de mercado, também existem falhas de governo, *i.e.*, inúmeras distorções causadas pela intervenção estatal no mercado. Tais fenômenos são objeto de estudo da Teoria da Escolha Pública (*Public Choice*).

é fundamental perceber também que nada é de graça, *i.e.*, se os indivíduos não pagarem diretamente por esses bens num regime contratual privado, inevitavelmente pagarão indiretamente através de tributos.

Seja em qualquer lugar ou em qualquer época, tributo sempre é uma prestação compulsória. Economicamente falando, o tributo necessita ser compulsório para que se possa evitar uma das anomalias decorrentes dos bens públicos, qual seja o *problema do oportunista* (*free rider*). O oportunista é aquele que usufrui do bem sem ter pago por ele. Por exemplo, o indivíduo que se recusa a pagar pela segurança pública, mas ainda assim, se beneficia dela.[18]

De acordo com o paradigma econômico, tal situação é inevitável, *pois o oportunismo nessas situações é a decisão racional a ser tomada*. Considerando que os cidadãos são racionais, devem então agir de modo a maximizarem a sua utilidade, sempre reagindo aos incentivos que recebem. *Ocorre que em determinadas situações tal agir é racional e estratégico*.

Por "estratégico" significa dizer que o indivíduo age levando em conta como outros indivíduos agirão na mesma situação ou contexto. Tal postulado é o ponto de partida da *Teoria dos Jogos*, campo da Economia Matemática que analisa comportamentos em situações estratégicas, onde a escolha de um indivíduo depende da escolha de outrem.[19]

Como exemplo podemos citar a segurança pública. Suponhamos que determinada rua passe a ser constantemente cenário de roubos e assaltos. Os moradores então decidem juntar esforços e contratar um guarda privado, dividindo o custo do seu salário entre todos. Enquanto alguns realmente contribuirão financeiramente, outros irão optar por "tomar carona" e se beneficiar sem custo algum.

---

[18] *Cf.* POSNER, Richard. *Economic Analysis of Law*. New York: Wolters Kluwer Law & Business, 2007, p. 523.

[19] A obra clássica de aplicação da Teoria dos Jogos ao Direito chama-se *Game Theory and the Law* (1994), dos professores da Universidade de Chicago, Douglas G Baird, Robert H. Gertner e Randal C. Picker.

Mesmo que os pagantes instruam o guarda a não proteger aqueles que não contribuíram, a sua mera presença no local gera externalidades positivas, *i.e.*, inibe potenciais infratores de cometerem ilícitos inclusive contra os não pagantes.[20]

Em termos estratégicos, se não se pode excluir o oportunista do uso do bem, não há incentivos suficientes para que ele pague por ele. Do ponto de vista do oportunista, se os outros não pagam, por que deveria ele pagar? Logo, é racional não contribuir, escolha que individualmente é maximizadora, mas que coletivamente é pior para o grupo. Este resultado é denominado *equilíbrio de Nash*,[21] quando a

---

[20] Talvez o exemplo atual mais dramático seja o mercado da informação. Seja a informação proveniente da cultura (literatura, música, poesia etc.), seja a proveniente de descobertas científicas, tratam-se ambas de um bem caro de produzir. Porém, uma vez que seja vendido para alguém, o custo para retransmiti-lo para terceiros é baixo. Assim, o consumidor torna-se competidor do produtor da informação. Nesse contexto o Direito deve intervir, fazendo com que tais bens tenham uso excludente, ainda que artificialmente. Isso ocorre através da propriedade intelectual, onde patentes ou direitos autorais conferem monopólio ao criador da informação, que passa a poder excluir terceiros do seu uso e, ainda, cobrar pelo mesmo. No entanto, se percebe uma tendência contrária no mercado fonográfico, pois os consumidores cada vez menos aceitam pagar por CDs, preferindo o download de faixas individuais.

[21] Desenvolvida pelo matemático norte-americano John Nash em sua tese de doutorado (1950). Posteriormente esta contribuição lhe daria o Nobel de Economia (1994). O equilíbrio de Nash demonstra que em situações estratégicas nem sempre a melhor situação para o indivíduo é a melhor para o grupo, o que não refuta a tese de Adam Smith, mas a complementa. O resultado final do jogo é subparetiano e é demonstrado claramente no clássico jogo "o dilema do prisioneiro": Dois suspeitos, A e B, são presos pela polícia. A polícia tem provas insuficientes para os condenar, mas, separando os prisioneiros, oferece a ambos o mesmo acordo: se um dos prisioneiros, confessando, testemunhar contra o outro e esse outro permanecer em silêncio, o que confessou sai livre enquanto o cúmplice silencioso cumpre 10 anos de sentença. Se ambos ficarem em silêncio a polícia só pode condená-los a 6 meses de cadeia cada um. Se ambos traírem o comparsa, cada um leva 5 anos de cadeia. Cada prisioneiro faz a sua decisão sem saber que decisão o outro vai tomar, e nenhum tem certeza da decisão do outro. A questão que o dilema propõe é: o que vai acontecer? Como o prisioneiro vai reagir? Pelo equilíbrio de Nash, a melhor ação estratégica a ser tomada é ambos os prisioneiros "desertarem", ou seja, não cooperarem e escolherem

escolha de um indivíduo é a melhor possível frente ao que ele acredita que será a escolha do outro.

Mesmo aqueles que iniciaram contribuindo têm incentivos para desertar e tomar carona nos que prosseguiram arcando com o salário do guarda. Isso pode chegar a tal ponto que os poucos pagantes que restaram não conseguirão mais arcar com o custo e acabarão por renunciar ao serviço. Esta seria a razão pela qual o Estado deve fornecer segurança custeada pelos tributos pagos compulsoriamente por todos.

Em nosso sistema uma das espécies tributárias é a taxa, que se divide em duas subespécies: serviços públicos e exercício do poder de polícia. Ao contrário daquela, esta última é instituída como contrapartida a uma atuação estatal que gera externalidades positivas típicas de bem público.[22]

A taxa pela prestação de serviços públicos na verdade significa uma exação em troca de serviços que são prestados de forma muito mais eficiente pelo setor privado. Tanto assim é que, paulatinamente, os referidos serviços foram sendo repassados para a iniciativa privada, e diversas taxas foram sendo suprimidas nos últimos anos.[23]

Por outro lado, a contribuição de melhoria, cobrada quando há valorização de imóveis privados por decorrência de obras públicas, é uma forma de internalização das externalidades positivas, uma

---

confessar, resultando em cinco anos de prisão para cada. É um jogo não-cooperativo, uma vez que o equilíbrio aponta nesse sentido e estático, pois ocorre uma vez só e os prisioneiros não têm conhecimento da escolha um do outro. E é subparetiano porque o melhor resultado seria ambos não confessarem e pegarem a menor pena.

[22] A fiscalização necessária para a concessão de um alvará a um estabelecimento público (v.g. restaurante) é algo que beneficia a toda a sociedade.

[23] Tais como taxa de "luz", pelo fornecimento de energia elétrica, ou pelo uso de telefonia. Algumas ainda teimam em permanecer como a taxa de água e a taxa de lixo. Há alguns anos, diversos municípios tentaram instituir a chamada taxa de iluminação pública, com o intuito de custear postes de luz. No entanto, a Constituição Federal (artigo 145, § 2º) veda cobrança de taxa por serviço que não seja específico e divisível, o que ensejou o Judiciário a rechaçar tal exação.

vez que sendo a obra custeada pelos impostos pagos geralmente por uma parcela maior de contribuintes, alguns se beneficiaram mais do que os outros. A contribuição deve ser instituída tendo como limite geral o custo total da obra e como limite individual o *quantum* de valorização de que cada bem particular auferir (artigo 81 do Código Tributário Nacional).

Os impostos, por seu turno, são a regra geral em matéria de tributos. Eles têm a função precípua de gerar receita para o Estado e são destinados, principalmente, à produção de bens públicos.

Outra função menos frequente, mas de grande importância para o Estado, é a utilização de tributos com o fim de alterar a alocação dos recursos. Tal função é a *extrafiscal*, que significa utilizar normas tributárias com o intuito de gerar incentivos para que os contribuintes ajam de determinada forma como, por exemplo, consumindo mais ou menos determinado produto.

Entretanto, seja com intenção fiscal (arrecadatória) ou extrafiscal (motivadora de condutas), os tributos geralmente causam distorção no sistema econômico. É o que veremos a seguir.

4.2. Igualdade ou Eficiência?

A frequente preocupação com a justiça social faz com que a doutrina jurídica, legislador e judiciário, criem e apliquem remédios jurídicos a fim de diminuir as desigualdades econômicas e promover a redistribuição de renda.

Importante salientar que a Análise Econômica também lida com distribuição, quando trata de políticas públicas. Porém, a preocupação principal é com a eficiência, buscando se abster de tomar partido quanto aos beneficiados ou prejudicados com a (re)distribuição.

Quanto aos teóricos do Direito e Economia, é quase um consenso que a melhor (ou menos pior) solução envolvendo intervenção estatal não é a interferência, *v.g.*, em contratos firmados entre empresas e consumidores, mas sim, por meio da tributação. Uma forma clássica de utilizar a tributação para tal fim é o imposto sobre a renda progressivo.[24]

Ainda assim também é consenso para os economistas que a tributação quase sempre causa distorção no sistema de preços do mercado e, consequentemente, gera custo social. A distorção causada pela tributação (assim como pelo controle de preços) é chamada de "peso morto", que significa ineficiência alocativa, ou seja, desperdício de recursos.

No gráfico abaixo, podem-se visualizar duas situações. A primeira demonstra uma situação de equilíbrio entre oferta (s) e demanda (d), relativa a determinado bem de consumo. O eixo vertical refere-se ao preço do bem, enquanto o eixo horizontal concerne à quantidade produzida desse bem. Trata-se de um mercado competitivo, em equilíbrio, pois não se produz mais do que a demanda exige. O equilíbrio se dá na intersecção das retas, em q^0 (quantidade do bem produzido) e p^0 (preço do bem).

Quando o Estado institui algum tributo incidente sobre as trocas econômicas o sistema de preços do mercado sofre ruído, causando desequilíbrio na oferta e demanda. A segunda situação é ilustrada no gráfico após a instituição do tributo: o produtor é obrigado a repassar o custo da tributação para o preço do bem (p^c), o que causa a diminuição da quantidade de bens demandada.[25]

---

[24] Em famoso artigo, Luis Kaplow e Steven Shavell sustentam que a redistribuição de renda através do imposto de renda progressivo é menos ineficiente do que intervenção em contratos. Nicholas Georgakopoulos, por outro lado, defende a não redistribuição, pois, segundo ele, tal realocação forçada de recursos incentiva o consumo quando poderia (ou deveria) incentivar o investimento na produção. KAPLOW, Louis, SHAVELL, Steven. "Should legal rules favor the poor? Clarifying the role of legal rules and the income tax in redistributing income." *Journal of Legal Studies*. Chicago: University of Chicago, 2000, pp. 79-89.

[25] Não estamos considerando situações de demanda inelástica (e elasticidade cruzada da demanda), quando não há o efeito-substituição, ou seja, quando o aumento do preço não afeta a demanda pelo bem e os consumidores continuam adquirindo-o, ainda que com preço maior.

Figura 1

O peso morto da tributação

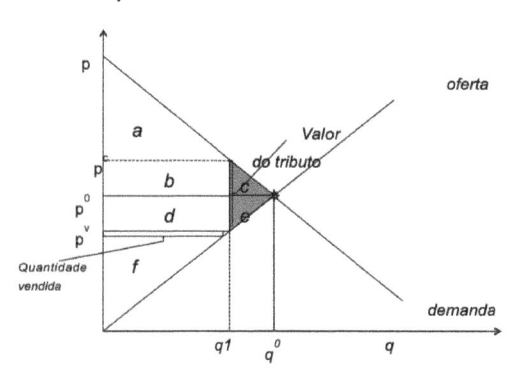

[Figure: Gráfico mostrando curvas de oferta e demanda, com áreas a, b, c, d, e, f delimitadas. Eixos: p (preço) e q (quantidade). Pontos marcados: p^c, p^0, p^v no eixo vertical; q1, q^0, q no eixo horizontal. "Valor do tributo" indicado na área sombreada e "Quantidade vendida" marcada.]

Antes da tributação, o excedente do consumidor (a quantia que ele está disposto a pagar por um bem, menos do que efetivamente paga) é representado pela soma das partes *a, b, c*. Por sua vez, o excedente do produtor (a quantia que os produtores recebem pelo seu bem, menos os custos) é representado pela soma das partes *d, e, f.*

Após a tributação (*e.g.*, imposto sobre o consumo, como ICMS sobre venda de mercadorias), há uma redução na quantidade produzida/ofertada em razão, basicamente, do aumento de preço. No gráfico, passamos de q^0 para q1. Assim, o consumidor perde (deslocando-se para p^c, que é a quantidade que passa a poder consumir, dada a sua restrição orçamentária), e o produtor também (deslocando-se para p^v, que é o lucro contábil que recebe após deduzir o custo do imposto).

O imposto reduz o excedente do consumidor em (b+c) e o do produtor em (d+e). A receita tributária fica em (b+d) e o peso morto (perda de bem-estar total), a área (c+e). Economicamente falando, a variação do excedente do consumidor é ΔEC = -b-c, e a variação do excedente do produtor é ΔEP = -d-e, sendo a variação total ΔE= -c-e.[26]

---

[26] A elasticidade da oferta e da demanda tem total importância nessa questão. Quando a demanda é elástica o preço pode ser repassado para o consumidor, pois ele poderá preferir pagar mais e continuar adquirindo o produto. Quando a oferta é elástica,

Essa variação do excedente total, como demonstrado acima, é o peso morto, isto é, *o custo que implica a redução do bem-estar social*. Menos produção e menos consumo resultando em menos riqueza para a sociedade.

Como se pode verificar a partir do gráfico, a tributação frequentemente gera distorções alocativas. Nos sistemas tributários mundo afora dificilmente verificar-se-á algum que não contenha distorções, pesos-mortos e ineficiências, sejam países desenvolvidos economicamente ou não.

Outro ponto interessante é que conseguimos ver, por meio desta análise, o volume da arrecadação tributária, representada por T X Q, *i.e.*, o valor do imposto (T) multiplicado pela quantidade de bens vendidos (Q).

A conclusão que podemos extrair do gráfico é que a tributação geralmente é nociva, do ponto de vista da alocação ótima de recursos, isto é, causa ineficiência. Isso não faz com que se deseje eliminar a tributação, pois o Estado não é possível sem ela, e como este é necessário para proteger direitos individuais, também o é a tributação (um mal necessário, portanto). É o preço da liberdade, como ensina Ricardo Lobo Torres.[27] O que se deseja, do ponto de vista de eficiência econômica, é a limitação da tributação em um ponto que não iniba a atividade privada, única geradora de riqueza para a sociedade.

Uma opção normalmente sugerida pelos economistas é o chamado tributo fixo (*lump-sum* tax ou *poll tax*) ou regressivo. Este tributo é cobrado sempre sobre o mesmo valor, não importando as condições pessoais do contribuinte ou a situação tributada. E é regressivo porque acaba atingindo aqueles com menor capacidade econômica.

---

o custo é arcado pelo produtor. Nesse exemplo, o tributo não é neutro justamente porque o bem tem demanda elástica, ou seja, impacta diretamente no seu consumo. Como o imposto é repassado para o preço e há bens substitutos, o consumidor opta por deixar de consumi-lo e passa a adquirir produtos alternativos, mais baratos.

[27] TORRES, Ricardo Lobo. *A ideia de liberdade no estado patrimonial e no estado fiscal*. Rio de Janeiro: Renovar, 1991, p. 3..

A vantagem de tal tributo é distorcer menos o sistema de preços, aproximando-se da neutralidade fiscal, isto é, do sistema tributário que cause o mínimo de distorções e perdas de eficiência no mercado. É neutro porque incide de forma igual para todos, logo, não gera incentivos que afetem a oferta e demanda no mercado.

Todavia, dos pontos de vista político e social, é extremamente difícil instituir este tipo de tributação, sem mencionar os princípios constitucionais da igualdade e da capacidade contributiva, que provavelmente provocariam o judiciário a declarar inconstitucional o tributo instituído com essa estrutura.

Em suma, ocorre o que os economistas chamam de *trade off*: a sociedade deve optar pelo que entender mais adequado aos seus interesses. Uma tributação neutra, que não distorça a alocação ótima de recursos, *i.e.*, possibilite maior geração de excedente social (riqueza) ou a tributação que seja equitativa e atenda a valores como igualdade e capacidade contributiva.

Não se trata, como poderiam apressadamente pensar alguns, de uma decisão óbvia ou fácil. Há custo e benefício para ambas as possibilidades, que devem ser racionalmente sopesados.

De qualquer forma, em nosso atual sistema constitucional a tributação fixa é inviável. Trata-se de uma questão de reforma da estrutura tributária, ou seja, uma questão de análise econômica normativa do direito.

Atualmente (2020) encontram-se tramitando diversos projetos de reforma tributária, sendo os mais notórios os constantes da PEC 45 (Câmara de Deputados)[28] e da PEC 110 (Senado Federal)[29], ambos propondo um novo imposto incidente sobre bens e serviços (IBS). Malgrado diferenças ente os dois projetos, o ponto em comum é a

---

[28] BRASIL. PEC 45/2019. Autor: Deputado Baleia Rossi - MDB/SP. Brasília/DF. 03 abr. 2019. Disponível em <https://www.camara.leg.br/proposicoesWeb/fichadetramitacao?idProposicao=2196833>. Acesso em: 04 jul. 2020.

[29] BRASIL. PEC 110/2019. Autor: Senador David Alcolumbre – DEM/AP (*et al.*). Brasília/DF. 09 jul. 2019. Disponível em <https://www25.senado.leg.br/web/atividade/materias/-/materia/137699>. Acesso em: 04 jul. 2019.

substituição de impostos e contribuições de todas as esferas federativas, como o ICMS, ISS, PIS e COFINS e alguns outros tributos, pelo referido imposto de caráter nacional.

A diferença alegada em relação aos atuais impostos sobre consumo é que o IBS seria neutro e não distorceria o sistema de preços, uma vez que é totalmente não cumulativo e o ônus é arcado pelo consumidor final. A neutralidade, neste caso, é bastante discutível, vez que ainda que seja realmente não cumulativo, o tributo será repassado no preço, o que geraria o acima demonstrado "peso morto".

Ao tempo em que escrevemos esse texto, os projetos encontram-se parados no Congresso Nacional, sendo que o país encontra-se em meio a pandemia global da Covid-19, encontrando-se o legislativo dedicado a lidar com medidas para lidar com as consequências desta crise mundial.

4.3. Uma Questão de Princípio

Uma das peculiaridades do sistema tributário brasileiro é a sua estrutura constitucional. Não há, entre as maiores economias do mundo, país cuja tributação esteja tão exaustivamente contida na constituição.

Isso faz com que praticamente toda questão tributária envolva direta ou indiretamente o direito constitucional e, por conseguinte, direitos e garantias fundamentais. Em outras palavras, princípios e regras contidos na Constituição Federal.

Não nos ateremos demasiadamente à natureza jurídica ou filosófica dos princípios ou das regras. Muito já foi escrito sobre o tema, inclusive sob o ponto de vista da análise econômica.[30] Por ora, basta salientar que os princípios cumprem função distinta das regras no ordenamento.

---

[30] Para leitura adicional, ver o nosso artigo CARVALHO, Cristiano. MATTOS, Ely José de. "Entre princípios e regras: uma proposta de análise econômica no Direito Tributário". *Revista Dialética de Direito Tributário*, nº 157. São Paulo: Dialética, 2008.

Por serem de intensa carga axiológica, pois refletem e buscam traduzir valores morais considerados importantes pela sociedade, cabe aos princípios a função de calibrar o sistema jurídico. Do ponto de vista dinâmico servem como fundamento retórico para ajustes em certas situações de crise, como quando normas jurídicas violam direitos individuais. Em outras situações menos dramáticas podem também funcionar como expedientes de integralização do ordenamento, como em casos de lacunas normativas.

As regras, por sua vez, buscam objetivamente obrigar, proibir ou permitir determinadas condutas. A principal diferença entre princípios e regras, sob o ponto de vista epistêmico, é o seu grau de objetividade semântica.

Por exemplo o enunciado "é vedado à União, aos Estados, ao Distrito Federal e aos Municípios instituir tratamento desigual entre contribuintes que se encontrem em situação equivalente..." é um princípio (no caso, o princípio da isonomia tributária, disposto no art. 150, II, da Constituição). Os valores da igualdade e da equidade impedem a objetividade necessária para a aplicação imediata desta norma a um caso concreto, servindo então como fundamento argumentativo para alguma regra que obrigue, proíba ou permita alguma coisa.

Já o dispositivo seguinte (art. 150, III, "a") determina que também seja vedado aos mesmos entes federativos cobrarem tributos "em relação a fatos geradores ocorridos antes do início da vigência da lei que os houver instituído ou aumentado". Trata-se de uma regra, mais precisamente, a da irretroatividade tributária.

É de extrema dificuldade a aplicação do princípio acima referido, pois não há consenso sobre o que significa tratamento desigual, ao menos em todas as situações práticas da vida. A regra da irretroatividade, pelo contrário, é de fácil aplicação, bastando para tanto verificar a vigência da lei que instituiu ou aumentou o tributo.

Portanto, entre a subjetividade dos princípios e a objetividade das regras há um *trade off*. A vagueza e abertura semântica dos princípios podem ser úteis em situações onde as regras não solucionam o problema. Por outro lado, a objetividade das regras garante a previsibilidade necessária para que os indivíduos possam coordenar suas atividades, *i.e.*, lhes garante a segurança jurídica.

Da mesma forma princípios têm longevidade maior, ao passo que regras necessitam ser constantemente modificadas ou reescritas de modo a manterem-se atualizadas frente ao mundo em permanente mutação.[31] Ainda assim, por seu grau maior de objetividade, as regras sinalizam certeza do direito e, por isso, *diminuem os custos de transação*.[32]

Por diminuírem os custos de transação regras possibilitam maior eficiência econômica, permitindo que os indivíduos planejem com tranquilidade as suas atividades, simplesmente porque podem prever com razoável acerto as consequências de suas escolhas.

Problemas surgem para o aplicador do direito quando há conflitos entre princípios, ou seja, há valores importantes em ambos os lados da moeda e não há solução fácil para o caso. Nesses cenários, argumentos consequencialistas passam a ter importância ainda maior, e avaliações custo/benefício passam a ser absolutamente necessárias na tomada de decisão do julgador.

---

[31] *Cf.* FARNSWORTH, Ward. *The Legal Analyst:* A toolkit for thinking about the law. Chicago: The University of Chicago Press, 1999, p.168.

[32] Custos de transação são os custos que incorremos no processo de efetivação de uma negociação. Por exemplo, a utilização *ex ante* de advogados pelas partes ao celebrarem um contrato ou a execução *ex post* dos contratos não cumpridos. Segundo David Friedman, regras gerais também têm várias vantagens sobre decisões "caso a caso" pelos Tribunais, pois permitem que se tomem decisões sem precisarem esperar por uma futura interpretação dos tribunais, reduzindo custos de litígio. (cf. *Law's Order*, p. 43). O pioneiro na concepção dos custos de transação foi Ronald Coase, no artigo seminal *"The Nature of the Firm"*, de 1932. Neste trabalho Coase desafia a concepção dominante de época, na qual o mercado era de concorrência perfeita e informação completa e, nesse contexto, indivíduos empreendedores não necessitariam de estruturas organizacionais (firmas), pois seria mais barato contratar serviços uns dos outros do que empregar funcionários para tanto. Todavia, como percebeu Coase, há outros custos adicionais aos dos de bens e serviços, que são os custos que incorrem na própria contratação desses bens. Esses são os custos de transação, que incluem custos de barganha, de informação, de execução dos contratos etc.

4.4. Conflito entre Princípios: como Decidir?

Cada vez que temos que agir, inevitavelmente, optamos por uma alternativa entre todas que se apresentam. Quando isso ocorre, estamos frente a um problema decisório.

Entretanto, como diz o aforismo, "para cada escolha, uma renúncia". Sempre que o indivíduo opta por uma alternativa, exclui as demais. O termo econômico para essa escolha/renúncia é *trade off*, uma troca que implicará também num *custo de oportunidade*.

O custo de oportunidade, por sua vez, é o custo em que incorre o indivíduo por deixar de ter escolhido a segunda melhor alternativa. Por exemplo: se João tem a alternativa de estudar no exterior ou continuar no seu emprego, ao optar por estudar, o seu custo de oportunidade será o salário que deixará de ganhar por não estar mais trabalhando.

As escolhas efetuadas pelo agente racional são baseadas em preferências pessoais, sendo que essas preferências, por sua vez, são elencadas com base nos valores de cada indivíduo. Se João opta por estudar no exterior, é porque essa opção lhe tem mais *utilidade*, *i.e.*, ele *valora* mais a sua formação pessoal do que o emprego presente.

No contexto jurídico cada escolha do destinatário ou do aplicador do direito também pode acarretar *trade offs* e consequentes custos de oportunidade. Se o contribuinte resolve pagar seus tributos ou sonegá-los, tal escolha poderá advir de princípios morais, como também, por uma avaliação "custo X benefício", mediante a análise dos "preços" que a sanção correspondente lhe acarretará.[33]

O juiz, por outro lado, ao decidir no caso concreto a partir de princípios que estejam em conflito, também terá que optar por

---

[33] A concepção de sanções como incentivadoras de condutas *ex ante* e não apenas como punições *ex post* vem do jurista italiano Cesare Beccaria (1738/1794), em sua obra clássica "*Dei delitti e dei delle pene*" (1763), publicado no Brasil com o título *Dos Delitos e das Penas*. Essa inovação fundou a teoria do *"deterrence"*, um dos pilares da Análise Econômica do Direito, pela qual as sanções funcionam como preços, ou seja, podem funcionar como eficientes desmotivadoras de ilícitos.

um deles.³⁴ E essa opção gerará custo de oportunidade: o custo da segunda melhor solução que poderia ter sido adotada.

Ao ter que decidir sobre qual princípio deve preponderar, o juiz deve levar em conta as consequências envolvidas no caso, através de uma análise custo/benefício. Por exemplo, ainda que o caso concreto consista em um litígio entre determinados sujeitos de direito, havendo externalidades, terceiros serão afetados pela decisão.

Um exemplo recente de preocupação com externalidades é o requisito de admissibilidade de recurso extraordinário, a chamada cláusula de repercussão geral, instituída pela Emenda Constitucional nº 45/04 (que alterou o artigo 102, da CF)³⁵ e regulada pela Lei n° 11.418/06 (que acrescentou os dispositivos relativos ao Código de Processo Civil).³⁶

---

³⁴ Como foi o recente caso da fábrica de cigarros American Virginia julgado pelo STF. Os princípios do livre exercício do trabalho e da livre concorrência estavam em conflito: se a fábrica fosse proibida de operar devido à falta de pagamento de tributos, poder-se-ia violar o princípio do livre exercício do trabalho. Por outro lado, se à fábrica fosse permitido operar, esta estaria em vantagem competitiva desleal em relação aos outros concorrentes no mercado. Todos os votos dos ministros abordaram o referido conflito e, por maioria, o STF decidiu por manter a proibição. O custo de oportunidade aqui são os empregos diretos e indiretos gerados pela fábrica, e não a arrecadação tributária, uma vez que ela não pagava tributos de qualquer forma. (BRASIL. Superior Tribunal Federal. MEDIDA CAUTELAR EM AÇÃO CAUTELAR : AC-MC 1657/RJ - Rio de Janeiro. Relator: Ministro Joaquim Barbosa. Acórdão: Ministro: Cezar Peluso Julgamento: 27/06/2007. Publicação: 31/08/2007. Disponível em < https://stf.jusbrasil.com.br/jurisprudencia/756407/medida-cautelar-em-acao-cautelar-ac-mc-1657-rj>. Acesso em: 06 jul. 2020.)

³⁵ Art. 102. § 3°. No recurso extraordinário o recorrente deverá demonstrar a repercussão geral das questões constitucionais discutidas no caso, nos termos da lei, a fim de que o Tribunal examine a admissão do recurso, somente podendo recusá-lo pela manifestação de dois terços de seus membros." (NR)

³⁶ Art. 2° A Lei no 5.869, de 11 de janeiro de 1973 – Código de Processo Civil passa a vigorar acrescida dos seguintes arts. 543-A e 543-B: "Art. 543-A. O Supremo Tribunal Federal, em decisão irrecorrível, não conhecerá do recurso extraordinário, quando a questão constitucional nele versada não oferecer repercussão geral, nos termos deste artigo. § 1° Para efeito da repercussão geral, será considerada a existência, ou não, de questões relevantes do ponto de vista econômico, político, social ou jurídico, que ultrapassem os interesses subjetivos da causa. § 2° O recorrente deverá

A lei fala expressamente em "questões relevantes do ponto de vista econômico, político, social ou jurídico, que ultrapassem os interesses subjetivos da causa". Nada mais nada menos do que externalidades que devem entrar no cálculo consequencialista da decisão.

4.5. Sistema Tributário Brasileiro, Custos de Transação e o Teorema de Coase

Como vimos, há situações em que efeitos transbordam uma relação intersubjetiva, atingindo terceiros. São as externalidades, negativas ou positivas. Quando estas últimas referem-se aos bens públicos vimos que a tributação pode resolver a alocação de recursos. Mas e quanto às externalidades negativas?

Essas significam custos para terceiros não previstos pelo produtor, e não pagos pelo consumidor do bem, como por exemplo, moradores próximos a um aeroporto que sofrem com a poluição sonora causada pelos aviões.

Até os anos 1960 a solução econômica considerada mais eficiente era a tributação pigouviana, proposta pelo economista inglês Arthur Pigou. Sua função era justamente a de desincentivar a produção de externalidades negativas. Nessa situação, tributar-se-ia o agente poluidor de modo a forçá-lo a corrigir o seu comportamento. Ao internalizar o custo da poluição ao poluidor, o tributo então cria incentivos que corrigem a falha de mercado.

Em 1960, outro economista inglês, chamado Ronald Coase, publica o artigo *"The Problem of Social Cost"*,[37] cujo efeito seria

---

demonstrar, em preliminar do recurso, para apreciação exclusiva do Supremo Tribunal Federal, a existência da repercussão geral. § 3º Haverá repercussão geral sempre que o recurso impugnar decisão contrária à súmula ou jurisprudência dominante do Tribunal. § 4º Se a Turma decidir pela existência da repercussão geral por, no mínimo, 4 (quatro) votos, ficará dispensada a remessa do recurso ao Plenário.

[37] Originalmente publicado no *Journal of Law and Economics*. Chicago: University of Chicago Press, 1960. Atualmente reimpresso no livro *The Firm, the Market and the Law*. Chicago: The University of Chicago Press, 1988.

romper com os paradigmas dominantes no que tange às externalidades e como solucioná-las. No artigo que posteriormente lhe renderia o Nobel de Economia, Coase sustenta que a análise correta deveria levar em conta não apenas o produtor da externalidade, mas também os atingidos por ela. Por que simplesmente tributar o poluidor? Não poderia haver situações onde seria mais barato (portanto, mais eficiente) que o incomodado se retirasse, desde que indenizado?

Em outras palavras, o problema não era propriamente uma "falha" de mercado, mas uma falta de mercado, ou seja, de direitos de propriedade bem definidos e de um ambiente com baixos custos de transação que permitisse às partes negociarem uma solução consensual que atendesse ambos os interesses. Destarte, o grande vilão não seriam as externalidades, mas os custos de transação, pois estes que dificultariam, ou mesmo impediriam em determinados casos, a negociação entre as partes.

No caso da poluição, se tanto o poluidor quanto o poluído pudessem barganhar pelos direitos de poluir ou de não ser poluído, tais direitos naturalmente convergiriam para quem lhes desse maior valor, ou seja, os recursos seriam alocados eficientemente. Ou o poluidor compraria do poluído o direito de continuar poluindo ou o poluído compraria do poluidor o direito de não ser mais poluído. Seja qual resultado ocorresse, a alocação seria eficiente no sentido paretiano,[38] *i.e.*, todos sairiam ganhando.

Essa solução veio a ser chamada de "Teorema de Coase", segundo qual a eficiência econômica é alcançada sempre que as partes puderem barganhar e não houver custos de transação. Ainda pelo teorema, não importa a distribuição inicial de direitos de propriedade, pois o mercado alocará os recursos de forma eficiente, ou seja, para aqueles que os valoram mais.

Como no mundo real muitas vezes os custos de transação são altos, as instituições jurídicas, principalmente as relativas ao direito

---

[38] É o critério de eficiência criado pelo economista italiano Vilfredo Pareto. Diz-se que uma troca atinge o ótimo de Pareto quando não é possível melhorar a situação de um sem piorar a de outro.

de propriedade, passam a ter importância crucial. Direitos de propriedade instituídos através de regras claras e objetivas e, principalmente, solidificados por uma jurisprudência estável, passam a funcionar como diminuidores dos custos de transação.

Ainda assim, pode ocorrer que o próprio ordenamento jurídico produza custos de transação causadores de ruído na ordem econômica. Um bom exemplo é o sistema tributário.

O sistema tributário brasileiro é um conjunto, cujos elementos são de número finito, porém, indefinido. A produção normativa é tão intensa e dinâmica que simplesmente é impossível saber quantas normas tributárias existem no Brasil neste momento. Enquanto um profissional da área cível ou penal necessita basicamente conhecer os respectivos códigos de normas materiais e processuais, algumas leis esparsas e jurisprudência, o tributarista, por sua vez, é obrigado a conhecer as normas legais e infralegais expedidas pela União, pelos 27 Estados da Federação e pelos mais de 5000 municípios, além de normas judiciais estaduais e federais.

Considerando que a tributação é onipresente em todas as atividades no mercado, é improvável que as trocas entre os agentes econômicos não sejam, de alguma forma, emperradas pela quantidade de obrigações principais ou acessórias que necessitam ser conhecidas, interpretadas e cumpridas. Regras de retenção de tributos, certidões negativas, livros e documentos fiscais de todo tipo, são apenas alguns exemplos da enormidade de deveres instrumentais[39] que os contribuintes necessitam atender para que as autoridades fiscais não intervenham de alguma forma em suas atividades.

Como vimos, o tributo é o preço que pagamos para viver em sociedade. Entretanto, o mesmo Estado custeado pelos recursos privados, justamente para proteger direitos individuais, pode tornar-se

---

[39] Aldo Bertolucci é autor de trabalho pioneiro sobre o tema "custos de conformidade", no Brasil, fruto de sua dissertação de mestrado intitulada "Uma contribuição ao estudo da incidência dos custos de conformidade às leis e disposições tributárias: um panorama mundial e pesquisa dos custos das companhias de capital aberto no Brasil. (2003).

o usurpador dessas mesmas liberdades. A passagem de protetor a confiscador é apenas uma relação de grau, não de natureza, ou seja, a mesma tributação que possibilita um Estado Democrático pode gradualmente fulminá-lo.

A própria complexidade do sistema tributário brasileiro, e não apenas a carga tributária propriamente dita, gera altíssimos custos de transação, cujo resultado é a ineficiência econômica.[40] Recursos que seriam alocados eficientemente acabam sendo desperdiçados pelo tempo e dinheiro que os indivíduos e firmas necessitam despender para interpretar e cumprir com as obrigações tributárias.

Do ponto de vista normativo, reformas profundas são altamente recomendáveis. Não apenas a eliminação de tributos "distorcivos" (principalmente os que inibem a produção, como por exemplo, tributos incidentes sobre bens de capital e sobre mão de obra) como também a simplificação radical da estrutura do sistema.

Sabe-se que reformas de grande porte são extremamente difíceis de implementar, dados os diversos interesses políticos, quase sempre conflitantes, entre os membros da federação. Porém, algumas iniciativas mais singelas são válidas, como por exemplo, o sistema simplificado de tributação (Simples), que diminui consideravelmente a burocracia para micro e pequenas empresas.

Em síntese, instituições jurídicas sólidas, que se traduzem em direitos e garantias fundamentais dos contribuintes, são cruciais dados os altos custos de transação impostos pelo sistema tributário.

---

[40] O Banco Mundial edita anualmente o relatório *"Doing Business"*, que analisa o ambiente de negócios e o grau de desenvolvimento institucional e econômico em praticamente todos os países do mundo. Há vários anos consecutivos o Brasil é apontado como o país onde os contribuintes mais consomem horas (1501 horas anuais, em média) para cumprir com as obrigações tributárias. O número de horas diminuiu de 2600 horas, número que permaneceu inalterado por muitos anos no relatório, mas ainda permanece o maior entre todas as 190 economias examinadas.O relatório pode ser acessado em: <https://portugues.doingbusiness.org/pt/data/exploretopics/paying-taxes>.

Conclusões

O tributo acompanha a civilização humana desde os seus primórdios, servindo ao longo dos séculos tanto como instrumento de opressão a serviço de déspotas como possibilitador de liberdades individuais. Juntamente com as normas penais, as tributárias são as que mais diretamente ferem a liberdade do indivíduo, ao subtrair parte de sua riqueza para servir a propósitos que nem sempre coincidem com os interesses daquele.

Ainda assim, enquanto o indivíduo médio, ou seja, aquele honesto e cumpridor das leis, pode passar a vida toda sem ter sofrido os efeitos da legislação penal, o mesmo não ocorrerá com a tributação que, de uma forma ou outra, inevitavelmente o atingirá. No mundo moderno é virtualmente impossível passar ao largo das normas tributárias – mesmo indivíduos ou empresas que sejam imunes ou isentos de tributos têm que prestar contas de suas atividades às administrações fazendárias.

A doutrina jurídico-tributária pátria tem trazido inestimáveis contribuições para a matéria ao longo das últimas décadas, porém, com raras exceções, concentra todos os seus esforços na análise dos textos normativos, sejam eles legais, infralegais ou jurisdicionais.

Contudo, tal abordagem não é suficiente, fazendo-se necessárias lentes mais potentes para observar o fenômeno. De todas as ciências sociais, a mais bem-sucedida em decifrar os meandros da complexa interação humana é a Economia, com seus métodos analíticos, empíricos e quantitativos. Mesmo com todas as limitações inerentes a quaisquer das ciências humanas, cujo objeto em comum é o sempre fenômeno "escorregadio e teimoso" em ser observado em laboratório, qual seja, a ação humana, a Economia tem tido razoável êxito em descrever e prever o comportamento dos indivíduos no mercado e fora dele.

Percebe-se facilmente então a enorme aplicação que a análise econômica tem para a investigação do fenômeno tributário. Como efetivamente perceber o impacto da tributação na liberdade individual, preocupação imemorial do Direito, sem primeiramente analisar o impacto dos tributos no mercado? Como identificar violação a direitos e garantias do contribuinte sem compreender como os tributos realmente afetam a sua capacidade econômica?

A Análise Econômica do Direito Tributário não despreza a importante contribuição que a investigação lógica e semântica trouxe para a doutrina. Mas vai mais além, observando também os incentivos e as consequências que as normas tributárias causam no agir humano, o elemento empírico por excelência das Ciências Sociais.

Referências

ADAMS, Charles. *For Good and for Evil*: The impact of taxes on the course of civilization. 2ª ed. Lanhan Madison Books, 2001, p. 2.

AUSTIN, John. *The Province of Jurisprudence Determined*. New York: Prometheus Books, 2000.

BAIRD, Douglas G., GERTNER, Robert H., PICKER, Randal C. *Game Theory and the Law*. Cambridge: Harvard University Press, 1994.

BECCARIA, Cesar. *Dos Delitos e das Penas*. Domínio público, disponível em http://www.dominiopublico.gov.br/download/texto/eb000015.pdf (acesso em 10/08/2020)

BECKER, Gary. "The Economic Approach to Human Behavior. In *The Economic Approach to Human Behavior*. Chicago: The University of Chicago Press, 1978.

BECKER, Gary. "Crime and Punishment: an Economic Approach". In *The Economic Approach to Human Behavior*. Chicago: The University of Chicago Press, 1978.

BENTHAM, Jeremy. *The Principles of Morals and Legislation*. New York: Prometheus Books, 1988.

BENTHAM, Jeremy. *The Province of Jurisprudence Determined (1832)*. New York: Prometheus Books, 2000.

BERTOLUCCI, Aldo. *Uma contribuição ao estudo da incidência dos custos de conformidade às leis e disposições tributárias*: um panorama mundial e pesquisa dos custos das companhias de capital aberto no Brasil. Dissertação de Mestrado, FEA - USP, 2003.

BRASIL. PEC 45/2019. Autor: Deputado Baleia Rossi - MDB/SP. Brasília/DF. 03 abr. 2019. Disponível em <https://www.camara.leg.br/proposicoesWeb/fichadetramitacao?idProposicao=2196833>. Acesso em: 04 jul. 2020.

BRASIL. PEC 110/2019. Autor: Senador David Alcolumbre – DEM/AP (*et al.*). Brasília/DF. 09 jul. 2019. Disponível em <https://www25.senado.leg.br/web/atividade/materias/-/materia/137699>. Acesso em: 04 jul. 2019.

BRASIL. Superior Tribunal Federal. MEDIDA CAUTELAR EM AÇÃO CAUTELAR : AC-MC 1657/RJ - Rio de Janeiro. Relator: Ministro Joaquim Barbosa. Acórdão: Ministro: Cezar Peluso Julgamento: 27/06/2007. Publicação: 31/08/2007. Disponível em < https://stf.jusbrasil.com.br/jurisprudencia/756407/medida-cautelar-em-acao-cautelar-ac-mc-1657-rj>. Acesso em: 06 jul. 2020.

CARVALHO, Cristiano. MATTOS, Ely José de. "Entre princípios e regras: uma proposta de análise econômica no Direito Tributário". *Revista Dialética de Direito Tributário*, n° 157. São Paulo: Dialética, 2008.

COASE, Ronald. "The Problem of Social Cost". *Journal of Law and Economics*, n° 3 (1960).

COOTER, Robert D., ULEN, Thomas. *Law and Economics*. New York: Addison Wesley, 1992.

DOING BUSINNES. Relatório anual 2018. Tópico: Pagamento de impostos. Disponível em <https://portugues.doingbusiness.org/pt/data/exploretopics/paying-taxes>. Acesso em: 06 jul. 2020.

FARNSWORTH, Ward. *The Legal Analyst:* A toolkit for thinking about the law. Chicago: The University of Chicago Press, 1999.

FRIEDMAN, David. *Law's Order. What Economics Has to Do with Law and Why It Matters.* Princeton: Princeton University Press, 2000.

GEORGAKOPOULOS, Nicholas L. *Principles and Methods of Law and Economics. Basic Tools for Normative Reasoning.* Cambridge: Cambridge University Press, 2005.

HOBBES, Thomas. *Leviatã*. São Paulo: Martins Fontes, 2008.

KAPLOW, Louis, SHAVELL, Steven. "Should legal rules favor the poor? Clarifying the role of legal rules and the income tax in redistributing income." *Journal of Legal Studies.* Chicago: University of Chicago, 2000.

KRUGMAN, Paul, WELLS, Robin. *Introdução à Economia.* Traducão de Helga Hoffman. São Paulo: Campus, 2007.

LOCKE, John. Segundo Tratado sobre o Governo Civil. Petrópolis: Vozes, 1994.

MANKIW, N. Gregory. *Princípios de Microeconomia*. Tradução de Allan Vidigal Hastings. São Paulo: Pioneira Thomson Learning, 2005.

PINDICK, Robert, S., RUBINFELD, Daniel L. *Microeconomia*. São Paulo: Prentice Hall, 2002.

BLACK, John; HASHIMZADE, Nigar; MYLES, Gareth. A Dictionary of Economics. 3ª ed. Oxford: Oxford University Press, 2007.

POSNER, Richard. *Economic Analysis of Law*. New York: Wolters Kluwer Law & Business, 2007.

ROUSSEAU, Jean Jacques. *O Contrato Social*. São Paulo: Cultrix, 1999.

SHAVELL, Steven. *Economic Analysis of Law*. New York: Foundation Press, 1994.

SMITH, Adam. *Inquérito sobre a natureza e as causas da riqueza das nações*. Tradução de Luís Cristóvão de Aguiar. 2ª ed., Lisboa: Calouste Gulbenkiam, 2 vol., 1989.

TORRES, Ricardo Lobo. *A ideia de liberdade no estado patrimonial e no estado fiscal*. Rio de Janeiro: Renovar, 1991.

Capítulo 6
Propriedade e Desenvolvimento: Análise Pragmática da Função Social

Luciano Benetti Timm, Renato Vieira Caovilla

1. Introdução

Qual fator é capaz de explicar as diferenças entre os países desenvolvidos e os países em desenvolvimento, em termos de riqueza? Em 1900, Japão e Filipinas apresentavam renda per capita semelhante, enquanto hoje, a renda per capita do Japão é seis vezes superior à das Filipinas. Da mesma forma, em 1900, Argentina e Canadá equivaliam-se quanto à renda *per capita*, ao passo que, nos dias de hoje, a renda *per capita* do Canadá é mais do que o triplo da renda *per capita* da Argentina (COOTER et al., 2006, p.2).

Cabe indagar, por oportuno, se tal discrepância adviria das diferenças culturais dos povos. O economista Hernando de Soto assevera, contudo, não ser o fator cultural o responsável pelo sucesso ou insucesso de países tão diferentes e que a disparidade de riqueza entre o Ocidente e o resto do mundo é por demais ampla, para ser justificada com base, tão somente, na cultura (SOTO, 2001, p. 18).

De Soto ressalta ainda que, na última década, Rússia e América Latina "têm compartilhado os mesmos problemas políticos, sociais e econômicos: desigualdades gritantes, economias subterrâneas, máfias ubíquas, instabilidade política, fuga de capital, desrespeito flagrante à lei", e questiona: "alguém saberia apontar traços 'culturais' comuns entre os latino-americanos e os russos?" (SOTO, 2001, p. 24).

Inobstante os países do Terceiro Mundo e os países que integravam o bloco comunista terem adotado receitas capitalistas (as quais são bem-sucedidas no Ocidente), tais como, o equilíbrio no orçamento, o corte dos subsídios, a atração de investimento estrangeiro e a redução das tarifas, não conseguiram prosperar. Aliás, de Soto afirma que os esforços desses países "foram recompensados com amargas decepções. Da Rússia à Venezuela, os últimos cinco anos foram tempos de sofrimento econômico, de queda nas receitas, de ansiedades e ressentimentos [...]" (SOTO, 2001, p. 23).

Diante desse quadro, o que explica o fato de os países pobres (onde vivem cinco sextos da humanidade), embora ágeis na adoção de todas as outras invenções ocidentais, "do clipe de papel ao reator nuclear" (SOTO, 2001, p. 22), terem sido incapazes de alcançar maior riqueza e maior bem-estar social? Seria algum tipo de conspiração monopolista ocidental, contra os países em desenvolvimento, a causa deste indesejável efeito?

Não é assim que entendemos o problema.

O maior obstáculo para que o resto do mundo atinja os níveis de riqueza alcançados pelos países desenvolvidos é a sua incapacidade de gerar capital (SOTO, 2001, p. 19)[1]. Nesse sentido, deve-se perscrutar pela fonte que, de modo mais eficiente, conduz à geração de capital e, via de consequência, ao desenvolvimento econômico.

Alan Greenspan, presidente do Sistema de Reserva Federal americano (na sigla em inglês FED), por 18 anos consecutivos, em

---

[1] Por *capital* entende-se a representação das potencialidades que um bem deve possuir, capacitando-o para ser objeto de troca em uma economia de mercado. Nesse sentido, um bem que se encontra na extralegalidade, somente portará a característica de ser um bem físico (um *ativo morto*, na expressão de Hernando de Soto) subcapitalizado. Ao reverso, um bem que reúne condições de ser objeto de troca, por estar devidamente registrado, assume uma dimensão dinâmica ("invisível", mas profícua) em oposição à mera situação física, estática. Assim, um bem pode ser usado como colateral em empréstimos bancários, ser terminal de recebimento de serviços públicos (água, luz, telefone, TV, Internet), servir para integralizar quotas ou ações em sociedade empresárias, ser fonte de tributos, etc. Vale dizer, nas palavras de Soto: "o capital é a fonte que aumenta a produtividade e gera a riqueza das nações" (SOTO, 2001, p. 19).

sua "A Era da Turbulência", cita que, de modo geral, o caminho mais curto e mais direto para a prosperidade de um país contém os seguintes elementos (GREENSPAN, 2007, pp. 242 - 243):

1. A extensão da concorrência na economia interna e, ainda mais para as nações em desenvolvimento, a extensão da abertura de sua economia e a integração com o comércio internacional;
2. As instituições de um país e sua qualidade para contribuir com o funcionamento da economia;
3. A eficácia das medidas necessárias à estabilidade macroeconômica.

Contudo, assevera Greenspan que a ordem de importância de tais elementos, bem como a ênfase a ser dada a cada um deles varia, e que de acordo com sua experiência pessoal, a fonte precípua da prosperidade é a garantia dos direitos de propriedade e o império da lei. Em assim sendo, pontifica que "sem essa certeza [propriedade], de pouco adiantariam o livre-comércio, os enormes benefícios da competição e as vantagens comparativas" (GREENSPAN, 2007, p. 243)

Mas essa noção não é compartilhada em uníssono por todas as noções, principalmente por aquelas em desenvolvimento. Aliás, nas palavras de Greenspan:

> Infelizmente, a noção de direito de propriedade ainda é fonte de conflitos, sobretudo em sociedades que questionam a moralidade da busca pelos lucros (...). O direito de propriedade não é defensável em sociedades que ainda mantenham qualquer resíduo significativo do conceito marxista de que propriedade é roubo (GREENSPAN, 2007, p. 244).

Para ilustrar a conexão existente entre a proteção dos direitos de propriedade, a geração de riqueza e bem-estar social, recorre-se ao exemplo das discrepantes trajetórias percorridas pela comunista República Democrática da Alemanha (parte oriental) e a República

Federal da Alemanha (parte ocidental). Ao final da II Grande Guerra, precisamente após a Conferência de Potsdam, de agosto de 1945 (MOTA; BRAICK, 1997, p. 517), a Alemanha resultou dividida em áreas de influência. Criou-se a República Democrática da Alemanha, sob influência da União Soviética, e a República Federal da Alemanha, conectada com o Ocidente. À época, ambas as Repúblicas equivaliam-se em características tais como população e educação. Após quarenta anos de divisão, as Repúblicas apresentaram situações econômicas distintas. Em período antecedente à reunificação, o PIB *per capita* da Alemanha Oriental, sob influência soviética e com a negação da propriedade privada, equivalia a 1/3 do PIB *per capita* da Alemanha Ocidental, esta estribada em economia de mercado, com respeito à propriedade[2]

Outro ponto peculiar e "comprometedor" do planejamento central então em voga na União Soviética referia-se à constatação de que a maior parte de suas colheitas terem sido fruto de terras privadas, que representavam uma pequena fração da área agricultável (GREENSPAN, 2007, p. 243). Ainda, na China, embora somente 250 milhões do total de 1,3 bilhão de habitantes sejam dotados de propriedade privada e detenham o direito de serem titulares de ativos no setor privado, o país apresenta taxas de crescimento real de 10% ao ano, e a conclusão a que chega de Soto sobre este fato é: "os, relativamente, poucos têm sustentado 10% de crescimento real, enquanto que o bilhão restante da população não faz parte do sistema legal" (SOTO, 2004)[3]. Isso significa que 25% da população faz com que o crescimento econômico de sua economia seja de 10%. A questão, então, passa a ser não retirar a propriedade desses 25%,

---

[2] Ver:REICHEL,Richard."Germany's Postwar Growth:Economic Miracle or Reconstruction Boom?", *Cato Journal*. vol. 21, nº 3 (2002), p. 440. Disponível em < https://www.cato.org/sites/cato.org/files/serials/files/cato-journal/2002/1/cj21n3-5.pdf>. Acesso em: 06 jul. 2020.

[3] Alan Greenspan refere que "quando a China concedeu formas altamente diluídas de propriedade aos residentes de áreas rurais que cultivavam lotes pertencentes à comunidade, a produtividade agrícola e os padrões de vida ostentaram aumentos substanciais" (GREENSPAN, 2007, p. 243).

mas, ao reverso, fazer com que os outros 75% tornem-se, também, proprietários.

Em vista disso, resulta nevrálgica a análise de como a propriedade privada tem o condão de gerar capital e, por conseguinte, contribuir para a promoção do bem-estar social. Esse é o ponto central do presente trabalho.

2. Direitos de Propriedade: o Processo de Conversão do Ativo Subcapitalizado em Capital Ativo

Alguns países são mais desenvolvidos do que outros pelo fato de suas economias crescerem mais do que a economia dos outros. Há países em que as instituições fornecem uma estrutura de incentivos que orienta a alocação de recursos à atividade produtiva, ao passo que as instituições, em outros países geralmente menos desenvolvidos, estimulam a alocação de recursos escassos à atividade apropriadora. Isso significa que enquanto alguns países estimulam a sua população a inovar e a produzir, outros incentivam os seus cidadãos a dissiparem renda na apropriação do pouco que é produzido.

Dessa forma, com o intuito de demonstrar ao final, a importância da propriedade como parte das instituições formais de um país para conferir o necessário incentivo à produtividade, partir-se-á da análise, primeiramente, de uma economia hipoteticamente considerada, na qual não há propriedade formalmente reconhecida e, portanto, não respeitada pelo ordenamento jurídico.

Na hipótese de não haver direitos de propriedade, os indivíduos que se dispõem a concretizar uma atividade produtiva terão, para além de alocar tempo e recursos à produção, alocar tempo e recursos à preservação daquilo que possuem. Por não existirem direitos de propriedade "protegíveis" pelo ordenamento jurídico, a dimensão da propriedade de um indivíduo será proporcional à sua capacidade de fornecer proteção àquilo sobre o que detém a posse. Por conseguinte, alguns indivíduos, ao invés de produzir, preocupar-se-ão com a apropriação de recursos e aqueles interessados na produção deixarão de produzir mais porque os recursos a esta atividade destinados terão de competir com a finalidade de assegurar aquilo que já possuem.

Dessa forma, os indivíduos produziriam até o ponto em que o benefício marginal adveniente da proteção do montante produzido igualar-se-ia ao custo marginal da atividade de proteger. Dito de outra forma, os recursos serão empregados na proteção daquilo que os indivíduos possuem, até o ponto em que proteger uma unidade adicional seja igual ao benefício adveniente de manter esta unidade produzida.

Como mostra a Figura 1 intitulada *Produção vs. Apropriação* considere que os indivíduos desejam produzir P", vez que este é o montante de produção que julgam necessário para o atendimento de suas necessidades. A linha CMg corresponde ao custo marginal de produzir uma unidade a mais do produto de sua atividade. A linha BMg representa o benefício marginal adveniente da produção desta unidade adicional. O eixo vertical representa o montante de recursos empregados na atividade produtiva. O eixo horizontal representa a quantidade de produção.

Figura 1

Produção vs. Apropriação

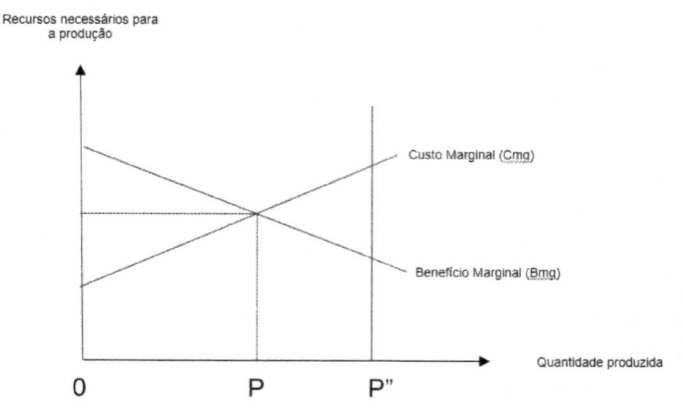

Gráfico elaborado pelos autores.

Note-se que se os indivíduos produzirem qualquer quantidade à esquerda de P, não estariam maximizando a sua produção, vez que o benefício adveniente da produção de uma unidade adicional superaria o custo de proteger esta unidade uma vez já produzida. Então, poderiam continuar na atividade produtiva. Caso os indivíduos desejarem produzir mais do que P, o montante de recursos necessários para proteger esta unidade adicional produzida seria maior do que o benefício do resultado dessa produção adveniente. Em outras palavras, para que pudessem proteger esta unidade a mais, teriam de deixar desprotegida outra unidade produzida[4]. Portanto, envidarão esforços até o montante em que consigam, ao mesmo tempo, produzir uma unidade e protegê-la (CMg = BMg).

Mas tal situação, em termos de eficiência produtiva, seria socialmente eficiente? Cooter e Ulen demonstram que um processo produtivo é considerado eficiente quando ocorre qualquer uma das seguintes situações (COOTER; ULEN, 2000, p. 12):

a) Não é possível manter o nível de produção valendo-se de menos ou mais baratos insumos;
b) Não é possível aumentar o nível de produção com a mesma quantidade de insumos.

Sendo assim, há algum mecanismo que permita aos indivíduos alocarem menos recursos na defesa daquilo que possuem e, ainda assim, contarem com o mesmo nível de proteção? Exemplos reais demonstram que sim.

O economista Hernando De Soto, fundador do *Institute for Liberty and Democracy*, sediado em Lima no Peru, afirma que, em projeto que realizou neste país com o intuito de fazer com os que indivíduos pobres tivessem acesso à propriedade, a ativos e ao capital, constatou que nas residências que estavam formalmente registradas, ou seja,

---

[4] Por esse motivo, de acordo com o gráfico apresentado, os indivíduos jamais chegariam ao nível P^{II} de produção, embora seja este o nível necessário para o atendimento das necessidades.

de cuja propriedade as pessoas eram titulares, havia, no mínimo, duas fontes de renda (e, por conseguinte, as pessoas gozavam de maior bem-estar), ao passo que nas residências sobre as quais não se reconheciam direitos de propriedade, havia tão somente, uma única fonte de renda (SOTO, 2004). Por quê?

A resposta embora simples, assume larga dimensão. As pessoas que têm certeza de que a sua propriedade estará protegida e será respeitada não necessitam deixar alguém (o marido deixar a mulher, ou o inverso) tomando conta da casa enquanto trabalham. A partir do momento em que tal certeza se esvai, a melhor opção é deixar alguém tomando conta da propriedade, o que reduz as possibilidades de trabalho desta pessoa encarregada.

Destarte, as pessoas podem alocar mais tempo e recursos na atividade produtiva e, ainda assim, terem os seus ativos protegidos. Fora de dúvida que uma pessoa a mais trabalhando faz com que a renda da família recrudesça.

Tal constatação reveste-se de grande importância, porquanto com a percepção de maior renda (o que se refletirá em maior bem-estar social), os filhos dos proprietários das residências registradas podem passar a frequentar a escola, diminuindo dessa forma, o número de crianças praticantes de trabalho infantil (SOTO, 2004)[5].

Com efeito, a situação fática da posse, sem *assento registrário* referente ao imóvel ocupado, significa manejar "ativo morto", incapaz de gerar capital. Pelo próprio fato de os direitos de propriedade não poderem ser legalmente reconhecidos, os respectivos ativos não comportam a transformação em capital e não se constituem como bens de comércio, "senão em estreitos círculos locais, onde as pessoas se conhecem e confiam umas nas outras" (SOTO, 2001, p. 20).

Cabe notar, por oportuno, que nos Estados Unidos as empresas iniciantes têm como a mais importante fonte de captação de recursos a hipoteca da casa do empresário. Nesse mesmo sentido, de Soto afirma que o título de propriedade privada significa conferir a um

---

[5] Essa conclusão foi referida por Hernando de Soto no *International Development Seminar*. The Hudson Institute, 2004.

ativo uma função profícua e que é invisível, concernente às oportunidades que gera para o seu titular.

Assim, o direito de propriedade fornece, ao titular do bem correspondente, a possibilidade de

> ser utilizada com facilidade como garantia em empréstimos, como endereço de cobrança de dívidas, impostos e taxas; como localização que identifica os indivíduos para motivos comerciais, judiciais ou cívicos; ou como terminal responsável para o recebimento de serviços públicos, tais como energia, água, esgoto, telefone ou TV (Soto, 2001, p.64).

Com tal diagnóstico, de Soto propugna pela inserção social de 80% da população mundial que se encontra fora do sistema de comércio formal e legalizado, por meio, em primeiro lugar, do reconhecimento de direitos de propriedade e, ao depois, com o respeito ao mesmo.

Alan Greenspan comenta em seu livro "A Era da Turbulência" que no ano de 2003 recebeu de Soto no FED, e que este lhe apresentou uma proposta "para elevar o padrão de vida de segmentos significativos dos pobres do mundo" (GREENSPAN, 2007, p. 245). Assegurou de Soto em tal oportunidade, que se fosse possível conceder a propriedade sobre os bens que a maioria das pessoas já detinha a posse, "liberar-se-ia muita riqueza".

O montante total de "ativo morto", *i.e.*, sem expressão econômica e social, foi estimado em 9 trilhões de dólares. Esse valor corresponde à integralidade dos imóveis de posse extralegal dos pobres do Terceiro Mundo e nas nações do extinto bloco comunista (SOTO, 2001, p. 47).

De posse de tais dados, nota-se que os países do chamado Terceiro Mundo carregam alta dose de responsabilidade sobre a situação socioeconômica de sua população. Para ilustrar, corriqueiras mostram-se as manifestações dos países em desenvolvimento contra a globalização, demonstrando que os lucros de tal processo são percebidos, tão somente, pelos países ricos. Ressalta-se nessa esteira, que o Presidente da Tanzânia disse, em 2001, que o único benefício que o seu país recebe da globalização é poder participar da Copa do Mundo. Todavia, ao se analisar a quantidade de pessoas que exercem qualquer atividade no setor legal desse país, constata-se que o número é de 2%. Isto é, 98% das pessoas atuam na ilegalidade. E como afirma de Soto, não se pode comerciar a menos que o indivíduo seja capaz de assinar um *bill of lading* (conhecimento de embarque) ou operar uma transferência bancária. Para tanto, requer-se do comerciante, no mínimo, um endereço (SOTO, 2006).

Por fim, o homem criou diversas formas de representação ao longo de sua existência com o intuito de compreender com a mente aquilo que, com as mãos, não se consegue tocar. Assim, o direito de propriedade, segundo todas as funções que exerce, não pode ser visto apenas em sua perspectiva estática, isto é, a dimensão que expressa exclusivamente a posse direta de um bem. Mas, ao reverso, a propriedade é poderosa ferramenta que, principalmente por seus *invisíveis* atributos, capacita-se para tornar os ativos, comercial e financeiramente, *visíveis*, retirando-lhes a condição de subcapitalizados.

Após a análise e constatação da importância dos direitos de propriedade formal e legalmente reconhecidos, passa-se a expor a relevância assumida pelas instituições no desenvolvimento econômico de um país, que são compostas pelos direitos de propriedade.

3. Instituições Fortes: a Adequada Estrutura de Incentivos à Atividade Produtiva

Com a introdução da propriedade privada resulta elucidado quem é proprietário do que. A alocação dos recursos à produção, o que é incentivado com a proteção pelos direitos de propriedade, faz com que o bem-estar da população resulte mais elevado do que quando, concomitantemente, ocorre a dissipação da renda (retirada de recursos da produção). "Em especial, a formalização da propriedade privada e a sua defesa pelo Estado permitem que, em vez de gastar parte do seu tempo defendendo o que possuem, as pessoas podem se concentrar inteiramente em produzir e gerar renda" (PINHEIRO; SADDI, 2005, p. 95).

Por exemplo, Harold Demsetz, em um artigo seminal intitulado *"Toward a theory of property rights"* refere uma experiência com índios no Canadá. Aduz a existência de duas áreas, uma em que existiam direitos de propriedade e outra em que tais eram ausentes. O resultado percebido foi o de que na área que foram assinalados direitos de propriedade, os recursos eram mais bem explorados. Mais recentemente, Douglass North, ganhador do Prêmio Nobel em 1993, refere que as instituições de um país são um fator mais importante para o desenvolvimento do que as riquezas naturais, o clima favorável ou a agricultura. Afirma North que "as instituições são as regras do jogo, tanto as formais quanto as informais e também as suas características de eficácia. Juntas, definem a forma em que o jogo deve ser jogado (...)" (NORTH, 2000). Em assim sendo, as leis compõem as instituições e não há direitos de propriedade sem lei que os protejam (NORTH, 2004, p. 361)[6].

Como já referido supra, a previsão e a proteção dos direitos de propriedade têm o condão de promover a eficiência produtiva. Aliás, Cooter e Ullen afirmam que o regime de propriedade privada é criado visando encorajar a produção, desincentivar o roubo e reduzir os custos de proteger os bens (COOTER; ULEN, 2000, p. 77)[7].

Deste modo, direitos de propriedade claramente assinalados fazem diminuir o montante de externalidade gerado. A externalidade é

---

[6] O mesmo autor, Douglass North, assevera que as instituições são a estrutura de incentivos de uma economia, vale dizer, as organizações que brotam em uma economia são o reflexo das oportunidades conferidas pelas instituições. Nesse sentido, se as instituições incentivam a apropriação, os indivíduos e organizações alocarão recursos para a apropriação. De outro lado, se as instituições lançam incentivos no sentido da produção, os indivíduos alocarão os recursos na atividade produtiva, in NORTH, Douglass C. *Economic Performance Through Time*, in The American Economic Review, vol 84, nº 3 (jun. 1994), p. 361.

[7] "To encourage production, discourage theft, and reduce the costs of protecting goods" In COOTER, Robert; ULEN, Thomas. Law and Economics. 3ª ed. Boston: Addison Wesle, 2000, p. 77.

um conceito econômico. Define-se como a geração de um benefício (externalidade positiva) ou a causação de um dano (externalidade negativa) em que o *proveito* (adveniente do benefício gerado) não é usufruído por quem o gerou e o *custo* (decorrente de um dano) não é suportado por quem o causou. Tratando-se de custos, quando não há a definição hialina dos direitos de propriedade, aquele agente que causa o dano não leva em conta ao agir (seja produtor ou consumidor) os custos deste dano advenientes. E se não recair sobre o ofensor a responsabilidade pelo dano causado não haverá incentivos para que o reduza. Dessa forma, o nível de externalidade negativa gerado estará sempre acima de um ponto ótimo, sendo o dano causado e ninguém pelo mesmo responsabilizado. Desta forma, uma função da propriedade, que é a de satisfazer o princípio da reparação, não será atendida caso os direitos de propriedade não sejam claramente definidos.

Além disso, cabe notar que a propriedade faz recair sobre o seu titular todos os benefícios e os custos dela advenientes. As externalidades, com a propriedade, são internalizadas. Isso porque ao fazer parte do sistema formal de propriedade, os indivíduos tornam-se individualmente responsabilizados e, então, "pessoas que não pagam por serviços e bens que consumiram podem ser identificadas, cobradas com juros, multadas, embargadas e ter suas taxas de crédito aumentadas" (SOTO, 2001, p. 79).

Assim, tem-se que a propriedade exerce outras funções para além de proteger a posse, como a de conferir segurança às transações, o que gera um incentivo aos cidadãos no sentido de "respeitarem títulos, honrarem contratos e obedecerem à lei" (SOTO, 2001, p. 79). Por isso a assinalação objetiva da propriedade tende a fazer com que o seu titular dê a melhor destinação àquilo que titulariza, maximizando a sua utilidade, vez que preferirá mais gozar dos seus benefícios a suportar os seus custos[8]. E a internalização é perfeita quando

---

[8] A concentração de custos e benefícios na pessoa do titular dos direitos de propriedade cria um incentivo para que utilize os recursos com maior eficiência, *In* DEMSTZ, Harold. "Toward a Theory of Property Rights". *The American Economic*

todos os custos e benefícios entram no processo de tomada de decisão do titular da atividade que os gera. Definir claramente direitos de propriedade tem por consequência promover essa internalização.

Todavia, um regime puro de propriedade privada no qual o direito de propriedade é absoluto, jamais tomou assento na história da humanidade. Desde os romanos a propriedade é composta por um conjunto limitado de direitos. Assim, restrições acerca do que um indivíduo pode ou não fazer com sua propriedade são comuns em todos os sistemas jurídicos. Entretanto, as variações destas restrições resultam em diferentes efeitos no desenvolvimento institucional e econômico de um país.

É imbuído desse espírito que se passará à análise da função social da propriedade.

4. A Propriedade e sua Função Social no Brasil

A análise do direito a partir do ferramental da ciência econômica fornece uma teoria científica capaz de explicar os impactos das formulações jurídicas no comportamento dos indivíduos (COOTER; ULLEN, 2000, p. 3)[9]. O método da Análise Econômica do Direito (*Law and Economics*) vale-se dos instrumentos econômicos

---

Review: Papers and Proceedings of the Seventy-ninth Annual Meeting of the American Economic Association. vol. 57, n° 2 (mai. 1967), p. 356. Ainda, se sobre o titular recaem todos os custos e benefícios de ser proprietário, então, tentará alocar os recursos da forma que maximize estes, reduzindo àqueles ao mínimo possível, *Cf* SZTAJN, Rachel, ZYLERSZTAJN, Décio e MUELLER, Bernardo. "Economia dos Direitos de Propriedade, parte II" *In* ZYLBERSZTAJN, Décio; SZTAJN, Rachel. *Direito e economia:* análise econômica do Direito e das organizações. 1ª ed. Rio de Janeiro: Elsevier, 2005. p. 95

[9] Cooter e Ulen asseveram que as sanções jurídicas equivalem aos preços e que as pessoas respondem àquelas da mesma forma que reagem a estes. Isto é, quando os preços estão elevados, as pessoas reagem a tal situação consumindo menos dos bens mais caros e, igualmente, as pessoas realizam menos as condutas mais severamente sancionadas. *In* COOTER; ULEN, *op. cit.* p. 3.

para "resolver problemas legais e, inversamente, [predizer] como o direito e as regras legais exercem impactos sobre a economia e o seu desenvolvimento" (PINHEIRO; SADDI, 2005, p. 88).

Os agentes econômicos, ou os "jogadores", são seres que reagem à referida estrutura de incentivos. A forma de jogar desses agentes é o reflexo das oportunidades oferecidas pela matriz institucional. Dessa forma, se o ambiente institucional recompensar, por exemplo, a pirataria, agentes econômicos especializados em reproduzi-la surgirão. Por outro lado, caso as instituições de um país recompensem a atividade produtiva os agentes econômicos alocarão recursos e energia à consecução da produção (PINHEIRO; SADDI, 2005, p.88).

Como visto, as regras jurídicas compõem as instituições. Isso significa que se o ordenamento jurídico emitir sinais de que não protegerá os direitos de propriedade, o resultado será a dissipação de rendas através da competição entre os agentes econômicos para se apropriarem (mais do que produzirem) dos escassos recursos existentes.

Assim, para além de um ordenamento jurídico prever os direitos de propriedade (*law on the books*), a prática jurídica deve esforçar-se para fazê-los válidos (*law in action*). Um método para tanto se constitui na observação das consequências das decisões judiciais, levando em conta os sinais que o subsistema jurídico envia aos demais subsistemas sociais, principalmente o econômico (CARVALHO, 2005, p. 100).

Com isso, cabe analisar as consequências socioeconômicas de um ordenamento jurídico que optou por conter cláusulas genéricas, como demonstra ser a *função social* (GAMA, 2007, p. 19)[10].

---

[10] "(...) por si só, a expressão em destaque não apresenta alto nível semântico. Dessa maneira, ela pôde ser utilizada por diversas teorias econômicas para justificar inumeráveis ações estatais limitadoras das liberdades individuais". GAMA, Guilherme Calmon Nogueira; CIDAD, Felipe Germano Cacicedo "Função Social no Direito Privado e Constituição". *In* GAMA, Guilherme Calmon Nogueira (org). *Função Social no Direito Civil*. São Paulo: Atlas, 2007, p. 19.

A noção de função social emerge em contraposição à concepção individualista e liberal do direito de propriedade. Trata-se do modelo solidarista de direito privado, cuja gênese, como já explicamos em outra ocasião (TIMM, 2006), encontra-se na sociologia de Durkheim. Acentuada influência para o surgimento de tal noção, a doutrina social da Igreja Católica por meio das Encíclicas *Rerum Novarum* (do Papa Leão XIII), Quadragésimo Ano (do Papa Pio XI), *La Solemita e Oggi* (do Papa Pio XII), *Mager et Magistra* (do Papa João XIII) e *Populorum Progressio* (do Papa Paulo VI), propugnava pela harmonização entre os interesses individuais e os anseios coletivos, chegando a afirmar que sobre a propriedade deveria incidir uma espécie de hipoteca social, com os bens materiais bastando apenas para o suprimento das necessidades básicas dos indivíduos, indo de encontro ao fato de que estes pudessem valer-se do excedente em detrimento daqueles que nada detinham (GAMA, 2007, pp. 5-6).

Desta maneira, no proprietário não se reconhecia o titular de direito subjetivo, mas, ao reverso, "o detentor da riqueza, mero administrador da coisa que deveria ser socialmente útil" (FORNEROLLI, 2004/2005, p. 200).

Já no século XIX a concepção da função social era desenvolvida "pelas obras socialistas e anarquistas da Europa Industrializada" (GAMA, 2007, p. 18), mas ganhou *status* constitucional com a edição da Constituição mexicana de 1917 e, ao depois, com a Constituição alemã de 1919, a Constituição de Weimar, sendo estas duas Cartas consideradas o berço do Estado Social.

No Século XX, com o final da Primeira Grande Guerra, o Estado passa a ser mais intervencionista, haja vista as mazelas trazidas pelo conflito. Da posição de instrutor das regras do jogo, o Estado passa a ser "jogador", atuando diretamente no desenvolvimento econômico. Em razão, por exemplo, dos problemas habitacionais advindos do referido confronto, as leis locatícias passam a favorecer os locatários. O mesmo se dá com os empregados, em vista do problema de desemprego enfrentado, principalmente, pelos países derrotados.

Assim, novas leis sobre acidente de trabalho e responsabilidade civil foram promulgadas, à margem dos princípios estruturais do

Código Civil, "sacrificando o princípio da liberdade contratual e da responsabilidade civil subjetiva" (TIMM, 2006, p. 237).

Após a Primeira Grande Guerra tem-se a elaboração de leis que preveem o remédio para casos que necessitam ser imediatamente sanados, ocorrendo aumento da legislação especial, tanto no concernente ao setor privado, quanto ao setor público, porquanto o Estado passa a intervir na economia, em prejuízo da sistematicidade do Código Civil.

Desse modo, em que pese esteja, ainda, no centro do ordenamento jurídico, o Código Civil vai passando de lei geral a lei residual, vez que a pletora de leis efêmeras passa a sustentar as bases legislativas específicas para determinada situação, que podem ser o resultado de grupos de interesse que fazem pressãopara a formulação de leis específicas favoráveis a si, deixando para o Código Civil a previsão geral da matéria. A especificação das leis, "como satélites autônomos procuram regiões próprias na órbita incontrolada da ordem jurídica, (...) formando-se microssistemas legislativos apartado do macrossistema do Código Civil[11].

A descodificação propriamente dita surge em diferentes países e em discrepantes momentos, na medida em que vão caindo as potências militares totalitárias.

Sempre que há a mudança de regime há a inauguração de uma nova ordem jurídica. Pois, as ordens jurídicas pós-II Guerra Mundial erigiram-se com a Constituição garantidora dos direitos sociais no centro do ordenamento jurídico. É sob essa perspectiva que se fala em descodificação, para apontar a relativização do Código Civil, submetendo os seus princípios aos princípios constitucionais mais protetores, mais interventores, menos individualistas, mais sociais.

---

[11] "Esta leitura leva-nos a constatar que a propriedade saiu das raízes do direito civil, mas que atualmente encontra uma teia de normas (administrativa, consumerista, comercial, tributária etc.) que açambarca e tem por fundamento as premissas insculpidas na Constituição Federal. Positivou-se, assim, um novo regime jurídico para o entendimento do instituto da propriedade." FORNEROLLI. *op. cit.*, p. 203.

No Brasil, após a Constituição de 1934, diversas leis especiais foram editadas em conformidade com a concepção social da propriedade, subjugando a matéria principiológica do então Código Civil, de 1916, como por exemplo, o Estatuto da Terra (1964), o Estatuto da Mulher (1962), a Lei do Inquilinato (1979/1991), a alienação fiduciária em garantia (DL 911/69)[12].

No texto constitucional de 1946, no Brasil, a noção de propriedade resultou vinculada ao bem-estar social, objetivando a sua justa distribuição em igualdade de condições para todos. Na Carta de 1967, a função social foi erigida à categoria de princípio da ordem econômica e social (TEPEDINO; SCHREIBER, 2005, p. 103).

Quanto à Constituição Federal de 1988 corriqueiro é o entendimento de que nela está previsto, no inciso XII, de seu artigo 5º, o direito à propriedade, mas que, no inciso imediatamente posterior, previsto está que a propriedade atenderá a sua função social. A partir disso, declinam-se ilações do tipo que à propriedade o ordenamento brasileiro não confere proteção, senão quando imbuída de sua função social. Ou a propriedade cumpre a sua função social ou não é protegida[13].

---

[12] O Código Civil brasileiro, de 2002, no § 1º, do artigo 1.228, expressamente prevê que a propriedade deve atender uma função social, *verbis*: *§ 1º O direito de propriedade deve ser exercido em consonância com as suas finalidades econômicas e sociais e de modo que sejam preservados, de conformidade com o estabelecido em lei especial, a flora, a fauna, as belezas naturais, o equilíbrio ecológico e o patrimônio histórico e artístico, bem como evitada a poluição do ar e das águas.*

[13] "Em outras palavras: não há, no texto constitucional brasileiro, garantia à propriedade, mas tão somente, garantia à propriedade que cumpre a sua função social". (...) "A garantia da propriedade não tem incidência, portanto, nos casos em que a propriedade não atenda a sua função social, não se conforme aos interesses sociais relevantes cujo atendimento representa o próprio título de atribuição de poderes ao titular do domínio." Idem, p. 105. Fornerolli afirma que "Contudo, instalou no inc. XXIII um inciso após a garantia da propriedade, a intenção socializante de que a propriedade deverá atender a sua função social". *In* FORNEROLLI, Luiz Antonio Zanini, *op. cit.*, p. 203. No mesmo sentido: BOHEN FILHO, Alberto. "Cidade, propriedade e o novo paradigma urbano no Brasil". *Revista Jurídica da Universidade de Franca*. 2005; HAJEL, Flavia Nassif. "A função social da propriedade no código civil". *Revista Jurídica da*

Ainda que não se concorde integralmente com a precisão dessas afirmativas postas é importante, então, questionar o que se entende por função social.

Com efeito, preencher o conteúdo de tal cláusula genérica é tarefa árdua. A propagação do entendimento de que o princípio da função social deve ser observado alerta para a forma, mas descura do seu conteúdo. Ou seja, propugna-se por sua aplicação imediata, fornecendo-se as eventuais bases propícias para tanto, mas não se queda demonstrado o que, de fato, vem a ser a função social da propriedade e quando realmente a coletividade aumenta o seu bem-estar no julgamento de um determinado "caso concreto".

Dessa forma:

O efetivo controle desta conformidade somente pode ser feito em concreto, pelo Poder Judiciário, no exame dos conflitos que se estabelecem entre os interesses proprietários e aqueles não proprietários. Os tribunais brasileiros têm desempenhado seu papel, como se vê das decisões mais recentes (...) (TEPEDINO; SCHREIBER, 2005, p. 107).

E se a doutrina civil e constitucional mostra-se franca àquela interpretação restritiva da propriedade individual em nome do "interesse coletivo", a posição judicial não parece ir em sentido diferente.

Veja-se, ilustrativamente porque paradigmático, o julgamento de um órgão fracionário do Tribunal de Justiça do Estado do Rio Grande do Sul, cuja ementa segue transcrita:

> Agravo de instrumento. Decisão atacada: liminar que concedeu a reintegração de posse da empresa arrendatário em detrimento dos "sem terra". (...). Recurso conhecido, mesmo que descumprindo o

---

Universidade de Franca. 2004; MARQUES, Benedito Pereira. "Justiça agrária, cidadania e inclusão social". *Procuradoria-Geral da Justiça Militar.* 2005; SALLES, Venicio Antonio de Paula. "O direito de propriedade em face do novo código civil". *Revista do Tribunal Regional Federal.* 2004; TEIZEN JUNIOR, Augusto Geraldo. "A função social no código civil". *Revista dos Tribunais.* 2004; TEPEDINO, Gustavo José Mendes. "Contornos constitucionais da propriedade privada". *Revista Dialética de Direito Processual.* 2004.

disposto no art-526 CPC, face dissídio jurisprudencial a respeito e porque demanda versa direitos fundamentais. Garantia a bens fundamentais com mínimo social. Prevalência dos direitos fundamentais das 600 famílias acampadas em detrimento do direito puramente patrimonial de uma empresa. Propriedade: garantia de agasalho, casa e refúgio do cidadão. *Inobstante ser produtiva a área, não cumpre ela sua função social, circunstância esta demonstrada pelos débitos fiscais que a empresa proprietária tem perante a união.* Imóvel penhorado ao INSS. Considerações sobre os conflitos sociais e o judiciário. Doutrina local e estrangeira. Conhecido, por maioria; rejeitada a preliminar de incompetência, a unanimidade; proveram o agravo por maioria. (Agravo de Instrumento N° 598360402, Décima Nona Câmara Cível, Tribunal de Justiça do RS, Relator: Elba Aparecida Nicolli Bastos, Julgado em 06/10/1998). (grifo)

Trata-se do caso da Fazenda Primavera, uma área de terra produtiva no Estado do Rio Grande do Sul que resultou invadida por 600 famílias integrantes do Movimento dos Trabalhadores Rurais Sem Terra (MST). A companhia arrendatária da terra ingressou com ação de reintegração de posse e teve deferido o pedido para a concessão de medida liminar. Contra esta decisão os réus interpuseram o aludido Agravo de Instrumento, cuja ementa transcreveu-se acima.

Do corpo dessa decisão que proveu o recurso interposto, reformando a decisão de 1° Grau que concedera, liminarmente, a reintegração judicial na posse, extrai-se que o Tribunal sopesou, de um lado, o dano inevitavelmente causado à propriedade adveniente da ocupação da terra e, de outro, a negativa de vigência aos direitos fundamentais, referido como o mínimo social, das 600 famílias Sem Terra que, sendo daquele local removidas, não teriam para onde ir.

Dessa forma, resultou decidido que sendo necessário sacrificar um dos dois aludidos direitos, que fosse então o direito patrimonial, para que vicejassem os direitos fundamentais.

Cabe ressaltar, por oportuno, que a propriedade invadida não sofrera mediação do Instituto Nacional de Colonização e Reforma

Agrária (INCRA), não tendo atestado de improdutividade, sendo, portanto, supostamente produtiva. Aliás, na própria decisão há referência à produtividade da área em questão[14].

Além da incerteza gerada por uma decisão como a referida, e conforme já exposto na primeira parte do presente artigo, tal entendimento tem por consequência prática a diluição do direito de propriedade do titular do imóvel, que ficará sem acesso à sua terra por anos a fio, enquanto durar o julgamento do mérito de sua ação possessória. Com efeito, em que pese ao proprietário esbulhado poder ser reconhecido, ao final de um processo, o seu direito de propriedade tem-se que durante este tempo, a utilização da propriedade pode resultar inviabilizada, interrompendo-se assim a atividade produtiva, ocasionando uma espécie de *desapropriação às avessas*. Imagine-se o quanto não desvaloriza o imóvel por conta da depreciação nesse período?

Não bastasse isso, tal situação caracterizar-se-ia por gerar elevado custo de oportunidade. Por custo de oportunidade entende-se o custo econômico decorrente da não alocação de recursos, tempo e energia em possível atividade alternativa à escolhida para o emprego de tais fatores (COOTER; ULEN, 2000, p. 30). Ao se realizar uma determinada atividade abre-se mão de outra e então, no verdadeiro custo da atividade escolhida, deve-se computar aquilo que se deixou de ganhar ao preterir a atividade alternativa.

Essa noção apresenta-se de forma mais pungente ao se tomar conhecimento de que no Brasil, o total de recursos gastos com segurança alcança o montante de R$ 92 bilhões por ano, ou seja, 5% do seu PIB. Conforme já dito aqui, tais recursos geram ineficiência uma vez que ao invés de serem destinados à atividade produtiva, dissipa-se renda, em primeiro lugar, na tentativa de realizar a apropriação indevida (invasores) e, em segundo lugar, na tentativa de evitá-la (proprietários).

Com efeito, não se considere que uma decisão como a proferida pelo Tribunal do Rio Grande do Sul seja isolada. O aspecto problemático desse modelo "social" ou "solidarista", como vem sendo

---

[14] "Inobstante ser produtiva a área, não cumpre ela a sua função social (...)".

denominado, é o alto risco da politização do Direito ou, na linguagem de Luhmann (LUHMANN, 1988, p. 244) – e, talvez, também, na de Weber[15] e na de Parsons[16] – a tentativa da dominação da racionalidade jurídica pela racionalidade política. Assim o sistema jurídico, que possui a sua própria linguagem, o seu próprio código binário (legal - ilegal), resulta contaminado pela linguagem política, pelo código da política (poder - não poder), e até mesmo pela racionalidade política.

Tal "politização" do sistema jurídico ultrapassa os muros da Academia devido à predominância dos círculos acadêmicos sobre os mesmos (ENGELMANN, 2006). Nessa perspectiva, um estudo desenvolvido por Armando Castelar Pinheiro demonstra que mais de 70% dos juízes que responderam à pesquisa prefeririam fazer "justiça social" ao aplicar a letra fria dos artigos de lei e dos contratos (PINHEIRO, 2005, p.100).

Assim sendo, de acordo com esse modelo "solidarista" a função social da propriedade significaria a correção do desequilíbrio de poderes vigente na sociedade, fazer justiça distributiva no âmbito do direito privado de modo a neutralizar desigualdades sociais, desconsiderando as consequências causadas ao sistema econômico.

O corolário do subjetivismo, na hermenêutica de cláusulas genéricas, é a incerteza jurídica que se queda prejudicada e potencializada por um sistema processual caótico, que não dispõe de suficientes mecanismos de uniformização jurisprudencial, conduzindo o juiz ao extremo de sua liberdade de decidir, ainda que isso colida com o interesse da maioria em termos de previsibilidade.

Alan Greenspan afirma que "as pessoas, em geral, não se esforçarão para acumular o capital necessário ao desenvolvimento

---

[15] Para leitura mais aprofundada deste tópico, que excede o propósito do presente artigo, ver: WEBER, Max. *Economia e Sociedade*. v.2. Brasília : Editora UnB, 1999, p. 1-153; FREUND, J. *La rationalisation du droit selon Max Weber*, In Archives de Philosophie du Droit, vol. 23 (1968), pp. 69 e ss.

[16] O complexo sistema social ativo parsoniano aparece em: PARSONS, Talcott. *O sistema das sociedades modernas*. São Paulo: Editora Pioneira, 1974, pp. 15 - ss.

econômico se não tiverem certeza de sua propriedade." (GREES-PAN, 2007, p. 243). À mesma conclusão chega a literatura especializada de *Law and Economics*[17].

A utilização econômica da área invadida, no caso acima referido, não seria capaz de trazer benefícios substanciais aos seus ocupantes, uma vez que se quedariam desincentivados a empregar esforços na atividade produtiva.

Portanto, na análise da concretização da função social da propriedade, caberá ao julgador observar e interpretar o sistema jurídico de fora para dentro, e não de dentro para *mais dentro ainda*. Deste modo, Flávia Santinoni propõe o seguinte questionamento: "Quando os juízes irão se dar conta de que as suas decisões causam um grande impacto para além das partes envolvidas na disputa, causando desincentivos à produção ou incentivos à desordem ou novas invasões?" (SANTINONI, 2006, p. 9). Uma decisão judicial em um caso concreto emitirá uma orientação a outros agentes econômicos que se encontram na mesma situação das partes envolvidas no litígio. Trata-se dos efeitos de segunda ordem das regras jurídicas[18].

A fixação da propriedade como ativo capaz de ser convertido em capital é mecanismo hábil para incluir os 4 bilhões de habitantes do mundo que se encontram à margem do sistema formal e legal de trocas, ou seja, da economia de mercado, justamente pelo fato de não gozarem de direitos de propriedade. A inclusão (essa é a verdadeira função social da propriedade) será de forma mais eficiente ao conferir direitos de propriedade àqueles que não os têm,

---

[17] Ver nesse sentido: DEMSTZ, Harold. "Toward a Theory of Property Rights". *The American Economic Review*: Papers and Proceedings of the Seventy-ninth Annual Meeting of the American Economic Association. vol. 57, nº 2 (may, 1967); ZYLBERSZTAJN, Decio e SZTAJN, Rachel. (orgs). *Direito e Economia:* análise econômica do Direito e das organizações. Rio de Janeiro: Elsevier, 2005; NORTH, Douglass C. *Custos de Transação, Instituições e Desempenho Econômico.* Traduzido por Elizabete Harth. 3ª ed. Rio de Janeiro: Instituto Liberal, 2006; BARZEL, Yoram. *Economic analisys of property rights.* Cambridge: Cambridge University Press, 2007; SHAVELL, Steven. Foundations of *Economic Analysis of Law.* Harvard University Press, 2004.

[18] Efeitos de segunda ordem.

sem radicalmente relativizar em nome de objetivos evanescentes, os direitos daqueles que produzem.

Por fim, transformar ativo morto em capital vivo é o *mistério do capital* (não o inverso). Tal conversão os países desenvolvidos conseguem fazer, ao passo que os países do Terceiro Mundo e os antigos países comunistas não. Aí está a explicação para o fato do capitalismo ter florescido em alguns países e não em outros.

5. Um Fundamental Direito como Direito Fundamental

Há quem diga que a indelével lição do século XX tenha sido a de que na produção de riqueza social a propriedade privada supera a propriedade coletiva. Hernando De Soto comunga de tal asserção, tanto que pesquisou a razão pela qual o capitalismo vicejou em alguns países e não em outros, chegando à conclusão de que a diferença residia na capacidade dos países prósperos converterem ativo subcapitalizado em capital ativo.

Sendo assim, tem-se que a fonte precípua para a geração do capital são os direitos de propriedade privada. De fato, os exemplos históricos, já referidos no presente trabalho, não deixam dúvidas.

Em que pese a previsão e proteção dos direitos de propriedade ser motivo de controvérsia[19], principalmente entre os países nos quais a maior parte da população encontra-se excluída do sistema formal e legalizado de trocas, e via de consequência resultar flexibilizado (FORNEROLLI, 2004/2005, p.200) em nome da consecução de pretensos direitos fundamentais ao mesmo superiores, tem-se que o direito de propriedade é um direito fundamental, e ainda, este direito tem o condão de promover outros direitos igualmente fundamentais.

Com efeito, para além de o direito de propriedade ser um fundamental direito, é formalmente reconhecido e previsto como um direito fundamental. Na Declaração Universal dos Direitos

---

[19] Ver introdução supra.

Humanos, adotada pela Organização das Nações Unidas em 1948, está expresso em seu artigo 17 que "Toda pessoa, individual ou coletivamente, tem direito à propriedade" (ONU, 1948). Outrossim, no mesmo artigo 17, mas em sua cláusula segunda, enuncia-se que "Ninguém pode ser arbitrariamente privado da sua propriedade" (ONU, 1948).

Diante disso percebe-se que a flexibilização do direito de propriedade em nome de qualquer outro direito fundamental merece minuciosa análise, vez que se estará diante de duas garantias fundamentais, e a preferência por uma em detrimento da outra exige sólida fundamentação.

Ademais, dotar um cidadão de direito de propriedade, para além das vantagens supracitadas permite-se a ele escolher, por exemplo com base no sistema de preços, o arranjo alocativo mais eficiente para ser empregado em sua atividade produtiva. Isso satisfaz um outro direito fundamental: a liberdade de escolha. Então, ter-se-ia que a liberdade é corolário da propriedade. Aliás, é o que está dito no artigo 6 da Convenção Internacional sobre Direitos Econômicos, Sociais e Culturais, *verbis*:

"Os Estados Partes do presente Pacto reconhecem o direito ao trabalho, que compreende o direito de toda pessoa de ter a possibilidade de ganhar a vida mediante um trabalho livremente escolhido ou aceito, e tomarão medidas apropriadas para salvaguardar esse direito."[20]

Ora, não permitir que a pessoa que emprega recursos, tempo e energia em sua atividade produtiva apodere-se dos frutos de seu próprio trabalho, constitu-se flagrante negativa de vigência à própria dignidade do ser humano.

Referiu-se acima que no Peru, no final da década de 1990, se constatou situação na qual as residências cujos moradores tinham reconhecido o direito de propriedade sobre a mesma, apresentavam o dobro de renda em comparação aos moradores desprovidos de registro formal de propriedade sobre as suas terras. Logo

---

[20] Cf. em http://www.planalto.gov.br/ccivil_03/decreto/1990-1994/d0591.htm

adiante, destacou-se que nas famílias com maior renda (não por acaso, titulares de propriedade reconhecida) o número de crianças que frequentava a escola era 28% superior ao número de crianças que regularmente estudavam nas famílias que não detinham direitos de propriedade (SOTO, 2004).

Isso está diretamente conectado ao direito fundamental da criança estudar, ao invés de trabalhar, elevando consideravelmente a sua qualidade de vida. Além disso, cabe notar que a segurança advinda do registro da propriedade e, por conseguinte, da defesa da mesma, incentiva o seu titular a alocar mais recursos em sua atividade produtiva não sendo forçado a dissipar renda na atividade apropriadora, aumentando a eficiência na produção e, dessa forma, potencializando a geração de riqueza[21]. Uma sociedade que não produz riqueza não é capaz de distribuir renda.

Conclusões

Paradoxalmente, a função social da propriedade em um sistema de mercado não diverge muito, em uma perspectiva de Análise Econômica do Direito, da função privada. É protegendo, e não relativizando a propriedade, que há ganho de bem-estar social. Por certo podem existir exageros, mas para isso existe a função corretiva do instituto do abuso de direito (cujo remédio jurídico é, tipicamente, perdas e danos e não *desapropriação às avessas*).

Estudos de Hernando de Soto sugerem que a universalização dos direitos individuais de propriedade teriam efeito multiplicador

---

[21] "O propósito fundamental dos direitos de propriedade, bem como a sua principal realização, é que eliminam a concorrência destrutiva pelo controle de recursos econômicos. Direitos de propriedade bem definidos e protegidos substituem a concorrência através da violência pela concorrência por meios pacíficos". KOGAN, Lawrence. "Rediscovering the Value of Intellectual Property Rights How Brazil's Recognition and Protection of Foreign IPRs Can Stimulate Domestic Innovation and Generate Economic Growth". *International Journal of Economic Development*. vol. 8, n° 1-2 (2006), pp. 15-678.

de renda muito superior a outras alternativas de flexibilização da mesma, apontando, nesse sentido, que a discrepância, em termos de riqueza, entre os países desenvolvidos e os países em desenvolvimento, tem na capacidade daqueles em realizar de modo eficiente a conversão do ativo subcaptilizado em capital ativo, a sua causa precípua.

A literatura de análise econômica parece confrontar as lições da *communis opinio doctorum* de que o enfraquecimento da proteção da propriedade aumentará a justiça social. É possível esperarmos o contrário, caso as decisões como a do TJRS prosperem e conformem as expectativas dos agentes econômicos, tornando os custos de monitoração e segurança, impagáveis.

Referências

BARZEL, Yoram. *Economic analisys of property rights*. Cambridge: Cambridge University Press, 2007.

BOHEN FILHO, Alberto. "Cidade, propriedade e o novo paradigma urbano no Brasil". *Revista Jurídica da Universidade de Franca*. 2005.

COOTER, Robert; ULEN, Thomas. *Law and Economics*. 3ª ed. Boston: Addison Wesley, 2000.

COOTER, Robert et al. "O Problema da Desconfiança Recíproca". *The Latin American and Caribbean Journal of Legal Studies*. vol. 1, nº 1 (2006), artigo 8.

CARVALHO, Cristiano. "Tributação e Economia". *In* TIMM, Luciano Benetti (org.). *Direito e Economia*. São Paulo: IOB Thomson, 2005, p. 100.

DEMSTZ, Harold. "Toward a Theory of Property Rights". *The American Economic Review:* Papers and Proceedings of the Seventy-ninth Annual Meeting of the American Economic Association. vol. 57, nº 2 (may. 1967).

DULCE, Maria Jose Fariñas. *La sociologia del derecho de Max Weber*. Madrid: Editorial Civitas, 1991.

ENGELMANN, Fabiano. *Sociologia do campo jurídico*: juristas e usos do Direito. Porto Alegre: Editora Sergio Antonio Fabris, 2006.

FORNEROLLI, Luiz Antonio Zanini. "A propriedade relativizada por sua função social". *Jurisprudência Catarinense*. Florianópolis. vol. 106 (2004/2005), pp. 197-211.

FREUND, Julien. «La rationalisation du droit selon Max Weber» . *Archives de Philosophie du Droit*. Paris, vol. 23 (1968).

GAMA, Guilherme Calmon Nogueira da (coord.). *Função Social no Direito Civil*. São Paulo: Atlas, 2007.

GREENSPAN, Alan. *A Era da Turbulência*. São Paulo: Campus, 2007.

HAJEL, Flavia Nassif. "A função social da propriedade no código civil". *Revista Jurídica da Universidade de Franca*. 2004.

KOGAN, Lawrence. "Rediscovering the Value of Intellectual Property Rights H ow Brazil's Recognition and Protection of Foreign IPRs Can Stimulate Domestic Innovation and Generate Economic Growth". *International Journal of Economic Development*. vol. 8, n° 1 – 2 (2006), pp. 15 – 678.

LUHMANN, Niklas. "The Unity of Legal System". *In* TEUBNER, Gunther (Org.). *Autopoietic Law: A New Approach to Law and Society*. Berlim: Walter de Gruyter, 1988.

MARQUES, Benedito Pereira. "Justiça agrária, cidadania e inclusão social". *Procuradoria-Geral da Justiça Militar*. 2005.

MOTA, Myriam Becho; BRAICK, Patrícia Ramos. *História: das cavernas ao Terceiro Milênio*. 1ª ed. São Paulo: Moderna, 1997.

NORTH, Douglass C. "Economic Performance Through Time". *The American Economic Review*. vol. 84, n° 3 (jun. 1994), p. 361.

NORTH, Douglass C. *Custos de Transação, Instituições e Desempenho Econômico*.Traduzido por Elizabete Harth. 3ª ed. Rio de Janeiro: Instituto Liberal, 2006.

ONU. Declaração Universal dos Direitos Humanos. Paris, 1948.

PARSONS, Talcott. *O sistema das sociedades modernas*. São Paulo: Editora Pioneira, 1974, pp. 15 - ss.

PINHEIRO, Armando Castelar. "Magistrados, judiciário e economia no Brasil". *In* TIMM, Luciano (org.). *Direito e economia*. São Paulo: Thomson/IOB, 2005.

PINHEIRO, Armando Castelar; SADDI, Jairo. *Direito, Economia e Mercados*. Rio de Janeiro: Elsevier, 2005.

REICHEL, Richard. "Germany's Postwar Growth: Economic Miracle or Reconstruction Boom?", *Cato Journal*. vol 21, n° 3 (2002), p. 440.

Disponível em < https://www.cato.org/sites/cato.org/files/serials/files/cato-journal/2002/1/cj21n3-5.pdf>. Acesso em: 06 jul. 2020.

ROCHER, Guy. *Talcott Parsons e a Sociologia Americana*. São Paulo: Editora Francisco Alves, 1976.

SANTINONI, Flavia Vera. *The Social Function of Property Rights in Brazil*, 2006, p. 9. Disponível em <http://repositories.cdlib.org/bple/alacde/34>. Acesso em 06 jul. 2020.

SALLES, Venicio Antonio de Paula. "O direito de propriedade em face do novo código civil". *Revista do Tribunal Regional Federal*. 2004.

SHAVELL, Steven. Foundations of *Economic Analysis of Law*. Harvard University Press, 2004.

SOTO, Hernando de. *O Mistério do Capital*. Tradução de Zaida Maldonado. Rio de Janeiro: Record, 2001.

SOTO, Hernando de. Palestra proferida em *The Hudson Institute International Development Seminar*, 2004 (Transcrição). Disponível em < https://www.hudson.org/research/3219-the-hudson-institute-international-development-seminar-transcript>. Acesso em: 06 jul. 2020.

TEIZEN JUNIOR, Augusto Geraldo. "A função social no código civil". *Revista dos Tribunais*. 2004

TEPEDINO, Gustavo. "Contornos Constitucionais da Propriedade Privada" *In Temas do Direito Civil*. São Paulo: Renovar, 2004

TIMM, Luciano Benetti. "Descodificação, Constitucionalização e Descentralização no Direito Privado: o Código Civil ainda é útil?". *Revista de Direito Privado*. n° 27, jul. – set. 2006.

TIMM, Luciano Benetti (org.). *Direito e Economia*. 2ª ed. São Paulo: IOB Thomsom, 2005.

WEBER, Max. *Economia e Sociedade*. vol. 2. Brasília : Editora UnB, 1999,

WORLD BANK. *Doing Business 2008*. Washington DC: World Bank Group, 2007, p. 24. Disponível em < http://documents.worldbank.org/curated/en/188641468156252369/Doing-business-2008>. Acesso em 06 jul. 2020.

ZYLBERSZTAJN, Decio e SZTAJN, Rachel. (orgs). *Direito e Economia*: análise econômica do Direito e das organizações. Rio de Janeiro: Elsevier, 2005.

Capítulo 7
A Natureza Econômica do Direito e dos Tribunais

Ivo Teixeira Gico Junior

1. Introdução

O Judiciário é uma tecnologia institucional desenvolvida ao longo de milhares de anos de experimentação humana com um único propósito: resolver disputas aplicando as regras jurídicas[1]. Há debate sobre o fato de o sistema adjudicatório também se prestar a outras funções, como o controle social (aplicação local de regras formuladas por um governo central) ou a criação das próprias regras[2]. Em qualquer caso, o fato de o Judiciário servir ou não a outras funções é irrelevante para o argumento aqui desenvolvido, já que minha preocupação principal é com a natureza econômica do Direito e dos tribunais.

Um Judiciário que funcione bem é essencial para o desenvolvimento de qualquer nação, tanto de uma perspectiva pública, quanto de uma perspectiva privada. A função institucional do Judiciário requer que qualquer violação de Direito seja corrigida em tempo hábil. Nesse contexto, o congestionamento dos tribunais é

---

[1] A pergunta "quem faz as regras?" em uma abordagem da ciência política, ou mais tradicionalmente, na literatura jurídica "quais são as fontes do Direito?", são assuntos diversos do aqui discutido.

[2] SHAPIRO, Martin. *Courts, a comparative and political analysis*. Chicago: The University of Chicago Press, 1981.

um problema socioeconômico que reduz a efetividade do Judiciário como mecanismo de promoção de cooperação e de desenvolvimento[3] e, em longo prazo, o valor de coordenação do próprio Direito.

Em quase todo o mundo é comum dizer que o Judiciário está em crise[4]. Em muitos países o Judiciário é considerado lento, ineficiente e caro.[5] Várias reformas foram executadas para tentar acelerar os tribunais[6] e muitas outras estão em andamento,[7] mas os resultados até

---

[3] Por exemplo, há alguma evidência de que a morosidade judicial aumenta a criminalidade, na medida em que criminosos aplicam uma taxa de desconto ao processo punitivo e/ou estão cientes da probabilidade de prescrição decorrente da demora judicial. Nesse sentido, vide PELLEGRINA, Lucia Dalla. "Court delays and crime deterrence: an application to crimes against property in Italy." *European Journal of Law & Economics*. set. 2008. pp. 267-290.

[4] *Cf.* DAKOLIAS, Maria. *Court Performance around the World*: a comparative perspective. Washington, DC: World Bank Publications, 1999. FIX-FIERRO, Héctor. *Courts, Justice and Efficiency: a socio-legal study of economic rationality in adjudication*. Oxford and Portland, Oregon: Hart Publishing, 2003. BUSCAGLIA, Edgardo; DAKOLIAS, Maria. *Judicial reform in Latin American courts: the experience in Argentina and Ecuador*. Washington, DC: World Bank, 1996. (The World Bank Technical Paper n° 350). VAN RHEE, C.H. (Remco); FU Yulin, . *Civil Litigation in China and Europe: Essays on the Role of the Judge and the Parties*. Dordrecht: Springer. vol. 31 (2014).

[5] Um relatório do *Centro de Estudios de Justicia de las Américas (CEJA)* concluiu que o atual sistema romano-germânico que prevalente na América Latina e em grande parte da Europa continental, criou um processo que é *"lento, escrito, formal y burocrático"* BURBANO, Carolina Villadiego. "Bases Generales para una Reforma a la Justicia Civil en América Latina y el Caribe." *Justice Studies Center of the Americas*, 2009. p. 188.

[6] A reforma processual mais antiga de que tenho notícia foi realizada pelo Rei Sumério Shulgi de Ur, filho do Rei Ur-Namma, entre 2094 e 2047 AEC (*Cf.* ROTH, Martha Tobi . *Law collections from Mesopotamia and Asia Minor*. 2ª. ed. Atlanta, Georgia: Society of Biblical Studies. vol. 6 (1997), p. 13. MICHLOWSKI, Piotr; WALAKER, C.B.F. *A New Sumerian "Law Code"*. Vol. *Occasional Publications of the Samuel Noah Kramer Fund, em Dumu-e2-dub-ba-a: Studies in Honor of Åke W. Sjöberg*. Philadelphia: The University Museum, 1989, pp. 383-396. Ao que tudo indica, ainda estamos tentando melhorar o Judiciário desde então.

[7] É fácil encontrar contínuas reformas dos sistemas judiciais ao redor do mundo, normalmente pelas mesmas razões. Por exemplo, dezoito países da União Europeia

agora não foram satisfatórios, e é razoável dizer, que o número de casos e o congestionamento nos tribunais podem estar aumentando em muitas jurisdições, inclusive no Brasil.

Inúmeras razões foram oferecidas para explicar o congestionamento dos tribunais: falta de recursos,[8] procedimentos complexos,[9] incentivos dos advogados,[10] incentivos dos juízes,[11] má gestão,[12] cultura de litígio,[13] baixa qualidade das leis[14], número excessivo

---

adotaram algum tipo de reforma processual em 2017, enquanto dezenove outros estavam negociando reformas adicionais (EUROPEAN COMMISSION, 2018, p. 4). Também é possível identificar reformas em países como o Brasil, que acabou de adotar um novo Código de Processo Civil, ou relatórios como o *Making Justice Work: Courts Reform (Scotland) Bill – A Consultation Paper*, do Governo da Escócia (SCOTISH GOVERNMENT, 2013) e o *Report Card on the Criminal Justice System: Evaluating Canada's Justice Deficit*, do *Macdonald-Laurier Institute* (PERRIN; AUDAS, 2016).

[8] Por exemplo, a *Task Force on Administration of Justice* americana afirmou que "[a]s causas para a morosidade são várias: falta de recursos, gestão ineficiente e número crescente de casos a serem julgados", ou no original, *"[t]he causes of delay are manifold: lack of resources, inefficient management and an increasing number of cases to be decided"*. NCJRS. *Task Force Report: The Courts:* The Task Force on the Adminstration of Justice, The U.S. Pres. Comm'n on Law Enforcement and Admin. of Justice. Washington DC: US Government Printing Office, 1967.

[9] DJANKOV, Simeon; LA PORTA, Rafael; LOPEZ-DE-SILANES, Florencio; SHLEIFER, Andrei. "Courts." The Quarterly Journal of Economics, may. 2003, pp. 453-517.

[10] MARCHESI, Daniela. "Litiganti, avvocati e magistrati. Diritto ed economia del processo civile". Studi e Ricerche. *Il Mulino*, 2003.

[11] BEIM, Deborah; CLARK, Tom, S.; PATTY, John W. "Why Do Courts Delay?" *Journal of Law and Courts*. Fall, 2017 pp. 199-241.

[12] BUSCAGLIA, Edgardo; DAKOLIAS, Maria. *Judicial reform in Latin American courts:* the experience in Argentina and Ecuador. Washington, DC: World Bank, 1996. (The World Bank Technical Paper nº 350).

[13] GINSBURG, Tom; HOETKER, Glenn. "The Unreluctant Litigant? An Empirical Analysis of Japan's Turn to Litigation." *Journal of Legal Studies*. jan. 2006, pp. 31-59.

[14] Há mais de cem anos Hargis afirmou que "[a] principal fonte da morosidade do direito são os defeitos da lei, originários imediatamente da venalidade, negligência e incapacidade dos legisladores [...]", no original, *"[t]he principal source of the law's delay is the law's defects, originating immediately in the venality, neglect, or incapacity of legislators [...]"* (1885, p. 309). Para uma discussão da qualidade das leis como uma explicação para a

de leis,[15] baixo investimento em segurança jurídica,[16] entre outros. Esforços têm sido feitos para tentar identificar a relevância de cada uma dessas possíveis explicações e, então, resolvê-las.[17] Todavia, a ideia de que a própria natureza do Direito e do sistema adjudicatório possam contribuir para o problema do congestionamento ainda não foi explorada, e é justamente essa ideia que proponho desenvolver neste capítulo.

O conhecimento da natureza econômica do Direito e dos tribunais é um passo importante para compreender, plenamente, o comportamento dos sistemas adjudicatórios em todo o mundo e pode ser um passo substancial em direção a uma teoria econômica positiva do Direito. Uma vez que se perceba que o Direito e os tribunais são bens complementares, mas o primeiro é um bem de clube, enquanto o segundo é um bem privado, será mais fácil compreender o resultado contraintuitivo de que a implementação irrestrita de políticas de acesso à justiça com o objetivo de aumentar o acesso das pessoas aos tribunais pode, na realidade, impedi-las de ter acesso a seus direitos.

2. A Natureza Econômica dos Bens e Serviços

Por muito tempo a discussão básica sobre bens públicos *versus* bens privados tem sido um esforço para distinguir que tipo de bem

---

morosidade judicial vide tambémVEREECK, Lode; MÜHL, Manuela. "An Economic Theory of Court Delay." *European Journal of Law and Economics*, 2000, pp. 243-268.

[15] DI VITA, Giuseppe. "Production of laws and delays in court decisions." *International Review of Law and Economics*, 2010, pp. 276-281

[16] *Cf.* GICO JUNIOR, Ivo Teixeira. "Anarquismo Judicial e Teoria dos Times." Edição: ABDE e UCB. *Economic Analysis of Law Review (Universa)* vol. 4, n°. 2 (jul./dez. 2013), pp. 269-294; GICO JUNIOR, Ivo Teixeira. "A Tragédia do Judiciário." *Revista de Direito Administrativo*, 2014, pp. 163-198; GICO JUNIOR, Ivo Teixeira. "Anarquismo Judicial e Segurança Jurídica." *Revista Brasileira de Políticas Públicas*. Número Especial (2015), pp. 479-499.

[17] MESSICK, Richard E. "Judicial Reform and Economic Development: a Survey of the Issues." *The World Bank Research Observer*, fev. 1999, pp. 117-136.

deveria ser provido por mercados e que tipo deveria ser provido pelo Estado. Se algo fosse classificado como *bem privado*, deveria ser fornecido pelo mercado, se fosse *bem público*, pelo Estado.[18] Essa distinção era baseada, única e exclusivamente, no atributo de "rivalidade" do bem, tal qual identificado originalmente por Samuelson (1954). Entretanto, nossa compreensão evoluiu para incluir também um segundo atributo chamado "excludabilidade", como explicado por Ostrom e Ostrom (1999 [1977]).

Nessa abordagem, a *excludabilidade de acesso* refere-se à possibilidade do possuidor de um determinado bem ou prestador de determinado serviço excluir, a baixos custos, outras pessoas da fruição do bem ou serviço. É amplamente aceito que a possibilidade de exclusão é um requisito para o fornecimento de qualquer bem ou serviço pelo mercado, uma vez que é a excludabilidade que permite ao fornecedor impedir que o cliente em potencial tenha acesso ao bem ou serviço sem uma contraprestação. É esta característica que possibilita o surgimento de um mercado.

Por outro lado, a *rivalidade* ocorre quando o consumo por uma pessoa impede que o bem ou serviço seja consumido por outra pessoa. Quando um bem não é passível de consumo simultâneo por mais de uma pessoa, ele é considerado rival. Quando pode ser desfrutado por uma pessoa sem reduzir, substancialmente, a sua utilidade para outrem, ele é considerado não rival. A segurança nacional e as previsões meteorológicas são exemplos de bens não rivais, porque o consumo desses serviços por um indivíduo não impede que outros usufruam dos mesmos benefícios, que permanecem disponíveis em quantidade e qualidade substancialmente inalteradas.

Exclusividade e rivalidade são duas características independentes que podem ser combinadas para criar quatro tipos diferentes de bens: (i) os bens públicos são, ao mesmo tempo, não rivais e não

---

[18] Confira, por exemplo, MUSGRAVE, Richard A. *The Theory of Public Finance:* a study in public economy. Bombay: Tata-McGraw-Hil Book Company, 1959.

excludentes;[19] (ii) os bens privados se opõem aos bens públicos por serem rivais e excludentes; (iii) os *recursos comuns (common pool resources* ou CPR) compartilham a não exclusividade dos bens públicos, mas seu consumo por alguém diminui, substancialmente, a utilidade do bem para outros usuários, tornando-os rivais em uso assim como os bens privados; e (iv) os *bens de clube ou de pedágio* são exclusivos como os bens privados, mas são não rivais, como os bens públicos[20].

A tradicional discussão sobre quem deve fornecer determinado bem ou serviço, se o Estado ou os mercados, torna-se assim mais sutil. "Eficiência" na oferta de bens privados, nesse contexto, significa apenas que em um mercado perfeitamente competitivo, esse tipo de bem seria fornecido para todos aqueles que estariam dispostos a pagar pelos custos de provisão do bem. Também é claro que os mecanismos de mercado podem ser usados para fornecer bens de clube, já que o provedor pode facilmente exigir um preço para o acesso ao serviço ou bem.[21]

---

[19] É importante notar que, apesar de ser comumente aceito que os bens públicos são simultaneamente não rivais e não excludentes, alguns livros técnicos ainda definem um bem público na tradição de Samuelson, considerando apenas o atributo da rivalidade (*e.g.* MAS-COLLEL; WHISTON; GREEN, 1995, p. 350). Além disso, é possível encontrar alguma imprecisão conceitual, por exemplo, quando Stiglitz e Rosengard afirmam que "bens públicos são caracterizados por consumo não rival e não excludabilidade", ou, no original, *"public goods are characterized by non-rival consumption and non-excludability"* (2015, p. 102) apenas para, logo em seguida, afirmarem que bens públicos podem ser excludentes ou não (2015, p. 103). Esse tipo de dispersão conceitual reforça a importância dessa seção.

[20] *Cf.* Buchanan (1965). Uma outra forma de abordar a questão é dizer que um bem público não possuiria limite superior ao tamanho do clube, enquanto os bens de clube (bens públicos impuros) teriam um tamanho de clube ótimo.

[21] É possível argumentar que a cobrança por um bem não rival pode ser ineficiente, pois tal cobrança resultaria em subconsumo do bem (preço acima do custo marginal). No entanto, a não cobrança pelo bem não rival resultaria em sua não oferta ou em sua oferta não ótima (suboferta). Se sua provisão for custeada por um tributo, então se estará cobrando pelo bem de qualquer forma, apenas não se estará alocando o ônus do custeio sobre os efetivos usuários do serviço, dado que nem todos os contribuintes usufruirão dos serviços igualmente.

Já os bens públicos oferecem um tipo diferente de desafio. Como, uma vez fornecido, o fornecedor será incapaz de excluir potenciais consumidores, a não ser que haja algum tipo alternativo de mecanismo de cooperação,[22] haverá o risco de usuários oportunistas desfrutarem do bem ou serviço sem arcarem com sua quota-parte nos custos do fornecimento. Esse é o conhecido *problema do caroneiro (free rider)*. Uma das soluções possíveis para o problema do carona é a coerção pelo Estado: se o Estado impuser um imposto sobre todos os possíveis usuários, então ele poderá fornecer o bem, gratuitamente, a todos os usuários em potencial.

Um fenômeno próximo, mas diverso, ocorre quando uma transação de mercado cria um benefício a um terceiro, que não fazia parte da transação original, como um subproduto, ou seja, uma *externalidade positiva*. Neste caso, o bem é efetivamente fornecido pelo mercado, mas o efeito da externalidade positiva é não excludente, o que significa que o benefício externo será criado independentemente.

A questão aqui é que o mercado é incapaz de capturar todos os benefícios criados pela atividade (externalidade), então a quantidade ofertada do bem ou serviço não é eficiente do ponto de vista social. Deparamo-nos com um problema de suboferta de um bem.

A discussão torna-se ainda mais interessante quando focamos nos recursos comuns ou bens congestionáveis. Assim como no caso dos bens públicos, a exclusão a baixo custo não é uma opção em um cenário de CPR, e um número substancial de usuários terá acesso irrestrito ao bem, caso seja oferecido. Todavia, ao contrário dos bens públicos, os CPRs são rivais, portanto, o uso por qualquer usuário impedirá que outra pessoa desfrute do mesmo bem ou serviço integralmente. Isso significa que um grande número de usuários tem

---

[22] Não é correto pressupor que bens públicos sempre serão vulneráveis aos "caroneiros". A literatura demonstra que, dadas certas condições, algumas sociedades pequenas e homogêneas ou grupos coesos conseguem criar meios sociais de superação do problema de ação coletiva e cooperar. *Cf.* OSTROM, Elinor. *Governing the Commons:* the evolution of Institutions for Collective Action. Cambridge: Cambridge University Press, 2006 [1990].

acesso irrestrito ao recurso e o uso por cada usuário pode impedir que outros desfrutem dos mesmos recursos. Nesse cenário, a concorrência entre usuários pode criar uma espécie de "corrida ao fundo do poço" (*race to the bottom*), onde cada usuário possui incentivo para explorar o recurso o mais rápido possível, tanto quanto possível, devido ao medo justificado de que outros também explorarão em demasia o recurso e de que não haverá o suficiente para si no futuro. Em função dessa estrutura de incentivos, mesmo os agentes comportando-se racionalmente, o recurso será sobre-explorado e em última instância destruído, ou terá sua utilidade substancialmente reduzida para todos. Esse problema de ação coletiva passou a ser conhecido como a *Tragédia dos Comuns*.[23]

Em geral, a Tragédia dos Comuns surge quando é difícil ou caro excluir usuários potenciais de um recurso (baixa excludabilidade) que produz um fluxo finito de benefícios (rivalidade). Nesse cenário, os agentes racionais podem sobre-explorar o recurso, em vez de conservá-lo.[24] Nesse sentido, a Tragédia dos Comuns pode ser modelada como um *Dilema do Prisioneiro* não cooperativo, no qual cada jogador recebe um retorno maior se desertar ao invés de cooperar, embora a cooperação resulte em um resultado positivo para ambos os jogadores. Nesse jogo não cooperativo com informações perfeitas, a estratégia dominante envolve desertar, o que levará à superexploração e destruição total do recurso — daí à tragédia.

3. A Natureza Econômica do Direito

A maior parte da discussão acerca da natureza econômica do Direito enquadra-se, primariamente, como um argumento dentro de um

---

[23] *Cf.* HARDIN, Garrett. "The Tragedy of the Commons". *Science*. dez. 1968, pp. 1243-1248. GICO JUNIOR, Ivo Teixeira. "A Tragédia do Judiciário." *Revista de Direito Administrativo*. 2014, pp. 163-198.

[24] OSTROM, Elinor; GARDNER , Roy; WALKER, James. *Rules, Games & Common-Pool Resources*. Ann Arbor: The University of Michigan Press, 1994.

debate mais amplo sobre a viabilidade de uma sociedade anarquista (sem Estado)[25] ou a necessidade de criação de um Estado para impor a ordem. Para os que argumentam a favor da provisão pública do Direito, ou seja, pela sua criação e execução pelo Estado, o Direito é considerado um bem público. Buchanan, por exemplo, usou a teoria do bem público e privado em linha com a abordagem tradicional de Samuelson para afirmar que, como o Direito é uma espécie de bem público heterodoxo (gera externalidade), ele não seria fornecido pelo mercado.[26]

Mencionando expressamente o trabalho de Buchanan, Landes e Posner (1976) também defenderam que o Direito é um bem público, mas seu argumento implicava que precedentes poderiam ser usados por uma pessoa sem diminuir substancialmente sua utilidade, enquanto precedente, para terceiros.[27] O argumento é, na

---

[25] Veja por exemplo: FRIEDMANN, David. "Private Creation and Enforcement of Law: a Historical Case." *The Journal of Legal Studies*, mar. 1979, pp. 399-415; COWEN, Tyler. "Law as a Public Good: The Economics of Anarchy." *Economics & Philosophy*, oct. 1992, pp. 249-267. e BENSON, Bruce L. *The Enterprise of Law: justice without the state*. Oakland, California: The Independent Institute, 2011 (1990).

[26] "Em um linguajar mais técnico, 'o direito' do tipo aqui analisado se qualifica como um bem público ou de consumo-coletivo puro, e um bem para o qual ajustes independentes geram soluções de canto para cada pessoa. Ninguém proverá, por seu próprio comportamento restrito, os benefícios de seguir o direito para outros." No original, *"[i]n somewhat more technical language, 'law' of the sort analyzed here qualifies as a pure collective-consumption or public good, and one for which independent adjustment yields corner solutions for each person. No person will provide, by his own restricted behavior, the benefits of law-abiding to others."* Cf. BUCHANAN, James M. *The Limits of Liberty: Between Anarchy and Leviathan*. Indianapolis: Liberty Fund, vol. 7 (2000 [1975]).

[27] Os autores estavam tentando usar a Teoria do Capital-Investimento para avaliar o comportamento dos precedentes e eles definiram o capital jurídico como o conjunto de regras jurídicas imbuídas nos precedentes disponíveis em um dado momento. Dado que precedentes podem ser usufruídos por mais de uma pessoa sem a diminuição de sua utilidade como precedente para outrem, eles argumentaram que o capital jurídico era um bem público por natureza (LANDES, William M.; POSNER, Richard A. "Legal Precedent: a Theoretical and Empirical Analysis." The Journal of Law & Economics, aug. 1976, p. 264. Em outro trabalho GICO JUNIOR, Ivo Teixeira. "Anarquismo Judicial e Teoria dos Times." Edição: ABDE e UCB. *Economic*

realidade, baseado somente no atributo de não rivalidade do precedente. Em um artigo posterior Landes e Posner (1979, p. 248) também defenderam que o direito criado por um precedente seria um bem público, embora, dessa vez, o fundamento se baseasse no fato do precedente criado por uma lide privada poder ser útil no futuro para aqueles que não participaram da disputa original. O argumento agora é no sentido de que o direito criado pelo precedente geraria uma externalidade positiva para quem não participou do litígio, além de ser não rival. Observa-se a ideia de que o direito como um bem público é bastante difundida na literatura.

Em sintonia com essa tradição, embora ligeiramente divergente, eu gostaria de argumentar que o direito pode, de fato, se comportar tanto como um bem público quanto como um bem de clube. Em sua concepção mais simples, o direito nada mais é do que informação sobre como os sistemas adjudicatórios provavelmente se comportarão quando diante de uma disputa (coerção - *enforcement*), bem como informação sobre como as pessoas provavelmente se comportarão em geral (conformidade - *compliance*). Como demonstrarei, o direito pode se comportar como um bem de clube quando estamos discutindo coerção, e também como um bem público quando estamos lidando com conformidade espontânea. Essa é a *dualidade do Direito*.

É possível dizer que a primeira natureza do Direito é informar em qual direção a coercitividade irá e *a utilidade que o Direito fornece é justamente o conhecimento acerca dessa direção*. Nessa perspectiva é fácil perceber que, quando os doutrinadores afirmam que o Direito é um bem público, eles normalmente assumem que ele o é da mesma forma que qualquer informação é um bem público.[28] No entanto, esse tipo de análise não revela a verdadeira característica objeto da

---

Analysis of Law Review (Universa), vol. 4 (jul./dez. 2013), n° 2, pp. 269-294, demonstrei que o mesmo modelo poderia ser utilizado para incluir leis escritas e também seria aplicável a sistemas romano-germânicos.

[28] Note que uma informação pode ser rival se é de fato um segredo e o seu compartilhamento destruirá seu valor estratégico para o detentor original, como nos casos de *know-how*. Nesse cenário o uso de uma informação por um agente reduz a utilidade da informação para o outro agente, logo, é rival.

discussão, que não é a natureza econômica do Direito, e sim *a não rivalidade do Direito*.[29] Quando dizemos que o consumo do Direito por uma pessoa não exclui seu consumo por um terceiro estamos apenas dizendo que esse conhecimento pode ser consumido por um e por outro. Nada estamos dizendo sobre sua excludabilidade e eu gostaria de argumentar que o Direito enquanto coerção é na realidade altamente excludente.

Os teóricos do Direito estão constantemente envolvidos com a questão da jurisdição, ou o poder geral do Estado de exercer autoridade dentro de seu território, ou o poder de um tribunal de decidir um caso, ou emitir uma ordem judicial válida.[30] O fato de que a aplicação das normas legais requer jurisdição, significa que, às vezes, um Estado ou um tribunal é juridicamente impotente para fazer cumprir suas regras. É o caso, por exemplo, de uma sentença arbitral internacional a ser executada em outro país que, por sua vez, não reconhece parte do Direito material usado como fundamento para resolver a disputa. Esse é apenas um exemplo de como o Direito pode ser excluído do consumo por um indivíduo.

Assim, embora o Direito seja não rival, assim como a informação em geral, é bastante claro que *o Direito enquanto coerção é altamente excludente*; ergo, o Direito não é um bem público por natureza, mas sim um bem de clube.[31] Quais são as implicações de se reconhecer que o Direito é um bem de clube, ou seja, que ele é não rival? Como a coerção é excludente a nossa discussão anterior demonstra

---

[29] Obviamente, se define bem público como qualquer coisa que seja não rival, independentemente da excludabilidade, como se fazia antigamente, então, o direito será um bem público.

[30] *Cf.* GARNER, Bryan A. (ed.). *Black's Law Dictionary.* 7th. St. Paul, Minn: West Group, 1999. p. 855.

[31] O argumento de que o direito poderia ser excluído dos agentes fora de uma coalizão foi previamente feito pelo próprio (BUCHANAN, James M. *The Limits of Liberty:* Between Anarchy and Leviathan. Indianapolis: Liberty Fund, vol. 7(2000 [1975]), p. 100), apesar dele classificar o direito de bem público devido à sua não rivalidade. Àquela época, não estava claro que a excludabilidade também era uma dimensão relevante.

que o Direito poderia ser fornecido por mercados, pois o sistema adjudicatório poderia negar acesso a todos os clientes que se recusassem a pagar pelos custos de provimento do serviço. Como resultado pode haver um mercado para o Direito mesmo na ausência de um Estado.[32] O Direito como coerção não é vulnerável ao problema do caroneiro, pois é excludente. No entanto, a questão aqui é que o Direito é fortemente caracterizado por uma externalidade positiva.

Quando digo que o Direito é a informação acerca de como os órgãos estatais se comportarão (coerção), podemos separar dois aspectos dessa afirmação, um deles para o consumidor dessa informação (o jurisdicionado) e o outro para o empregador dessa informação (o adjudicador).[33] Em ambos os casos, o Direito é a informação sobre qual regra é mais provável de ser aplicada em um determinado caso.[34] Esse sistema cria um ciclo de retorno (*feedback loop*), segundo o qual, quanto mais uma regra jurídica é aplicada ao mesmo conjunto de casos, maior será o valor dessa regra para a sociedade e mais o comportamento espontâneo ou imposto se encaixará na conduta esperada (retorno positivo). Essa é a economia de escala do lado da demanda do Estado de Direito, ou seu efeito de rede (*network effect*).[35] Quanto mais pessoas souberem qual é a regra aplicável a um

---

[32] Um dos melhores exemplos do Direito sem Estado é a *lex mercatoria*, o corpo de direito comercial construído e empregado pelos mercantes na Europa medieval, que era adjudicado por tribunais mercantis ao longo das principais rotas de comércio. Para uma discussão da produção descentralizada do direito, *Cf.* COOTER, Robert D. "Structural Adjudication and the New Law Merchant: a model of decentralized law." *International Review of Law and Economics*, 1994, pp. 215-231.

[33] Em trabalho anterior: GICO JUNIOR, Ivo Teixeira. "A Tragédia do Judiciário." *Revista de Direito Administrativo*, 2014, pp. 163-198, demonstrei que para compreendermos plenamente o comportamento do sistema jurídico, devemos levar em consideração a estrutura de incentivos tanto das partes quanto dos magistrados.

[34] O sistema jurídico não precisa ser perfeito, ele pode ser probabilístico, mas ele será tão mais eficaz quanto mais previsível for. Nesse sentido, *Cf.* GICO JUNIOR, Ivo Teixeira. "Anarquismo Judicial e Teoria dos Times." Edição: ABDE e UCB. *Economic Analysis of Law Review* (Universa) vol. 4 (jul./dez. 2013), n° 2, pp. 269-294.

[35] Note que no Estado de Direito o juiz será um consumidor do Direito tanto quanto as partes em um litígio, enquanto os tribunais seriam tanto consumidores

determinado caso, e quanto mais elas puderem manter uma expectativa racional de que essas serão as regras aplicadas na hipótese de surgimento de uma disputa, mais as pessoas tenderão a seguir tais regras espontaneamente (conformidade) — logo, mais útil e importante o Direito será.[36] Isso não altera sua natureza econômica, o que significa dizer que o Direito continua a ser não rival e altamente excludente *ergo*, um bem de clube.

É ainda preciso reconhecer que as pessoas às vezes seguem as normas jurídicas mesmo na ausência de uma ameaça crível de coerção. Cientistas sociais têm se esforçado para explicar porque isso acontece, inclusive através do emprego da Teoria dos Jogos. Demonstra-se que o comportamento social pode emergir naturalmente da interação humana e a própria existência do Direito pode fornecer *pontos focais*[37] que atrairão o comportamento coletivo e gerarão equilíbrios

---

quanto provedores (precedentes), nos termos do art. 927 e do *caput* e do §2º do art. 926 do Código de Processo Civil. No sistema da *common law*, a função legislativa dos tribunais é autoevidente, enquanto no sistema romano-germânico ela é de alguma forma mitigada, mas ainda assim existente. *Cf.* GICO JUNIOR, Ivo Teixeira. "Hermenêutica das Escolhas e a Função Legislativa do Judiciário." *Revista de Direito Empresarial - RDemp*, maio/ago. 2018, pp. 55-84.

[36] Essa expectativa racional de como o direito será aplicado é um elemento essencial do Estado de Direito e foi chamado por mim de "ciclo da litigância". Para uma discussão acerca de como essa característica de *feedback* positivo tende a criar um comportamento homeostático no sistema judicial, vide GICO JUNIOR, Ivo Teixeira. "Anarquismo Judicial e Teoria dos Times." Edição: ABDE e UCB. *Economic Analysis of Law Review* (Universa) vol. 4 (jul./dez. 2013), nº 2, pp. 269-294. Para uma discussão sobre as consequências de o judiciário *não* seguir o Estado de Direito e da interrupção desse *feedback* positivo — o chamado "anarquismo judiciário", vide GICO JUNIOR, Ivo Teixeira. "Anarquismo Judicial e Segurança Jurídica." *Revista Brasileira de Políticas Públicas*, Número Especial, 2015, pp. 479-499.

[37] Na linguagem da Teoria dos Jogos um ponto focal, ou ponto de *Schelling*, é um equilíbrio saliente em um jogo de múltiplos equilíbrios que atrai jogadores justamente por ser saliente, significando que esse ponto focal se torna um equilíbrio mais comum do que os demais equilíbrios, como uma solução prática para o jogo, ainda que não seja uma estratégia dominante. Nesse sentido, *cf.* SCHELLING, Thomas C. *The Strategy of Conflict:* with a new Preface by the Author. Cambridge: Harvard University Press, 1981 [1960].

comportamentais.³⁸ A conformidade torna-se um equilíbrio autossustentável, sem a necessidade de coerção, é a *conformidade sem coerção*. Nesse caso, a utilidade do Direito seria fornecer o conhecimento dessa direção social (e como se comportar de acordo).³⁹ O efeito de rede do Direito é ainda mais relevante quando se lida com o Direito enquanto conformidade, pois, quanto maior o número de pessoas se comportando de determinada maneira, maior a probabilidade de que os outros ajustem sua conduta de acordo. Assim, o papel do comportamento saliente como um ponto focal é mais forte e aquele equilíbrio particular é mais provável de ser alcançado.

No entanto, se o Direito enquanto coerção é claramente um bem de clube (não rival e excludente), o mesmo não pode ser dito sobre o Direito enquanto conformidade – este também é não rival, porque o conhecimento por um indivíduo de como a maioria das pessoas se comporta dentro de uma determinada sociedade, não impede

---

³⁸ Empregando Teoria dos Jogos, GREIF, Avner. *Institutions and the Path to the Modern Economy*: lessons from medieval trade. Cambridge: Cambridge University Press, 2006, demonstrou que ao invés de assumir que indivíduos seguem certos comportamentos, comportamentos sociais podem ser gerados endogenamente desde que limitados a comportamentos que sejam equilíbrios autossustentáveis. Em sentido similar, MCADAMS, Richard H. *The Expressive Powers of Law*: theories and limits. Cambridge, Massachusetts: Harvard University Press, 2017, explica como o direito pode produzir comportamento coordenado mesmo na ausência de uma ameaça crível de coerção simplesmente por apresentar um ponto focal saliente que atrairá comportamento.

³⁹ É muito interessante imaginar como ambas funções do direito corrigem comportamentos divergentes. Obviamente, a coerção incluiria punição com prisão, penas, castigos físicos ou custos adicionais para mudar o trade-off do comportamento divergente, enquanto a divergência (não conformidade) levaria à desconexão e a custos morais e sociais, tais como estigmas e acidentes. De qualquer forma, ao fim e ao cabo, espera-se que ambas complementarmente induzam comportamentos convergentes, de outra forma o sistema entraria em colapso. Para uma discussão sobre como cooperação pode ser alcançada mesmo na ineficácia de instrumentos jurídicos, *Cf.* DIXIT, Avinash K. *Lawlessness and Economics*: alternative modes of Governance. 1ª ed. Princeton: Princeton University Press, 2007 e, para uma discussão sobre a importância da coerção nessa segunda concepção de direito, *Cf.* SCHAUER, Frederick. The Force of Law. Cambridge, Massachusetts: Harvard University Press, 2015.

que outro indivíduo detenha o mesmo conhecimento e também aproveite os benefícios resultantes desse conhecimento. No entanto, como o Direito enquanto conformidade não requer coerção, é pura informação e, uma vez disponível, não pode ser retirado do domínio público, temos que sua natureza é não excludente. Como resultado, concluo que *o Direito como conformidade é um bem público por natureza,* pois é não rival e não excludente.

É curioso notar que o Direito seja um bem público, única e exclusivamente, quando não há necessidade de coerção (Direito como conformidade), mas a literatura em geral o considera como bem público justamente no contexto adjudicatório, logo, quando o Direito é, na realidade, um bem de clube. Acredito que essa sutileza é uma das razões pelas quais os fenômenos discutidos no presente capítulo e a sua inter-relação permaneceram ocultos dos doutrinadores em geral por tanto tempo.

4. A Complementariedade do Direito e dos Tribunais

Na seção anterior, foi demonstrado que o Direito enquanto coerção é não rival, embora excludente do consumo a baixo custo (excludabilidade) e, portanto, o Direito é um bem de clube. Agora, eu gostaria de explicar como esse *insight* revela que *o Direito e os tribunais* são bens complementares. Um bem é considerado complementar quando o seu consumo requer o consumo de um outro bem. Daí decorre que, quando o consumo de um bem complementar aumenta, o consumo de seu complemento também aumenta. Assim, se o Direito e os sistemas adjudicatórios são bens complementares, então quanto mais se consome Direito, mais se usa o sistema adjudicatório e, quanto mais se usa o sistema, mais se consome Direito.

Quando me refiro ao Direito enquanto coerção, deve ficar claro que estou me referindo ao Direito como o conjunto de regras[40]

---

[40] Aqui a discussão sobre se princípio integram o ordenamento jurídico, ou não, é irrelevante, pois eles serão convertidos em regras se aplicados, como demonstrado em

aplicadas por um sistema adjudicatório para resolver disputas dentro de uma determinada jurisdição[41] e, consequentemente, moldar o comportamento coletivo. Nesse sentido, a utilidade informacional do Direito reside, precisamente, na indicação de como o sistema adjudicatório se comportará se uma dada disputa lhe for levada.[42] Essa função informacional pode, de fato, ser aproveitada apenas se houver um mecanismo efetivo de coerção e se esse mecanismo for capaz de impor sua decisão. Em outras palavras, o Direito somente

---

Gico Jr. (2018); ou eles serão incapazes de orientar comportamento resultando em anarquia judicial, como discutido em GICO JUNIOR, Ivo Teixeira. "Anarquismo Judicial e Segurança Jurídica." *Revista Brasileira de Políticas Públicas*, Número Especial, 2015, pp. 479-499.

[41] Jurisdição aqui é usada como a habilidade ou o poder de fazer valer uma decisão, como mencionado anteriormente.

[42] Esse argumento já foi oferecido por Holmes Jr., nos EUA., quando afirmou que: "[o] objeto de nossos estudos, então, é a previsão, a previsão de incidência da força pública por meio instrumental das cortes". No original "[t]*he object of our study, then, is prediction, the prediction of the incidence of the public force through the instrumentality of the courts*" (1897, p. 61). Na França, uma observação semelhante foi feita por Planiol ao afirmar que: "[q]uando o Código era novo, as faculdades de direito tinham suas opiniões e várias vezes cada professor tinha a sua; de seu lado, a jurisprudência buscava de forma meio aleatória a solução para questões que recebia para resolver. Então, era formada em nossas Faculdades uma *doutrina*, muitas vezes original, mas raramente seguida na prática. Hoje a jurisprudência está fixada em vários pontos. Que vantagem há em ainda se ensinar, como se fossem fórmulas do verdadeiro direito francês, teorias que não estão nem escritas na lei, nem foram admitidas na jurisprudência? [...] Tomemos a jurisprudência pelo que ela é, um direito costumeiro de criação recente e ensinemos suas soluções, sujeitando-nos a dizer o que pensamos sobre ela." No original, "[q]*uand le Code était nouveau, l'École avait ses opinions, qu'elle enseignait, et souvent chaque professeur avait les siennes: de son côté la jurisprudence cherchait un peu à l'aventure la solution des questions qu'on lui donnait à résoudre. Ainsi s'est formée dans nos Facultés une* doctrine*, souvent originale, mais rarement suivie dans la pratique. Aujourd'hui que la jurisprudence est fixée sur beaucoup de points, à quoi bon enseigner encore, comme étant la formule du droit français actuel, des théories qui ne sont ni écrites dans les lois, ni admises en jurisprudence? [...] Prenons donc la jurisprudence pour ce qu'elle est, pour un droit coutumier de formation récente, et enseignons ses solutions, sauf à dire ce que nous en pensons.*[...]" PLANIOL, Marcel. *Traité Élémentaire de Droit Civil*. Paris: F. Pichon, Duccesseur, Éditeur, Tome Premier, vol. 3 (1904), p. 10.

é útil nesse sentido se houver um sistema adjudicatório eficaz para apoiá-lo. Do ponto de vista econômico, equivale dizer que o Direito e os sistemas adjudicatórios são complementos.

Por um lado, um sistema adjudicatório que não segue qualquer regra (tribunal sem direito) não seria diferente de um sistema estocástico ergódigo[43]. Independentemente do caso apresentado, haveria uma probabilidade aleatória de sucesso do reclamante e, em qualquer disputa, a chance de prevalecer seria independente do estado inicial do sistema. Nesse cenário não haveria necessidade de um juiz ou qualquer mecanismo de decisão alternativo que não fosse um computador com uma semente aleatória[44] para resolver a disputa. O serviço de resolução de disputas seria fornecido quase instantaneamente, mas o resultado seria um completo desperdício social, pois os agentes seriam incapazes de coordenar o comportamento *ex ante* (não há como saber qual regra será aplicada) e o resultado seria inútil para coordenar o comportamento *ex post* (como este caso foi decidido é irrelevante para casos futuros). Em outras palavras, se o mecanismo de resolução de controvérsia é aleatório essa função básica do Direito é negada, e se pode afirmar tanto que não há direito algum, quanto que os tribunais são inúteis.

Por outro lado, um sistema jurídico sem um mecanismo de coerção (Direito sem tribunal) seria ineficaz para coordenar o comportamento quando as pessoas discordassem sobre o Direito ou a conformidade não fosse um equilíbrio autossustentável. Em primeiro lugar, se dois agentes *ex ante* concordam que seu curso de ação

---

[43] Por exemplo, mesmo no sistema jurídico Busoga, em Uganda, que supostamente não possui uma teoria de precedentes, quando se discutem casos e se litiga os membros da comunidade esperam que casos semelhantes serão tratados de forma semelhante e, por tanto, que mesmo o Direito costumeiro Busoga guarde algum grau de coerência interna. *Cf.* FALLERS, Lloyd A. *Law Wihtout Preedent: legal ideias in action in the courts of colonial Busoga*. Chicago: The University of Chicago Press, 1969. p.19.

[44] Alguém poderia se desesperar ao descobrir que números aleatórios criados por computadores não são, na verdade, aleatórios, dado que usam algum tipo de algoritmo para criar tais números. Verdadeira aleatoriedade é alcançada, apenas, se mensurado algum fenômeno externo ao próprio sistema.

é a melhor opção para seus próprios interesses, não haverá necessidade de direito para estabelecer a conduta a ser seguida por eles. Não há disputa. Isso também é verdade se os agentes já estiverem em um *equilíbrio de Nash*, embora, *ex post*, eles possam discordar sobre essa situação ser a melhor opção para um deles. Como nenhum agente pode melhorar seu retorno mudando unilateralmente seu próprio comportamento, o equilíbrio é autossustentável e nenhuma coerção adicional é necessária.

O Direito é útil quando há mais de uma conduta interessante possível, antes ou depois da interação, para ao menos uma das partes. Se o Direito impede que uma das partes se engaje *ex post* em comportamento divergente, a outra parte pode *ex ante* confiar que o acordo seguirá o seu curso e a cooperação será viabilizada. No entanto, a fim de fazê-lo, o Direito deve ser capaz de impedir de forma coercitiva tal comportamento divergente; portanto, a coerção — ainda que potencial — é necessária. Pode-se argumentar que, quanto mais frequentemente essas regras de conduta forem internalizadas, menos coerção será exigida, mas, a menos que se possa construir uma sociedade de seres humanos perfeitos, algum nível de coerção, ainda que leve, será necessário.

Em segundo lugar, do ponto de vista social, o Direito também é relevante quando, embora as partes envolvidas concordem entre si com o comportamento em questão, sua cooperação produz efeitos negativos sobre terceiros (externalidades). Nesse cenário, supondo que os custos de transação sejam elevados,[45] é do interesse público que o Direito seja capaz de impedir, limitar ou exigir uma compensação adequada para tal comportamento; a coerção será necessária.

Em terceiro, as pessoas às vezes podem discordar entre si sobre o que realmente foi acordado, qual a regra jurídica aplicável ou se existe uma regra jurídica para o caso. Nessas hipóteses, é necessário um mecanismo de resolução de disputa — que normalmente é a

---

[45] COASE, Ronald H. "The Problem of Social Cost." *Journal of Law and Economics*, oct. 1960, pp. 1-44.

outra função do sistema adjudicatório — para resolver ambiguidades e preencher lacunas.

Em suma, qualquer que seja a estratégia que os tribunais adotem para resolver uma disputa (mera adjudicação, redução de ambiguidade ou preenchimento de lacunas), fato é que o resultado, provavelmente, se tornará Direito e a imposição coercitiva será necessária se o cumprimento espontâneo não advier. Em qualquer caso, o Direito será útil para os agentes sociais somente se um mecanismo adjudicatório viável (coerção) estiver disponível, logo, o Direito e os tribunais são bens complementares.

5. A Natureza Econômica dos Tribunais

Uma vez estabelecido que o Direito é um bem de clube e sua excludabilidade está profundamente relacionada à sua complementaridade com os tribunais, a investigação sobre a natureza econômica do sistema adjudicatório deve nos ajudar a entender alguns aspectos da dinâmica do sistema jurídico, o que levará à conclusão surpreendente de que, em vez de viabilizar o acesso aos direitos, políticas irrestritas de acesso à justiça podem resultar em sua negação.

Semelhante ao Direito enquanto coerção, *qualquer sistema adjudicatório é excludente por natureza*. Considere um tribunal de arbitragem e a exigência de que, antes do início do processo arbitral, o reclamante ou ambas as partes paguem as custas processuais e/ou os honorários do árbitro. Sem pagamento, a arbitragem não se inicia. Logo, até que os usuários paguem pelo serviço, o prestador de serviços adjudicatórios não fornecerá o serviço desejado. O mesmo pode ser dito sobre os tribunais públicos. Em muitas jurisdições deve haver o pagamento de custas iniciais para cada ação protocolada, caso contrário, o processo não se iniciará. Tal taxa poderia ser facilmente implementada para regular o acesso ao serviço, *ergo*, serviços adjudicatórios são excludentes a custos muito baixos.

A exclusão do serviço adjudicatório não precisa ocorrer na forma de uma taxa de protocolo, nem expressamente por um preço expresso em moeda. O acesso aos serviços pode ser racionado usando outros mecanismos, como cotas ou análises de custo-benefício. Por exemplo, desde a Emenda Constitucional nº 45 de 2004, o Supremo Tribunal Federal (STF) somente conhecerá casos constitucionais por meio de recurso extraordinário se considerar que a questão em discussão tem repercussão geral.[46] Mesmo que um caso realmente envolva uma violação constitucional, se a questão é restrita às partes, o STF pode se recusar a conhecê-lo. *O requisito jurídico de uma repercussão geral é, na verdade, uma investigação acerca da presença ou não de externalidade positiva associada ao assunto constitucional em debate.* Se o julgamento da questão gerar uma externalidade positiva, ou seja, for útil para outras pessoas, reais ou potenciais, além das partes, então os recursos escassos do STF poderão ser alocados para resolvê-la. Se não, o caso não será conhecido. Nessa hipótese o serviço adjudicatório é racionado sem o uso de um mecanismo de preço, e sim pelo emprego de uma análise de "repercussão geral".

Dado que os serviços adjudicatórios são excludentes a próxima pergunta é se seriam ou não rivais. Como o direito é informação, ele não é rival. O conhecimento do direito por uma pessoa não impede que outra goze dos mesmos benefícios e conduza seus negócios de acordo. O mesmo pode ser dito sobre os magistrados. O fato de um magistrado aplicar uma lei ou um precedente a um caso, não impede outro magistrado de aplicar a mesma regra jurídica a outro caso. Em ambos os casos, a aplicação do direito por um agente apenas reforça a utilidade do direito para os outros (efeito de rede).

Se entendermos que o judiciário possui alta rivalidade, então devemos concluir que é um bem privado (rivalidade + excludabilidade). Se entendermos que não é rival, então, semelhante ao direito

---

[46] Nos termos do art. 1.035 *caput* e §1º do CPC: "Art. 1.035. O Supremo Tribunal Federal, em decisão irrecorrível, não conhecerá do recurso extraordinário quando a questão constitucional nele versada não tiver repercussão geral, nos termos deste artigo. §1º Para efeito de repercussão geral será considerada a existência ou não de questões relevantes do ponto de vista econômico, político, social ou jurídico *que ultrapassem os interesses subjetivos do processo*" *Cf.* BRASIL, *Lei nº 13.105, de 16 de março de 2015.*

como coerção, será um bem de clube (não rivalidade + excludabilidade). A rigor, o judiciário pode ser ambos, dependendo do contexto. Considere um único magistrado chamado para resolver uma única disputa. Dependendo da complexidade do caso, o magistrado poderia analisar, simultaneamente, outro processo, sem diminuir substancialmente o tempo de análise do primeiro. Um processo é uma série de procedimentos, nem todos simultâneos ou exclusivamente executados pelo magistrado; portanto, há várias oportunidades para o magistrado realizar outros atos paralelos enquanto ele ou ela espera que as outras partes executem seus respectivos atos. Nesse cenário, pelo menos inicialmente, os serviços adjudicatórios não seriam rivais e, portanto, o judiciário seria um bem de clube, assim como o direito. Em contraste, se a análise simultânea de dois ou mais processos resultar em complexidade excessiva, ou se o número de processos for maior do que a capacidade instalada, então, *os serviços adjudicatórios se tornam rivais em uso* e o judiciário começa a se comportar de maneira semelhante a um bem privado. Nesse sentido, é razoável dizer que, a princípio, o judiciário é um bem de clube se a capacidade instalada for superior à demanda percebida e, à medida que a demanda aumenta, ele passa a atuar mais como um bem privado, tornando-se rival e propenso a congestionamento, salvo se seu uso for racionado de alguma forma. Em outras palavras, o judiciário é um bem altamente congestionável.

Figura 1

O Judiciário como bem privado

		RIVALIDADE NO CONSUMO	
		Baixa	Alta
EXCLUDABILIDADE DE ACESSO	Difícil	Bens Públicos	Recursos Comuns
	Fácil	Bens de Clube	Bens Privados

Fonte: elaboração própria.

Deve ficar claro que, mesmo em um estágio anterior, quando a oferta é maior do que a demanda percebida, o Judiciário é um bem de clube, nunca um bem público. No entanto, quando um descompasso entre oferta e demanda passa a gerar rivalidade, o Judiciário, gradualmente, começará a se comportar como um bem privado, pois cada novo caso protocolado se somará ao estoque de casos em andamento e retardará o provimento do serviço público adjudicatório na média.

Nesse sentido, embora o consumo não seja totalmente rival, inicialmente,[47] cada caso adicional diminui a utilidade e impõe uma externalidade negativa aos demais usuários do sistema. Se nenhum outro mecanismo de racionamento for instalado essa externalidade negativa se materializará na forma de filas, o que combinado com o menor tempo disponível para os magistrados considerarem cada caso, resultará em crescente degradação da quantidade e qualidade dos serviços prestados. Para os propósitos do presente capítulo, isso significa que o Judiciário começará a se comportar como um serviço rival.[48] O fato do Judiciário estar congestionado em tantos lugares no mundo apenas corrobora a ideia de que os tribunais são, em realidade, um recurso rival.

5.1. A Tragédia do Judiciário

Uma vez demonstrado que os tribunais se comportam como bens privados, enquanto o Direito é um bem de clube, é relativamente fácil entender que o acesso irrestrito aos serviços adjudicatórios

---

[47] Note que, diferentemente do caso de bens privados tradicionais, nesse caso não temos necessariamente uma relação de proporcionalidade direta entre a quantidade consumida por uma pessoa e o montante disponível para consumo pelos demais.

[48] Para uma discussão usando a Teoria Econômica dos Clubes para identificar o tamanho ótimo dos clubes e que poderia ser usada para investigar o tamanho ótimo do Judiciário e das custas processuais, mas que está além do escopo do presente trabalho, vide MUELLER, Dennis C. *Public Choice III*. New York, NY: Cambridge University Press, 2003 [2005]. pp. 183 *et seq.* e CORNES, Richard; SANDLER, Todd. *The theory of externalities, public goods, and club goods*. New York, NY: Cambridge University Press, 1999 [1996]. p.347 *et seq.*

levará à formação natural de filas para racionar o suprimento do serviço. Qualquer uso adicional do serviço adjudicatório por um agente impedirá ou diminuirá, substancialmente, a utilidade do serviço para os demais usuários, assim como a inclusão de um carro adicional diminui a utilidade de estradas congestionadas para outros motoristas.

Como os tribunais são bens privados a solução mais simples para o problema de congestionamento seria a exclusão de alguns usuários do serviço. Isso já é feito, por exemplo, por meio de instrumentos processuais como a repercussão geral ou o *writ of certiorari*. Alternativamente, poder-se-ia deixar o livre mercado funcionar e o mecanismo de preços regularia a demanda, da mesma forma como pode ser feito com tribunais arbitrais. A concorrência entre usuários aumentaria os preços dos serviços adjudicatórios, e o aumento de preços resultante racionaria naturalmente os recursos escassos, excluindo os usuários que atribuíssem menor valor ao serviço. Assim, seria alcançado um equilíbrio entre oferta e demanda, e não haveria congestionamento. Como resultado, haveria um menor número de ações ajuizadas e aqueles litigantes que atribuíssem menor valor a suas ações, de acordo com sua disposição para pagar, não teriam suas ações julgadas ou seriam atendidos a um tempo maior de espera.[49]

Naturalmente, uma vez que o mercado apenas capta as preferências daqueles que são capazes de e dispostos a expressar suas preferências por meio de pagamento (preferências reveladas), o mecanismo de preço resolveria o problema de congestionamento às expensas do elo mais vulnerável da sociedade, *i.e.* os pobres, que seriam excluídos do uso e do gozo do serviço, ainda que o valorizassem subjetivamente mais do que seu custo. Além disso, como o Direito e os

---

[49] A título de exemplo, a Câmara de Comércio Internacional (ICC) possui um Calculador de Custos e Arbitragem em seu sítio, onde é possível estimar quanto custará uma arbitragem por meio de um sistema adjudicatório privado, e o usuário pode optar por pagar mais se desejar mais árbitros (menor probabilidade de erro) ou se quiser uma decisão mais célere (procedimento expresso). Disponível em <https://www.international-arbitration-attorney.com/pt/icc-arbitration-cost-calculator/>. Acesso em 07 jul. 2020.

tribunais são bens complementares, a exclusão de alguns usuários do acesso aos serviços adjudicatórios implica, necessariamente, que eles também serão excluídos do gozo dos benefícios do Direito em si. Assim, ao excluir alguns cidadãos do acesso aos tribunais estaríamos, também, a excluí-los do acesso aos seus direitos, o que é inaceitável. Nesse sentido, do ponto de vista econômico, os serviços públicos adjudicatórios podem ser considerados *bens meritórios*, isto é, que são tão importantes para o desenvolvimento humano que todo indivíduo deve ter acesso a eles com base em algum conceito de necessidade, ao invés de habilidade ou disposição a pagar.

A ideia de que o Judiciário é um bem meritório é praticamente uma unanimidade, já que a maioria dos países decidiu que o acesso aos serviços públicos adjudicatórios é um direito fundamental e, portanto, deve ser garantido o livre acesso a todos em igualdade de condições. Nenhuma pessoa razoável negaria que o acesso à justiça é um requisito fundamental tanto para o desenvolvimento humano quanto para a implementação do Estado de Direito. No entanto, o que esse tipo de abordagem não compreende é que se a política pública subsidiar o acesso aos serviços adjudicatórios e/ou criar um direito de livre acesso irrestrito ao Judiciário, que é um bem privado por natureza, na prática, a referida política pública alterará a natureza econômica dos tribunais tornando juridicamente difícil

Figura 2

O Judiciário como recurso comum

		RIVALIDADE NO CONSUMO	
		Baixa	Alta
EXCLUDABILIDADE DE ACESSO	Difícil	Bens Públicos	Recursos Comuns
	Fácil	Bens de Clube	Bens Privados

Fonte: elaboração própria.

a exclusão de usuários. No entanto, como o atributo de rivalidade do Judiciário é inescapável, se for transformado em um sistema de livre acesso (não excludente), *o resultado será a transformações do judiciário em um recurso comum.*

Como resultado de políticas de livre acesso sem restrições, o Judiciário se torna um recurso comum vulnerável à superexploração e propenso a congestionamentos. Quanto mais governos em todo o mundo implementarem políticas para incentivar as pessoas a usarem o Judiciário, mais os tribunais ficarão congestionados[50], assim como ocorreria com qualquer outro recurso comum sobre-explorado. O congestionamento judicial resultante aumenta, substancialmente, tanto a quantidade de tempo necessária para resolver uma disputa, quanto a probabilidade de resultados de baixa qualidade ou simplesmente incorretos, à medida que os magistrados ficam sobrecarregados com o crescente número de casos enquanto, simultaneamente, se exigem respostas cada vez mais rápidas. Dentro do mundo caótico da superexploração do sistema judicial, não é desarrazoado esperar que os magistrados concentrem o máximo de esforço possível na resolução de disputas para reduzir o estoque de casos em seu gabinete e invistam o mínimo possível em segurança jurídica[51], dado que essa é uma

---

[50] Considerando-se, evidentemente, que recursos escassos impedem a expansão ilimitada do Judiciário. Essa linha de raciocínio é aplicável quando a oferta de serviços adjudicativos é menor do que a demanda total percebida, tornando os tribunais bens rivais. Se uma sociedade é capaz e decide investir recursos suficientes para que a oferta seja sempre maior do que a demanda por serviços judiciais, então o Judiciário não se tornará rival e não haverá congestionamento, embora haja sempre um congestionamento de equilíbrio dado um certo nível de serviços prestados.

[51] Assumindo-se que, em geral, há custos associados à descoberta e aplicação do Direito, assim como na aquisição e processamento de qualquer tipo de informação, caso contrário isso pode não acontecer. Sobre o custo de coordenação dos juízes dentro do Judiciário quando os juízes têm um objetivo comum (ou seja, a mesma função de utilidade), *Cf.* Gico Jr. (2013). Para uma discussão sobre os custos de coordenação, quando eles podem ter objetivos diferentes (isto é, funções de utilidade diferentes), vide GICO JUNIOR, Ivo Teixeira. "Anarquismo Judicial e Segurança Jurídica." *Revista Brasileira de Políticas Públicas*, Número Especial, 2015, pp. 479-499.

externalidade positiva que reduz apenas marginalmente o estoque de casos para qualquer tribunal específico.

Todos queremos que cada um tenha acesso aos serviços adjudicatórios, pois a capacidade de reivindicar seus direitos é um requisito essencial de poder exercê-los. No entanto, uma vez concedido o acesso irrestrito aos tribunais, o sistema em si se sobrecarregará de casos e, embora o acesso ao sistema seja garantido, o serviço adjudicatório não será prestado em tempo hábil e/ou será fornecido, mas a uma qualidade muito menor; *esse resultado é exatamente o que chamo de Tragédia do Judiciário*[52]. Quanto mais pessoas usarem o Judiciário, mais congestionado ele se tornará e menos útil será para o próximo usuário, uma vez que sua capacidade de fornecer serviços públicos adjudicatórios será prejudicada. O problema é se concentrar no acesso ao sistema (judiciário) quando o foco deveria ser colocado na possibilidade de usar e gozar de seus frutos (direitos), que são — em grande medida — o que as pessoas realmente querem. Ao reconhecer a natureza de recurso comum do Judiciário, podemos entender melhor o que está acontecendo nos tribunais de todo o mundo, nos quais as políticas de livre acesso irrestrito aumentam *pari passu* com o congestionamento dos tribunais.

Além disso, outra questão que parece escapar à percepção de alguns é que enquanto a produção do direito pelos tribunais cria uma externalidade positiva e um efeito de rede positivo (*Cf.* acima), o Judiciário é um recurso rival e sua superexploração cria congestionamento, o que, por sua vez, é uma externalidade negativa. Em outras palavras, podemos considerar os precedentes produzidos pelos tribunais — como um subproduto de suas atividades de resolução de disputas — uma externalidade positiva, porque outros podem usufruir dos benefícios do precedente criado sem ter contribuído para o custo de produzi-lo.[53] No entanto, o simples protocolo

---

[52] *Cf.* GICO JUNIOR, Ivo Teixeira. "A Tragédia do Judiciário." *Revista de Direito Administrativo*, 2014, pp. 163-198.

[53] Para fins de simplificação, aqui estou ignorando que o Judiciário é, na realidade, financiado com recursos públicos originários de tributos pagos por todos os membros

de uma ação desacelerará a prestação de serviços adjudicatórios, na média, para todos os demais usuários, resultando em uma externalidade negativa compensadora. Como a maioria dos casos não produz um precedente, enquanto todos os casos protocolados contribuem para o congestionamento do tribunal, acredito que a externalidade negativa decorrente do congestionamento judicial mais do que compense qualquer valor resultante da externalidade positiva da produção precedente. Essa conclusão torna irrelevante os argumentos econômicos para o fornecimento de subsídios para litígios com o objetivo de aumentar a produção de precedentes.

A Tragédia do Judiciário nos leva a um *conundrum* intrigante: as pessoas devem ser capazes de reivindicar seus direitos sem barreiras substanciais, mas o acesso irrestrito ao sistema público adjudicatório para cada pessoa prejudica o acesso à justiça para todos os demais. Deve ser possível criar alguns mecanismos de governança que impeçam a superexploração do Judiciário, embora o reconhecimento da natureza econômica dos tribunais leve à conclusão de que algum tipo de racionamento também pode ser necessário. Isso requer um pensamento estratégico sobre como estruturar melhor os tribunais e o sistema judicial no futuro, em uma visão que não envolva paixões ou discussões ideológicas. De qualquer forma, a compreensão da conexão do fenômeno ubíquo do congestionamento judicial no mundo com a natureza econômica do Direito e dos tribunais, pode ser um elemento importante na solução desse enigma ou, ao menos, em sua mitigação.

6. Conclusões

A morosidade judicial é um fenômeno mundial que tem sido objeto de políticas públicas de mitigação desde o início do século XX. Em cada onda de reforma inúmeras medidas foram tomadas para tentar aliviar ou resolver o problema, nem sempre com sucesso. Acredito

---

da sociedade e não apenas pelas custas processuais pagas pelos litigantes. Logo, é uma atividade subsidiada.

que parte desse fracasso se deva à falta de compreensão da natureza econômica do Direito e dos tribunais. A Teoria Econômica do Direito delineada aqui pode ajudar os formuladores de políticas públicas a entender a dinâmica entre direitos, tribunais, a inter-relação entre esses elementos e as políticas de acesso à justiça.

Ao perceber que o Direito pode ser compreendido como um bem de clube e o Judiciário como um bem privado, e que ambos são bens complementares perfeitos, somos capazes de entender melhor por que políticas de acesso irrestrito à justiça transformam o sistema judiciário em um recurso comum, *i.e.*, simultaneamente não excludente e rival. O acesso sem restrições a esse recurso rival levará inexoravelmente ao fenômeno do congestionamento judicial que assola as jurisdições em todo o mundo. Nesse sentido, as políticas tradicionais de acesso à justiça podem levar a um maior acesso ao sistema judicial e, ao mesmo tempo, impedir que algumas pessoas tenham acesso efetivo a seus direitos, confirmando a Tragédia do Judiciário — um resultado totalmente contraintuitivo.

Todavia, como o Direito e os tribunais são bens complementares, a restrição de acesso a estes, necessariamente, implica restrição de acesso àqueles, o que é socialmente indesejável, dado que direitos são bens meritórios. Nesse sentido, todos os esforços e pesquisas futuros devem ser concentrados no aumento do acesso aos frutos do sistema e não ao sistema em si. Em outras palavras, dada a natureza econômica do Direito e dos tribunais, se não quisermos agravar os efeitos deletérios da Tragédia do Judiciário, o foco de políticas públicas futuras deve ser no aumento de produtividade do Judiciário e da criação, ou expansão, de mecanismos de provimento coletivo de serviços adjudicatórios, como as ações coletivas. Só assim conseguiremos escapar dessa armadilha ou, ao menos, mitigá-la.

Referências

BEIM, Deborah; CLARK, Tom, S.; PATTY, John W. "Why Do Courts Delay?" *Journal of Law and Courts*. Fall, 2017, pp. 199-241.

BENSON, Bruce L. *The Enterprise of Law: justice without the state*. Oakland, California: The Independent Institute, 2011 (1990).
BRASIL. Lei nº 13.105, de 16 de março de 2015. Código de Processo Civil.
BUCHANAN, James M. "An Economic Theory of Clubs." *Economica, New Series*. feb. 1965, pp. 1-14.
BUCHANAN, James M. *The Limits of Liberty*: Between Anarchy and Leviathan. Indianapolis: Liberty Fund, vol. 7 (2000 [1975]).
BURBANO, Carolina Villadiego. "Bases Generales para una Reforma a la Justicia Civil en América Latina y el Caribe." *Justice Studies Center of the Americas*, 2009.
BUSCAGLIA, Edgardo; DAKOLIAS, Maria. "Judicial reform in Latin American courts: the experience in Argentina and Ecuador". *The World Bank Technical Paper*. Washington, D.C.: nº 350 (1996).
COASE, Ronald H. "The Problem of Social Cost." *Journal of Law and Economics*. oct. 1960, pp. 1-44.
COOTER, Robert D. "Structural Adjudication and the New Law Merchant: a model of decentralized law." *International Review of Law and Economics*, 1994, pp. 215-231.
CORNES, Richard; SANDLER, Todd. *The theory of externalities, public goods, and club goods*. New York, NY: Cambridge University Press, 1999 [1996].
COWEN, Tyler. "Law as a Public Good: The Economics of Anarchy." *Economics & Philosophy. oct. 1992, pp. 249-267*.
DAKOLIAS, Maria. *Court Performance around the World: a comparative perspective*. Washington, DC: World Bank Publications, 1999.
DI VITA, Giuseppe. "Production of laws and delays in court decisions." *International Review of Law and Economics*, 2010, pp. 276-281.
DIXIT, Avinash K. *Lawlessness and Economics:* alternative modes of Governance. 1ª ed. Princeton: Princeton University Press, 2007.
DJANKOV, Simeon; LA PORTA, Rafael; LOPEZ-DE-SILANES, Florencio; SHLEIFER, Andrei. "Courts." *The Quarterly Journal of Economics*. may. 2003, pp. 453-517.
EUROPEAN COMMISSION. *The 2018 EU Justice Scoreboard:* Communication COM(2018) 364 final. Luxembourg: Publications Office of the European Union, 2018.
FALLERS, Lloyd A. *Law Wihtout Preedent:* legal ideias in action in the courts of colonial Busoga. Chicago: The University of Chicago Press, 1969.

FIX-FIERRO, Héctor. *Courts, Justice and Efficiency: a socio-legal study of economic rationality in adjudication.* Oxford and Portland, Oregon: Hart Publishing, 2003.

FRIEDMANN, David. "Private Creation and Enforcement of Law: a Historical Case." *The Journal of Legal Studies*, mar. 1979, pp. 399-415.

GARNER, Bryan A., ed. *Black's Law Dictionary.* 7th. St. Paul, Minn: West Group, 1999.

GICO JUNIOR, Ivo Teixeira. "A Tragédia do Judiciário." *Revista de Direito Administrativo*, 2014, pp. 163-198.

GICO JUNIOR, Ivo Teixeira. "Anarquismo Judicial e Segurança Jurídica." *Revista Brasileira de Políticas Públicas.* Número Especial, 2015, pp. 479-499.

GICO JUNIOR, Ivo Teixeira. "Anarquismo Judicial e Teoria dos Times." Edição: ABDE e UCB. *Economic Analysis of Law Review (Universa)* vol. 4, n° 2 (jul./dez. 2013), pp. 269-294.

GICO JUNIOR, Ivo Teixeira. "Hermenêutica das Escolhas e a Função Legislativa do Judiciário." *Revista de Direito Empresarial - RDemp*, mai./ago. 2018, pp. 55 - 84.

GICO JUNIOR, Ivo Teixeira. "O capital jurídico e o ciclo da litigância." *Revista Direito GV 9.* jul./dez. 2013, pp. 435-464.

GINSBURG, Tom; HOETKER, Glenn. "The Unreluctant Litigant? An Empirical Analysis of Japan's Turn to Litigation." *Journal of Legal Studies.* jan. 2006, pp. 31-59.

GREIF, Avner. *Institutions and the Path to the Modern Economy*: lessons from medieval trade. Cambridge: Cambridge University Press, 2006.

HARDIN, Garrett. "The Tragedy of the Commons". *Science.* dez. 1968, pp. 1243-1248.

HARGIS, Thomas F. "The Law's Delay." *The North American Review*, 341ª ed. apr. 1885, p. 309 - 315.

HAZARD JUNIOR, Geoffrey C. "Rationing Justice." *The Journal of Law & Economics.* oct. 1965, pp. 1-10.

HOLMES JUNIOR, Oliver Wendell. "The Path of the Law." *Harvard Law Review* mar. 1897, pp. 457-478.

LANDES, William M. "An Economic Analysis of the Courts." *Journal of Law and Economics.* abr. 1971, pp. 61-107.

LANDES, William M.; POSNER, Richard A. "Adjudication as a Private Good." *The Journal of Legal Studies.* Private Alternatives to the Judicial Process. mar. 1979, pp. 235-284.

LANDES, William M.; POSNER, Richard A. "Legal Precedent: A Theoretical and Empirical Analysis." *The Journal of Law & Economics*. aug. 1976, pp. 249-307.

MARCHESI, Daniela. "Litiganti, avvocati e magistrati: Diritto ed economia del processo civile". Studi e Ricerche. *Il Mulino*, 2003.

MAS-COLLEL, Andreu; WHISTON, Michal D.; GREEN, Jerry R. *Microeconomic Theory*. New York: Oxford University Press, 1995.

MCADAMS, Richard H. *The Expressive Powers of Law:* theories and limits. Cambridge, Massachusetts: Harvard University Press, 2017.

MESSICK, Richard E. "Judicial Reform and Economic Development: a Survey of the Issues." *The World Bank Research Observer*, fev. 1999, pp. 117-136.

MICHLOWSKI, Piotr; WALAKER, C.B.F. *A New Sumerian "Law Code"*. Vol. Occasional Publications of the Samuel Noah Kramer Fund, em *Dumu-e2-dub-ba-a: Studies in Honor of Åke W. Sjöberg*. Edição: Hermann Behrens, Darlene Loding e Martha T. Roth. Philadelphia: The University Museum, 1989, pp. 383-396.

MUELLER, Dennis C. *Public Choice III*. New York: Cambridge University Press, 2003 [2005].

MUSGRAVE, Richard A. *The Theory of Public Finance: a study in public economy*. Bombay: Tata-McGraw-Hil Book Company, 1959.

NCJRS. *Task Force Report: The Courts:* The Task Force on the Administration of Justice, The U.S. Pres. Comm'n on Law Enforcement and Admin. of Justice. Washington DC: US Government Printing Office, 1967.

OSTROM, Elinor. *Governing the Commons:* the evolution of Institutions for Collective Action. Cambridge: Cambridge University Press, 2006 [1990].

OSTROM, Elinor; GARDNER , Roy; WALKER, James. *Rules, Games & Common-Pool Resources*. Ann Arbor: The University of Michigan Press, 1994.

OSTROM, Vincent; OSTROM, Elinor. Public Goods and Public Choices. *In* MCGINNIS, Michael Dean (ed.). *Polycentricity and Local Public Economies:* Readings from the Workshop in Political Theory and Policy Analysis. University of Michigan Pres, vol. 2 (1999 [1977]), pp. 75-103.

PARKER, Christine. *Just Lawyers:* regulation and access to Jusitce. Oxford: Oxford University Press, 1999.

PELLEGRINA, Lucia Dalla. "Court delays and crime deterrence: an application to crimes against property in Italy." *European Journal of Law & Economics*. set. 2008. pp. 267-290.

PERRIN, Benjamin; AUDAS, Richard. *Report Card on the Criminal Justice System:* Evaluating Canada's Justice Deficit. Ottawa: MacDonald-Laurier Institute, 2016.

PLANIOL, Marcel. *Traité Élémentaire de Droit Civil*. Paris: F. Pichon, Duccesseur, Éditeur, Tome Premier, vol. 3, 1904.

POSNER, Richard A. "What Do Judges and Justices Maximize? (The Same Thing Everybody Else Does)." *Supreme Court Economic Review*. 1993, pp. 1-41.

POSNER, Richard A. *The Federal Courts:* challenge and reform. Cambridge, Massachusetts: Harvard University Press, 1999.

ROTH, Martha Tobi . *Law collections from Mesopotamia and Asia Minor.* 2ª ed. Atlanta, Georgia: Society of Biblical Studies. vol. 6, 1997.

SAMUELSON, Paul A. "The Pure Theory of Public Expenditure." *The Review of Economics and Statistics.* nov. 1954, pp. 387-389.

SCHAUER, Frederick. *The Force of Law*. Cambridge, Massachusetts: Harvard University Press, 2015.

SCHELLING, Thomas C. *The Strategy of Conflict:* with a new Preface by the Author. Cambridge: Harvard University Press, 1981 [1960].

SCOTISH. Government . *Making Justice Work:* Courts Reform (Scotland) Bill – A Consultation Paper. Edinburgh: APS Group Scotland, 2013.

SHAPIRO, Martin. *Courts, a comparative and political analysis*. Chicago: The University of Chicago Press, 1981.

STIGLITZ, Joseph E.; ROSENGARD, Jay K. *Economics of the Public Sector*. 4th. New York: W.W. Norton & Company, Inc., 2015.

UNITED NATIONS. *United Nations and the Rule of Law*. s.d. Disponível em: <https://www.un.org/ruleoflaw/thematic-areas/access-to-justice-and-rule-of-law-institutions/access-to-justice/>. Acesso em: 07 jul. 2020.

VAN RHEE, C. H. (Remco); FU, Yulin. *Civil Litigation in China and Europe: Essays on the Role of the Judge and the Parties*. Dordrecht: Springer, vol. 31, 2014.

VEREECK, Lode; MÜHL, Manuela. "An Economic Theory of Court Delay." *European Journal of Law and Economics*, 2000, pp. 243-268.

Capítulo 8
Contratos em Tempos de Covid-19

Rachel Sztjan, Flavia Santinoni Vera, Flavianne Fernanda Bitencourt Nóbrega, Luciana Yuki Fugishita Sorrentino

1. Introdução

O Direito tem como objetivo promover o bem-estar. Contratos são a formalização das trocas voluntárias, que no ambiente de mercado geram ganhos às partes e de que, por conta da especialização na produção, geram complexidade nas cadeias produtivas. Quanto mais trocas e mercados, maior crescimento econômico, produção de inovações, geração de emprego, redução de pobreza, empoderamento de minorias e desenvolvimento. A manutenção dos relacionamentos duradouros, principalmente nos contratos de execução continuada, é desejável e garante o Produto Interno Bruto (PIB) potencial, independentemente do resultado da alocação de riscos e custos pelas partes, seja por negociação ou determinação judicial, em relação a um fato que altere as previsões iniciais ou gere conflito.

1.1. Contratos Incompletos

Contratos de execução continuada e/ou diferida certamente não preveem tudo que pode acontecer no futuro, e então, o melhor é que se insira cláusula para equacionar a hipótese de que evento absolutamente não previsto por ambas as partes, venha a impactar a obrigação de uma delas, no sentido de que renegociam as respectivas prestações. Nos anos 1960 o economista e matemático estadunidense Kenneth Arrow discutiu o que se conhece como teorema da impossibilidade. Oliver Hart e Bengt Holmström ganharam prêmio Nobel em 2016 pela relevante contribuição às ciências sociais sobre a teoria de contratos incompletos que argumenta, na prática, que contratos de execução continuada ou diferida não podem especificar todas as hipóteses de ocorrência de eventos futuros e, se tentarem fazê-lo, provavelmente os agentes econômicos não contratarão. É uma área fértil para pesquisa que busca determinar a alocação ótima (melhor possível) para a distribuição de custos ou benefícios advindos do fato superveniente não previsto em contrato, e da realocação e/ou internalização de responsabilidades (controle) dos direitos e obrigações entre as partes, ou seja, do redesenho do contrato ou distrato visando a solução eficiente. A incompletude contratual tem grande relevância ao sinalizar incentivos em relação às assimetrias informacionais, risco moral, alocação de custos, benefícios, riscos advindos de fatos supervenientes exógenos, o que pode afetar os custos de transação inicialmente aceitos.

Os *custos de transação* são os esforços empreendidos para a consecução de uma troca, o que inclui tempo relacionado à busca do bem/serviço no mercado, à negociação e ao cumprimento e monitoramento da operação. Como exemplo, podemos preferir comprar uma fruta perto de casa, mesmo mais cara, do que atravessar a cidade para comprar a mesma fruta a preço inferior em uma feira. Da mesma forma, é mais custoso comprar um apartamento de um espólio com vários herdeiros litigantes do que de um só proprietário. Cartórios de imóveis, ou alguma forma de registro público de imóveis, têm papel fundamental na redução de custos de transação, uma vez que atestam a titularidade do imóvel, o que incentiva a realização da operação ao conferir segurança quanto à titularidade do bem imóvel. Em resumo, o sistema jurídico, ao incentivar o cumprimento de contratos, proporciona a segurança necessária para a redução de custos de transação e facilita a viabilização de negócios. Ronald Coase consolidou a importância do conceito de custos de transação em seu artigo "A natureza da Firma" (1937), no livro "A firma, o mercado e o Direito" (1991) e no artigo que lhe rendeu o prêmio Nobel "Os Problemas dos Custos Sociais" (1960), em que ele discute custos de transação e a origem do crescimento das firmas e como as partes terão incentivos na solução de controvérsias, respectivamente.

Confiança (*trust*) é parte essencial dos contratos. O marco regulatório dos contratos é uma forma de o Estado modelar as "regras do jogo", para garantir ambiente institucional com maior confiança para as partes terem incentivos para contratar. O direito e as instituições sociais exercem papel fundamental no aumento das trocas na sociedade dada a confiança que produzem.

Grau de confiança entre "jogadores" é estudado por áreas como Teoria dos Jogos, ramo da matemática aplicada[1]. Esse é o foco principal do estudo dos contratos para a Análise Econômica dos Contratos. Um indicador conhecido importante para a avaliação do grau de confiança no ambiente institucional de trocas é o Risco-País, que sinaliza aos investidores o grau de incertezas de um ambiente institucional, a garantia de cumprimento de contratos, o compromisso de honrar as obrigações, sobretudo em momentos de alta incerteza e a probabilidade de insolvência de um país frente aos investidores estrangeiros. A administração de riscos e custos de transação é essencial para estimular a realização de contratos e cooperação.

Fatos imprevisíveis ocorrem na realidade e são fonte da incompletude contratual, salvo nos contratos de execução instantânea.

---

[1] As ciências sociais ganharam muita clareza e precisão com as explicações da Teoria de Jogos. Um exemplo ilustrativo de fácil acesso aplicável aos tempos do coronavírus é o jogo "*The Evolution of Trust*" disponível no site <https://ncase.me/trust/> que usa cálculos matemáticos complexos para reproduzir a construção social da confiança. O jogo modela o impasse entre cooperação e competição dos soldados alemães e ingleses em um processo de paz ao final da Primeira Guerra Mundial. O que podemos aprender é que um jogador que responde na mesma moeda cada jogada tem maiores ganhos ao final, e em um ambiente de confiança geralmente maior que 90%, após várias rodadas com combinações de diferentes tipos de jogadores, sempre resulta em cooperação, e portanto, maiores ganhos para todos. Aplicado aos tempos atuais, os países que tiverem um ambiente institucional de confiança, e portanto, garantia de cumprimento de contratos, terá maior resiliência e capacidade de reconstrução da economia.

O conceito de *Cheapest Cost Avoider* na alocação de riscos reforça a técnica de internalização eficiente de responsabilidades quando de quebra de contrato por fato superveniente imprevisíveis. Um exemplo clássico é o da quebra de contrato de venda de petróleo bruto saudita para uma refinaria inglesa. O transporte do petróleo bruto sob responsabilidade do produtor Saudita à refinaria Inglesa não teve como ser realizado já que o navio ficou preso (fundeado) no porto Islâmico Jeddah com advento de uma guerra no Golfo Pérsico. A não entrega do produto resultou na quebra do contrato e gerou grande prejuízo à refinaria inglesa que havia subcontratado com várias outras empresas Europeias. Quem deveria arcar com os prejuízos? A solução eficiente sugerida pela AED, inspirada no teorema de Coase, é atribuir a responsabilidade da quebra de contrato e prejuízo subsequente à *"parte que poderia ter previsto o risco a um custo menor"* (Cheapest Cost Avoider). Assim, em casos parecidos, a Corte de Haia, por diversas vezes, decidiu que a produtora de petróleo arcasse com o prejuízo, já que conhecia melhor a geopolítica do Oriente Médio e poderia prever a guerra e a paralisação dos portos. A decisão é eficiente pois permite a melhor internalização de responsabilidades e a precaução ótima de riscos pelas partes mais próximas a fatos exógenos, bem como, a confiança para contratar e aprimoramentos dos termos de contratos futuros entre as partes.

O ambiente institucional e o desenho dos contratos determinam os incentivos que as partes terão para resolução de conflitos. O papel do Estado pode ocorrer de várias formas: legislações, políticas públicas e o grau de segurança jurídica, determinam incentivos de toda ordem a serem observados pelas pessoas naquela sociedade. As alternativas de resolução de conflitos e, principalmente, o judiciário são responsáveis por uma grande parte dos incentivos para solucionar eventos imprevistos que impactem obrigação ou obrigações anteriormente pactuadas.

Em 11 de março de 2020 a Organização Mundial de Saúde declarou oficialmente que o vírus da Covid-19, originado na cidade de Wuhan na China, havia se espalhado e atingia escala internacional tornando-se uma pandemia global, levando à morte milhares de pessoas, principalmente idosos. Desde aquele momento o mundo se viu diante de uma crise sanitária sem precedentes, com enorme magnitude do número de contaminados, mas também com reflexos nas áreas social e econômica. A falta de conhecimento sobre o vírus e a necessidade de proteção da população ensejaram políticas públicas emergenciais em todo o mundo, determinando medidas que objetivam minimizar os efeitos da pandemia, uma vez que evitá-los, dado o estado do conhecimento atual, seria impossível.

No mesmo dia o Ministério da Saúde brasileiro publicou a Portaria 356 disciplinando as iniciativas que poderiam ser adotadas para o combate à epidemia do vírus no Brasil. Em seguida, todos os Estados brasileiros foram tomando medidas de isolamento social, fechamento de atividades não consideradas essenciais e sugerindo hábitos de higiene como uso de máscaras faciais e lavagem das mãos ou uso de álcool em gel.

Por outro lado, a economia nacional começava a sofrer um efeito nefasto e sem precedentes. Inadimplências aparecem em percentuais altíssimos em todos os setores. Contratos serão descumpridos, outros flexibilizados e renegociados. O judiciário já recebe uma enxurrada de ações com argumentos relativos aos efeitos econômicos das políticas públicas para conter a disseminação da COVID-19.

O propósito do presente estudo é oferecer conceitos da Análise Econômica do Direito (AED) aplicada a contratos de execução continuada ou diferida, na busca por auxiliar as instituições na melhor escolha para a retomada da economia e aos ajustes de uma nova realidade social, econômica e política durante e após crise da Covid-19.

2. Contratos Impactados pelo Coronavírus

Com o advento da covid-19 os reiterados ajustes contratuais e a busca por eficiência incluirão, mais do que nunca, um ambiente institucional resiliente que reduza imprevisibilidade.

Como exemplo, os equipamentos de proteção individual (EPIs) usados por profissionais de saúde (como as máscaras cirúrgicas com duração de 2 horas) eram importados da China a um preço tão baixo que isso praticamente eliminou a produção do produto ou da matéria-prima no mercado doméstico. Para a produção de máscaras cirúrgicas é necessário, basicamente, o TNT específico: tecido não tecido SMS 50g e solda ultrassônica. As indústrias nacionais não têxteis contam praticamente com duas fábricas (Fitesa e Berry Global) para a produção do TNT SMS. Em substituição à solda ultrassônica, várias pequenas produções caseiras contrataram costureiras como alternativa paliativa para vender as máscaras para hospitais e profissionais de saúde, e suprir a demanda durante o enfrentamento da crise do coronavírus. Quanto às máscaras N95, que oferecem proteção de 97%, são várias as empresas fabricantes nacionais listadas pela Associação Nacional da Indústria de Segurança e Proteção ao Trabalho (Animaseg). No entanto, para a fabricação do produto, estas empresas necessitam da matéria-prima (filtro acoplado) que antes era importado da China, havendo apenas uma fábrica nacional para o fornecimento, o que não atenderá a toda a demanda dos produtores de máscaras para abastecerem os hospitais. Este cenário tende a possíveis quebras de contratos entre segmentos da cadeia produtiva, com reflexos no mercado de trabalho. Haverá um corte necessário da compra e dependência, da produção e preços impostos pela China, e altos custos de transação principalmente decorrentes das barreiras logísticas.[2]

---

[2] Fato curioso é que o pronunciamento oficial em 25 de abril de 2020 do Departamento de Administração de Alimentos e Medicamentos do governo da China, e de acordo com a estatística do Ministério do Comércio, o país auferiu ganhos de 1.41 bilhão de dólares apenas com exportações de EPIs para 191 países, e realizou convênios com 74 países e regiões e 6 organizações internacionais; que o contrabando dos equipamentos de proteção individual será severamente punido; que suas indústrias estão trabalhando forçadamente para atender às demandas internacionais e devem ser recompensadas pelo novo preço de mercado resultante da nova demanda; que a qualidade de seus produtos seguem padrões nacionais de segurança e que os países importadores devem se adequar ou verificar se as máscaras chinesas estão dentro dos padrões de medidas de prevenção e controle de infecção dos profissionais que atuam nos serviços de saúde para evitar ou reduzir ao máximo a transmissão de

O Estado enquanto gestor tem papel decisivo na minimização dos danos e coordenação dos rompimentos de mercado. No entanto, recursos são escassos e a receita do Estado é proveniente de arrecadação de tributos gerados no mercado que está em depressão. Os ajustes no mercado nacional enfrentarão um cenário de mudanças profundas das relações de produção e distribuição de produtos e matérias-primas, das quebras de cadeias produtivas e interrupção do comércio internacional, bem como da virtualização das relações profissionais e sociais. A resiliência do mercado será decisiva na reestruturação e atendimento às demandas nacionais de todos os componentes das cadeias produtivas, e do atendimento às demandas dos consumidores, tendo efeito direto nos níveis de emprego e no abastamento de bens e serviços. Nada será igual. Uma clara e eficiente atuação do Estado definirá quão rápido e menos traumático será o retorno da economia a padrões anteriores. O Judiciário tem papel crucial na reestruturação do mercado e na preservação das relações sociais, e mais do que cada caso individual decidido de forma eficiente, o conjunto das decisões deve criar segurança jurídica e confiança para minimizar prejuízos e dissuadir a má-fé e o oportunismo. O ambiente institucional do país, que se pauta em normas de Direito positivo, poderá, certamente, se beneficiar dos conceitos e prescrições da Análise Econômica do Direito. A seguir listamos algumas razões que suportam esta recomendação.

A primeira é que a imprevisibilidade afetou ambas as partes. Assim, a regra do *Cheapest Cost Avoider* não pode ser aplicada, já que nenhuma das partes poderia ter previsto o risco do covid-19 a um menor custo. A decisão de um juiz de determinar a internalização dos prejuízos para uma das partes não terá o efeito pedagógico

---

microrganismos durante qualquer assistência à saúde realizada. Em outras palavras, a garantia da qualidade não necessariamente estará de acordo com os padrões de segurança determinados pela ANVISA. Informação do Registro de conferência de imprensa em 26 de abril de 2020. *National Health Commission of the PRC*. Disponível em: <http://www.nhc.gov.cn/xcs/s3574/202004/c913b03d1d2947e9bf8a880efbcadbba.shtml>. Acesso em: 07 jul. 2020.

desejado, nem a eficiente alocação de responsabilidade em contratações futuras, objetivo da regra.

A segunda razão é que o juiz não tem informação privada. Somente as partes têm condição de conhecer as especificidades, particularidades, possibilidades de ganho-ganho e custos de oportunidade de cada caso, e com isso renegociar o contrato, possivelmente reiteradamente no caso de contratos de execução continuada. O efeito dominó de prejuízos e reajustes da crise econômica afetará mais uns do que outros. Empresas irão quebrar, outras irão surgir ou se reinventar. O custo de informação é muito alto e a mudança institucional é complexa. O teorema de Coase, nunca refutado pela ciência e para várias áreas de conhecimento, se aplica ao prever que as decisões pelas partes em um conflito é a forma mais eficiente de alocação dos recursos. O papel do Estado neste processo é baixar os custos de transação para que as partes possam negociar. As alternativas de solução de controvérsias autocompositivas são as indicadas nesta situação.

A terceira razão é a quebra de confiança entre as partes advinda da flexibilização imposta ao acordo inicial voluntariamente formalizado no contrato. A confiança é o valor mais importante no mercado, e a sua quebra implica destruição de relacionamentos duradouros, que se reflete no PIB potencial do país. Por este motivo, a garantia de cumprimento de contratos é considerada por Douglas North como a maior fonte de desenvolvimento econômico.

A quarta razão é a sinalização para os oportunistas e agentes do mercado de má-fé aproveitarem o paternalismo discricionário de um juiz. As boas intenções protecionistas de um terceiro gerarão incentivos distorcidos e efeitos perversos.

A quinta razão, decorrente da quarta, é a insegurança jurídica que intensifica de forma prejudicial a imprevisibilidade na economia já existente na era do coronavírus.

As medidas restritivas para combater o coronavírus em todo o mundo resultaram em efeitos desastrosos na economia, que irão redesenhar as relações no mercado. As mudanças econômicas incluem uma imprevisibilidade geral, alterações nas preferências por consumidores, quebra de cadeias produtivas entre outros efeitos. Da mesma forma que ocorre com as tecnologias disruptivas, entramos em uma era de novos paradigmas e desafios.

3. Quebras de Contratos

Flexibilizações, recontratações ou quebras de contrato são partes inevitáveis das interações humanas e sociais, e inerentes à incompletude contratual. O ambiente institucional eficiente valoriza as funções dos contratos e permite que, principalmente os mais complexos e de longo prazo, se ajustem ao dinamismo da realidade e a riscos ou fatos imprevisíveis. Contratos são incompletos por natureza e a realidade é dinâmica, portanto, as relações comerciais necessitam ajustar, recontratar ou encerrar os contratos para buscar sempre uma relação ganho-ganho.

São várias as razões para o encerramento dos contratos. Quando as obrigações foram cumpridas, o conteúdo foi esgotado. No caso de descumprimento do contrato (Resolução) ou a desistência legal (Resilição), as partes podem simplesmente aceitar o encerramento. No caso de conflitos na quebra dos contratos, as partes e a sociedade sempre serão oneradas, ao tornar os produtos mais caros e os serviços prestados de pior qualidade. A AED traz, a seguir, recomendações a juízes, árbitros ou mediadores para que suas intervenções se deem em prol de soluções eficientes para cada tipo de conflito. Vale lembrar que as prescrições se baseiam na ideia de que o cerne de uma resolução de conflitos é um jogo que depende de negociação e conta com estratégias dominantes dos jogadores (partes). A AED tem uma perspectiva consequencialista das soluções (com foco no resultado) e busca *soluções ótimas* que sejam eficientes e duradouras, que internalizem responsabilidades, gerem benefícios no médio e longo prazo, regulem incentivos, evitem efeitos distorcidos e custos públicos e privados. Abaixo listamos de forma objetiva recomendações da AED para a solução de quebra de contrato listados em quatro tipos: desequilíbrio de poderes entre as partes, má-fé, assimetrias informacionais e quebra de contratos decorrentes de riscos supervenientes.

3.1. Desequilíbrio de Poderes Entre as Partes

a) Incapacidade: se no conflito houver uma parte incapaz.
b) Coerção: houve ameaça quando da contratação.
c) Desequilíbrio entre as partes: quando existe uma parte considerada "hipossuficiente".

3.2. Assimetria Informacional

a) Erro mútuo sobre identidade/objeto.
b) Erro unilateral sobre fato.
c) Informação importante não revelada por uma das partes.

3.3. Má-Fé (De Uma das Partes).

a) Fraude: Inibir informação falsa.
b) Cláusula leonina.

3.4. Risco

a) Contrato por emergência ou necessidade: ocorre quando uma emergência levou uma parte unilateralmente a usar propriedade ou serviço da outra, e a parte beneficiada ameaça não recompensar.
b) Risco previsível por uma das partes: impossibilidade de cumprimento; frustração de propósito ou quando fato superveniente (contingência) que desequilibre ou previna o cumprimento do contrato. Neste caso, o risco se aproxima mais de uma das partes.
c) Fato imprevisível por ambas as partes.

4. A Função Econômica da Cláusula Geral da Boa-Fé: Reduzir os Custos de Transação, Premiar a Cooperação e Inibir o Comportamento Oportunista

A discussão envolvendo a função econômica da Cláusula Geral da Boa-fé está inserida em um debate mais amplo sobre análise econômica das regras e *standards* no sistema jurídico. A investigação da função econômica da *Cláusula Geral da Boa-fé Objetiva*[3] possibilitará explorar em concreto os efeitos práticos relacionados aos desafios de uma aplicação de modo eficiente. Interessa, todavia, adiantar que a maioria dos estudos teóricos de economia sobre a boa-fé nas relações contratuais têm enfatizado, sobretudo, seus efeitos positivos, mesmo existindo argumentos de bem-estar social (*welfare*) tanto a favor quanto contra a aplicação das normas abertas às relações contratuais.

Recentemente alguns doutrinadores da Análise Econômica do Direito, a exemplo de Hans-Bernd Schäfer, Ejan Mackaay, Viollete Leblanc, Jacques Ghestin, iniciaram a investigação sobre a função econômica do princípio da boa-fé como Cláusula Geral no Direito. Todavia, consoante revela Mackaay[4], ainda é difícil encontrar estudos de análise econômica da boa-fé. É um tema, portanto, aberto em processo de teorização.

Em termos gerais, o argumento econômico em favor das Cláusulas Gerais é de que normas mais vagas e abertas são mais eficientes do que normas mais precisas e específicas. Assim, Cláusulas Gerais como a boa-fé objetiva seriam capazes de reduzir os custos de transação, possibilitando às partes economizar no momento de elaboração do contrato ao não ter de especificar todos os termos,

---

[3] A boa-fé que será objeto de análise nesse tópico é a boa-fé objetiva (*Treu und Glauben*), que está diretamente ligada ao conceito originário de Cláusula Geral, como princípio jurídico positivado no sistema jurídico alemão BGB § 242 e no Código Civil brasileiro, art. 422. Envolve a ideia de cooperação e compromisso com a palavra dada, diferindo portanto, da boa-fé subjetiva, relacionada à ideia de erro, ignorância.

[4] MACKAAY, Ejan. LEBLANC, Viollete. "The Law and Economics of Good Faith in the Civil Law of Contract". *European Law and Association Conference*, Nancy, sep. 2008, p. 9.

alocando os riscos para o futuro. Nessa hipótese, assume-se que os custos de especificação na elaboração do contrato são muito altos e a probabilidade de ocorrência de contingência é baixa. Desse modo, um evento imprevisível que suscite uma revisão contratual é mais eficientemente resolvido se for possível ser aplicada uma Cláusula Geral aberta como a boa-fé objetiva.

Diversamente, os argumentos econômicos contrários à boa-fé objetiva enfatizam a incerteza e não clareza que pode ter lugar a partir da aplicação de Cláusulas Gerais abertas, como a boa-fé. A Cláusula Geral é entendida como ineficiente na medida em que abre a porta para um ativismo judicial arbitrário, aumentando a insegurança jurídica. Previsões legais e contratuais menos claras e mais vagas desencorajam o investimento. Ademais, o perigo dos Tribunais realizarem uma aplicação equivocada de uma Cláusula Geral, como a boa-fé objetiva, multiplica os custos para a celebração de contratos futuros. Outro efeito pode ser percebido: normas abertas e Cláusulas Gerais podem induzir a uma maior informalidade que destrói o incentivo das partes em celebrar contratos em linguagem formal jurídica[5].

Ao se investigar a função econômica da Boa-fé Objetiva, procurou-se descobrir características práticas para agregar conteúdo à finalidade normativa dessa Cláusula Geral, que envolve essencialmente a proteção jurídica da confiança para incentivar a cooperação[6]. Observou-se como esse instituto jurídico da boa-fé exerce um papel determinante no comportamento dos indivíduos, facilitando a relação obrigacional para um resultado que seja de ganha-ganha

---

[5] AUER, Marietta. *The Structure of Good Faith. A Comparative Study of Good Faith Arguments*, nov. 2006, p. 61. Disponível em: <http://ssrn.com/abstract=945594>. Acesso em: 08 jul. 2020.

[6] Observa-se nesse ponto a fertilidade da análise econômica no estudo da boa-fé, pois a finalidade econômica converge com a jurídica "l'espirit de coopération indipensable à l'efficacitée conomique". GHESTIN, Jacques. «L'Analyse Économique de la Clause Générale». *In* GRUNDMANN, Stefan; MAZEAUD, Denis. *General Clause and Standards in European Contract Law:* comparative law, EC law and contract law codification. The Hague: Kluwer Law International, 2006, p. 177.

para todos envolvidos. O método da análise econômica da Teoria do Jogos permite visualizar esse potencial resultado (ganha-ganha, perde-ganha, ganha-perde, perde-perde) ao demonstrar que um em um contexto de assimetria de informação[7], em que as partes não confiam umas nas outras, a estratégia dominante da escolha racional é a deserção (não-cooperação), em que todos perdem. Se não houver um instituto jurídico para proteger e incentivar a cooperação nos contratos essa não vai acontecer naturalmente, pois na lógica do "homem do estado de natureza", o comportamento oportunista acaba sendo a estratégia calculada pela mente egoísta, maximizadora do interesse.

Na análise foram identificadas duas importantes características práticas da Cláusula Geral da Boa-fé que coincidem com o propósito último do Direito Contratual, na perspectiva da análise econômica neoinstitucionalista[8] – a redução dos custos de transação e inibição do comportamento oportunista.

Assim, a Cláusula Geral da Boa-fé pode ser um eficiente instrumento jurídico para economicamente incentivar a cooperação entre pessoas que não se conhecem, reduzindo os custos de transação. O desenvolvimento econômico que incentivará a inovação e a

---

[7] A assimetria de informação é considerada uma falha de mercado grave. O dilema do prisioneiro é um exemplo clássico para demonstrar que a estratégia racional dominante é a não cooperação, quando a cooperação era a escolha que iria trazer o resultado mais benéfico para todos. Esse conceito de Teoria dos Jogos não cooperativo será melhor trabalhado no tópico seguinte.

[8] A escola da nova economia institucional, inaugurada pelo Prêmio Nobel Ronald Coase, se opõe à teoria econômica clássica, que se preocupa em estudar o mercado como se as transações ocorressem sem atrito, pouco desenvolvendo atenção para os conceitos como custos de transação e oportunismo. Williamson, um dos integrantes da escola da nova economia institucional e discípulo de Coase, define oportunismo no contexto dos contratos incompletos, como sendo a busca do interesse pessoal como um elemento de engano *"By opportunism I mean self interest seeking with guile. This includes, but is scarcely limited, to more blatant forms, such as lying, stealing, and cheating. Opportunism more often involves subtle forms of deceit. Both active and passive forms and both ex ante and ex post types are included."* Cf. WILLIAMSON, Oliver. Economic Institutions of Capitalism: Firms, Market and Relational Contract. Free Press, 1985. p. 47.

redução da pobreza das nações precisa de uma cooperação em larga escala para envolver desconhecidos nas relações contratuais. Sem uma eficiente proteção jurídica da confiança a partir da Cláusula Geral da Boa-fé, o resultado socialmente produtivo não tem lugar[9]. Por isso, uma norma aberta como a boa-fé objetiva é um importante remédio jurídico para inibir o oportunismo. Comportamento oportunista não é um conceito unívoco da teoria econômica, mas está relacionado de modo mais amplo à ideia da escolha racional egoísta do homem no estado de natureza teorizado por Hobbes, em que o "homem é lobo do próprio homem". E é esse conceito que interessa para a pesquisa da função econômica da Cláusula Geral da Boa-fé. Além dessa perspectiva *hobbesiana* , é possível encontrar na análise econômica a associação do comportamento oportunista com conotações específicas, que resultam em ineficiência, a citar: *free rider* (caroneiro*)*, *hold-out* (baluarte*)*, *moral hazard* (risco moral), *adverse selection* (seleção advsersa), *agency problem* (problema principal--agente*)*, dentre outros.

A proteção da confiança a partir do instituto jurídico da boa-fé objetiva é também apontada por Schäfer e Ott[10] como relevante, especialmente em contextos econômicos em que há falha de mercado, como os resultantes da assimetria de informação. Recupera-se aqui a fertilidade do método econômico desenvolvido porAkerlof[11] em seu trabalho *"Market for Lemons"*, em que descobre e demonstra que na presença de informações assimétricas em relação à qualidade do bem, as mercadorias de baixa qualidade (*lemons*) acabam expulsando do mercado as de boa qualidade (*cherries*). No exemplo por ele trabalhado, a desconfiança no mercado de carros usados (*lemons* – ou abacaxis no Brasil), a assimetria de informação entre comprador

---

[9] COOTER, Robert; SCHÄFER, Hans Bernd. *Solomon's Knot:* How Law Can End the Poverty of Nations. Princeton University Press, 2009, p. 90.

[10] *Cf.* SCHÄFER, Hans-Bernd; OTT, Claus. *The economic analysis of civil Law.* Cheltenham: Edward Elgar, 2004.

[11] AKERLOF, George A. "The Market for lemons: quality uncertainty and the market mechanism". *Quarterly Journal of Economics*, vol. 84, n° 3 (1970), p. 490.

e vendedor, criam incentivos para o comportamento oportunista que acaba expulsando os bons carros do mercado (resultado não socialmente produtivo). Essa foi a lógica demonstrada por Akerlof[12]. A sua aplicação é potencialmente interessante para essa pesquisa por revelar um dado mais grave: em um contexto de assimetria de informação, o prêmio pelo comportamento oportunista é superior ao prêmio pelo comportamento baseado na boa-fé. Assim, esse método econômico dos *lemons* pode ser usado para explicar como comportamentos desonestos têm expulsado comportamentos honestos no mercado.

O comportamento oportunista encontrará terreno fértil nos contratos de troca diferida. Isso porque se não houver a confiança como regra social ou um instrumento jurídico que a garanta, a parte que cumpre primeiro sua obrigação pode sofrer a defecção da outra parte que irá cumprir sua obrigação no futuro. Isso pode acontecer, por exemplo, em um contrato de empréstimo, em que as prestações não são simultâneas. Direito Contratual é assim necessário para mitigar o risco de defecção e induzir a cooperação das partes.

A utilização eficiente da boa-fé objetiva pode reduzir o oportunismo na fase pré-contratual ao estabelecer regras de dever de informação que sejam socialmente produtivas. Os custos de oportunismo pós-contratual, por sua vez, podem ser mitigados pela aplicação da boa-fé objetiva para que os Tribunais, chamados a intervir nos contratos, criem regras para proteger as partes contra a exploração oportunista após uma delas ter realizado investimento específico que não pode ser compensado[13].

De acordo com Trebilcock[14], o Direito Contratual na análise econômica deve (i) desempenhar um importante papel na prevenção do comportamento oportunista em acordos de cumprimento não

---

[12] Idem.
[13] SCHÄFER, Hans-Bernd; OTT, Claus. The economic analysis of civil Law. Cheltenham: Edward Elgar, 2004. p. 342.
[14] TREBILCOCK, Michael J. The Limits of Contract. Cambridge: Harvard University Press, 1993. p. 16.

simultâneo; (ii) economizar os custos de transação; (iii) preencher eficientemente as lacunas dos contratos incompletos; (iv) distinguir e garantir o cumprimento eficiente dos contratos. Essas finalidades poderiam ser observadas pela doutrina e jurisprudência para aprimorar a técnica de concretização do conteúdo da Cláusula Geral.

Segundo Schäfer e Ott[15], quatro condições econômicas alertam para a necessidade de um cuidado maior para proteção jurídica da confiança e a concretização jurídica da boa-fé objetiva de modo eficiente. A boa-fé exercerá um papel proeminente especialmente quando:

1. os custos de informação forem assimétricos.
2. a informação for socialmente produtiva.
3. existir um *premium* da boa-fé.
4. existir a possibilidade de *premium* de comportamento oportunista.

A aplicação da boa-fé objetiva, atenta aos efeitos práticos, contribui para redução dos custos de transação e para a inibição do comportamento oportunista com o prêmio pela cooperação. Para um resultado socialmente produtivo, os Tribunais deveriam preencher as lacunas do contrato com a Cláusula Geral da Boa-fé, como se o contrato pudesse ter sido plenamente especificado pelas partes *ex ante*, imaginando-se um contexto ideal em que não houvesse custos de transação (*fully specified contract*).

A grande questão está em observar na prática como os Tribunais, quando chamados a intervir nos contratos em contexto de pandemia da COVID-19, irão premiar cooperação ou punir os comportamentos oportunistas. Nesse sentido, o contexto cultural e as instituições como regras do jogo formal e informal, que constrangem o comportamento das partes na relação contratual, também importam.

---

[15] SCHÄFER, Hans-Bernd ; OTT, Claus. op. cit., p. 375.

4.1. O Resultado Socialmente Produtivo da Boa-Fé Objetiva Depende da Performance dos Tribunais de cada País e do Contexto Cultural

Para investigar, no Brasil, o real desenho institucional da boa-fé objetiva como *"law-in-action"* (direito em ação), em contexto de pandemia da COVID-19, é preciso conhecer as "regras do jogo" resultantes da interação entre a formalidade e a informalidade, que na prática criam incentivos para os indivíduos se comportarem de uma forma ou de outra. Essa concepção de instituições como sendo "regras do jogo" é dada pelo neoinstitucionalismo econômico, especialmente a partir dos anos 80, com destaque para a abertura de estudos interdisciplinares na área de sociologia, ciência política, economia, direito, administração e história, que resgatam a importância do estudo das instituições dando-lhe nova significação. Essa abordagem foi reforçada nos anos 90, com prêmio Nobel atribuído a Ronald Coase (1991), e mais recentemente com a abordagem histórica e cultural do economista Douglass North (1993), que desenvolveu estudos na área.

Importa compreender as crenças socialmente construídas nas relações contratuais dentro de um contexto cultural. Segundo North, é possível compreender questões que são reconhecidas por estarem coesas com as normas que regem o comportamento daqueles indivíduos parte do contrato[16].

Lawrence Harisson na introdução "Por que a cultura importa"[17] destaca que a relação entre instituições e cultura é abordada repetidamente por Douglass North. Na sua obra *"Institutions, Institucional Change and Economic Performance"*, North aponta as coações informais na evolução institucional como oriundas de informações transmitidas socialmente, parte da herança do que se chama de cultura

---

[16] NORTH, Douglass. *Understanding the Process of Economic Change.* New Jersey: Princeton, 2005. p. 27.
[17] HARRISON, Lawrence; HUNTINGTON, Samuel. *A cultura importa:* os valores que definem o progresso humano. São Paulo: Record, 2002. p. 30.

– arcabouço conceitual para codificar e interpretar as informações que os sentidos apresentam no cérebro.

Assim, para capturar efetivamente o que seja instituição, é fundamental considerar o contexto sociocultural no qual se encontra inserida. A importação de instituições estrangeiras também é algo problemático. Podem ter formalmente o mesmo desenho institucional como no caso da Boa-fé Objetiva, inspirada no modelo de Cláusula Geral da Alemanha, mas assumem contornos distintos pelo modo como os indivíduos a compreendem e a aplicam no Brasil. A cultura e os valores sociais são relevantes na investigação dessas regras informais de cada país.

Indivíduos numa mesma cultura têm ideias comuns de como os outros indivíduos vão se comportar. A cultura envolve essas ideias sobre o comportamento humano, que são passadas a gerações sucessivas pela educação e experiência. Por esses fatores, não se pode esperar que a Cláusula Geral da Boa-fé funcione no Brasil tal como na Alemanha.

Essas redes e laços de confiança, uma vez existentes, podem compor a norma ou convenção informal que estimula ou constrange o comportamento dos indivíduos. Isso se associa à ideia de Capital Social sobre a lógica da cooperação. Capital Social tem seu sentido originalmente dado por Tocqueville para a democracia americana, o qual é aplicado por Putnam ao caso italiano: "Quanto mais elevado o nível de confiança numa comunidade, maior a probabilidade de haver cooperação"[18]. A confiança promove redes de cooperação e a própria cooperação gera confiança. Esse capital social atuaria, assim, como instituição informal. As pessoas confiam e acreditam que as outras vão cumprir a norma formal e tem incentivo para também cooperar.

---

[18] Segundo ele a acumulação de capital social (confiança, normas, cadeias de relações sociais) é uma das principais responsáveis pelos círculos virtuosos da Itália cívica. PUTNAM, Robert D. *Comunidade e Democracia*: a experiência da Itália moderna. Trad. Luiz Alberto Monjardim. Rio de Janeiro: FGV, 2005. p. 180.

Segundo Sthéfan Straub[19], o capital social é um arranjo institucional informal. Explica que o capital social é algo que gera externalidades positivas para os membros do grupo, através de normas compartilhadas (confiança, crença, valores) e afeta o comportamento dos indivíduos. Na perspectiva econômica da teoria dos jogos, o capital social garante um resultado cooperativo em que todos ganham (ganha-ganha). Esse papel poderia ser exercido pela Boa-fé Objetiva nos contratos.

De modo diverso, considerando o contexto cultural do Brasil, em que há regiões onde as pessoas têm razões para desconfiar umas das outras e há a crença partilhada de que a maioria das pessoas não vai cumprir o contrato pactuado, cria-se um incentivo à não cooperação. Essa regra informal pode, ainda, ser reforçada pela *performance* dos Tribunais, que, inadvertidamente, podem premiar comportamentos oportunistas na revisão de contratos.

Essa situação em que pessoas, grupos e organizações são incapazes de cooperar, em função de desconfiança mútua e da falta de capital social, mesmo que a cooperação fosse beneficiar a todos, é denominada por Bo Rothstein de armadilha social (*social trap*), terminologia essa cunhada pela primeira vez, em 1973, pelo psicólogo John Platt. Isso significa que as pessoas só cooperam se acreditam que as outras também irão cooperar. O desenho institucional formal dado não é capaz de garantir, por si só, a cooperação. É preciso que exista uma regra informal que a reforce positivamente.

Por isso, a avaliação das consequências, relativas à premiação da cooperação na aplicação da Boa-fé Objetiva na revisão dos contratos é fundamental para se alcançar resultado socialmente produtivo. O desafio maior do Judiciário, chamado a intervir nos contratos em contexto de pandemia da Covid-19, será conseguir premiar a cooperação na revisão contratual, em contexto em que a desconfiança está presente como regra informal.

---

[19] STRAUB, Sthéfan. Coordination and institutions: A review of game-theoretic contributions. Corsica: ESNIE, 2007.

Por outro lado, em um contexto em que há confiança entre as partes e disposição de negociar a opção pela mediação na resolução de conflitos pode ser muito eficaz, evitando os riscos de erro judicial (que se afasta da aplicação eficiente da Boa-fé Objetiva na proteção da confiança e promoção da cooperação). A utilização da Boa-fé Objetiva atenta aos efeitos da cooperação permite às partes renegociarem o contrato, logrando preservar o contrato, com olhar para o futuro.

Assim, o sistema jurídico do país e seu contexto cultural importam para conhecermos as regras do jogo real, que na prática irão incentivar a aplicação eficiente da Cláusula Geral da Boa-fé Objetiva, premiando a cooperação nas relações contratuais e desestimulando comportamentos oportunistas. Diversamente, se o modo de aplicar a Cláusula da Boa-fé Objetiva pelos Tribunais premiar, mesmo que de forma não intencional, o comportamento oportunista, esta intervenção judicial potencialmente se transforma em uma porta aberta para a insegurança jurídica, instabilidade e descrença nas relações contratuais. Estar atento às consequências de médio e longo prazo é fundamental para socialmente e juridicamente se pavimentar a construção da regra do jogo da cooperação em tempos de pandemia prolongada.

5. A Resolução Judicial dos Conflitos Decorrentes da Pandemia: Decisões Judiciais da Covid-19

A quebra e ajustes de contratos impactados pela pandemia da Covid-19 estão disparando a quantidade de ações judiciais e de arbitragens, podendo levar ao colapso do Judiciário. Considerando a escassez de recursos do Estado, especialmente em momento de emergência, uma enxurrada de processos judiciais sobrecarrega o Judiciário, além de ser ineficiente em relação aos relacionamentos continuados durante o período indeterminado da crise.

O argumento mais comum das ações judiciais baseia-se na ideia de imprevisibilidade do coronavírus, resultando na impossibilidade de cumprimento das obrigações por onerosidade excessiva ou desvantagem desproporcional para a parte contratante. Pessoas jurídicas e físicas buscam postergar ou revisar formas de pagamentos, flexibilizar termos de contratos e ajustar suas relações com parceiros ou nos contratos de trabalho, e terão que fazê-lo reiteradamente. São processos que abrangem várias áreas do Direito privado e do trabalho, incluindo recuperação judicial e falência.

Contudo, os ajustes de contratos, principalmente os continuados, necessitarão de rearranjos constantes ou negociações reiteradas no sentido da realocação de responsabilidades e soluções referentes aos custos e design dos novos contratos. Estes, por sua vez, desencadeiam-se em subcontratos e em uma sequência de outras obrigações. Não se trata de mérito, previsibilidade ou negligência de qualquer uma das partes. O contexto global decorre de uma mudança disruptiva das relações sociais e comerciais decorrentes da crise econômica, desconstrução do parque produtivo nacional, das novas relações sociais, econômicas e trabalhistas mais virtualizadas, e de restrição de recursos e liquidez no mercado financeiro.

Os efeitos da crise não param na redução do Produto Interno Bruto (PIB), mas na reestruturação da sociedade num cenário de inflação, desemprego, redução da demanda, do crédito, de abastecimento de insumos, bens e serviços, e da ruptura de processos produtivos. As restrições de importação de produtos e insumos chaves resultarão na evidente quebra de cadeias produtivas, que terão que contar com uma resiliência para o enfrentamento da crise. O país empobrecerá de forma geral, e para evitar maiores prejuízos é essencial reduzir imprevisibilidades no quesito segurança jurídica e liberdades para contratar. Não importa o nível de restrição das medidas de enfrentamento da crise sanitária de cada país, o mundo todo sentirá os reflexos da crise econômica e mudanças estruturais no comércio internacional.

Uma intervenção com boas intenções e condições emocionais do Estado ou terceiros é "ver a árvore e não a floresta". É certo que decisões caso a caso fazem parte do papel do Judiciário, que usa discricionariedade para fazer a subsunção do fato à lei. No entanto, a pandemia da Covid-19 traz uma imprevisibilidade e um impacto econômico democrático e generalizado. O que enfrentamos é uma realidade dura, de escolhas trágicas e mudanças disruptivas, que naturalmente eliminará empresas que não poderão mais gerar empregos e profissões que terão que se adaptar à nova realidade das relações sociais e do mercado. O efeito de decisões judiciais paternalistas e enviesadas sinaliza brechas para oportunismo e má-fé, prejudicando as relações de confiança imprescindíveis para o enfrentamento da crise da Covid-19. O advogado que der apoio a tal pretensão entrará em uma aventura jurídica com riscos desnecessários, apenas reforçando um quadro de insegurança jurídica e oportunismo. A insistência em se beneficiar de uma situação excepcional, ocasionada por um impacto geral, afasta o interesse na cooperação ou autocomposição. A função social do contrato relaciona-se à busca do bem-estar social, que neste cenário é evidenciada pela aplicação das funções do contrato, relacionadas anteriormente neste trabalho.

Ações judiciais com pedido de revisão contratual de aluguéis têm acontecido com frequência nos tribunais, sob a alegação de impossibilidade de pagamento do devedor. Como foi exposto reiteradamente acima, a prescrição da AED é a garantia do cumprimento do contrato e o incentivo à autocomposição. Reajustes ou encerramento de contratos, acordos e soluções criativas seguirão um processo dinâmico durante todo o tempo de enfrentamento da pandemia. Uma decisão "salomônica", de cima para baixo, que reduz 50% do valor do aluguel, continua sendo uma intervenção perversa para uma das partes, que pode depender daquele pagamento para fazer face às suas necessidades, bem como enfraquece o relacionamento entre as partes e não considera que somente as partes conhecem o contexto e todas sofrem o mesmo desafio.[20] Com foco nas

---

[20] É interessante mencionar que a Alemanha determinou que o proprietário não poderá terminar o contrato ou despejar o inquilino no período entre 1 de abril e 30 de junho, nos contratos comprovadamente impactados pela Covid-19. E o governo poderá estender a regra até 30 de setembro, caso a vida social, atividade econômica e desemprego continuem em crise. O inquilino, por sua vez, poderá escolher

consequências, nenhum terceiro, por mais iluminado que seja, tem o conhecimento ou condições de equilibrar prejuízos, mesmo que uma das partes seja percebida como a que mais pode tolerar os efeitos da crise. A revisão de contratos deve se ater à vontade das partes, sendo apenas desejável em situações de cláusulas ambíguas e confusas sobre a vontade das partes.

A Análise Econômica do Direito está em sintonia com o estabelecido no Código Civil brasileiro. O inciso III do art. 421, introduzido pela Lei de Liberdade Econômica, estabelece que "a revisão contratual somente ocorrerá de maneira excepcional e limitada". A teoria da imprevisão somente se aplica aos casos de resolução do contrato, quando ocorre a dissolução resultante de inadimplemento culposo ou fortuito. O art. 478, que trata de imprevisibilidade, reza que: "Nos contratos de execução continuada ou diferida, se a prestação de uma das partes se tornar excessivamente onerosa, com extrema vantagem para a outra, em virtude de acontecimentos extraordinários e imprevisíveis, poderá o devedor pedir a *resolução* do contrato." O Código de Defesa do Consumidor também corrobora com este entendimento. O locador é o único que pode pedir a revisão ou oferecer revisão do contrato. A única exceção de revisão legal é quando o reajuste do valor do contrato se mostra incompatível com reajustes nos últimos três anos. Por fim, o estímulo à autocomposição, e busca por soluções criativas pelas partes, é fundamental para criar "regras do jogo" seguras que permitam a sociedade enfrentar as grandes mudanças que ainda advirão do contexto nefasto da pandemia.

Vale reforçar que uma ação revisional de contrato de aluguel também não faz sentido economicamente, porque o locador não pode ser visto como instituição financeira, e não existe a garantia

---

a resolução do contrato. Em ambos os casos, o Direito alemão é referência positiva ao respeitar os contratos e aplicar eficientemente a garantia do princípio da boa-fé, discutido na seção 5 deste trabalho. Portanto, não existe flexibilização das obrigações financeiras do contrato, e o inquilino terá obrigatoriamente que cumprir com o pagamento de todas as prestações e multas nos termos do contrato.

que a parte aparentemente mais forte tem mais condições de tolerar os custos da revisão imposta. Não se trata de desequilíbrio entre as partes. Um locador pode depender do aluguel de sua propriedade para sua subsistência. Uma interferência paternalista, mesmo que com boas intenções, tem efeitos caros e ineficientes e pode romper o mais sagrado princípio da boa convivência social, que é a confiança entre as partes e o relacionamento duradouro (como no Direito de família ou nos contratos de execução continuada ou diferida). Do ponto de vista econômico, um pedido de revisão judicial por parte do devedor deverá ser indeferido por ausência de pressupostos e designada audiência de mediação ou conciliação. A garantia do contrato, por si só, incentiva o movimento de autocomposição dinâmica, que por sua vez, viabiliza a negociação reiterada até que haja um reequilíbrio do preço de aluguel ao preço de mercado e dos custos de transação. A solução ganho-ganho acordada é sempre a mais eficiente, principalmente em momento extraordinário de força maior para ambos os lados, como na pandemia da Covid-19.

Analisemos o caso dos contratos entre alunos e instituições de ensino com relação às mensalidades escolares. Devido aos efeitos das políticas de isolamento o Conselho Nacional de Educação (CNE), em 28 de abril de 2020, aprovou relatório com diretrizes e orientações para escolas e instituições de ensino superior, em nível estadual e municipal, sobre práticas que devem ser adotadas em termos do método de ensino, se presencial ou online, e a adaptação do currículo escolar. Além do empenho para cumprir com as diretrizes do CNE, as instituições de ensino estão sofrendo com as inadimplências e ações judiciais. Se as escolas não conseguirem sobreviver à crise devido ao impacto coletivo, todos os alunos sairão prejudicados, tanto em termos de uma redução de professores, de falência, e eventualmente, com um aumento de preço das mensalidades. Não importa se o desconto do preço das mensalidades seja realizado de forma linear ou caso a caso, a recomendação é que o governo, juiz ou Sindicatos de Entidades de Ensino Superior facilitem soluções autocompositivas, compatíveis com as possibilidades de cada parte. Neste sentido, o Departamento de Estudos Econômicos do

Conselho Administrativo de Defesa Econômica (DEE/Cade) divulgou nota técnica no dia 24 de abril de 2020 alertando para potenciais efeitos negativos de qualquer interferência do Estado que vise impor descontos em mensalidades de estabelecimento de ensino, pelo prejuízo no ambiente concorrencial, falências, desemprego e dificuldades de realocação dos professores no mercado de trabalho.

Por outro lado, a assistência financeira direta do Estado aos indivíduos impactados pela crise da Covid-19, por meio de subsídios governamentais, é bem-vinda. Não existe aqui uma interferência do Estado em contratos privados. Da mesma forma, a política de financiamento de empresas tem um efeito importante para o enfrentamento da crise econômica, evitando desemprego e preservando o PIB potencial. Como recursos são escassos, o Estado deve estudar as melhores opções de alocação emergencial de recursos públicos, evitando desperdícios. A técnica dos *nudges* trazida pela economia comportamental e o conhecimento do sistema de incentivos são fundamentais para escolhas públicas eficientes. Por esses motivos não é aconselhável ao Judiciário interferir nas difíceis decisões de competência de outras instituições, mesmo em situação de emergência.

Por fim, vale a pena comentar sobre o deferimento do pedido de tutela de urgência de ação popular pela Justiça Federal da 1ª Região[21] determinando que o Banco Central do Brasil (Bacen) tome uma série de medidas para aumentar a liquidez no mercado. Dentre elas, a decisão obriga o Bacen a impor às instituições financeiras medidas de suspensão de cobrança das parcelas de créditos consignados aos aposentados por quatro meses; da concessão de prorrogações das operações de crédito firmadas com empresas e pessoas jurídicas; e da determinação às instituições financeiras de não distribuir lucros e dividendos a seus acionistas. O objetivo da ação popular é nobre, ao reforçar a necessidade de termos mais crédito e liquidez no mercado, em benefício das empresas e famílias que foram impactadas pela crise.

---

[21] Juiz Renan Coelho Borelli, da 9ª Vara Federal Civil do Distrito Federal (Justiça Federal da 1ª Região), processo 1022484-11.2020.4.01.3400, de 20/04/2020.

Interessante notar que o Banco Central do Brasil já havia tomado uma série de medidas emergenciais no mesmo sentido, sem abrir mão da solidez e da estabilidade do Sistema Financeiro Nacional[22]. Todas as medidas adotadas buscam justamente ampliar o nível de liquidez no mercado, facilitar a negociação das dívidas dos devedores com as instituições financeiras e permitir volume maior de crédito para o financiamento da dívida dos devedores mais afetados pela crise. A medida de relaxamento das regras prudenciais pelo Bacen possibilita às instituições financeiras utilizarem uma parcela maior do capital para a realização de mais operações de crédito. No entanto, esta folga de crédito autorizada na circunstância da Covid-19 não pode ser utilizada para distribuição de lucros e dividendos a seus acionistas. Todas as medidas do Bacen seguiram a orientação do Banco de Compensações Internacionais ou Banco de Pagamentos Internacionais (*Bank for International Settlement* – BIS) que reforça a importância da solidez do sistema financeiro internacional após a crise de 2008.

Entretanto, mesmo buscando objetivos convergentes, a intervenção do juiz no Banco Central do Brasil, que tem como competência a regulação do sistema financeiro nacional, pode ter efeitos perversos. As instituições financeiras fazem o papel de intermédio entre o cliente e os produtos do mercado financeiro, tendo os contratos de crédito como meio de transação, precificados pelo equilíbrio de preços e risco do mercado, confiança no cumprimento dos contratos e na segurança jurídica. Assim, os bancos concedem empréstimos a devedores (empresas e famílias que pegam empréstimo) com dinheiro depositado pelos credores (empresas e família depositantes e investidoras). Uma proteção aos endividados prejudica justamente os credores, que também são pessoas físicas ou jurídicas, que contam com os valores depositados e seus rendimentos. Aliás, não faz o menor sentido, nas circunstâncias da crise econômica atual, impor aos bancos a suspensão

---

[22] BANCO CENTRAL DO BRASIL. Medidas de combate aos efeotos da Covid--19. Disponível em: < https://www.bcb.gov.br/acessoinformacao/medidasdecombate_covid19>. Acesso em: 08 jul. 2020.

das parcelas de créditos consignados concedidos a aposentados, que têm seus salários garantidos, como os funcionários públicos. As partes que necessitam maior atenção do governo são os desempregados e empresas com problemas financeiros. Uma interferência impositiva do Judiciário em contratos financeiros e nas políticas monetárias de competência do Banco Central pode criar efeitos opostos, como a retração da concessão de crédito pelas instituições financeiras, bem como ameaçar a solidez e estabilidade do único pilar saudável na crise econômica atual, o do Sistema Financeiro Nacional.

6. Conclusão

O surgimento da Covid-19 mudou o mundo com efeitos disruptivos em todas as áreas da sociedade. A crise econômica resultante das medidas determinadas pelas políticas públicas de enfrentamento da Covid-19 terá reflexos nas instituições que regem as relações jurídicas, sociais e econômicas.-

O Estado como um todo tem a difícil tarefa de decidir e determinar "as regras do jogo", de forma a evitar incentivos oportunistas e maior imprevisibilidade na sociedade. Manter os contratos, permitir a alocação eficiente de recursos e a autocomposição pelas partes, evitará danos maiores e uma recuperação mais lenta. A coesão das decisões nos valores trazidos pela AED viabilizará segurança jurídica e incentivos para novas contratações e adaptação com menores custos de transação. A identificação de entraves existentes no Direito contratual brasileiro é relevante para permitir às instituições públicas estimular os agentes de mercado a cooperar e achar soluções criativas e sustentáveis.

Esperamos que os estudos de caso possam elucidar decisões muitas vezes baseadas em escolhas trágicas, mas evitando prejuízos estruturais que inviabilizam a retomada no mercado. As recomendações da AED são utilizadas por operadores do Direito no mundo inteiro, independente do sistema jurídico, e tem propiciado ambientes de negócios mais favoráveis à contratações e investimentos.

Por fim, entendemos ser importante ao tomador de decisão ter em mente que contratos eficientes ocorrem com maior frequência em ambiente institucional que ofereça confiança, boa-fé, segurança jurídica e métodos de solução de conflitos autocompositivos, reforçando a vontade das partes. Assim, o marco regulatório dos contratos, incluindo leis e decisões judiciais, cumprirá sua função social.

Referências

ALMEIDA, Rafael Alves de; ALMEIDA, Tania; CRESPO, Mariana Hernandes. *Tribunal Multiportas*: Investindo no capital social para maximizar o sistema de solução de conflitos no Brasil. Rio de Janeiro: FGV Editora, 2012.

AKERLOF, George A. "The Market for lemons: quality uncertainty and the market mechanism". *Quarterly Journal of Economics*, vol. 84, nº 3 (1970), p. 490.

AUER, Marietta. *The Structure of Good Faith: A Comparative Study of Good Faith Arguments*. nov. 2006, p. 61. Disponível em: <http://ssrn.com/abstract=945594>. Acesso em: 08 jul 2020.

AZEVEDO, André Gomma de (org.). *Manual de Mediação Judicial*. 6ª Edição, 2016.

BANCO CENTRAL DO BRASIL. Medidas de combate aos efeotos da Covid-19. Disponível em: < https://www.bcb.gov.br/acessoinformacao/medidasdecombate_covid19>. Acesso em: 08 jul. 2020.

COASE, Ronald. "The Problem of Social Cost". *Journal of Law and Economics*. The University of Chicago Press, vol. 3 (out., 1960), pp. 1–44.

COASE, R. H. *The Firm the Market and the Law*. University of Chicago Press, 1988.

CORDEIRO, Antonio Manuel da Rocha e Menezes. *Da Boa-Fé no Direito Civil*. Coimbra: Almedina, 2007, pp. 162 - 170.

CONSELHO NACIONAL DE JUSTIÇA. Relatório Justiça em Números 2019. Brasília. Disponível em: < https://www.cnj.jus.br/wp-content/uploads/conteudo/arquivo/2019/08/justica_em_numeros20190919.pdf>. Acesso em: 08 jul. 2020.

COOTER, Robert D.; ULEN, Thomas. *Direito & Economia*. Tradução: Luis Maercos Sander, Francisco Araújo da Costa. 5ª ed. – Porto Alegre: Bookman, 2010. pp. 200 - 309.

COOTER, Robert D.; PORAT, Ariel. *Getting Incentives Rights – Improving Torts, Contracts, and Restitution*. Princeton University Press, 2014.

COOTER, Robert; SCHÄFER, Hans Bernd. *Solomon's Knot:* How Law Can End the Poverty of Nations. Princeton University Press, 2009, p. 90.

COUTO e SILVA, Clóvis V. *A obrigação como processo*. Rio de Janeiro: Editora FGV, 2007. p. 33.

EBKE, F. Werner & STEINHAUER, Bettina M. "The Doctrine of Good Faith in German Contract Law". In BEATSON; FRIEDMANN (ed.). *Good Faith and Fault in Contract Law*. Oxford: Clarence Press, 1995. p. 183.

FISHER, Roger. URY, William. PATTON, Bruce. *Como chegar ao sim: A negociação de acordos sem concessões*. Rio de Janeiro: Imago, 2005.

GOMES, Elena de Carvalho. "Sobre a cláusula geral de boa-fé e sua abordagem por Pontes de Miranda no Tratado de Direito Privado". *Roma e America Ditritto Romano Comune*. Mucchi Editore, vol. 35 (2014), p. 336.

GHESTIN, Jacques. «L'Analyse Économique de la Clause Générale». *In* GRUNDMANN, Stefan; MAZEAUD, Denis. *General Clause and Standards in European Contract Law:* comparative law, EC law and contract law codification. The Hague: Kluwer Law International, 2006, p. 177.

GONÇALVES, Jéssica. "Acesso à justiça e teoria dos jogos: do jogo competitivo do processo civil ao 'jogo' fraterno da mediação". *In* VERONESE, Josiane Rose Petry; OLIVEIRA, Olga Maria Boschi Aguiar; MOTA, Sérgio Ricardo Ferreira (ed.). *O Direito Revestido de Fraternidade:* Estudos desenvolvidos no Programa de Pós-Graduação em direito da UFSC. Florianópolis: Editora Insular, 2016, pp. 165-185.

HEDEMANN, Justus Wilhelm. *Die Flucht in die Generalklauseln: Eine Gefahr für Recht und Staat*. Tübingen: Verlag von J. C. Mohr Paul Siebeck, 1933. Pp. 66-76.

HARRISON, Lawrence; HUNTINGTON, Samuel. *A cultura importa:* os valores que definem o progresso humano. São Paulo: Record, 2002. p. 30.

Tabela 1

Matriz de *payoffs* (valores a serem recebidos/pagos) de acordo com cada combinação possível de estratégias

	Telefônica coopera	Telefônica não coopera
Cliente não coopera	R$14.000; - R$14.000	R$4.000; -R$6.000
Cliente coopera	R$19.000; - R$21.000	R$12.000; -R$18.000

Iniciemos a solução deste jogo, sempre a partir dos incentivos produzidos pelos *payoffs*.

Caso o cliente opte por cooperar, a melhor resposta para a telefônica será não cooperar. Isso é verdade porque, não cooperando, ela pagará apenas R$6 mil, contra R$14 mil em caso de cooperação (jogo termina no quadrado direito superior).

Se o cliente optar por não cooperar, a melhor solução para a telefônica será também não cooperar, pagando apenas R$18 mil ao invés de R$ 21mil em caso de cooperação (jogo termina no quadrado direito inferior).

Por sua vez, se o cliente imagina a postura não cooperativa da telefônica, sua melhor resposta é também não cooperar, pois assim ele receberá R$12 mil ao invés dos apenas R$4 mil que receberia em caso de cooperação (jogo termina no quadrado direito inferior).

Por fim, se o cliente antecipa uma postura cooperativa por parte da telefônica, ainda assim para ele é melhor não cooperar, pois receberá R$19 mil no lugar dos R$14 mil que receberia em caso de cooperação (jogo termina no quadrado esquerdo inferior).

Conclui-se assim que, apesar de a conduta cooperativa de ambas as partes ser garantidora de resultado mais eficiente (quadrado superior esquerdo da tabela, no qual o autor recebe os exatos R$14 mil gastos pelo réu), na prática, em razão dos incentivos envolvidos, o único equilíbrio de Nash existente é a postura não cooperativa de ambos, que acabarão litigando até o final (quadrado inferior direito da tabela, onde há uma perda social de R$6 mil, fruto da diferença entre os R$18 mil pagos pelo réu e os apenas R$12 mil recebidos

LIPSON, Jonathan C. POWELL, Norman M. *Don't just do something – Stand There! A modest proposal for a model standstill/tolling agreement.* Disponível em: <https://businesslawtoday.org/2020/04/dont-just--something-stand-modest-proposal-model-standstilltolling-agreement/>. Acesso em: 08 jul. 2020;

LIPSON, Jonathan C. POWELL, Norman M. Model Standstill/ Tolling Agreement. Disponível em: <https://businesslawtoday.org/wp-content/uploads/2020/04/without-annotations.html>. Acesso em: 08 jul. 2020.

LIPSON, Jonathan C. POWELL, Norman M. Model Standstill/ Tolling Agreement (Commentated version). Disponível em: <https://businesslawtoday.org/wp-content/uploads/2020/04/annotated-version.html>. Acesso em: 08 jul. 2020.

MACKAAY, Ejan. ROUSSEAU, Stéphane. *Análise Econômica do Direito.* Tradução e adaptação: Rachel Sztajn. 2ª ed. São Paulo: Atlas, 2015.

MACKAAY, Ejan. LEBLANC, Viollete. "The Law and Economics of Good Faith in the Civil Law of Contract". *European Law and Association Conference.* Nancy, sep. 2008, p. 9.

MARTINS-COSTA, Judith. *A Boa-fé como Modelo: Uma aplicação da teoria dos modelos de Miguel Reale. Cadernos do Programa de Pós-Graduação em Direito – PPGDir./UFRGS.* Porto Alegre, vol. 2, nº. 4 (ago. 2014), pp. 347-379. Disponível em: <https://seer.ufrgs.br/ppgdir/article/view/49203/30834>. Acesso em: 08 jul. 2020.

MOORE, Christopher W. *The mediation Process:* Practical strategies for resolving conflict. 4ª ed. San Francisco: Jossey-Bass (A Wiley Brand), 2014.

MOORE, Christopher W. *O Processo de mediação:* Estratégias práticas para a resolução de conflitos. 2ª ed. Porto Alegre: Artmed, 1998.

NATIONAL HEALTH COMMISSION OF THE PRC. *Registro de conferência de imprensa em 26 de abril de 2020.* Disponível em: <http://www.nhc.gov.cn/xcs/s3574/202004/c913b03d1d2947e9bf8a880efbcadbba.shtml>. Acesso em: 07 jul. 2020.

NORTH, Douglass. *Understanding the Process of Economic Change.* New Jersey: Princeton, 2005. p. 27.

OLIVEIRA, Gustavo Justino de. ESTEFAM, Felipe Faiwichow. *Curso Prático de Arbitragem e Administração Pública.* São Paulo: Revista dos Tribunais, 2019.

PISTOR, Katharina. "Legal Grounds Rules in Coordinated and Liberal Market Economies". *ECGI - Law Working Paper.* n°. 30 (2005), p. 15.
POSNER, Richard. *Para além do Direito.* São Paulo: Martins Fontes, 2009.
PUTNAM, Robert D. *Comunidade e Democracia*: a experiência da Itália moderna. Trad. Luiz Alberto Monjardim. Rio de Janeiro: FGV, 2005. p. 180.
SANDRI, Jussara Schmitt. *Função Social do Contrato. Conceito. Natureza Jurídica e fundamentos.* Londrina, PR: Revista de Direito Público, vol.6, n° 2 (ago. set. 2011), pp. 120-141.
SCHÄFER, Hans-Bernd; OTT, Claus. *The Economic Analysis of Civil Law.* Cheltenham: Edward Elgar, 2004. p. 342.
SINGH, Himani. *Pre-packaged Insolvency in India: Lessons from USA and UK.* 2020. Disponível em: <https://papers.ssrn.com/sol3/papers.cfm?abstract_id=3518287>. Acesso em: 08 jul. 2020.
STRAUB, Sthéfan. *Coordination and institutions*: A review of game-theoretic contributions. Corsica: ESNIE, 2007
THEODORO JÚNIOR, Humberto. *Estabilização da demanda no novo Código de processo civil. Revista de Processo.* vol. 244 (jun. 2015). Disponível em: <http://www.mpsp.mp.br/portal/page/portal/documentacao_e_divulgacao/doc_biblioteca/bibli_servicos_produtos/bibli_boletim/bibli_bol_2006/RPro_n.244.08.PDF>. Acesso em: 08 jul. 2020.
TIMM, Luciano Benetti (org.), *Direito e Economia no Brasil,* 3ª ed. Indaiatuba, SP: Editora Foco, 2019.
TREBILCOCK, Michael J. *The Limits of Contract.* Cambridge: Harvard University Press, 1993. p. 16.
VERÇOSA, Haroldo Malheiros Duclerc. *A hora e a vez da arbitragem por equidade -* Mais um efeito do coronavírus. Artigo publicado no jornal eletrônico "Migalhas" em 29 de abril de 2020. Disponível em: <https://www.migalhas.com.br/depeso/325610/a-hora-e-a-vez-da--arbitragem-por-equidade-mais-um-efeito-do-coronavirus>. Acesso em: 08 jul. 2020.
WALDMAN, Ellen. *Mediation Ethics: cases and commentaries.* San Francisco: Jossey-Bass (A Wiley Brand), 2011.
WARAT, Luis Alberto; MEZZAROBA, Orides. *Surfando na pororoca:* O ofício mediador. Florianópolis: Boiteux, 2004.

WATANABE, Kazuo. "Mediação como política pública social e judiciária". *Revista do Advogado*. São Paulo, vol. 34, n° 123 (2014), pp. 35-39.

WIEACKER, Franz. *El Principio General de la Buena Fe*. Traduzido por J. Carro. Título original em alemão: Zur rechtstheoretischen Präzisierung des § 242 BGB. Madrid: Civitas, 1997. p. 29.

WILLIAMSON, Oliver E.: WINTER, Sidney G. *The nature of the firm – Origins, Evolution, and Development*. New York: Oxford University Press, 1993.

WILLIAMSON, Oliver. *Economic Institutions of Capitalism*: Firms, Market and Relational Contract. Free Press, 1985. p. 47.

ZIMMERMANN, Reinhard; WHITTAKER, Simon. "Good faith in European Contract Law: surveying the legal landscape". In *Good Faith in European Contract Law*. Cambridge Press, 2000, p. 23.

Capítulo 9
O que é Cooperação no Processo Civil Brasileiro? Direito, Teoria dos Jogos e Psicologia

Erik Navarro Wolkart

Este trabalho tem por base o capítulo 5 de: WOLKART, Erik Navarro. *Análise econômica do processo: como a economia, o direito e a psicologia podem vencer a tragédia da justiça*. São Paulo: Thomson Reuters Brasil, 2019. Para referências mais detalhadas ao longo deste capítulo, favor consultar esta referida obra.

Cooperação é palavra que não se usa em vão. A capacidade cooperativa é inerente à vida na Terra, desde as formas mais primitivas às complexas organizações contemporâneas. Paradoxalmente, coopera-se em um nível para competir-se em outro, inclusive entre espécies ou entre grupos da mesma espécie.

Com desenhos sociais cada vez mais intricados permite-se que o Direito ingresse na trilha cooperativa como ferramenta importante de manutenção e evolução das tribos humanas. Dentro do Direito, e mais especificamente no processo civil, a cooperação funciona para auxiliar o bom funcionamento do sistema de justiça como um todo. Esse sistema, por sua vez, tem por função amparar o Estado na busca de maximização do bem-estar social, sua última finalidade (*welfare*).

É nesse contexto que deve ser entendida a cooperação no processo civil: uma união de esforços na busca de um sistema de justiça que, longe do cenário de *tragédia*, seja capaz de ofertar tutelas justas, efetivas e em prazo razoável. Todavia, a prevalência do comportamento cooperativo depende da presença de incentivos normativos específicos que tornem esse comportamento vantajoso para todos os sujeitos processuais.

1. A Cooperação Levada a Sério

A situação atual do princípio da cooperação no Direito processual brasileiro é o resultado não só de uma previsão do CPC/2015, mas também de longa construção da doutrina, lógica, social e politicamente justificada.

A base dessa construção é um remodelado princípio do devido processo legal, estruturado na releitura do princípio do contraditório, agora visto como efetivo direito de influência. Não há, todavia, no âmbito do Direito processual brasileiro, qualquer estudo sobre a cooperação em si. Não se sabe como ela surge ou como possa ser sustentada entre os diferentes atores processuais.

Em verdade, cooperação enquanto união de esforços em prol de benefícios comuns[1], não é uma criação pura do Direito, muito menos do Direito processual, como são os recursos, a ação e o processo. Cooperação é, como veremos, tema da mais alta relevância na história biológica do nosso planeta, elemento fundamental da teoria da evolução das espécies, desde as bactérias até as sociedades mais complexas.

Cooperação é, em verdade, *o problema central da existência social,*[2] algo que transcende em muito o direito processual civil. Assim, se o direito quer promover comportamentos cooperativos, é fundamental levar em conta as propriedades da cooperação como fenômeno natural. Até porque, como afirma Pinker, é muito fácil entender comportamentos cooperativos entre parceiros ou amigos, dados seus evidentes interesses comuns. A dificuldade no entendimento da cooperação surge exatamente em situações em que os interesses são ao menos parcialmente divergentes, quando o comportamento cooperativo de um, se existir, tende a ser explorado

---

[1] HENRICH, Joseph. *The Secret of Our Success*: How Culture Are Driving Human Evolution, Domesticating our Species, and Making us Smarter. Princeton: Princeton University, 2016, p. 130.

[2] GREENE, Joshua D. *Moral Tribes*: Emotion, Reason and the Gap Between Us and Them. New York: Penguin Books, 2013. p. 20.

pelo outro em seu próprio benefício[3]. Esse ambiente hostil é exatamente o clima do processual civil.

De outro lado, se pretendemos utilizar o comportamento cooperativo como antídoto à *tragédia da justiça* (de modo a alcançar tutelas de direito justas, efetivas e em tempo razoável), é necessário rever a concepção doutrinária de modelo cooperativo e de conteúdo para o princípio da cooperação, de modo a oferecer soluções mais adequadas para a realidade do processo civil brasileiro, sempre buscando a promoção do maior bem-estar possível como resultado final. A tragédia da justiça corresponde ao esgotamento do aparato jurisdicional, tornando-o incapaz de prestar tutela justa, efetiva, em tempo razoável, dentro de um processo devido[4].

O *quadro trágico* é composto de alguns elementos bem destacados, dentre eles: (i) número excessivo de processos (litigância desenfreada); (ii) manejo excessivo de recursos; (iii) esgotamento das cortes superiores; (iv) baixas taxas de autocomposição; (v) inefetividade da execução; (vi) litigância habitual; (vii) ausência de uniformidade e coerência jurisprudencial. Nenhuma das propostas doutrinárias sequer lida com a maioria desses problemas quando se pensa em comportamento cooperativo e de boa-fé.

Diante desse cenário cabe antecipar o que será, para nós, a configuração ideal da cooperação como princípio e como modelo. Se cooperação é união de esforços em prol de benefício comum, esse benefício, no processo, é o bom funcionamento do sistema de justiça. Por sua vez, os parâmetros do que venha a ser esse bom funcionamento estão descritos no art. 6º do CPC/2015. Sendo assim, o conteúdo da cooperação no processo civil abrange todos os deveres

---

[3] PINKER, Steven. The Better Angels of Our Nature: Why Violence Has Declined. London: Penguin Books, 2011p. 532

[4] Processo devido, é aquele que, independentemente do procedimento, respeita todas as garantias processuais constitucionais, quais sejam: o acesso à justiça, o juiz natural, o contraditório e a ampla defesa, a proibição de provas ilícitas, a publicidade dos atos processuais a fundamentação das decisões judiciais e a duração razoável do processo - VITORELLI, Edilson. *O devido processo legal coletivo: dos direitos aos litígios coletivos*. São Paulo: Ed. Revista dos Tribunais, 2016. pp. 145-146.

dos sujeitos processuais capazes de auxiliar o processo e o sistema como um todo, ao proferimento tempestivo de tutelas jurisdicionais justas e efetivas.

Essa configuração será a mais ampla possível, abrangendo o comportamento do juiz, das partes e de seus procuradores, incidindo antes e durante o processo, incluídas todas as suas fases, abrangida toda a atividade litigante das partes, inclusive entre processos distintos. Juízes devem observar precedentes obrigatórios e decidir de maneira fundamentada, respeitados o contraditório e a ampla defesa, buscando prover e efetivar a tutela de mérito em tempo razoável. Partes e advogados devem buscar a autocomposição como prioridade. Não sendo possível, devem evitar demandas frívolas, alegações genéricas ou contraditórias e atos protelatórios (aí incluídos recursos desnecessários), cumprindo com exatidão e rapidez as determinações judiciais.

2. A Cooperação na Teoria dos Jogos

Todo cenário de tragédia no sentido *hardiniano*[5] é, em última instância, um problema de cooperação[6], ou, para ser mais preciso, um caso de ausência de comportamento cooperativo.

A tragédia dos comuns é uma parábola sobre esgotamento de recursos comuns em razão de seu uso excessivo. Sendo certo que cada indivíduo internaliza os benefícios decorrentes de uso do bem (benefício marginal alto) e coletiviza os malefícios (custo marginal baixo, em razão da coletivização das externalidades negativas), fazem-se presentes os incentivos para o seu uso excessivo por cada

---

[5] Referimos aqui a obra de Garett Hardin (HARDIN, Garett. "The tragedy of the Commons". *Science*. 162 (3859), dez. 1968.) na qual o autor cria a famosa parábola do pastoreio em uma área comum para estudar os incentivos não cooperativos e as respectivas consequências em relação ao uso excessivo de bens de uso comum (bens comuns).

[6] GREENE, Joshua, *op. cit.* p. 19.

indivíduo (*free rider problem*), levando, ao fim e ao cabo, à destruição do bem comum (*tragedy of commons*).

Por sua vez, todo cenário de tragédia do bem comum por ausência de comportamento cooperativo pode ser matematicamente explicado através da Teoria dos Jogos. Mais especificamente, ainda que envolvam uma coletividade, esses problemas podem ser modelados em um jogo específico, conhecido como dilema do prisioneiro[7]. O dilema do prisioneiro foi concebido em 1950 por Merrill Flood e Melvin Dresher (cientistas da *RAND Corporation*, espécie de *think thank* da época, fundada logo depois da II Guerra Mundial, a pedido da Força Aérea americana). Trata-se de um teorema simples muito bem construído para ilustrar problemas cooperativos da vida real, como, por exemplo, a corrida nuclear da Guerra Fria, que viria na sequência[8]. O nome do teorema é devido a Albert W. Tucker, um consultor da *RAND* que criou uma história para ilustrar a proposição matemática[9]. O curioso do dilema é que ele pode levar, muitas vezes, a situações em que o resultado mais eficiente (cooperativo) é instável, enquanto que o equilíbrio estável é não cooperativo e ineficiente.

A situação atual dos incentivos cooperativos no processo civil brasileiro pode ser equiparada ao dilema do prisioneiro, levando a um ineficiente equilíbrio de Nash de estratégias não cooperativas. São enormes as falhas do sistema de proteção à litigância cooperativa e do sistema de repressão à litigância de má-fé no processo brasileiro.

Para exemplificar o até aqui exposto, imagine-se um litigante habitual — como, por exemplo, uma grande empresa de telefonia[10]

---

[7] POUNDSTONE, William. *Prisioner's Dilemma*. New York: Anchor Books, 1992, p. 126

[8] A opção não cooperativa que se estabiliza *em equilíbrio de Nash* é magistralmente retratada por Stanley Kubrick no célebre filme *Dr. Fantástico* (*Dr. Strangelove, or: How I Learned to Stop Worrying and Love the Bomb*), apresentado no auge da guerra fria.

[9] POUNDSTONE, *op. cit.* p. 8

[10] Conforme o relatório do CNJ a respeito dos 100 maiores litigantes da justiça brasileira (litigantes habituais), figuram algumas empresas de telefonia. Assim, em 2011, a Brasil Telecom Celular S/A era parte em 3,28% de todos os processos judiciais pendentes no Brasil. (BRASIL. Conselho Nacional de Justiça. 100 maiores litigantes.

— que, com propaganda enganosa sobre seu pacote de serviços, ludibriou o consumidor que agora pleiteia nos juizados especiais a restituição dos valores pagos e indenização por danos morais.

Suponhamos que o valor do prejuízo, incluídos danos morais, seja de R$20 mil, com 70% de chances de procedência em caso de litígio judicial. Caso ambas as partes assumissem uma postura cooperativa neste momento, seria razoável imaginar que acordassem no pagamento de R$14 mil para evitar qualquer litígio[11].

Todavia, o cliente sabe que a reputação da empresa é no sentido de dificultar a comunicação ou de oferecer valores irrisórios para sanar o problema.

Por conta disso, o cliente resolve ajuizar a ação, pleiteando um valor mais alto de danos morais, totalizando um pedido de tutela condenatória em R$30 mil, com chances de procedência agora em torno de 50%. O réu, por sua vez, não oferece proposta séria de acordo, porque acredita que a condenação, se houver, será em montante inferior aos R$30 mil. Mais do que isso, esse réu não quer espalhar pelo mercado qualquer notícia de disposição para realização de acordos vantajosos.

Acrescente-se que, como nos juizados não há condenação em custas ou honorários até o proferimento da sentença,[12] os riscos diminuem bastante para ambos os lados.

O réu conhece a média de tempo do acervo pendente nos juizados estaduais. De acordo com o relatório Justiça de Números de 2019, são 1 ano e 10 meses na fase de conhecimento em primeiro grau e mais 1 ano e 8 meses na turma recursal. Em caso de condenação, o tempo médio do acervo pendente em fase de cumprimento de sentença chega a 2. Assim, a expectativa é a de que o processo consuma muitos anos. O réu sabe que o autor tem ciência desse

---

Brasília: CNJ, 2012. Disponível em: <http://www.cnj.jus.br/images/pesquisas-judiciarias/Publicacoes/100_maiores_litigantes.pdf>. Acesso em: 13 jun. 2017).

[11] Esse seria, grosso modo, o valor esperado do processo. Isso porque, 20.000 x 0,7 = 14.000

[12] Ressalvada a punição por litigância de má-fé (lei 9.099/95, art. 55), o que normalmente não ocorre.

trâmite moroso. Assim, espera que, ajuizada a ação, o autor assuma postura mais cooperativa, e, para evitar o desgaste, aceite um acordo em torno de R$5 mil, já na audiência preliminar.

Por sua vez, o autor acredita que o pedido alto, no valor de $30 mil, gerará uma ameaça ao réu, sendo capaz de forçar um acordo de valor bem alto, algo em torno de R$20 mil, também na audiência preliminar. Lembremos que, na ausência de custas e honorários em primeiro grau, o autor não perde nada pleiteando um valor mais alto do que o seu efetivo prejuízo material e moral.

Neste exemplo, por simplicidade, assumimos a ausência de recurso da sentença que encerra a fase cognitiva do processo (que implicaria condenação do recorrente em custas e honorários advocatícios, em caso de sucumbência, conforme a legislação vigente).

A partir de agora, traduziremos isso em uma matriz simples de teoria dos jogos, envolvendo dois tipos de estratégia: cooperar/não cooperar. A estratégia cooperativa é a busca da autocomposição a todo tempo. A não cooperativa é a litigância constante.

Novamente por simplicidade, imaginemos que a soma de custos administrativos (custos processuais não reembolsáveis, como os decorrentes do pagamento de honorários contratuais, do aborrecimento com o processo, dentre outros) chegue a R$3 mil para ambos. Em caso de acordo na audiência preliminar, esses custos caem para apenas, digamos, R$1 mil.[13]

O valor de reserva[14] deste processo para o autor é:

$Va = (Pa \cdot Ua) - Ca$
$Va = (0,5 \cdot 30.000) - 3.000$
$Va = 12.000$

---

[13] Porque advogados terão menos trabalho e porque o tempo do processo será menor.
[14] A fórmula matemática do valor de reserva, tenhamos em mente, para manter as coisas simples, que esse valor é definido, para o autor, pelo valor do pedido (Ua), multiplicado por sua expectativa de vitória (Pa), descontados os custos administrativos não reembolsáveis (Ca). Já para o réu, o valor é definido pela multiplicação do valor do pedido pela expectativa dele réu em relação à procedência do pedido (Pr), acrescido nas custas administrativas não reembolsáveis.

Já para o réu, o valor de reserva é:

$Vr = (Pr \cdot Ua) + Ca$
$Vr = (0,5 \cdot 30.000) + 3.000$
$Vr = 18.000$

Os valores de reserva equivalem aos *payoffs* de estratégias simultaneamente não colaborativas do autor e do réu, que resolveram litigar. As estratégias e respectivos *payoffs* podem ser assim resumidos:

(i). estratégia simultaneamente cooperativa: pagamento de R$14 mil, em autocomposição extrajudicial sem ajuizamento da ação. *Payoffs* autor/réu = +14.000/-14.000;

(ii). estratégia abusiva (não cooperativa) do autor em face do réu cooperativo: pagamento de R$20 mil, após ajuizamento da ação, com custos administrativos de R$1 mil para cada lado. *Payoffs* autor/réu = +19.000/-21.000 (neste caso, o réu cooperativo aceitou o acordo abusivo proposto pelo autor);

(iii). estratégia abusiva (não cooperativa) do réu em face do autor cooperativo: pagamento de R$5 mil, após ajuizamento da ação, com custos administrativos de R$1 mil para cada lado. *Payoffs* autor/réu = +4.000/-6.000 (nesse caso, o autor cooperativo aceitou a proposta abusiva de acordo feita pelo réu);

(iv). estratégia não cooperativa de ambos: ajuizamento da ação, rejeição de acordo e litigância por ambas as partes, com proferimento da sentença ao final. *Payoffs* autor/réu = +12.000/-18.000 (exatamente os valores de reserva, que nada mais são do que os "valores esperados" pelas partes para esse processo, já consideradas as possibilidades de procedência do pedido e os custos totais do processo.

Colocando as estratégias e *payoffs* acima relacionados na representação matricial do jogo em questão, teríamos:

pelo autor), com *payoffs* inferiores aos que seriam obtidos com a postura cooperativa. Tecnicamente, a estratégia não cooperativa é estritamente dominante da estratégia cooperativa.

Comparando a matriz do dilema do prisioneiro com essa que acabamos de estudar, percebemos que os incentivos são idênticos, ou seja: apesar da eficiência do quadrado mágico superior esquerdo, o equilíbrio de Nash (e, portanto, o resultado esperado) acaba sendo o ineficiente quadrado inferior direito:

	Telefônica coopera	Telefônica não coopera
Cliente não coopera	R$14.000; - R$14.000	R$4.000; -R$6.000
Cliente coopera	R$19.000; - R$21.000	R$12.000; -R$18.000

	B coopera (não delata)	B não coopera (delata)
A coopera (não delata)	1 ano; 1 ano	3 anos, 0 anos
A não coopera (delata)	0 anos; 3 anos	2 anos; 2 anos

Esse é um exemplo das muitas vezes em que a configuração das regras processuais brasileiras transforma o processo em jogo equivalente ao dilema do prisioneiro, onde comportamentos cooperativos são dominados por estratégias não cooperativas.

3. Fundamento da Cooperação no Processo Civil Brasileiro: o Devido Processo Legal. Devido para o Quê?

Prevalece na doutrina brasileira a ideia de que o modelo cooperativo de justiça civil é uma exigência do Estado Democrático de Direito e pressupõe uma concepção de devido processo legal diferenciada pelo chamado princípio do contraditório como direito de influência.

O desenvolvimento histórico do princípio do devido processo legal, apesar de apontar para um núcleo formado por vários elementos,[15] identifica-se, principalmente, com a ideia de processo justo,[16] da qual o principal componente é, sem dúvida, a ideia de participação, cuja normatividade encontra-se no princípio do contraditório.

Modernamente, a preocupação doutrinária é com a realização de um contraditório efetivo. Se às partes é garantida a participação no processo, essa participação tem de ter alguma finalidade.

---

[15] Com efeito, em Wolff v. McDonnell, o *Justice White* escreveu que: "*The Court has consistently held that some kind of hearing is required at some time before a person is finally deprived of his property interest*" (Wolff v. McDonnell, 418 U.S. 539, 557-58 (1974). A declaração é um perfeito resumo da evolução histórica do que se entende, em países do *common law*, por um processo justo, ou seja, por um processo que respeita o devido processo legal, identificada com a ideia de *fair hearing*. Ocorre que, ao longo dos anos, as decisões das Cortes americanas e inglesas sofreram de certa volatilidade na precisa definição do que venha a ser um processo justo. Assim, partido da *opinion* do *Justice White* em Wolff v. McDonnell, Henry Friendly busca estabelecer esses parâmetros, buscando-os em decisões da própria Suprema Corte, a partir de Goldberg v. Kelly (397 U.S. 254 -1970), quando houve, segundo o autor, uma explosão do devido processo legal, na qual a Corte focou principalmente o direito de participação dos envolvidos no processo (*hearing*) p. 1268. Friendly, após longa pesquisa da evolução legislativa e jurisprudencial do tema define *fair hearing* (processo justo) com os seguintes elementos: (i) um tribunal imparcial (*an unbiased tribunal*); (ii) ciência da ação proposta e de seus fundamentos (*notice of the proposed action and the grounds asserted for it*); (iii) oportunidade de apresentar defesa (*an opportunity to present reasons why the proposed action should not be taken*); (iv) direito de inquirir testemunhas (*the rights to call witnesses*); (v) direito de conhecer as provas produzidas contra si (*to know the evidence against one*); (vi) direito a uma decisão baseada exclusivamente nas provas apresentadas (*to have decision based only on the evidence presented*); (vii) direito a um advogado *(councel)*; (viii) direito a registro e documentação das provas produzidas; (ix) direito a uma decisão com fundamentos explicitados (*statement of reasons*); (x) publicidade das audiências. FRIENDLY, Henry. "*Some kind of hearing*". University of Pennsylvania Law Review, vol. 123, n° 6 (Jun., 1975), pp. 1267-1317. Principalmente pp. 1279-1294.

[16] MARINONI, Luiz Guilherme; MITIDIERO, Daniel. *Comentários ao Código de Processo Civil: artigos 1° ao 69*. São Paulo: Revista dos Tribunais, 2016. [Coleção Comentários ao Código de Processo Civil, v.1. Coordenação Luiz Guilherme Marinoni; Sérgio Cruz Arenhart; Daniel Mitidiero], p. 163; OLIVEIRA, Carlos Alberto Alvaro de. *Do formalismo no processo civil: proposta de um formalismo valorativo*, 4a. ed. São Paulo: Saraiva, p. 130.

Obviamente, a parte quer aproveitar os espaços participativos para influenciar os resultados do processo de acordo com seus interesses. Sem essa possibilidade de persuadir, o direito de participação (contraditório) esvazia-se e não passa de mera formalidade. Daí falar-se, hoje, em contraditório como direito de influência[17]

A concepção de contraditório como direito de influência reformata o devido processo legal, criando, principalmente para o juiz,[18] uma série de deveres capazes de empoderar as partes no sentido de possibilitar-lhes participação ativa na condução do processo, impactando, por consequência, em seus rumos finais.

É exatamente dessa versão reformatada que surgem os deveres cooperativos[19]. Como pano de fundo, todavia, figura o atual Estado Constitucional,[20] cujo modelo democrático de atuação reflete-se no exercício da atividade jurisdicional[21]. Mas, afinal, para que serve o devido processo legal (e o correspondente modelo cooperativo de processo)? A resposta óbvia seria: para garantir que o processo seja justo. É isso que todos dizem, explícita ou implicitamente, desde a Magna Carta[22].

---

[17] CABRAL, Antônio do Passo. *Nulidades no processo moderno:* contraditório, proteção da confiança e validade *prima facie* dos atos processuais. 2. ed. Rio de Janeiro: Forense, 2010, p. 112 et seq.

[18] É o caso, por exemplo, da proibição das decisões-surpresa (art. 10), ou da motivação minuciosa e analítica das decisões que, majoritariamente, pode ser decalcada do art. 489, p. 1º.). O dever cooperativo de auxílio também se encaixa nesse trilho.

[19] THEODORO JUNIOR, Humberto et al. *Novo CPC: fundamentos e sistematização.* 2ª ed. Rio de Janeiro: Forense, 2015, p. 71.

[20] MARINONI, Luiz Guilherme; ARENHART, Sérgio, MITIDIERO, Daniel. *Teoria geral do processo civil,* 2ª ed. Rio de Janeiro: Revista dos Tribunais, 2016, p. 491.

[21] DINAMARCO, Cândido Rangel. *A instrumentalidade do processo.* 14ª ed. São Paulo: MALHEIROS, 2009, p. 36. No mesmo sentido, e limitando os deveres cooperativos da parte à dilaeticidade necessária à busca da verdade no processo, YARSHELL, Flávio Luiz, *Curso de Direito Processual Civil.* São Paulo: Marcial Pons, 2014, v. 1, *p.* 111.

[22] A expressão *natural justice,* utilizada no Direito inglês, reflete bem essa noção quase *atemporal* de vinculação do direito de ser ouvido com a ideia de processo *justo.* Nesse sentido, é emblemática a passagem em que Wade e Forsyth se referem à passagem bíblica em que Deus, antes de punir Adão e Eva, confere à Eva a oportunidade de

Mas o que é o processo justo? É aquele que observa o contraditório ao longo de toda a sua extensão,²³ de modo a legitimá-lo como atividade estatal democrática,²⁴ diria alguém, tautologicamente. Mas será que é a participação como direito de influência a única régua a medir a justiça do processo? Se sim, que lugar caberia à prestação da tutela jurisdicional adequada, efetiva e em prazo razoável? Haveria necessidade de compatibilização, uma vez que, por exemplo, um procedimento com muitas oportunidades de participação pode dificultar a obtenção da tutela em prazo razoável ou mesmo a sua efetivação?

Colocando em xeque a noção de participação como valor absoluto,²⁵ os objetivos principais da cooperação voltam a ser apenas aqueles destinados à busca da tutela jurisdicional, justa, efetiva e em prazo razoável,²⁶ como quer o art. 6º do CPC/2015.

Assim, por exemplo, em um sistema muito lento e congestionado, os deveres de motivação analítica das decisões podem ser mitigados (como, aliás, é a jurisprudência dos tribunais superiores) em prol da celeridade, o mesmo acontecendo com as possibilidades recursais (como fez o CPC/2015, ao limitar as decisões agraváveis ao rol exaustivo do art. 1.015) e com os acordos de procedimento quando criam externalidades negativas que atravancam o trabalho da unidade jurisdicional²⁷ prejudicando o trâmite de outros

---

explicar a razão pela qual oferecera a Adão o *fruto proibido*. WADE, H.W.R.; FORSYTH, C.F. *Administrative Law*. 10ª ed. Oxford: Oxford University Press, 2009, p. 403, *apud*. VITORELLI, Edilson. *O devido processo legal coletivo: dos direitos aos litígios coletivos*. São Paulo: Revista dos Tribunais, 2016, p. 132.

²³ FAZZALARI, Elio. *Instituições de Direito processual*. Tradução Eliane Nassif. Campinas: Bookseller, 2006, pp. 118-119

²⁴ DINAMARCO, Cândido Rangel, *op. cit.* p. 130.

²⁵ Referimo-nos à ideia de contraditório como *princípio absoluto* do processo. Nesse sentido THEODORO Jr, Humberto. *Curso de direito processual civil*. 49ª ed. Rio de Janeiro, Forense, 2008, p. 32.

²⁶ Contraditório como meio, na linha de Carnelutti. (CARNERLUTTI, Francesco. *Lezioni di Diritto processuale civile*. Padova: Cedam, vol. II, 1933, p. 168).

²⁷ WOLKART, Erik Navarro. Novo código de processo civil x sistema processual civil de nulidades. xeque-mate?. *Revista de Processo*. vol. 250 (dez. 2015), pp. 35-60.

processos (como as convenções que aumentam prazos processuais em demasia ou que criam novas possibilidades de sustentação oral no tribunal). Da mesma forma, se as vias judiciais estiverem absolutamente congestionadas, deve-se estimular a autocomposição como atividade cooperativa prioritária ou, se há graves problemas de insegurança jurídica, o comportamento cooperativo das cortes de criar e respeitar precedentes estáveis deve ser incentivado.

Essa linha de raciocínio coaduna-se com nossa matriz teórica pragmática, que abandona desenhos processuais lastreados em princípios de justiça absolutos (*fairness*), em prol de arquiteturas que favoreçam o bem-estar social (*welfare*), aqui medido pela capacidade do sistema de oferecer tutela jurisdicional justa e efetiva, em prazo razoável.

3.1. Participação como Instrumento de Precisão do Processo: Análise Econômica Clássica

O início de um processo é o momento em que partes e juiz estão mais distantes da tão sonhada precisão. Conforme o processo vai se desenvolvendo, as partes vão se manifestando e produzindo provas, transferindo informação entre elas e o juiz. A participação, portanto, diminui a assimetria informacional e aumenta a precisão do processo.[28]

Todavia, é preciso lembrar que: (i) há um limite de precisão para o processo (mito da verdade real); (ii) os incrementos de participação geram custos financeiros e não financeiros, públicos e privados. Assim, parece óbvio que a participação tem de ser limitada em algum ponto. A pergunta é: qual seria o ponto ótimo de participação?[29]

---

[28] SHAVELL, Steven, *Foundations of Economic Analysis of Law*. Cambridge, MA; London: Belknap, 2004, p. 451.

[29] José Roberto dos Santos Bedaque, e outros autores, referem essa necessidade de *equilíbrio* entre a incidência das garantias processuais e a efetividade da decisão. Ninguém, todavia, coloca parâmetros objetivos para tanto (BEDAQUE, José Roberto dos Santos. *Direito e Processo*: influência do Direito material sobre o processo. 3ª ed. São Paulo: Malheiros, 2003, p. 38.)

A resposta a esse questionamento é muito difícil e parece demandar análises estatísticas que podem variar caso a caso. Todavia, com algum esforço teórico e exemplos, a análise econômica do tema é capaz de oferecer-nos alguns parâmetros.

Em primeiro lugar, se há uma preocupação com a precisão da decisão final, há, em verdade, uma preocupação com o erro judicial. Desse ponto de vista, todo investimento em participação (manifestações das partes de modo geral, dilargamento de prazos, recursos, motivação, produção de provas, oralidade etc.) é na verdade um investimento no combate ao erro. E o erro é um custo social para o processo.[30] Logo, o tamanho do investimento em participação deve ser tal que, ao final, acarrete uma diminuição nos custos sociais do erro judicial que seja superior ao valor investido.[31]

Considerando os custos de participação como sendo custos administrativos do processo (Ca), é possível dizer, formalmente, que o objetivo do processo é minimizar os custos sociais (Cs), de modo que a soma dos custos administrativos (Ca) e dos custos do erro judicial C(e) seja a menor possível.[32]

Assim, temos que: $Cs = C_a + C(e)$

O custo social do erro é inversamente proporcional ao benefício social gerado pela precisão do processo. Esse benefício pode ser pedagogicamente dividido em três espécies[33]: (i) melhora o comportamento geral das pessoas, porque elas sabem que, se cometerem ilícitos, a chance de identificação em um processo judicial é grande; (ii) redução dos custos sociais do sistema de justiça como um todo, pois, ao reduzir o número de ilícitos, diminui-se o número total de processos. Além disso, com a expectativa de que a verdade será descoberta, as partes têm mais incentivos para buscar um acordo logo de início, economizando parte dos custos do processo; (iii) diminuição

---

[30] COOTER, Robert; ULEN, Thomas. *Law & Economis*. 6ª ed. Boston: Addison--Wesleu, 2012, p. 384-385.
[31] SHAVELL, Steven, *op. cit.*, p. 451.
[32] COOTER, Robert; ULEN, Thomas, *op. cit.* p. 385
[33] SHAVELL, Steven, *op. cit.*, p. 451-454.

do custo do risco. Cientes da precisão das decisões judiciais, pessoas que cometem ou sofrem danos sabem que pagarão ou serão indenizadas pelo valor correto. Como as pessoas, em média, são avessas ao risco (pressuposto da economia clássica), essa certeza passa a ter um valor real ao diminuir os riscos da incerteza (que são um custo) quanto ao resultado do processo.

Seria possível verificar e demonstrar que, nem sempre o aumento de participação no processo será socialmente desejável, mesmo que seja capaz aumentar seu nível de precisão da decisão final.[34]

Também é possível constatar que os incrementos de participação auxiliam na precisão do processo a taxas decrescentes.

Isso significa que o custo marginal de mais participação será, em regra, constante ou crescente, enquanto que o benefício marginal dessa participação será sempre decrescente.[35] É obvio que, se a verdade é, por si, inalcançável, níveis elevados de precisão exigirão um esforço cada vez maior, até o ponto em que qualquer acréscimo de participação torna-se completamente inútil. Não obstante, os custos cronológicos e financeiros da participação continuarão presentes, passando a dificultar a realização do direito material.

Não por outro motivo afirma-se que, como todos os demais elementos do processo, a participação colabora para a realização do direito material apenas até certo ponto.[36] Após esse ponto, novos incrementos participativos passam a ser deletérios.[37] A função abaixo,

---

[34] A demonstração lógica deste argumento pode ser detalhadamente encontrada em: WOLKART, Erik Navarro. *Análise econômica do processo*: como a economia, o Direito e a psicologia podem vencer a tragédia da justiça. São Paulo:Thomson Reuters Brasil, 2019, pp. 280-97.

[35] EHRLICH, Isaac; POSNER, Richard."An Economic Analysis of Legal Rulemaking". *Journal of Legal Studies*. vol. 3 (1974), n° 1, pp. 257- 286.

[36] BORNE, Robert. *Rethinking the Day in Court Ideal and Nonparty Preclusion*. New York University Law Review, v. 67, n. 2, p. 193-294, 1992, p. 266.

[37] Esse *corte*, ou limite na participação das partes, foi decidido em *Mathews v. Eldridge: 424 U.S. 319, 348 (1976)* (*"At some point the benefit of an additional safeguard to the individual af-fected by the administrative action and to society in terms of increased assurance that the action is just, may be outweighed by the cost."*)

Gráfico 1

Relação entre nível de participação no processo e realização do direito material

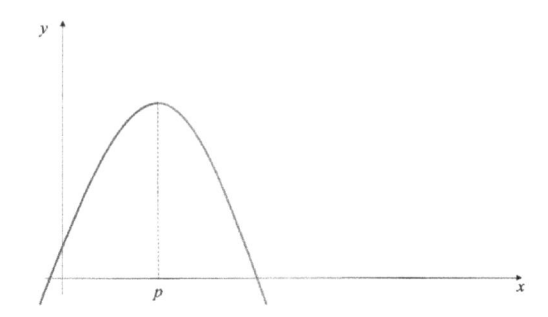

em parábola, representa bem a influência da participação (eixo x) na realização do direito material (eixo y).[38] O ponto p representa a quantidade ideal de participação. À direita de p, pode-se dizer que novos incrementos participativos passam a ser deletérios à realização do direito material (ou, para nós, ao aumento do bem-estar social pela realização do direito material ao menor custo possível).

É preciso que se equilibrem custos e benefícios. Alguma participação será necessária, mas é sempre bom lembrar que novos incrementos terão benefícios cada vez menores, a custos idênticos ou maiores[39].

É discutível, por exemplo, se a introdução à vedação das decisões-surpresa pelo CPC/2015 é realmente benéfica (art. 10). O problema já estava bem resolvido. Vejamos o caso da prescrição. Sabia-se que, ao identificar a prescrição da pretensão, o juiz rejeitaria a petição inicial, proferindo sentença de mérito. Sendo assim, os autores preocupavam-se em defender a existência de suas pretensões, argumentando na própria petição inicial a não ocorrência da prescrição. Nos casos em que isso não ocorria, a parte sempre poderia apelar da

---

[38] Em sentido semelhante, VITORELLI, Edilson. *op. cit.* p. 184.
[39] Desenvolvimento deste argumento está em WOLKART (2019), *op. cit.*

sentença. Antes que se diga que isso provocaria aumento da quantidade de trabalho do tribunal, é importante lembrar que essa apelação já abria a possibilidade de retratação pelo magistrado (CPC/73, art. 296). O sistema, portanto, funcionava adequadamente. Agora, com a necessidade de prévia intimação, alguns meses serão necessários para que se alcance o mesmo resultado.[40]

3.2. Participação como Instrumento Legitimador da Atividade Jurisdicional, Procedural Justice e Behavior Law & Economics

É tradicional a visão de que normas processuais que restringem a participação das partes, privando-as de efetivamente influenciar o resultado final do processo, são injustas.[41] Essa injustiça tem por referência quase sempre os indivíduos do processo, e não o sistema processual como um todo.[42] Todavia, se o sistema de justiça estiver comprometido (cenário de tragédia), todos serão prejudicados, incluídas todas as partes em todos os processos existentes.

Como bem observa Vitorelli, quase não há estudos sobre psicologia forense no Brasil[43]. Nos Estados Unidos da América, porém, o tema já foi bastante estudado. Mais ainda, tem sido objeto de

---

[40] Alguém ainda poderia dizer que as chances de erro, agora, são menores. Veja-se o caso da prescrição intercorrente. O juiz decretá-la sem anterior manifestação do autor, pode ser que o faça equivocadamente, é verdade. Mas será que isso ocorra em muitos casos? Será que serão tantos os casos em que tenha realmente havido causas extraprocessuais interruptivas ou suspensivas da prescrição? Para eles sempre haverá a via recursal, mas não parece que isso justifique todo o acréscimo de tempo de custos que o sistema sofrerá com a necessidade de intimação prévia antes de cada decisão que reconheça a prescrição ou a decadência de cada um dos processos que tramita pelo sistema.

[41] "*Fairness is the fundamental concept that guides our thinking about substantive and procedural law*". (NEWMAN, John O. *Rethinking fairness: Perspectives on the litigation process*. The Yale Law Journal, v. 94, n. 7, p. 1.643-1.659, 1985, p. 1.646).

[42] KAPLOW, Louis; SHAVELL, Steven. Fairness Versus Welfare. *Harvard Law Review*. Op. cit., p. 1.188

[43] VITORELLI, Edilson. Op. cit., p. 187.

pesquisas mais recentes e sofisticadas. A mais importante delas resulta de uma famosa teoria conhecida como justiça procedimental (*procedural justice*), desenvolvida principalmente por Tom Tyler em uma séria de trabalhos, desde 1988[44] até os dias atuais[45].

Segundo Tyler, as pessoas em uma comunidade, ao decidirem colaborar com a polícia local, não atuam como maximizadores racionais, ou seja, não ponderam os custos e benefícios da cooperação. Ao contrário, essa decisão seria baseada em um senso de obrigação que surge a partir da forma como a polícia trata o indivíduo.[46] Em outras palavras, ao ser tratado com cordialidade, o indivíduo confere legitimação institucional à polícia e aos seus membros[47].

As ideias de Tyler alcançaram proeminência nos Estados Unidos da América e atualmente estão no centro do debate sobre *law enforcement*,[48] contrapondo-se à utilização de políticas mais agressivas

---

[44] LIND, E.A.; TYLER, T.R. *The social psychology of procedural justice*. New York: Plenum, 1988.

[45] TYLER, T.R. "Understanding the force of law: Comments on Schauer". *Tulsa Law Review*, vol. 51 (2016), pp. 507-519.

[46] "*The procedural justice model involves two stages. The first involves the argument that public behavior is rooted in evaluations of the legitimacy of the police and courts. People's social values—in this case, their feelings of obligation and responsibility to obey legitimate authorities—are viewed as key antecedents of public behavior. In other words, people cooperate with the police and courts in their everyday lives when they view those authorities as legitimate and entitled to be obeyed. [...] The second involves the antecedents of legitimacy. The procedural justice argument is that process--based assessments are the key antecedent of legitimacy (Tyler 1990). In this analysis, four indicators—summary judgments of procedural justice, inferences of motive-based trust, judgments about the fairness of decision making, and judgments about the fairness of interpersonal treatment—are treated as indices of an overall assessment of procedural justice in the exercise of authority.*" (COX, Adam B; MILES, Thomas J. Legitimacy and Cooperation: Will Immigrants Cooperate with Local Police who Enforce Federal Immigration Law? *Coase-Sandor Working Paper Series in Law and Economics*, n. 734, 2015. Disponível em: <http://chicagounbound.uchicago.edu/law_and_economics/769>. Acesso em 10 jul. 2020. pp. 6-7.

[47] TYLER, Tom R. *Why people obey de law*. 2ª ed. Princeton: Princeton University Press, 2006.

[48] SCHULHOFER, Stephen J.; TYLER, Tom R.; HUQ, Aziz Z. "American Policing as a Crossroads: Unsustainable Policies and the Procedural Justice Alternative". *Journal of Criminal Law & Criminology*. Vol. 101 (2011), pp. 335 - 374.

(*order maintence policy*), como aquelas baseadas na teoria das janelas quebradas (*broken windows policing strategies*).

Em sentido diametralmente oposto à *procedural justice*, essas outras políticas valem-se da atuação policial para manter a ordem e rapidamente resolver problemas cotidianos, ainda que não relacionados à pratica de crimes graves (*"broken windows" do need to be repaired quickly*).[49] Isso porque pequenas infrações, quando não combatidas, incentivariam a prática de crimes mais graves.[50] Além disso, a demonstração efetiva de combate ao crime, mesmo aos pequenos, geraria incentivos cooperativos no indivíduo. Nas versões mais radicais dessas políticas, caberia à polícia identificar e eliminar qualquer sinal de desordem urbana (*zero tolerance policy*).[51]

O debate é intenso, cercado de ideologias, e não há teoria vencedora. Todavia, trabalhos recentíssimos apontam para evidências empíricas em sentido contrário aos estudos de Tyler.

Em trabalho de 2016 Adam Cox e Thomas Miles empreendem imensa análise empírica para estudar a influência cooperativa da *procedural justice*, concluindo pela sua inexistência, ao menos no caso analisado[52].

No que toca o presente tema, todavia, o trabalho recente mais importante é, sem dúvida, a última obra de Frederick Schauer "*The

---

[49] KELLING, George L.; COLES, Catherine M. *Fixing Broken Windows:* Restoring Order and Reducing Crime in Our Communities. Simon and Schuster, 1997., p. 160.

[50] KELLING, George L.; WILSON, James Q. "Broken Windows: The Police and Neighborhood Safety". *Atlantic Monthly*.Vol. 249 (1982), pp. 29-38.

[51] SCHULHOFER, Stephen, *op. cit.* pp. 340-341.

[52] Os autores refutam a hipótese de diminuição do índice cooperativo entre imigrantes e polícia local, a partir de uma mudança de política americana que integrou a polícia comunitária no combate a imigração ilegal, o que implicou a adoção de um modo de proceder mais rigoroso em relação aos imigrantes. COX, Adam B; MILES, Thomas J. "Legitimacy and cooperation: will immigrants cooperate with local police who enforce federal immigration law?". *Coase-Sandor Working Paper Series in Law and Economics*, 2015. Disponível em: <http://chicagounbound.uchicago.edu/law_and_economics/769/>. Acesso em 10 jul. 2020.

force of the law", de 2015⁵³. Neste livro, Schauer descreve a história dos dois modelos básicos da força da lei, quais sejam, o modelo coercitivo e o não coercitivo. Após imensa revisão da literatura a respeito, e navegando pelos caminhos da moralidade,⁵⁴ o autor conclui que a punição ainda é a maior força indutora do respeito à lei, e que, conquanto ela deva ser combinada com outras forças não coercitivas, como as normas sociais,⁵⁵ ao fim e ao cabo, quando a cooperação e a boa-fé parecem pouco plausíveis, é a força punitiva da lei que se torna o elemento indutor mais importante.⁵⁶

A legitimação pelo procedimento, todavia, é expressamente excluída por Schauer do mecanismo indutor de respeito à lei⁵⁷. Para tanto, ele contradita a pesquisa de Tyler, afirmando que suas evidências apontam apenas que as pessoas tendem a respeitar normas com as quais elas concordam, independentemente de sanção.⁵⁸ Acrescenta, ainda, que os resultados de Tyler mostram baixos níveis de respeito às normas sem sanção cujo conteúdo os indivíduos discordam⁵⁹.

Por fim, é importante dizer que as descobertas da economia comportamental não referendam a ideia de legitimação pelo procedimento. A junção entre psicologia e economia desvendou os padrões de limitação da racionalidade humana, permitindo uma atualização dos modelos econômicos clássicos com a introdução dos diversos vieses comportamentais decorrentes das limitações da razão (*bounded rationality*).

---

[53] SCHAUER, Frederick. *The force of law*. Cambridge/London: Harvard Press, Kindle edition, 2015.
[54] Distintos, portanto, das vias da economia de bem-estar. Idem p. 61
[55] Ao final, Schauer conclui que as normas sociais também são punitivas.
[56] Idem p.167.
[57] Idem p. 57-61.
[58] Idem p.60
[59] Idem. Em resposta, em artigo-revisão do livro, Tyler critica a posição de Schauer, afirmando que o autor ignorou a imensa quantidade de evidências empíricas que apontam a *legitimação da norma* como principal força indutora, ao lado da punição. TYLER, Tom.R. "Understanding the force of law: Comments on Schauer". *Tulsa Law Review*, vol. 51 (2016), pp. 508, 518-519.

Em verdade, as partes têm seu próprio conceito de justiça. Sua percepção "do que é justo" está muito mais ligada ao resultado final do processo, desde que esse resultado esteja de acordo com seus interesses, do que ao procedimento em si[60]. Trata-se do *self-serving bias*, ou seja, da tendência de as partes de considerar justo apenas aquilo que as beneficia[61].

Quando os indivíduos entendem que estão sendo tratados injustamente, como no caso em que não houve uma oferta justa de acordo, logo no início ou mesmo antes do processo, o comportamento seguinte tende a ser punitivo e não cooperativo, ou seja, a parte buscará punir o comportamento injusto do seu adversário, mesmo que isso lhe acarrete prejuízos morais ou financeiros (*bounded self-interest*).[62] Como resultado, frustrada a tentativa de acordo, é mais provável que o processo desenvolva-se embebido por sentimentos de vingança, raiva, desgosto e outras animosidades. Nesse cenário, o procedimento dificilmente produzirá algum sentimento de justiça ou de aceitação, por mais participativo que seja[63].

Como o processo é apenas um meio civilizado para solução de situações conflituosas, é de se esperar que as partes, pelo simples fato de estarem em desacordo, componham uma relação pautada muito mais pela rispidez do que pela cordialidade, principalmente quando frustradas as tentativas iniciais de autocomposição[64]. Quanto mais

---

[60] De há muito, Barbosa Moreira já concluíra nesse sentido. (MOREIRA, José Carlos Barbosa. "O futuro da justiça. Alguns mitos". *In Temas de Direito processual* (8ª série). São Paulo: Saraiva, 2004., p. 87).

[61] BABCOCK, Linda; LOEWENSTEIN, George. "Explaining bargaining impasse: the role of self-serving biases". *Journal of economic perspectives*, vol. 11 (1997), nº 1, p. 110.

[62] JOLLS, Christine; SUNSTEIN, Cass R.; THALER, Richard. "A behavioral approach to law and economics". *Stanford Law Review*. jul. 1998, p. 1479.

[63] Produzirá, ainda, ansiedade, estresse, perda de tempo e de dinheiro em proporção direta a sua duração (BURGER, Warren E. "Isn't there a better way?" *American Bar Association*, vol. 68 (1982), pp. 274-276).

[64] JOLLS, Christine; SUNSTEIN, Cass R.; THALER, Richard, *op. cit.* p. 1495.

dilatado o procedimento, mais crescem as animosidades, distanciando as partes de qualquer possibilidade cooperativa ou de sentimentos de justiça.[65]

Processos alongados em nome de uma comunidade de trabalho participativa são processos em que as partes investiram mais tempo, atenção e dinheiro. Esse investimento provoca uma reação de apego em relação ao suposto direito litigado, gestando revolta em caso de derrota final. Isso ocorre por duas razões comportamentais: a falácia dos custos a fundo perdido e o efeito dotação.

A falácia dos custos a fundo perdido (*sunk costs falacy*), é a resposta da economia comportamental ao postulado econômico clássico de que o homem racional não deve pautar suas decisões futuras em razão de investimentos passados que não podem ser recuperados. De acordo com a teoria, confirmada por múltiplos estudos empíricos, as pessoas tendem a prolongar uma determinada atividade na qual já foram investidos recursos relevantes, mesmo à custa de novas despesas emocionais e financeiras.[66]

Já o efeito dotação (*endowment effect*) é o padrão comportamental segundo o qual o indivíduo tende a exigir, abrir mão de um determinado bem, um valor maior do que pagaria para adquirir o mesmo bem.[67] Processos longos, com múltiplos recursos, geram efeito dotação e aniquilam as possibilidades cooperativas.

Explicamos. Desenhos procedimentais que conferem amplas possibilidades participativas — como, por exemplo, manifestações prévias antes de qualquer decisão (art. 10 do CPC/2015) e inúmeras possibilidades recursais — tendem a ser mais demorados, principalmente em um cenário de tragédia da justiça, como o vivenciado no Brasil. Esse ônus temporal acaba sendo suportado pelas partes.

---

[65] Idem, p. 1495.
[66] HAL, R. Arkes; BLUMER, Catherine. "The psychology of sunk costs". *Organizational Behavior and human decision processes*. Ohio University, vol. 35 (1985). n° 1, p. 125.
[67] THALER, Richard H. "Toward a Positive Theory of Consumer Choice". *Journal of Economic Behavior and Organization*, vol. 1 (1980), p. 44.

Parece justo, como afirma Marinoni,[68] que esse ônus seja redistribuído entre as partes de acordo com a evidência de seu direito. Não por outro motivo o CPC/2015 prevê inúmeras técnicas de repartição do ônus temporal, seja pela concessão das mais variadas formas de tutela provisória, seja pelas possibilidades executivas provisórias. Toda e qualquer decisão judicial que de alguma forma aloque direitos (ou efeitos de direitos a serem futuramente alocados) gera o efeito dotação, tornando a parte beneficiada refratária a qualquer postura cooperativa, aumentando a animosidade no processo.[69]

Mesmo em processos sem alocações provisórias de direito, o efeito dotação surge do mero investimento de recursos financeiros e emocionais no procedimento em si.[70] Quanto mais longo e participativo, maiores serão os investimentos[71] e mais intenso será o *endowment effect*. Essa tendência é reforçada pela mera existência da situação conflituosa, que se prolonga junto com o processo, tornando a relação entre as partes cada vez mais "áspera", alimentando ainda mais o efeito dotação.[72] Ao final, dificilmente a parte derrotada experimentará qualquer sentimento de justiça.

É importante ainda observar que, mesmo que a participação fosse capaz de fazer brotar sentimentos de justiça e de legitimidade,

---

[68] MARINONI, Luiz Guilherme; ARENHART, Sérgio Cruz; MITIDIERO, Daniel. *Novo curso de processo civil*, v. 1: teoria do processo civil. 2ª ed. São Paulo: Revista dos Tribunais, 2016, p. 269-270.

[69] SUNSTEIN, CASS *et. al. op. cit.* p. 1498. Vale a pena reproduzir a passagem:"*Although the endowment effect suggests generally that the assignment of a legal entitlement may affect the outcome of bargaining, such an effect is especially likely when the entitlement is in the form of a court order obtained after legal proceedings between opposing parties (our focus here)*".

[70] Com pesquisa empírica realizada com advogados, confirmando essa tendência, FARNSWORTH, Ward. "Do Parties to Nuisance Lawsuits Bargain After Judgment? A Glimpse Inside the Cathedral". *The University of Chicago Law Review*, vol. 66 (1998), pp 373 - ss.

[71] "*To begin, if a party must not only spend money for lawyers and experts, but also devote substantial time to the task and possibly be subject to hassle and stress, adjudication costs will be greater than previously recognized.*" KAPLOW, Louis. "The value of accuracy in adjudication: an economic analysis". *The journal of legal studies*, vol. 23 (1994), p. 51.

[72] SUNSTEIN, CASS *et al. op. cit* p. 1500

é mais provável que essas nobres sensações nascessem no coração dos advogados, e não nas partes representadas. Isso porque, ressalvada a audiência de conciliação ou mediação, e eventual depoimento pessoal, a parte não participa diretamente do processo. São os advogados que o fazem, de modo que qualquer sentimento de controle do processo pela parte, se existente, é provavelmente fictício.[73]

Por fim, um experimento mental talvez seja útil: o que o cidadão médio escolheria antes de litigar? Um procedimento célere, efetivo e pouco participativo ou um procedimento mais participativo em detrimento de alguma celeridade e efetividade?

A resposta não aparece óbvia, de pronto. Bruce Hay especula que, *ex ante*, a parte buscaria o procedimento que lhe conferisse maiores chances de sucesso, o que variará de acordo com a força das suas provas e argumentos. Todavia, ao final do processo, em caso de derrota, provavelmente a parte sucumbente se arrependeria da escolha feita. Ao fim e ao cabo, o que se deseja é vencer, com ou sem poder de influência.[74]

6. Conclusão

Diante do exposto, concluímos que os deveres cooperativos, tal como apresentados pela doutrina atual de processo civil, decorrem de um específico conceito de devido processo legal, decalcado de uma visão idealizada da importância e da necessidade da participação no processo civil. Esse conceito não se encaixa na realidade da justiça brasileira (cenário de tragédia) e, por isso, é incapaz de concretizar o objetivo cooperativo idealizado no art. 6º do CPC/2015, qual seja, permitir que a tutela de direito dê-se de forma justa, efetiva e em tempo razoável.

O processo legal devido é aquele que diminui os custos sociais do sistema de justiça civil, aumentando o bem-estar através de um balanço ótimo entre os investimentos capazes de gerar um processo apto à realização do direito material e os benefícios sociais daí decorrentes, sempre considerada a realidade em que esse sistema está inserido.

Os deveres cooperativos existem para, a partir dessa realidade, aumentar a quantidade de bem-estar de uma determinada sociedade. Normativamente, no Brasil, esses deveres são todos aqueles capazes de realizar os objetivos inscritos no art. 6º do CPC/2015, algo que só será possível a partir da presença dos incentivos normativos que tornem o comportamento cooperativo uma estratégia dominante no jogo processual.

Em termos econômicos, e a partir das matrizes teóricas deste trabalho, essa conclusão pode ser reescrita da seguinte forma: O significado doutrinário atualmente conferido à cooperação no processo civil "ancora-se" em concepções absolutas de princípios de justiça (*"fairness'/*'sistema1"), "racionalizadas" e transformadas em um específico desenho do devido processo legal ("sistema 2"), sem preocupação com o bom funcionamento do sistema de justiça civil nem com o bem-estar social daí decorrente (*welfare*). Em nossa abordagem "pragmática profunda", o conteúdo da cooperação é amplo e abrange todos os comportamentos dos sujeitos processuais que sejam necessários à construção de um sistema de justiça eficiente nos tempos atuais (cenário de "tragédia do bem-comum"), medida essa eficiência de acordo com os indicadores do art. 6º. do CPC 2015 (forma de agregação das utilidades na "função de bem-estar social" - SWF). As estratégias cooperativas só configurarão um "equilíbrio de Nash" no processo quando presentes os incentivos adequados para tanto.

Referências

BABCOCK, Linda; LOEWENSTEIN, George. "Explaining bargaining impasse: the role of self-serving biases". *Journal of economic perspectives*, vol. 11, nº 1 (1997), pp. 109 - 126.

BEDAQUE, José Roberto dos Santos. *Direito e Processo*: influência do Direito material sobre o processo. 3ª ed. São Paulo: Malheiros, 2003.

BORNE, Robert. Rethinking the Day in Court Ideal and Nonparty Preclusion. *New York University Law Review*, v. 67, n. 2, p. 193-294, 1992.

BRASIL. Conselho Nacional de Justiça. *100 maiores litigantes*. Brasília: CNJ, 2011. Disponível em: <http://s.conjur.com.br/dl/100-maiores--litigantes-justica-cnj.pdf>. Acesso em: 13 jun. 2017.

BURGER, Warren E. "Isn't there a better way?". *American Bar Association*, vol. 68 (1982), pp. 274-276.

CABRAL, Antonio do Passo. *Nulidades no processo moderno- contraditório, proteção da confiança e validade prima facie dos atos processuais*. 2ª ed. Rio de Janeiro, Forense, 2010.

CARNERLUTTI, Francesco. *Lezioni di Diritto processuale civile*. Padova: Cedam, vol. II, 1933.

COOTER, Robert; ULEN, Thomas. *Law & Economics*. 6. ed. Boston: Addison-Wesley, 2012.

COX, Adam B; MILES, Thomas J. "Legitimacy and cooperation: will immigrants cooperate with local police who enforce federal immigration law?". *Coase-Sandor Working Paper Series in Law and Economics*, 2015. Disponível em: <http://chicagounbound.uchicago.edu/law_and_economics/769/>. Acesso em 10 jul. 2020.

DINAMARCO, Cândido Rangel. *A instrumentalidade do processo*. 14ª ed. São Paulo: MALHEIROS, 2009.

EHRLICH, Isaac; POSNER, Richard. "An Economic Analysis of Legal Rulemaking". *Journal of Legal Studies*. vol. 3, nº 1 (1974), pp. 257- 265.

FARNSWORTH, Ward. "Do Parties to Nuisance Lawsuits Bargain After Judgment? A Glimpse Inside the Cathedral". *The University of Chicago Law Review*, vol. 66 (1998).

FAZZALARI, Elio. *Instituições de Direito processual*. Tradução Eliane Nassif. Campinas: Bookseller, 2006.

FRIENDLY, Henry. *"Some kind of hearing"*. *University of Pennsylvania Law Review*, vol. 123, nº 6 (jun. 1975), pp. 1267-1317.

GREENE, Joshua D. *Moral Tribes*: Emotion, Reason and the Gap Between Us and Them. New York: Penguin Books, 2013.

HAL, R. Arkes; BLUMER, Catherine. The Psychology of Sunk Costs. *Organizational Behavior and Human Decision Processes*. Ohio University, v. 35, p. 124-140, 1985.

HARDIN, Garett. "The tragedy of the Commons". *Science*. 162 (3859), dez. 1968.

HAY, Bruce L. "Procedural Justice-Ex Ante v. Ex Post". *44 UCLA L. Rev.*1997, pp. 1803 -1850.

HAY, Bruce; ROSENBERG, David. The Individual Justice of Averaging. *Harvard Law School John M. Olin Center for Law, Economics and Business Discussion Paper Series*, n. 285, 7 jun. 2000. Disponível em: <http://lsr.nellco.org/harvard_olin/285>. Acesso em: 16 fev. 2018.

HENRICH, Joseph. *The Secret of Our Success*: How Culture Are Driving Human Evolution, Domesticating our Species, and Making us Smarter. Princeton: Princeton University, 2016.

JOLLS, Christine; SUNSTEIN, Cass R.; THALER, Richard. "A behavioral approach to law and economics". *Stanford Law Review*. jul. 1998

KAPLOW, Louis. "The value of accuracy in adjudication: an economic analysis". *The journal of legal studies*, vol. 23 (1994).

KAPLOW, Louis; SHAVELL, Steven. *Fairness Versus Welfare*. Cambridge, MA; London: Harvard University, 2002.

KELLING, George L.; COLES, Catherine M. *Fixing Broken Windows*: Restoring Order and Reducing Crime in Our Communities. Simon and Schuster, 1997.

KELLING, George L.; WILSON, James Q. "Broken Windows: The Police and Neighborhood Safety". *Atlantic Monthly*. vol. 249 (1982), pp. 29 - 38.

LIND, E.A.; TYLER, T.R. *The social psychology of procedural justice*. New York: Plenum, 1988.

MARINONI, Luiz Guilherme; ARENHART, Sérgio Cruz; MITIDIERO, Daniel. *Novo curso de processo civil*: v. 1: teoria do processo civil. 2. ed. São Paulo: Revista dos Tribunais, 2016.

MARINONI, Luiz Guilherme; ARENHART, Sérgio Cruz; MITIDIERO, Daniel. *Teoria geral do processo civil*. 2. ed. Rio de Janeiro: Revista dos Tribunais, 2016.

MARINONI, Luiz Guilherme; MITIDIERO, Daniel. *Comentários ao Código de Processo Civil*: artigos 1º ao 69. São Paulo: Revista dos Tribunais, 2016. [Coleção "Comentários ao Código de Processo Civil", v. 1. Coordenação Luiz Guilherme Marinoni; Sérgio Cruz Arenhart; Daniel Mitidiero].

MOREIRA, José Carlos Barbosa. "O futuro da justiça. Alguns mitos". *In Temas de Direito processual* (8ª série). São Paulo: Saraiva, 2004.

NEWMAN, John O. Rethinking Fairness: Perspectives on the Litigation Process. *The Yale Law Journal*, v. 94, n. 7, p. 1.643-1.659, 1985.

OLIVEIRA, Carlos Alberto Alvaro de. Do formalismo no processo civil: proposta de um formalismo valorativo. 4ª ed. 2010, Saraiva, São Paulo.

PINKER, Steven. *The Better Angels of Our Nature*: Why Violence Has Declined. London: Penguin Books, 2011.

POUNDSTONE, William. *Prisioner's Dilemma*. New York: Anchor Books, 1992.

SCHAUER, Frederick. *The force of law*. Cambridge/London: Harvard Press, Kindle edition, 2015.

SHAVELL, Steven. *Foundations of Economic Analysis of Law*. Cambridge, MA; London: Belknap, 2004.

SCHULHOFER, Stephen J.; TYLER, Tom R.; HUQ, Aziz Z. "American Policing as a Crossroads: Unsustainable Policies and the Procedural Justice Alternative". *Journal of Criminal Law & Criminology*. vol. 101 (2011), pp. 335 - 374.

THALER, Richard. "Toward a Positive Theory of Consumer Choice". *Journal of Economic Behavior and Organization*, vol. 1 (1980), pp. 39 – 60.

THEODORO Jr, Humberto. *Curso de direito processual civil*. 49ª ed. Rio de Janeiro, Forense, 2008.

THEODORO JUNIOR, Humberto et al. *Novo CPC: fundamentos e sistematização*. 2. ed. Rio de Janeiro: Forense, 2015.

TYLER, Tom.R. "Understanding the force of law: Comments on Schauer". *Tulsa Law Review*, vol. 51 (2016), pp. 507 - 519.

TYLER, Tom R. *Why people obey de law*. 2ª ed. Princeton: Princeton University Press, 2006.

VITORELLI, Edilson. *O devido processo legal coletivo: dos direitos aos litígios coletivos*. São Paulo: Ed. Revista dos Tribunais, 2016.

WADE, H.W.R.; FORSYTH, C.F. *Administrative Law*. 10ª ed. Oxford: Oxford University Press, 2009.

WOLKART, Erik navarro. "Novo código de processo civil x sistema processual civil de nulidades. xeque-mate?". *Revista de Processo*. vol. 250 (dez. 2015), pp. 35 - 60.

WOLKART, Erik Navarro. *Análise econômica do processo*: como a economia, o Direito e a psicologia podem vencer a tragédia da justiça. São Paulo: Thomson Reuters Brasil, 2019.

YARSHELL, Flávio Luiz. *Curso de direito processual civil*. São Paulo: Marcial Pons, 2014, v. 1.

Capítulo 10
Spread Bancário e *Enforcement* Contratual: Hipótese de Causalidade Reversa e Evidência Empírica

Bruno Meyerhof Salama

1. Delineamento da Hipótese

Uma extensa literatura documenta a proposição de que uma parcela entre, aproximadamente, 1/4 e 1/3 do alto *spread* bancário no Brasil, corresponda ao custo de inadimplência na oferta do crédito. O problema do alto custo da inadimplência tem sido atribuído principalmente à baixa efetividade dos mecanismos judiciais para a exigibilidade do crédito bancário, que eleva o prêmio de risco embutido na taxa de juros cobrada do tomador. Essa dificuldade na exigibilidade do crédito é frequentemente referida sob a rubrica do baixo nível de *enforcement*, termo usual na literatura internacional em economia dos contratos. Praticamente todos os estudiosos do mercado de crédito brasileiro concordam, então, que o baixo nível de *enforcement* dos contratos e garantias é uma causa importante do alto *spread* bancário no Brasil.

O presente trabalho apresenta uma hipótese de causalidade reversa, a saber, a de que o alto *spread* seja causador do baixo *enforcement*. A proposição é a de que haja duas dinâmicas na relação entre *enforcement* e *spread* bancário que se retroalimentam. De um lado, o baixo nível de *enforcement* causa aumento do *spread*. Mas de outro, em um *feedback loop*, o alto *spread* também induz o baixo nível de *enforcement*.[1]

---

[1] Uma variação dessa hipótese pode ser articulada assim: a elevação da taxa de juros reduz a propensão do Poder Judiciário a dar o *enforcement* do contrato. Um corolário

A primeira relação causal vem sendo minudentemente debatida na literatura; a segunda, até onde pude pesquisar, nunca foi formulada.² Dela me ocupo neste trabalho.

A intuição básica da hipótese de causalidade reversa aqui formulada é a de que os juízes se sentem cada vez menos confortáveis em dar o *enforcement* conforme a taxa de juros do contrato se eleva. Por exemplo, o juiz está mais propenso a mandar pagar rigorosamente o que está previsto em contrato quando a taxa de juros estipulada é de 12% ao ano do que quando é de 12% ao mês. Em outras palavras, a hipótese de causalidade reversa é a de que, quando se discute em juízo a validade de um contrato de financiamento, os integrantes do Poder Judiciário têm maior propensão a julgar favoravelmente aos devedores conforme aumenta a taxa de juros do contrato.

Implícita nesta construção está uma hipótese sobre as preferências dos juízes. Trata-se especificamente de um gosto (*taste*) por juros contratuais mais baixos, em oposição a juros mais altos. Não se trata, portanto, de uma preferência por um tipo de parte do contrato (devedores ou credores; fortes ou fracos; gregos ou troianos), mas de uma preferência por uma característica do próprio contrato.

2. Revisão da Literatura³

2.1. O Problema dos *Spreads* Bancários no Brasil

Os *spreads* bancários são altos em toda a América Latina (GELOS, 2006), mas o problema parece ser particularmente agudo no Brasil (BANCO MUNDIAL, 2006). Os dados mais recentes

---

dessa hipótese é o de que, *ceteris paribus*, uma elevação do *spread* reduziria o nível de *enforcement* contratual. Nesse caso, a causalidade reversa não decorreria da hipótese central, mas de seu corolário. Para os presentes fins, tanto a hipótese original quanto esta variação encaminham as mesmas implicações e conclusões.

² Exceto de maneira indireta em Salama (2012).
³ Atualizada apenas até 2017.

disponibilizados pelo Banco Mundial, definindo *spread*s como taxa de empréstimo menos taxa de remuneração do depositante (*lending rate minus deposit rate, %*), colocam o Brasil na nada honrosa posição de terceiro país com maiores taxas de intermediação do mundo, atrás apenas de Madagascar e Maláui (BANCO MUNDIAL, 2015). O problema não é novo e os dados mostram que o Brasil é um *outlier* na comparação internacional, desde pelo menos a década de 1990 (ARONOVICH, 1994; AFANASIEFF *et al.*, 2002).

A gravidade do problema ensejou o surgimento de uma extensa literatura buscando identificar suas causas. Paula e Oreiro (2007), Ono *et al.* (2004), Oliveira e Carvalho (2007) e Manhiça e Jorge (2012) encontram evidências de que a política monetária rígida adotada no Brasil cause elevação dos *spreads* bancários. Os canais de transmissão seriam o aumento da incerteza quanto a necessidade de refinanciamento pelos bancos, o potencial aumento nos níveis de inadimplência, o aumento na volatilidade das taxas de juros, o aumento de aversão ao risco pelos bancos e a existência de uma relação de longo prazo entre o risco de taxa de juros e o risco de crédito.

A maior parte da pesquisa sobre os *spreads* bancários, no entanto, tem se dedicado a identificar e mensurar suas causas microeconômicas e institucionais. Um dos aspectos estudados é o das margens dos bancos, que têm sido relativamente elevadas, e o nível de competição no mercado bancário brasileiro (BELAISCH, 2003; FMI, 2012). Lucinda (2010) encontrou evidência de colusão e Alencar (2011) encontrou evidência de que a consolidação no setor bancário impactou o nível de *spreads*, mas Nakane e Rocha (2010) concluíram haver razoável nível de competição no mercado bancário brasileiro. Barbosa *et al.* (2015) e Cardoso *et al.* (2016), no entanto, alertaram para a existência de viés de superestimação da intensidade de concorrência bancária. Alencar *et al.* (2017) concluíram que a falta de competição no mercado bancário diminui o potencial de redução de *spread* bancário, que é propiciado por reformas que melhoram os níveis de *enforcement* contratual.

Estudo do Banco Central do Brasil (BCB) de 1999 buscou identificar os componentes dos *spreads* bancários no período entre maio e julho daquele ano, e concluiu que 35% do *spread* era resultado da inadimplência. O restante seria atribuível ao *mark-up* entre custo de captação e custo de aplicação: despesas administrativas (22%), IR/CSLL (11%), impostos indiretos (14%) e lucro líquido (18%). Nos anos seguintes, o BCB foi refinando a análise da composição do *spread*, separando, inclusive, empréstimos a pessoas físicas e jurídicas, e analisando diferentes tipos de produtos financeiros (BANCO CENTRAL DO BRASIL, 1999; 2000; 2001; 2002; 2003; 2004).

Os dados foram mudando conforme a metodologia ia se sofisticando. O relatório do BCB de 2004 já indicava o custo administrativo como o fator mais relevante (26.37%), seguido da "cunha tributária" (20,81%), inadimplência (19,98%), custo do compulsório (5,04%) e custo do FGC (0,24%). Havia também uma variável de "resíduo" (27,56%), uma parcela não resolvida na composição do *spread* que decorreria da existência de subsídios cruzados em operações de crédito direcionado. Em 2008, a metodologia de cálculo passou a isolar a parcela referente aos subsídios cruzados decorrentes da concessão de crédito direcionado, e introduziu outros aperfeiçoamentos na mensuração dos efeitos dos recolhimentos compulsórios e dos impostos indiretos sobre o *spread* (KOYAMA *et al.*, 2008).

O mais recente relatório disponibilizado pelo BCB (2014) é ainda mais pormenorizado na decomposição do *spread*, traçando também distinções entre crédito direcionado e livre, clientes preferenciais e demais clientes, e bancos privados e públicos. A tabela que compara a evolução do *spread* decomposto no período entre 2007-2014 mostra a margem líquida dos bancos oscilando em torno de 35% do *spread*, e o custo de inadimplência se estabilizando em torno de 25% do *spread* (p. 42). A divulgação desses números pelo BCB e o eterno dilema dos juros altos no Brasil foram com o tempo impulsionando o surgimento de um conjunto de estudos focados em analisar as causas da alta inadimplência na composição das taxas de *spread*.

2.2. A "Ineficiência Judicial": Instituições Formais e Informais

É justamente na discussão das causas do custo de inadimplência na composição das taxas de *spread* que o debate econômico encontra a discussão sobre as instituições jurídicas e judiciais brasileiras. Iniciando com Pinheiro (1996), e logo adiante com Aith (1998), Pinheiro e Cabral (1998), Laeven e Majoni (2003), a literatura passou a enxergar na "ineficiência judicial" – morosidade, custos, parcialidade e imprevisibilidade – um fator limitante à redução do *spread* para padrões internacionais, à expansão do crédito e ao crescimento econômico. A hipótese é intuitiva: quanto menor a probabilidade de *enforcement* do pacto contratual, maior o prêmio de risco para compensar o custo esperado da inadimplência.

Essa hipótese foi testada e confirmada por diversos levantamentos empíricos (BANCO CENTRAL DO BRASIL, 2004; 2005). Há hoje boa evidência de que a melhoria de alguns mecanismos de execução de garantias tenha causado significativa redução nas taxas de juros de certas modalidades de financiamentos e que tenha permitido a expansão do crédito. Exemplos já clássicos incluem a criação do *crédito consignado* (em que pensões e outros pagamentos pelo Estado para os tomadores são automaticamente debitados em favor do banco financiador em caso de inadimplemento do tomador) e da alienação fiduciária de imóvel (que agilizou a retomada e venda de habitações financiadas).

Há, ainda, alguma evidência preliminar de que a edição de uma nova legislação falimentar em 2005 tenha causado ampliação no crédito de longo prazo para as empresas (ARAUJO *et al.*, 2012; PONTICELLI; ALENCAR, 2013), se bem que o estudo mais recente (BARBOSA *et al.*, 2016) tenha concluído que a nova legislação falimentar não foi eficaz no sentido de diminuir as taxas de inadimplência das pessoas jurídicas nem o *spread* bancário. Apesar disso, o senso comum dessa literatura sobre instituições jurídicas e crédito segue sendo o de que, quando o *enforcement* melhora, a tendência é para a queda dos juros e para o aumento da oferta de crédito.

O reconhecimento pela literatura de que a ineficiência judicial estaria a impulsionar o aumento dos níveis de *spread* conduziu a pesquisa, então, à discussão das suas causas. Aqui, a literatura parece enveredar por dois caminhos distintos. O primeiro associa a ineficiência judicial aos mecanismos burocráticos e procedimentais que tornam o processo lento, a execução de garantias difícil, inclusive durante a falência, e a circulação de informação entre agentes truncada. Com North (1991), podemos chamar esses de mecanismos *formais*, porque sua mudança depende da edição de leis e da implantação de reformas burocráticas.

A busca pelo aprimoramento desses mecanismos *formais* — a implantação do que às vezes se chama de *infraestrutura jurídica*[4] — tem sido uma preocupação constante do governo brasileiro. Relatório do BCB (2004) detalhou as medidas tomadas, que incluíram a criação de diversos mecanismos legais voltados a acelerar a circulação de informações sobre prestadores e tomadores e, especialmente, de mecanismos voltados a apressar e assegurar a execução de garantias. Daí a criação da Cédula de Crédito Bancário, da alienação fiduciária de bens imóveis, do crédito consignado, a reforma da Lei de Falências e a reforma do Código de Processo Civil, dentre diversas outras iniciativas.

Há ainda uma segunda causa a que parcela da literatura econômica atribui o problema da ineficiência judicial. Trata-se, ainda com North (1991), de instituições informais, isto é, das restrições ligadas a modelos mentais como tabus, costumes, tradições e códigos de conduta. Em particular, trata-se aqui do sistema de crenças dos membros do Poder Judiciário. O diagnóstico se prende, então, não aos incentivos que exsurgem das regras previstas em alguma lei específica, mas das *mentalidades* das pessoas, particularmente dos integrantes do Poder Judiciário.

2.3. A Hipótese do Viés Anticredor

A manifestação mais influente na literatura econômica dessa descrição da crença dos julgadores, que impulsionaria o aumento dos *spreads,* pode ser localizada na hipótese da existência de um "viés anticredor". Tal hipótese sugere que o Poder Judiciário brasileiro tenha preferência por proteger devedores e que, ao fazê-lo, acabe gerando o aumento de *spread* como um efeito de segunda ordem.

O primeiro a defender esta hipótese no contexto da discussão dos *spreads* bancários parece ter sido Pinheiro (1996; 1998). A ideia é bem resumida em trabalho de 2003 (pp. 29-30), nos seguintes termos:

> A *não neutralidade do magistrado significa que ele se alinha claramente com os segmentos sociais menos privilegiados da população*: entre o inquilino e o senhorio, ele se inclina a favor do primeiro; entre o banco e o devedor, ele tende a ficar com o último, e assim por diante. Isso faz com que, nos casos em que essa não neutralidade é clara e sistemática, os segmentos menos privilegiados sejam particularmente penalizados com prêmios de risco (isto é, preços) mais altos. [...] O *banco cobrará um spread mais alto pelo maior risco de inadimplência,* o investidor exigirá um retorno mais alto para compensar o risco de expropriação, o empregador exigirá pagar um salário mais baixo para cobrir o risco de ser acionado na Justiça do Trabalho. E, por essa lógica, como os agentes se adaptam, quanto menos privilegiado for o grupo social, e maior o "risco" de receber proteção, maior tenderá a ser a discriminação. [...] *Isso significa que são exatamente as partes que o magistrado buscava proteger que se tornam as mais prejudicadas por essa não neutralidade.* (PINHEIRO, 2003, pp. 29-30) (grifei)

Diversos trabalhos baseados em questionários parecem ter sido importantes para motivar a hipótese de viés anticredor acima formulada. Em um questionário organizado por Sadek (1995), aproximadamente 1/3 dos entrevistados indicava preferir o compromisso com a "justiça social" à estrita aplicação da lei. Em dois estudos do Instituto de Estudos Econômicos, Sociais e Políticos de São Paulo (Idesp) (mencionados em PINHEIRO, 1998) a respeito da performance do Judiciário em diferentes estados, os respondentes indicaram ser a "parcialidade" um dos graves problemas do sistema judicial brasileiro.

Também bastante citada é uma pesquisa de Vianna *et al.* (1996), em que 83% dos 3.927 magistrados entrevistados concordaram com a assertiva de que "o Poder Judiciário não é neutro, e que em suas decisões o magistrado deve interpretar a lei no sentido de aproximá--las dos processos sociais substantivos e, assim, influir na mudança social". No mesmo estudo, 26% dos entrevistados se identificavam fortemente com a proposição de que "a magistratura que, por definição, não está comprometida com a representação de interesses, deve exercer um papel ativo no sentido de reduzir as desigualdades entre regiões, indivíduos e grupos sociais".

Há ainda um estudo conduzido por Lamounier e Souza (2002) concluindo que os membros do Poder Judiciário dão menos valor ao cumprimento dos contratos do que outros grupos integrantes da "elite" brasileira. Em outro estudo referido em Pinheiro (2003, p. 25), foi perguntado se os juízes, levados a optar entre duas posições extremas, escolheriam entre (i) respeitar sempre os contratos, independentemente de suas repercussões sociais, ou (ii) tomar decisões que violem contratos na busca da justiça social, sendo que 73,1% optaram pela alternativa (i).

Para a motivação da hipótese do viés anticredor são comuns também referências a entrevistas com advogados e a observação de que o mercado de crédito seria particularmente sensível à qualidade do Poder Judiciário (*e.g.* PINHEIRO; CABRAL, 2001). Todo esse conjunto de levantamentos contribuiriam para a proposição da "não neutralidade do magistrado, que dá origem a decisões viesadas ou com pouca previsibilidade [...] [um problema econômico] tão importante quanto a morosidade [do Judiciário]" (PINHEIRO, 2003, p. 46).

A hipótese do viés anticredor foi com o tempo ganhando força na literatura econômica. O próprio BCB (2004, p. 43), no seu balanço sobre o conjunto de atividades voltadas à redução do *spread* no começo da década de 2000, falava da importância das iniciativas de "conscientização de juízes", tudo para "realizar um esforço [...] para mostrar que as decisões que beneficiam um tomador de empréstimo específico têm repercussões amplas, que podem prejudicar os tomadores de empréstimos como um todo" (BANCO CENTRAL DO BRASIL, 2004, p. 43).

2.4. A Hipótese da Incerteza Jurisdicional

Uma das mais influentes formulações utilizando a hipótese do viés anticredor coube a Arida *et al.* (2005). Para esses autores, a "incerteza jurisdicional" seria, ao lado da inconversibilidade da moeda brasileira, a principal razão para o não florescimento do mercado de crédito de longo prazo no Brasil. A lógica do argumento foi a de que, para explicar a persistência do alto custo do capital no Brasil, teria que haver alguma distorção de natureza permanente, porque as hipóteses até então existentes na literatura[5] – equilíbrio macroeconômico subótimo, insuficiência de ajuste fiscal ou sequência de choques negativos – não explicavam adequadamente a persistência do alto custo do dinheiro no país.

Em particular, a rigidez da política monetária brasileira seria compreensível sob o regime de câmbio fixo que prevalecera até 1999, mas sua permanência após a flutuação do câmbio continuaria ainda sem explicação. A conjectura dos autores foi, assim, a de que distorção seria e enorme dificuldade para o *enforcement* de contratos. Confira-se:

> It is an uncertainty of a diffuse character that permeates the decisions of the executive, legislative, and judiciary and manifests itself predominantly as an anti-saver and anti-creditor bias. *The*

---

[5] Com o tempo, diversas outras formulações foram apresentadas para explicar a persistência da política monetária rígida no Brasil. Uma boa revisão dessa literatura pode ser encontrada em Barboza (2015).

> *bias is not against the act of saving but against the financial deployment of savings, the attempt to an intertemporal transfer of resources through financial instruments that are, in the last analysis, credit instruments* (ARIDA et al., 2005, p. 270) (grifei).

Como justificativa para essa conjectura, Arida, Bacha e Lara Rezende (2005) indicaram a existência de um mercado de títulos de longo prazo para devedores brasileiros apenas no exterior, mas não dentro do Brasil. Tal risco seria materializado pela edição de leis que dificultavam a exigibilidade de créditos e, ademais, pela frequente ocorrência de "atos do príncipe" – ações de governo que reduzem unilateralmente o valor de contratos, como revisões e calotes – e, ainda, pela dificuldade de dar cumprimento perante o Poder Judiciário desses mesmos contratos. Dito de forma simples, isso quer dizer que o Poder Judiciário atuaria sistematicamente de maneira contrária aos credores não apenas por conta dos seus mecanismos formais, mas também por conta do viés de seus integrantes.

Nessa linha, a mudança do viés poderia ser traçada, ainda, ao próprio padrão interpretativo do Direito que se gestava no Poder Judiciário a partir da edição da Constituição de 1988. Esse argumento, levantado anteriormente em Pinheiro e Cabral (2001, p. 17), é defendido por Arida *et al.*:

> *Jurisdictional uncertainty worsened after the 1988 Constitution introduced the possibility of changes in the interpretative emphasis between conflicting constitutional principles, particularly the subordination of private property to its social function. The Constitution of 1988 is a striking example of how the paternalistic attempt to substitute the government for the market in the allocation of long-term resources aggravates jurisdictional uncertainty.* (ARIDA et al., 2005, p. 272).

O grande indício da existência de um problema de incerteza jurisdicional particularmente grande no Brasil estaria, então, na existência de mercado de títulos de longo prazo para devedores brasileiros apenas fora, mas não dentro, do Brasil. De resto, a fundamentação de Arida *et al.* pouco diferiu do que já se vinha mencionando em trabalhos anteriores. Assim, o texto formulador da hipótese de incerteza jurisdicional referiu novamente o questionário de Lamounier e Souza (2002) e mencionou um estudo de Amadeo e Camargo (1996) que retratara a parcialidade da Justiça do Trabalho – cuja versão inicial, aliás, já houvera sido mencionada no trabalho seminal de Pinheiro e Cabral (1998). Também não faltaram evidências anedóticas, como observam Arida *et al.*:

> *The bias is transparent in the negative social connotation of figures associated to the moneylender – 'financial capital' by opposition to "productive capital", "banker" as opposed to "entrepreneur". The debtor is viewed on a socially positive form, as an entity that generates jobs and wealth or appeals to the bank to cope with adverse life conditions. This bias may be observed more or less everywhere, but it is particularly acute in Brazil, probably because of the deep social differences and the high levels of income concentration in the country. Cultural and historical factors could also have facilitated the dissemination of this anti-creditor bias.* (ARIDA *et al.*, 2005, p. 271).

2.5. Viés e Empiria

Yeung e Azevedo (2015) procuraram testar de forma rigorosa a hipótese de favorecimento sistemático do Judiciário aos devedores nas relações contratuais. O trabalho partiu de uma base de 1.687 decisões do Superior Tribunal de Justiça (STJ) entre os anos de 1998 e 2008. Foram extraídas variáveis sobre o tipo de recorrido ou recorrente, ou seja, se a parte era pessoa jurídica, pessoa física ou instituição financeira, e tipo de dívida. Os resultados mostraram que não há viés explícito pró-devedor (que poderia ser identificado apenas nas estatísticas descritivas).

Em novo teste, Yeung *et al.* (2012) concluíram pela inexistência de viés pró-devedor no STJ. Esses resultados são consistentes com trabalhos anteriores de Ferrão e Ribeiro (2007) e Ribeiro (2007), em que se testava a manutenção em juízo de cláusulas contratuais tidas por pró-devedor, e se concluía pela existência de viés pró--devedor (e não pró-credor). A tônica desses estudos, no entanto, foi testar a existência de viés pró-credor a partir das decisões judiciais da seguinte maneira: mais decisões pró-credor do que devedor sugeririam viés pró-credor, e vice-versa. Pode haver, entretanto, um viés de seleção nessa metodologia.

É que nas disputas contratuais existem dois grupos, o das disputas que são decididas judicialmente e o das disputas em que se chega a um acordo. Priest e Klein (1984) mostraram, no entanto, que há uma diferença sistemática entre o grupo das disputas judicializadas e o grupo das disputas não judicializadas. O motivo é que, antes de entrarem em juízo, as partes consideram as chances de vencer a disputa. Por isso, haveria uma tendência para que as decisões judiciais convergissem para um padrão de 50-50 na solução de temas controversos.

Voltando ao caso brasileiro, isso quer dizer o seguinte. Como empresas, indivíduos e bancos têm custos diferentes para acessar o STJ, as decisões analisadas por Yeung *et al.* (2012) e Yeung e Azevedo (2015) podem não ser amostras representativas de cada um desses grupos. Por exemplo se os credores antecipam perder, deixam de entrar em juízo, o que faz com que o grupo de devedores passe, em média, a vencer menos ações. Em equilíbrio, a tendência é que os juízes decidam 50-50. As variações em torno desse patamar decorreriam, então, de assimetria de informação ou diferenças no custo de acesso. Assim pode haver viés pró-devedor ou pró-credor mesmo se as decisões judiciais forem precisamente 50-50. Essa observação é consistente com alguns levantamentos empíricos realizados no judiciário brasileiro (*e.g.* NUNES; TRECENTI, 2015).

Diante dessa dificuldade, Yeung e Azevedo (2015) discutem em seu trabalho correlações condicionais. Vale citar:

> As estimações das probabilidades condicionais indicam que o tipo de recorrente ou recorrido tem impactos sobre o resultado da decisão e também sobre a probabilidade da decisão estadual ser revertida pelo STJ. Em alguns casos, diferentemente do que argumentam ABL (2005) [ARIDA; BACHA; LARA REZENDE, 2005, *supra*], a

> decisão dos Ministros tende a favorecer o credor, principalmente nos casos de dívidas comerciais, quando instituições financeiras são as recorrentes, e quando firmas (pessoas jurídicas) são a parte recorrida. Este resultado merece especial atenção, uma vez que ABL (2005) imputam ao alegado viés pró-devedor a atrofia do mercado de crédito de longo prazo no Brasil. O que se nota, contudo, é que justamente nas dívidas comerciais – aquelas relacionadas a investimentos – a tendência do STJ é favorecer o credor, na comparação com os demais tipos de dívida. Não há, portanto, elementos nos dados para sustentar a proposição de que há um viés de decisão no judiciário cujo efeito seja prejudicar o mercado de crédito para investimentos. (YEUNG; AZEVEDO, 2015, p. 17).

De qualquer forma, a ideia de um viés anticredor por parte do Poder Judiciário segue sendo influente nos círculos de *policy* (*e.g.* BANCO MUNDIAL, 2006). Por outro lado, o viés segue sendo tratado basicamente como uma restrição exógena. Tal qual a origem dos sistemas jurídicos (*Common Law* vs. *Civil Law*, na literatura de *law and finance* popularizada por LA PORTA *et al.*, 1998), supõe-se que o viés exista por fazer parte do sistema de crenças dos integrantes do Poder Judiciário, que é uma consideração não explicável economicamente. A hipótese de causalidade reversa aqui formulada pode, assim, ser enxergada como uma explicação alternativa à própria discussão de viés.

3. Levantamento Empírico[6]

Com o auxílio de *text mining* foram examinadas decisões judiciais em que os devedores questionavam a validade das taxas de juros pactuadas em financiamentos de automóveis com alienação fiduciária.

---

[6] Realizado com o auxílio do cientista da computação Danilo Carlotti e com dados gentilmente coletados e compartilhados por Thomas Junqueira e Ricardo Cabral da *Digesto Pesquisa e Banco de Dados*.

Os resultados indicam a existência de correlação entre aumento da taxa de juros e vitórias judiciais dos devedores, o que é consistente com a hipótese de causalidade reversa motivadora deste trabalho. Essa correlação sugere que o Poder Judiciário delibere sobre a substância da contratação e que, conforme a taxa de juros do contrato de financiamento cresça, torne-se mais propenso a julgar em favor dos devedores.

3.1. Metodologia

O *text mining* é um processo computacional de obtenção de informação de alta qualidade a partir de textos. Um software foi programado para ler milhares de decisões disponíveis *online* usando um algoritmo de classificação das sentenças a partir de uma variação da técnica *Term Based Method*. A linguagem de programação foi *Python*, sendo que a principal biblioteca utilizada para processamento dos dados foi a *Natural Language Toolkit* (NLTK).

Os textos foram classificados a partir da existência, ou não, de termos específicos das seções relevantes do universo de sentenças pesquisado. Procuramos, por exemplo, as sentenças em que aparecia a palavra *banco* na seção em que são descritos os réus. Ainda, para localizar as sentenças em que a taxa de juros era apresentada expressamente, foram selecionados somente as sentenças que continham os termos *juros* e o símbolo %. A palavra *sentença* foi encontrada em alguns milhares de textos em determinado local do cabeçalho, identificado após o uso da técnica chamada de *parsing of the texts*. Ao fim do levantamento, realizamos diversos testes de conferência manual para checar a consistência do levantamento realizado pelo software.

Para organizar os dados referentes à taxa de juros do contrato, foram realizadas duas manipulações. Primeiro, todas as taxas de juros foram normalizadas para indicar sempre uma taxa mensal. Segundo, foi necessário consolidar em uma única taxa as situações em que as sentenças judiciais tratavam separadamente dois "tipos" de juros no contrato. É que a legislação e a jurisprudência reconhecem uma distinção entre os juros *remuneratórios* (cobrados a partir do momento da concessão do financiamento) e os juros *moratórios* (cobrados após a mora, isto é, o inadimplemento do devedor). Cada um desses "tipos" de juros costuma ser discutido judicialmente em separado. Não há aqui como resumir todo o debate sobre o tema, nem isso é necessário.

O importante é apontar que em contratos com consumidores, como aqueles objeto desta pesquisa, geralmente acontece o seguinte. Antes da mora, são cobrados juros remuneratórios. Após a mora, esses juros remuneratórios continuam a ser cobrados, mas a eles são acrescidos juros moratórios (geralmente limitados a 1% ao mês, com capitalização mensal ou diária). Assim, para consolidar tudo em uma única taxa, optamos por (i) no caso de disputa antes da mora, simplesmente indicar os juros remuneratórios; ou, (ii) no caso de disputa judicial após a mora, somar os juros remuneratórios e os juros moratórios (por exemplo, se o contrato previa uma taxa de juros de 3% ao mês e cobrava-se uma taxa de juros moratórios de 2% ao mês, a taxa de juros do contrato foi indicada como sendo de 5% ao mês).

A pesquisa foi limitada às sentenças de primeiro grau proferidas no Estado de São Paulo, estado com maior quantidade de ações judiciais do país. A escolha de São Paulo também se justifica porque, ao contrário da maioria dos outros estados, desde 2014 todas as sentenças paulistas estão disponíveis online, o que facilitou o acesso aos dados. A classificação dos processos resultou em um *pool* de textos que foram, posteriormente, lidos para que as informações finais fossem extraídas manualmente.

A pesquisa original nos levou a 11.000 decisões.[7] Deste universo original, apenas mantivemos as decisões que preenchiam os seguintes critérios: (i) o devedor era o autor da ação; (ii) o banco era o réu; (iii) a taxa de juros do contrato era expressamente informada na sentença judicial; e (iv) o devedor estava especificamente questionando judicialmente a legalidade da taxa de juros do contrato (ou dos juros moratórios, ou dos juros remuneratórios, ou de ambos, como é mais comum).

---

[7] Coincidentemente, um número redondo.

3.2. Resultados

Foram encontradas 888 ações judiciais que atendiam aos critérios da pesquisa. As ações foram então separadas em dois grupos: *rejeitadas* (em que o juiz mantinha a legalidade das taxas de juros pactuadas) e *aceitas* (em que o juiz reduzia a taxa de juros contratada). 862 ações foram rejeitadas e 26 foram aceitas. A taxa de juros média das ações rejeitadas foi de 1.936454% ao mês (com 0.5155% de desvio padrão). A taxa de juros média das ações aceitas foi de 11.66739% ao mês (5.949813% de desvio padrão). Esses resultados estão ilustrados nas Figuras 1, 2 e 3 a seguir.

Tabela 1

Taxa de juros do contrato e decisões judiciais

Taxa de juros mensal	Aceitas (pró-devedor)	Rejeitadas (pró-credor)	% de ações Aceitas (pró-devedor)
Menos de 3%	0	837	0%
3-4%	6	23	21%
4-7%	3	2	60%
Mais de 7%	17	0	100%

Fonte: Elaboração própria.

Figura 1

Dispersão das taxas de juros das ações aceitas (número de ações x taxa de juros)

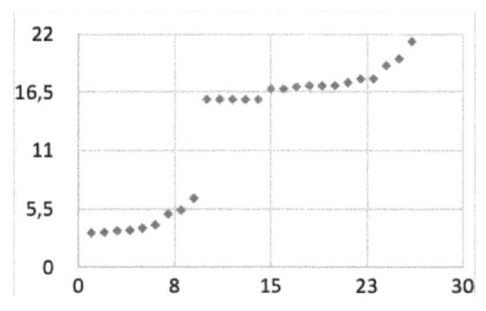

Fonte: Elaboração própria.

Figura 2

Dispersão das taxas de juros das ações rejeitadas (número de ações x taxa de juros)

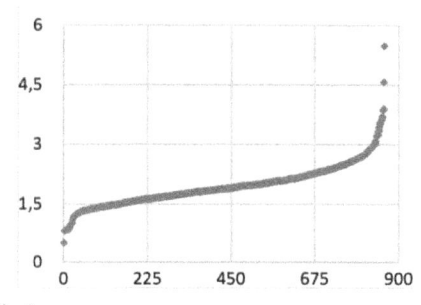

Fonte: Elaboração própria.

3.3. Discussão dos Resultados

Durante o período selecionado a inflação foi de aproximadamente 0,5% ao mês e a taxa Selic esteve em aproximadamente 1% ao mês. Os resultados obtidos são, portanto, consistentes com a observação largamente documentada de que os *spreads* bancários são elevados no Brasil.

Não deixa de ser curioso termos conseguido obter tantas decisões mesmo após a aplicação de tantos filtros. A explicação mais plausível é a de que as cortes brasileiras sejam de fato bastante receptivas aos reclames de devedores em financiamentos de modo geral (se isso ocorre por simpatia a devedores, como se costuma acreditar, ou por antipatia à taxa de juros do contrato, como aqui sugerimos, é justamente o tema suscitado neste trabalho).

Os dados mais recentes divulgados pelo Conselho Nacional de Justiça (CNJ) apontam que as instituições financeiras eram, em 2011, as maiores litigantes privadas do Brasil, estando envolvidas em 12,95% de todos os novos processos judiciais na Justiça Estadual, e em 14,7% de todos aqueles levados perante os Juizados

Especiais Estaduais[8] entre 1º de janeiro de 2011 e 31 de outubro de 2011.[9] Nos tribunais federais, a situação era apenas ligeiramente melhor, estando os bancos públicos envolvidos em 9,6% de todas as ações judiciais iniciadas no período destacado. Embora os temas litigados sejam muito variados, englobando inclusive numerosas ações sobre tarifas e perdas inflacionárias,[10] a questão mais comumente debatida tem sido a taxa de juros cobrada pelos bancos nas operações de crédito. Como se vê, há hoje no Brasil uma superlitigância envolvendo o crédito bancário (SALAMA, 2016).

Outro ponto a se notar é o de que há três "zonas" distintas nas decisões judiciais: aquela em que as taxas de juros são sempre aceitas; aquela em que são sempre rejeitadas e uma zona intermediária em que há decisões para os dois lados. Isso se explica, aparentemente, pela conjugação de dois fatores. De um lado, a jurisprudência entende de modo unívoco que juros *abusivos* podem ser revisados pelas cortes. De outro, prevalece no Poder Judiciário a orientação de que a abusividade somente pode ser aferida no caso concreto, e não com base em um critério geral.

Essa falta de clareza de critérios para além do parâmetro geral da abusividade fica clara quando se analisa as decisões do STJ, tribunal responsável por unificar os entendimentos acerca da legislação infraconstitucional do país. Para ilustrar, no REsp 1.061.530/RS de 2010

---

[8] Os juizados especiais no Brasil só podem julgar casos cujo valor envolvido seja igual ou inferior a quarenta salários mínimos.

[9] A pesquisa não inclui casos criminais, eleitorais e militares, bem como casos instaurados pelo Ministério Público. Ver CONSELHO NACIONAL DE JUSTIÇA. *100 maiores litigantes 2011*. Brasil: Conselho Nacional de Justiça, 2012. Disponível em: <https://www.cnj.jus.br/wp-content/uploads/2011/02/100_maiores_litigantes.pdf>. Acesso em: 07/07/2020).

[10] Em 2014 os contratos bancários em relações de consumo relativos a empréstimos consignados, expurgos inflacionários, planos econômicos e tarifas, figuravam como o 20º assunto mais demandado dentre todos os processos iniciados perante a Justiça Estadual naquele ano, e como 17º dentre as demandas levadas aos Juizados Especiais Estaduais no mesmo período. *Cf.* CONSELHO NACIONAL DE JUSTIÇA. *Justiça em números 2015*. Brasil: Conselho Nacional de Justiça, 2015, pp. 98-100.

– um celebrado *leading case* do STJ sobre revisão judicial da taxa de juros em contratos bancários – a ministra relatora Nancy Andrighi indica que "a perquirição acerca da abusividade [da taxa de juros do contrato] não é estanque, o que impossibilita a adoção de critérios genéricos e universais".

É bem verdade que, no referido julgamento, a ministra Nancy Andrighi procura encontrar elementos para a atuação do judiciário. Em particular, "a taxa média de mercado, divulgada pelo Banco Central, constitui um valioso referencial [para a aferição da abusividade]". Assim, em seu voto são indicados precedentes em que o STJ considera abusivas taxas superiores a uma vez e meia (voto proferido pelo ministro Ari Pargendler no REsp 271.214/RS, Rel. p. Acórdão Min. Menezes Direito, DJ de 04.08.2003), ao dobro (REsp 1.036.818, Terceira Turma, Nancy Andrighi, DJ de 20.06.2008) ou ao triplo (REsp 971.853/RS, Quarta Turma, ministro Pádua Ribeiro, DJ de 24.09.2007) da "média de mercado". Ao mesmo tempo, insiste a ministra Andrighi, "cabe somente ao juiz, no exame das peculiaridades do caso concreto, avaliar se os juros contratados foram ou não abusivos". Não fica claro, no entanto, em que caso cada parâmetro (uma vez e meia, o dobro ou o triplo) deve ser usado.

É preciso notar, de qualquer forma, que a pesquisa realizada tratou de precedentes de juízes de primeira instância no Estado de São Paulo, mas nada garante que tais precedentes sigam fielmente os ditames do STJ, nem que em outros estados haja o mesmo padrão. Essa observação encontra fundamento, por exemplo, no trabalho de Yeung e Azevedo (2015) que, analisando contratos comerciais de diversos tipos, chegaram ao surpreendente resultado de que 54,3% das decisões do STJ analisadas reformavam decisões dos tribunais estaduais. Este é, aliás, indício de que o problema de insegurança jurídica seja particularmente grave no Brasil.

Um ponto adicional é o de que para se chegar aos resultados desta pesquisa não foi necessário recorrer à análise pormenorizada da fundamentação jurídica empregada pelos magistrados (isto é, não precisamos catalogar as "razões de decidir" das sentenças). A ideia foi ater-se às preferências reveladas (nas decisões), e não às preferências declaradas (na fundamentação).

Um comentário importante acerca da fundamentação das decisões pesquisadas, no entanto, é o de que não encontramos decisão em que o juiz tenha dito que não compete ao Poder Judiciário perquirir sobre a abusividade de taxas de juros. Mesmo os votos contrários ao tabelamento pelo Poder Judiciário da taxa de juros, ainda assim costumam conter a ressalva de que a abusividade deve ser analisada no caso concreto. Trata-se, a meu ver, de implicação da *vedação ao abuso de direito*, uma categoria dita "dogmática" (porque criada pela "doutrina") que permeia o pensar jurídico de modo, em parte, independente do texto das leis.[11] Isso nos conduz de volta ao problema das *mentalidades*.

Por fim, cabe notar que aqui foi testada apenas a existência de correlação e a inferência de causalidade requereria a realização de testes econométricos mais complexos. Por isso, não se pode descartar a possibilidade de que variáveis omitidas estejam determinando esses resultados (por exemplo, as ações rejeitadas podem se referir a devedores mais pobres ou com pior histórico de crédito, etc.). Tampouco se pode descartar a possibilidade de viés de seleção porque aqui selecionamos apenas decisões em que o devedor era o autor da ação, e com isso deixamos de fora o universo de ações de cobrança ajuizadas pelos bancos contra os devedores. Ainda assim, tudo leva a crer que a razão principal para a aceitação de pedidos de redução/revisão contratual seja realmente a de que os juízes considerem as taxas de juros dos contratos analisados como "abusivas".

---

[11] Se bem que a vedação ao abuso de direito atualmente no Brasil decorre de lei. *Cf.* art. 187 do Código Civil: "Também comete ato ilícito o titular de um direito que, ao exercê-lo, excede manifestamente os limites impostos pelo seu fim econômico ou social, pela boa-fé ou pelos bons costumes".

Conclusão

No Brasil é comum os devedores contestarem a taxa de juros dos contratos. Este estudo enfocou os litígios envolvendo o financiamento de automóveis sob alienação fiduciária no Estado de São Paulo. Os dados mostraram que a maioria dos pleitos judiciais visando à redução das taxas de juros é rejeitada, porém uma parcela não desprezível é aceita. Além disso, a proporção de casos aceitos aumenta conforme aumentam as taxas de juros do contrato em disputa. Esses resultados são consistentes com a hipótese de que conforme os juros aumentam há uma tendência à maior incidência de vitórias dos devedores.

Referências

AFANASIEFF, Tarsila Sagalla; LHACER, Priscilla Maria Villa; NAKANE, Márcio. "The Determinants of Bank Interest Spread in Brazil". *Banco Central do Brasil Working Paper Series*, nº 46, 2002.

AITH, Márcio. "The judiciary's impact on the activities of financial institutions". *In* PINHEIRO, Armando Castelar (coord.). *Economic costs of judicial inefficiency in Brazil*. São Paulo: Idesp, 1998.

ALENCAR, Leonardo. *Revisiting bank pricing policies in Brazil: Evidence from loan and deposit markets*. Working Paper Series, nº 235, 2011. Disponível em: <https://www.bcb.gov.br/pec/wps/ingl/wps235.pdf>. Acesso em: 07 ago. 2020.

ALENCAR, Leonardo; ANDRADE, Rodrigo; BARBOSA, Klênio. *Bank competition and the limits of creditor's protection reforms*. Working paper, 2017. Disponível em: <https://kleniobarbosa.files.wordpress.com/2017/03/bankcompbbr.pdf>. Acesso em: 07 jul. 2020.

AMADEO, Edward; CAMARGO, José Márcio. "Instituições e o mercado de trabalho no Brasil". *In* CAMARGO, José Márcio (org.). *Flexibilidade do mercado de trabalho no Brasil*. Rio de Janeiro: Editora FGV, 1996.

ARAUJO, Aloísio Pessoa de; FERREIRA, Rafael de Vasconcelos Xavier; FUNCHAL, Bruno. "The Brazilian bankruptcy law experience". *Journal of Corporate Finance*, 2012.

ARIDA, Pérsio; BACHA, Edmar Lisboa; RESENDE, André Lara. "Credit, interest, and jurisdictional uncertainty: conjectures on the case of Brazil". *In* GIAVAZZI, Francesco; GOLDFAJN, Ilan; HERRERA, Santiago (eds.). *Inflation targeting, debt, and the Brazilian experience, 1999 to 2003*. Cambridge: MIT Press, 2005.

ARONOVICH, Selmo. "Uma nota sobre os efeitos da inflação e do nível de atividade sobre o *spread* bancário". *Revista Brasileira de Economia*, vol. 48, nº 1 (1994).

BANCO CENTRAL DO BRASIL. *Juros e spread bancário no Brasil*. Brasil: Banco Central do Brasil, 1999.

BANCO CENTRAL DO BRASIL. *Juros e spread bancário no Brasil: avaliação de 1 ano do projeto*. Brasil: Banco Central do Brasil, 2000.

BANCO CENTRAL DO BRASIL. *Juros e spread bancário no Brasil: avaliação de 2 anos do projeto*. Brasil: Banco Central do Brasil, 2001.

BANCO CENTRAL DO BRASIL. *Juros e spread bancário no Brasil: avaliação de 3 anos do projeto*. Brasil: Banco Central do Brasil, 2002.

BANCO CENTRAL DO BRASIL. *Juros e spread bancário no Brasil: avaliação de 4 anos do projeto*. Brasil: Banco Central do Brasil, 2003.

BANCO CENTRAL DO BRASIL. *Juros e spread bancário no Brasil: avaliação de 5 anos do projeto*. Brasil: Banco Central do Brasil, 2004.

BANCO CENTRAL DO BRASIL. *Relatório de economia bancária e crédito 1999*. Brasil: Banco Central do Brasil, 1999.

BANCO CENTRAL DO BRASIL. *Relatório de economia bancária e crédito 2000*. Brasil: Banco Central do Brasil, 2000.

BANCO CENTRAL DO BRASIL. *Relatório de economia bancária e crédito 2001*. Brasil: Banco Central do Brasil, 2001.

BANCO CENTRAL DO BRASIL. *Relatório de economia bancária e crédito 2002*. Brasil: Banco Central do Brasil, 2002.

BANCO CENTRAL DO BRASIL. *Relatório de economia bancária e crédito 2003*. Brasil: Banco Central do Brasil, 2003.

BANCO CENTRAL DO BRASIL. *Relatório de economia bancária e crédito 2004*. Brasil: Banco Central do Brasil, 2004.

BANCO CENTRAL DO BRASIL. *Relatório de economia bancária e crédito 2005*. Brasil: Banco Central do Brasil, 2005.

BANCO CENTRAL DO BRASIL. *Relatório de economia bancária e crédito 2006*. Brasil: Banco Central do Brasil, 2006.

BANCO CENTRAL DO BRASIL. *Relatório de economia bancária e crédito 2007*. Brasil: Banco Central do Brasil, 2007.
BANCO CENTRAL DO BRASIL. *Relatório de economia bancária e crédito 2008*. Brasil: Banco Central do Brasil, 2008.
BANCO CENTRAL DO BRASIL. *Relatório de economia bancária e crédito 2009*. Brasil: Banco Central do Brasil, 2009.
BANCO CENTRAL DO BRASIL. *Relatório de economia bancária e crédito 2010*. Brasil: Banco Central do Brasil, 2010.
BANCO CENTRAL DO BRASIL. *Relatório de economia bancária e crédito 2011*. Brasil: Banco Central do Brasil, 2011.
BANCO CENTRAL DO BRASIL. *Relatório de economia bancária e crédito 2012*. Brasil: Banco Central do Brasil, 2012.
BANCO CENTRAL DO BRASIL. *Relatório de economia bancária e crédito 2013*. Brasil: Banco Central do Brasil, 2013.
BANCO CENTRAL DO BRASIL. *Relatório de economia bancária e crédito 2014*. Brasil: Banco Central do Brasil, 2014.
BANCO MUNDIAL. *Brazil interest rates and intermediation spreads*. Banco Mundial, 2006.
BANCO MUNDIAL. *Interest rate spread*, 2015. Disponível em: <http://data.worldbank.org/indicator/FR.INR.LNDP?end=2015&start=1988&view=chart&year_high_desc=true>. Acesso em: 09 jul. 2020.
BARBOSA, Klenio; CARDOSO, Marcelo; AZEVEDO, Paulo. "Concorrência no setor bancário brasileiro: bancos individuais versus conglomerados bancários". *Pesquisa e Planejamento Econômico*, vol. 46, n° 1 (2016).
BARBOSA, Klenio; CARRARO, André; ELY, Regis; GARCIA, Felipe. *O impacto da nova lei de falências no mercado de crédito brasileiro*. Economia Aplicada, vol. 21, n° 3 (2018), pp. 469-501. Disponível em: <https://doi.org/10.11606/1413-8050/ea114693>. Acesso em: 09 jul. 2020.
BARBOSA, Klenio; ROCHA, Bruno de Paula; SALAZAR, Fernando. "Assessing competition in the banking industry: a multi-product approach". *Journal of Banking & Finance*, vol. 50 (2015).
BARBOZA, Ricardo de Menezes. Taxa de juros e mecanismos de transmissão da política monetária no Brasil. *Revista de Economia Política*, vol. 35, n° 1 (2015).
BELAISCH, Agnès. "Do brazilian banks compete?". *IMF Working Paper*, n° 03/113, 2003.

CONSELHO NACIONAL DE JUSTIÇA. *100 maiores litigantes 2011*. Brasil: Conselho Nacional de Justiça, 2012. Disponível em: <https://www.cnj.jus.br/wp-content/uploads/2011/02/100_maiores_litigantes.pdf>. Acesso em: 07/07/2020).

CONSELHO NACIONAL DE JUSTIÇA. *Justiça em números 2015*. Brasil: Conselho Nacional de Justiça, 2015.

FERRÃO, Brisa Lopes de Mello; RIBEIRO, Ivan César. "Os Juízes Brasileiros Favorecem a Parte Mais Fraca?" *In* TEIXEIRA, Erly Cardoso; BRAGA, Marcelo José (orgs.). *Instituições e desenvolvimento econômico*. Viçosa: Editora UFV, 2007.

FUNDO MONETÁRIO INTERNACIONAL. *Brazil: financial system stability assessment*. Fundo Monetário Internacional, 2012.

GELOS, Gaston. "Banking Spreads in Latin America". *IMF Working Paper*, nº 06/44 (2006).

KOYAMA, Sérgio Mikio; ANNIBAL, Clodoaldo Aparecido; BADER; Fani Lea Cymrot; LUNDBERG, Eduardo; TAKEDA, Tony. "Decomposição do spread bancário e apresentação de nova metodologia". *In* BANCO CENTRAL DO BRASIL. *Relatório de economia bancária e crédito*. Brasil: Banco Central do Brasil, 2008.

LA PORTA, Rafael; LOPEZ-DE-SILANES, Florencio; SHLEIFER, Andrei; VISHNY, Robert. "Law and finance". *The Journal of Political Economy*, vol. 106, nº 6 (1998).

LAEVEN, L. e MAJONI, G. "Does Judicial Efficiency Lower the Cost of Credit?". *World Bank Policy Research Working Paper*. Banco Mundial, nº 3159 (2003).

LAMOUNIER, Bolívar; DE SOUSA, Amaury. *As elites brasileiras e o desenvolvimento nacional*: fatores de consenso e dissenso. São Paulo: Idesp, 2002.

LUCINDA, Claudio R. Competition in the Brazilian loan market: An empirical analysis. *Estudos Econômicos*, v. 40, n. 4, pp. 831-858, 2010.

MANHIÇA, Félix António; JORGE, Caroline Teixeira. O nível da taxa básica de juros e o spread bancário no Brasil: uma análise de dados em painel. *Ipea texto para discussão*, nº 1710 (2012).

MILHAUPT, Curtis; PISTOR, Katharina. *Law and Capitalism*. Chicago and London: The University of Chicago Press, 2008.

NAKANE, Márcio I.; ROCHA, Bruno. "Concentração, concorrência e rentabilidade no setor bancário brasileiro: uma visão atualizada". *Tendências Consultoria Integrada – Febraban*, 2010.

NORTH, Douglass Cecil. Institutions. *The Journal of Economic Perspectives*, vol. 5, nº 1 (1991).

NUNES, Marcelo G.; TRECENTI, Julio A. Z. *Reformas de decisão nas câmaras de direito criminal em São Paulo*. Working paper, 2015. Disponível em: <http://s.conjur.com.br/dl/estudo-camaras-criminais-tj-sp.pdf>. Acesso em: 09 jul. 2020.

OLIVEIRA, Giuliano Contento de; CARVALHO, Carlos Eduardo. "O componente 'custo de oportunidade' do spread bancário no Brasil: uma abordagem pós-keynesiana". *Economia e Sociedade*, vol. 16, nº 3 (2007) (31).

ONO, Fábio Hideki; OREIRO, José Luís; PAULA, Luiz Fernando de; SILVA, Guilherme Jonas Costa da. "Spread bancário no Brasil: determinantes e proposições de política". *In* SICSÚ, João; PAULO, Liz Fernando de; MICHEL, Renaut (orgs.). *Novo desenvolvimentismo: um projeto nacional de crescimento com equidade social.* Barueri: Manole, 2004.

PAULA, Luiz Fernando de; OREIRO, José Luís (orgs.). *Sistema financeiro*: uma análise do setor bancário brasileiro. Rio de Janeiro: Elsevier, 2007.

PINHEIRO, Armando Castelar (coord.). *Economic costs of judicial inefficiency in Brazil.* São Paulo: Idesp, 1998.

PINHEIRO, Armando Castelar. "Direito e economia num mundo globalizado: cooperação ou confronto?". *Texto para discussão Ipea*, nº 963 (2003).

PINHEIRO, Armando Castelar. "Judicial system performance and economic development". In: *Economic Growth, Institutional Quality And The Role Of Judicial Institutions.* Washington, D.C.: University of Maryland, 1996.

PINHEIRO, Armando Castelar; CABRAL, Célia. "Credit markets and institutions in Brazil". *Ensaios BNDES*, nº 9 (1998).

PINHEIRO, Armando Castelar; CABRAL, Célia. "Credit markets in Brazil: the role of the judiciary and other institutions". *In* PAGANO, Marco (ed.). *Defusing default*: incentives and institutions. Washington: Inter-American Development Bank, 2001.

PONTICELLI, Jacopo; ALENCAR, Leonardo. "Celeridade do Sistema Judiciário e Crédito Bancários para as Indústrias de Transformação". *Banco Central do Brasil Working Papers Series*, nº 327 (2013).

PRIEST, George; KLEIN, Benjamin. "The selection of disputes for litigation". *Journal of Legal Studies*, vol. 13 (1984).

RIBEIRO, Ivan César. Robin "Hood versus King John: como os juízes locais decidem casos no Brasil". *In* Ipea (org.). *Prêmio IPEA-CAIXA 2006 - Monografias Premiadas*, 2007.

RODRIGUES, Eduardo A. S.; TAKEDA, Tony; ARAÚJO, Aloisio P. *Qual o impacto das garantias reais nas taxas de juros de empréstimos bancários no Brasil?*: Uma breve avaliação com base nos dados do SCR. Disponível em: <http://www.bcb.gov.br/pec/semecobancred2004/port/papervi.pdf>. Acesso em: 09 jul. 2020.

SADEK, Maria T. A crise do judiciário vista pelos juízes: resultados da pesquisa quantitativa. In: _____. *Uma introdução ao estudo da justiça*. Rio de Janeiro: Sumaré, 1995.

SALAMA, Bruno Meyerhof. "Crédito bancário e judiciário: condutores institucionais da superlitigância". *In* PRADO, Mariana Mota (coord.). *O Judiciário e o Estado Regulador brasileiro*. São Paulo: FGV Direito SP, 2016.

SALAMA, Bruno Meyerhof. "Vetores da jurisprudência na interpretação dos contratos bancários no Brasil". *Revista de Direito Bancário e do Mercado de Capitais*, vol. 57 (2012).

VIANNA, L. W.; CARVALHO M. A. R.; MELO, M. P. C.; BURGOS, M. B. "O Perfil do Magistrado Brasileiro". *Projeto Diagnóstico da Justiça*. AMB/IUPERJ, 1996.

YEUNG, Luciana Luk-Tai; AZEVEDO, Paulo Furquim de. "Nem Robin Hood, nem King John: testando o viés anticredor e antidevedor dos magistrados brasileiros". *Economic Analysis of Law Review*, vol. 6, n° 1 (2015).

YEUNG, Luciana; CARVALHO, Carlos Eduardo; SILVA, Ana Lucia. "A Insegurança Jurídica também é do Devedor: Seleção Adversa e Custo do Crédito no Brasil". São Paulo: *Direito e Economia – 30 anos de Brasil*, vol. 2 (2012).

Capítulo 11
LIND e a Prova Judicial: Breves Notas Sobre a Assimetria Informativa e as Consequências das Decisões Probatórias

Claudia Cristina Cristofani

1. Introdução

A descoberta de fatos jurídicos, etapa crucial ao resultado acurado da atividade judicante, é naturalmente truncada pela assimetria informativa.[1] O juiz, terceiro chamado a solucionar o litígio, ignora os fatos relativos à demanda[2]. Superar tal *estado de ignorância* requer

---

[1] A informação perfeita acontece na situação em que o agente supostamente conta com todas as informações relevantes e necessárias à tomada de decisão - como no exemplo do jogo de xadrez, no qual cada jogador se encontra perfeitamente informado pelas regras estabelecidas, posição das peças do tabuleiro e pelas jogadas do adversário. A assimetria informativa, opostamente, ocorre quando um agente possui mais ou melhor informação que outro, criando desequilíbrio no poder de negociação ou falhas de mercado. George Akerlof, Michael Spense e Joseph E. Stieglitz foram laureados, em 2001, com Prêmio Nobel de Economia por suas *"análises de mercados com assimetria informativa"*.

[2] Desconhecendo pessoalmente os contornos do caso o julgador deve acessar realidades do mundo para se tornar apto a aplicar a lei ao caso concreto, via produção e validação de *provas* mediante *processo legal justo e democrático*, a fim de desvendar acontecimentos, eventos, ações e consequências; compreender-lhes o sentido moral e supor intenções subjetivas; considerar variáveis complexas ou contraintuitivas, como o risco e a malícia; investigar o sentido de normas sociais, culturais, religiosas, práticas de mercado, que contextualizam os conflitos; estabelecer relações de causalidade; monetizar prejuízos; apreender, face às peculiaridades concretas, o conteúdo normativo de *standards* ("ação imprudente", "homem médio", "boa-fé") e o sentido técnico da lei, resolvendo competições interpretativas.

a conversão de informações privadas em provas positivadas, o que esbarra em custos, restrições e limites,[3] estando sempre presente a possibilidade de que a revelação de fatos não se dê de forma completa e que não se chegue à condição de informação perfeita. Para realizar a função jurisdicional "o juiz necessita realizar uma reconstrução histórica dos fatos" (BADARO, 2003)[4], segundo regras próprias que norteiam a produção de provas e a alocação do risco do erro entre as partes.

Deveras, produzir e avaliar provas eficientemente exige atenção aos naturais percalços e consequências que envolvem a descoberta da verdade. A propósito, a nova redação da Lei de Introdução às Normas do Direito (LIND) impõe que decisões não sejam calcadas em "valores jurídicos abstratos sem que sejam consideradas as consequências práticas" (BRASIL, 2010)[5], sendo que as deliberações judiciais a respeito da prova compõem as "regras do jogo" em função das quais irão se comportar, não só os atores processuais, como todos os demais agentes sociais.[6]

---

[3] CRISTOFANI, Claudia. *Aspectos Econômicos da Precisão da Decisão Judicial.* 2016. 215 f. Dissertação (Mestrado em Ciências Jurídico-Econômicas) - Faculdade de Direito, Universidade de Lisboa, Lisboa, 2016; CRISTOFANI, Claudia. "Ações repetitivas nos juizados cíveis: precisão na quantificação de danos e julgamento por amostragem". *Revista CNJ.* Brasilia, vol. 1 (dez/2015), pp. 16-29.

[4] BADARO, Gustavo H.R.I. *Ônus da Prova no Processo Penal.* São Paulo: Revista dos Tribunais, 2003, p. 17. O autor compara o juiz ao historiador.

[5] Art. 20. Nas esferas administrativa, controladora e judicial, não se decidirá com base em valores jurídicos abstratos sem que sejam consideradas as consequências práticas da decisão. Parágrafo único. A motivação demonstrará a necessidade e a adequação da medida imposta ou da invalidação de ato, contrato, ajuste, processo ou norma administrativa, inclusive em face das possíveis alternativas. Redação dada pela Lei 12.376/10 ao Decreto-lei 4.657/41 BRASIL. Decreto-lei nº 4.657, de 4 de setembro de 1942. Lei de Introdução às Normas do Direito Brasileiro. Lei 12.376, de 2010. Brasília, 2010.

[6] O art. 20 da LIND não implica em descumprimento da lei, mas em critério de desempate entre posições que visam aclarar pontos de dúvida. Em geral, o aplicador da lei tem o dever de considerar as consequências práticas de suas decisões no âmbito dos chamados casos difíceis (*hard cases*), porque os casos simples serão solvidos

Consequências incidirão dentro e fora do processo judicial a cada vez que o juiz determinar a produção de provas,[7] pois a) utilizará recursos dos cofres públicos (*custos sociais* do litígio), obtidos por força da atividade coativa tributária. Produzir provas envolve o pagamento, pela sociedade, de instalações, insumos e equipamentos do Poder Judiciário e dos órgãos públicos a ele relacionados em sua atividade fim (departamentos de polícia e de perícia legal, procuradorias, defensorias, Ministério Público) e da remuneração de mão de obra (juízes, advogados, delegados, peritos, servidores e pensionistas). E implica em custos correspondentes às oportunidades deixadas de lado (*v.g.*, deixa-se de construir um hospital público), os chamados *custos de oportunidade*. Ainda, b) gerará custos privados para as partes que irão despender tempo e recursos financeiros para recrutar testemunhas, acompanhar perícias, coletar evidências, obter aconselhamento profissional, aduzir argumentos, além de enfrentar riscos e deixar de fruir de outras oportunidades. Mais do que isso, c) incorrerá em *custos não monetários*,[8] pois a revelação compulsória de informações acarreta na restrição, em prol do bom exercício do direito de ação, de liberdades individuais das partes, de testemunhas e de terceiros, como, *v.g.*, do direito de ir e vir, privacidade e intimidade etc.; d) utilizará a estrutura judicial escassa em prol das partes do processo no qual ocorreu a decisão, em detrimento de outros litígios ajuizados, em um contexto de rivalidade de uso, colaborando

---

mediante a aplicação direta da norma, que já contém em si, presumivelmente, as avaliações *ex ante facto* de impacto na realidade, encerrando opções previamente formuladas.

[7] CRISTOFANI, Claudia C. *Aspectos Econômicos da Precisão da Decisão Judicial*. 2016. 215 f. Dissertação (Mestrado em Ciências Jurídico-Econômicas) – Faculdade de Direito, Universidade de Lisboa, Lisboa, 2016.Aspectos Econômicos da Precisão...

[8] Custos são identificados em seu sentido amplo. Além dos custos *monetários*, compreendem-se ainda outros *custos econômicos* não monetários, como os pertinentes à duração do processo (custo do tempo), ao erro judicial (custos diretos e indiretos do erro), à congestão dos tribunais e de outros órgãos, bem como os de oportunidade. Estes custos não são integralmente suportados pelas partes privadas envolvidas no litígio, mas pela sociedade (custos sociais).

para o seu congestionamento, e) prolongará o tempo de tramitação dos demais processos do acervo. Por último, f) irá assinalar a agentes sociais, ainda que não estejam litigando em juízo, quais são as efetivas "regras do jogo" processual, as fragilidades e oportunidades para mau uso do sistema, despertando reações estratégicas que poderão impactar negativamente a saúde geral das relações jurídicas.

Quanto ao último aspecto, a título de ilustração, tomem-se as transações incidentes sobre a propriedade imobiliária, que são instrumentalizadas perante notário, envolvendo procedimento mais complexo e seguro relativamente ao instrumento particular ou à mera tradição. Cooter e Ulen[9] asseveram que a segurança dos contratos mais relevantes é fortalecida por *testemunhas oficiais* do ato, notários que o registram em documento oficial, reduzindo assim, as incertezas que oneram os negócios, muito embora a maior custo probatório.[10] A importância do direito de propriedade imobiliária comunica-se à sua prova e ao tratamento jurídico dos títulos e contratos a ela relacionados, já que "a propriedade incerta onera o comércio e causa um desconto elevado do valor que compradores em potencial atribuem a um ativo". Dessa forma, específicas exigências probatórias podem ser visualizadas sob a perspectiva da segurança da informação, preservada a finalidade de certificação de verdades e de proteção de direitos relevantes contra erros de julgamento.

Porém imagine-se que os tribunais, ao interpretarem a lei, deliberem mitigar a exigência registral para admitir comprovação simplificada da transmissão da propriedade, aceitando toda a espécie de evidência. Esta nova "regra do jogo" atingiria todos os potenciais proprietários, contratantes e terceiros (efeito *erga omnes*), ainda que não sejam litigantes. Pois é de se supor que a redução da credibilidade probatória aumente a incerteza sobre a propriedade imobiliária, enfraquecendo a pluralidade de relações jurídicas formadas em

---

[9] COOTER, Robert; ULEN, Thomas. *Direito & Economia*. 5ª. ed. São Paulo: Bookman, 2010, pp. 167-169.

[10] De modo semelhante a comprovação de contratos envolvendo negócios jurídicos cujo valor ultrapasse o décuplo do salário mínimo vigente (art. 227, do CC).

torno dela, como os contratos para negociação dos direitos de uso, fruição e disposição do imóvel, assim como dos frutos. Os reais proprietários terão o ônus de coletar e armazenar, continuamente, evidências a fim de reforçar a continuidade de seu vínculo jurídico com a terra, em dispendioso e ineficiente exercício de precaução, seja para proteger sua propriedade contra assédio ilegal, seja para se posicionar como legítimo proprietário ao transacionar o imóvel com terceiros, tornando mais inseguros quaisquer contratos de transmissão.

Proprietários teriam menos incentivos para investir no bem, dado o aumento da incerteza jurídica sobre a titularidade do imóvel e de seus frutos. Ao mesmo tempo, maiores os incentivos às práticas ilegais de apossamento, pois se terceiros não tiverem a obrigação de exibir título cartorial para assentar a propriedade, uma vez acionados em juízo terão a chance de, apresentando coleção "fraca" de evidências, atrair para si os benefícios de decisão judicial errônea, suas provas rivalizando hierarquicamente com aquelas exibidas pelo real proprietário.

Tais suposições permitem perceber que a disciplina legal da prova de determinado fato, aliada à sua interpretação pelos tribunais, é determinante para a higidez do direito material subjacente, e para o feixe de interesses e negócios que dele derivam, com efeitos sobre terceiros.

O exemplo hipotético bem ilustra a relevância do tema e a imperatividade da sistematização da *teoria da prova* à luz da *economia da informação*, especialmente ao ensejo da nova redação da LIND. Tal legislação, se bem aplicada, tem a vocação de provocar transformação paradigmática[11], estimulando reflexão jurídica apoiada em achados empíricos e análise de dados – imaginem-se os mapeamentos que hodiernamente realizam os políticos com seus eleitores, e as empresas privadas com seus clientes e consumidores, visando compreender suas reações – em busca de fórmulas de comprovada funcionalidade

---

[11] KUHN, Thomas Samuel. *A estrutura das revoluções científicas*. São Paulo: Perspectiva, 2009. pp. 116-123.

no mundo real, provendo resposta à constante crítica que tem sido endereçada ao hermetismo da exegese nacional.

Trata-se aqui de esboçar, introdutória e exemplificativamente, algumas nuances relacionadas à assimetria informativa no processo judicial, e de chamar a atenção para a existência de consequências oriundas do regramento probatório, externas ao âmbito do processo. O tema dá ensejo a um universo infindável de considerações já em curso na produção jurídico-econômica estrangeira, algumas das quais serão aqui tangenciadas, a fim de ilustrar os caminhos por onde tem trilhado a análise econômica do direito.

2. Nível Ótimo de Produção de Provas

Se as decisões relativas à prova acarretam impactos gerais no mundo real, a primeira questão a enfrentar é a do nível probatório adequado para cada série de litígios, de forma a minimizar ineficiências.

É legítimo supor que, até um determinado ponto, quanto mais amplas e qualificadas forem as informações com que puder contar o julgador, mais acertada será a sua decisão, reduzindo-se a margem de erro de julgamento.

Ou, sob outro ângulo, deve-se produzir o tanto de provas que dificulte o desiderato das partes de indução do juiz em erro, com o mínimo de ônus aos litigantes e ao sistema judicial. Segundo Cooter e Rubinfeld, "questão normativa central nas discussões sobre procedimento legal é o equilíbrio entre o custo de informações adicionais relativamente ao benefício de redução de erros judiciais" (COOTER; RUBINFELD, 1989)[12].

Assim, para que seja admitido como verdadeiro determinado fato processual, os contendores buscarão que provas se produzam na direção de suas teses, e quanto mais a parte forçar que a prova se

---

[12] COOTER, Robert D.; RUBINFELD, Daniel L. "Economic Analysis of the Legal Disputs and Their Resolution". *Journal of Economic Literatures*, vol. 27 (1989), nº 3, pp. 1067-1097.

faça para além da verdade, mais alto o custo a ser despendido – *v.g.*, para a captura do perito ou persuasão de testemunhas. Em contrapartida, quanto mais depoimentos testemunhais o juiz tomar, mais aperfeiçoado se tornará o seu convencimento no sentido da verdade, reduzindo as chances de que a fraude prepondere. O nível ótimo probatório consiste no número suficiente de depoimentos a minimizar as perdas derivadas de eventual julgamento incorreto, porém dentro do limite aceitável de custo processual[13].

A par da *quantidade* de provas, a *qualidade* da informação se dá em função do seu grau de confiabilidade. Dessa forma, *v.g.*, a decisão judicial que declara a paternidade, ou que condena o acusado à sanção criminal, se qualifica como mais acurada quando lastreada em provas mais confiáveis, como a perícia técnica de DNA[14], e menos acurada quando calcada em elementos com maior aptidão à falibilidade, como a testemunhal[15] ou indiciária.[16]

---

[13] EMONS, Winand; FLUET, Claude. "Accuracy Versus Falsification Costs: The Optimal Amount of Evidence Under Different Procedures". *Journal of Law, Economics and Organization*, jul. 2007, pp. 1-30.

[14] Elementos periciais não são, contudo, isentos de dúvidas. No caso *Daubert v. Merrell Dow Pharmaceuticals, Inc* (1993), a Suprema Corte dos Estados Unidos da América estabeleceu quatro critérios para a confiabilidade da evidência científica: a) tenha sido testada (noção de falseabilidade, de Karl Popper); b) tenha sido publicada ou *peer-reviewed*; c) tenha margens de erro conhecidas; d) seja generalizadamente aceita na comunidade científica relevante (EDMOND, Gary; HAMER, David. "Evidence Law". *In* CANE, Peter; KRITZER, Herbert M. *The Oxford Handbook of Empirical Legal Research*. Oxford University Press, 2010, pp. 661-ss). Na mesma coletânea Edmond e Hamer inventariam a literatura científica a respeito da confiabilidade de perícias legais, enumerando os achados mais relevantes sobre a questão.

[15] Testes empíricos demonstrando a falibilidade da prova testemunhal, inclusive para a identificação de pessoas, estão relacionados em EDMOND, Gary; HAMER, David, Evidence Law, Capítulo 27, Oxford Handbook. pp. 652-678.

[16] Para o Código de Processo Penal, indício é "a circunstância conhecida e provada, que, tendo relação com o fato, autorize, por indução, concluir-se a existência de outra ou outras circunstâncias" (art. 239). Segundo o STF, com base no art. 239, do CPP, "o julgador pode, através de um fato devidamente provado que não constitui elemento do tipo penal, mediante raciocínio engendrado com supedâneo nas suas experiências

Considere-se, ainda, haver um limite para além do qual os esforços para a produção de mais e melhores provas não irão redundar em adicionais ganhos de qualidade jurisdicional.

Segundo Posner, a acurácia nos julgamentos aumenta, grosso modo, à raiz quadrada da coleção de evidências[17], pois "à medida em que mais e mais provas são obtidas, o efeito da evidência adicional no resultado do caso tenderá a diminuir"(POSNER, 1999), especialmente se a coleta de evidências iniciar por aquelas mais importantes e com maior teor probatório. Citando o modelo desenvolvido por Martin Weizman[18], Posner pondera que se a procura de evidências não é planejada antecipadamente, e se as provas são independentes umas das outras – vale dizer, a descoberta de uma não conduz à que se encontre a próxima – a procura contínua de provas pode conduzir a uma randômica coleta de amostras, e na medida em que a quantidade de informações aumenta, o valor de cada amostra adicional para a condução a um resultado mais acurado decresce.

A informação excessiva, portanto, implica em custos desnecessários às partes e à sociedade, sem que corresponda aos benefícios do aumento marginal de acurácia. Observe-se que a legislação processual, ainda que implicitamente, regula a vazão de informações no processo através da imposição de ritos, concebidos segundo a dignidade dos valores jurídicos em litígio, impondo limites instrutórios em função da importância do direito em questão – *v.g.*, para causas singelas o rito processual ligeiro, flexível, e oral inadmite a realização de perícias complexas e a produção alargada de provas, opostamente ao procedimento plenário adotado para o processo penal, no qual está em jogo o direito à liberdade.

---

empíricas, concluir pela ocorrência de circunstância relevante para a qualificação penal da conduta" (STF, HC 103.118/SP, rel. Min. Luiz Fux. j. 16.04.12)

[17] POSNER, Richard. "An Economic Approach to the Law of Evidence". *John M. Olin Program in Law and Economics Working Paper*. n°. 66 (1999), p. 7.

[18] WEITZMAN, Martin. Optimal Search for the Best Alternative. *Econométrica*, vol. 47 (1979), pp. 646-648.

Do outro lado da equação se encontram os *benefícios* gerais oriundos da melhor qualificação dos éditos judiciais.[19] Aos custos sociais para maior precisão da prestação jurisdicional, já aventados, correspondem benefícios sociais[20] ganhos que se espraiam para além da efetiva realização da justiça no caso concreto. A boa reputação do Poder Judiciário, forjada na percepção de justiça de seus éditos, é importante fator à cidadania, favorecendo desde a adesão voluntária à lei até a inibição da justiça privada, e potencializa positividades como a cooperação e coordenação social, internalização de valores, redução da litigiosidade, dissuasão de crimes, inibição da litigância frívola[21] etc.

Assim, tanto as garantias dos litigantes, quanto os custos e os benefícios sociais que cercam a produção da prova em juízo devem ser contemplados, promovendo-se reflexão *consciente* sobre fatores subjacentes às opções legais em matéria probatória, de modo a obter o nível ótimo de produção de provas.

3. Momento da Realização da Prova

Mesmo as determinações judiciais mais rotineiras, como as que disciplinam o *momento* de produção da prova ao longo da marcha processual, parecem ter a aptidão teórica de impactar a realidade externa aos autos em que foram proferidas.

---

[19] Ver CRISTOFANI, Claudia C. *Aspectos Econômicos da Precisão da Decisão Judicial*. 2016. 215f. Dissertação (Mestrado em Ciências Jurídico-Econômicas) - Faculdade de Direito, Universidade de Lisboa, Lisboa, 2016.

[20] CRISTOFANI, Claudia C. *Aspectos Econômicos da Precisão da Decisão Judicial*. 2016. 215f. Dissertação (Mestrado em Ciências Jurídico-Econômicas) – Faculdade de Direito, Universidade de Lisboa, Lisboa, 2016.

[21] Se houver coincidência entre as indicações probatórias de frivolidade e as indicações probatórias do mérito, com frequência a melhora na precisão jurisdicional possibilitará que o tribunal possa determinar a sinceridade da demanda e com isso inibir tal conduta: justamente, é da capacidade de melhor perceber estados de mundo e sobre eles aplicar o direito que se está tratando (BUNDY, Stephen McG.. "Valuing Accuracy – Filling out the Framework: Comment on Kaplow". *The Journal of Legal Studies*, vol. 23 (jan. 1994), n° 1, pp. 411-433.).

Como exemplo, a jurisprudência determinar a juntada *desde logo*, com a petição inicial, de *todas* as provas escritas de que dispuser o requerente, mesmo as não imprescindíveis ao ajuizamento, poderia irradiar positividades decorrentes da redução da assimetria informativa entre as partes, quiçá fomentando acordos e inibindo a propositura de futuras demandas infundadas.

As hipóteses são aventadas nos estudos de Análise Econômica do Direito. Embora a decisão de aforar demanda geralmente ocorra quando o proveito esperado do litígio for maior do que o seu custo, as ações frívolas ou temerárias têm valor negativo esperado (*Negative Expected Value*), podendo custar ao requerente mais do que o importe que acredita lhe seja devido, aforadas na expectativa de ganhos derivados da ignorância da contraparte ou do erro judicial. Bebchuk[22] assinala que a assimetria informativa opera em favor do requerente, já que acordos acabam por ser levados a efeito – então incentivando o aforamento de mais lides temerárias – pela ignorância por parte do requerido, da ausência de fundamento para a demanda,[23] o que mais se agrava, acrescente-se, se a defesa não tiver o direito de, desde logo, verificar a força da prova escrita. Imagine-se como exemplo ações movidas por supostos consumidores lesados cuja realidade específica é de todo ignorada pelo fornecedor de produto ou serviço em larga escala.

---

[22] BEBCHUK, Lucian A. "Suing Solely to Extract a Settlement Offer", 1988. *apud* SANCHIRICO, Chris W. "The Economic Analysis of Evidence, Procedure and Litigation". *Institute for Law and Economic Research Paper.* University of Pennsylvania, n° 06-04 (2006), item 4. O posicionamento não é pacífico, havendo outras teorias que diferentemente compreendem a lide frívola.

[23] Para *P'ng* (P'NG, Ivan P.L. "Strategic Behaviour in Suit, Settlement, and Trial". *The Bell Journal of Economics*, vol. 14, n°. 2 (1983), pp. 539-550.), em tais ações judiciais ir a julgamento é uma mera ameaça ou blefe. Ter o requerente a prerrogativa de desistir do processo se não ocorrer o pretendido acordo – e o requerido tem incentivo para aceitar a desistência, ainda que reconhecidamente frívola a demanda, devido aos custos de defesa e à ulterior possibilidade de erro judicial – fomenta ainda mais a lide temerária: mesmo que o autor não saiba se o requerido é propenso a transacionar (o que faria eventualmente por questões de assimetria informativa, reputação ou intolerância ao risco), segue vantajoso o ajuizamento dada a redução do risco da derrota judicial propiciado pela ulterior desistência, vista assim como *"rota de fuga"*.

Em tal contexto, a revelação antecipada das provas documentais, ao mitigar a assimetria informativa entre as partes desde o início, poderia colaborar para a redução de lides temerárias impedindo que uma parte se aproveite do privilégio informacional que mantém em relação à outra, mais capacitado o requerido a identificar a temeridade e planejar sua defesa, vez que a assimetria informativa lhe colapsa a capacidade de reação.

A juntada precoce das provas pode influir também no comportamento processual das partes, fomentando a pactuação de acordos já no início do processo, vez que a contraparte terá como, à vista dos documentos, melhor dimensionar os *"valores de ameaça"*, ou ou *"o quanto seria obtido [ou perdido] sem a cooperação"*[24]. Segundo Cooter e Ulen[25], testes empíricos demonstram que negociadores ou litigantes entrarão em cooperação quando os seus direitos forem claros, clareza que evidentemente progride à vista da prova de que dispõe a contraparte.

Também as decisões sobre o *nível* de exigência probatória a ser atingido pelas partes têm implicações reais. Basta cogitar que mais processos desprovidos de fundamentação serão aforados se habitual lassidão quanto à prova do direito afirmado implicar na concessão indiscriminada de benefícios futuros, os requerentes tomando partido da baixa acurácia da decisão judicial – *v.g.* considere-se a concessão exagerada de benefícios mantidos pelo Poder Público, como digressiona Kaplow.[26]

---

[24] COOTER, Robert; ULEN, Thomas. Obra citada, p. 429.
[25] COOTER, Robert; ULEN, Thomas. *Idem*.
[26] Sobre a acurácia judicial na concessão de direitos futuros, ver KAPLOW, Louis. "The Value of Accuracy in Adjudication: An Economic Analysis". *The Journal of Legal Studies*, vol. 23, n°. 1 (jun. 1994), pp. 369 - 378. Para o autor, baixo nível de acurácia na concessão destes benefícios irá incentivar requerimentos infundados. Obter maior nível de precisão judicial será mais custoso aos requerentes, demandando-lhes maior tempo e recursos probatórios, afetando negativamente o incentivo para a apresentação do requerimento pelos que fazem jus ao benefício – o que pode ser corrigido através do aumento de exigências probatórias combinado com a concessão de subsídios aos postulantes que demonstrarem efetivamente deter o direito.

É chegado o momento no qual a elaboração doutrinária e jurisprudencial do direito processual se permita debruçar sobre consequências e repousar sobre achados empíricos, em busca de melhorias no desenho processual que viabilizem a jurisdição eficiente e que sejam vantajosas para todos, reduzindo as margens de manipulação.

4. Revelação Compulsória de Informações

A assimetria informativa compromete não apenas a *verificabilidade* de fatos pelo julgador, como também sua *observabilidade* pela parte contrária.

Assim, a parte pode não ter a aptidão de, a custo razoável, *observar* fatos de seu interesse, como, *v.g.*, a real qualidade do trabalho do obreiro em uma instalação de encanamento contratada. A legislação processual resolve tal impossibilidade através da atribuição de ônus probatórios, passíveis de manipulação pelas partes.

Kaplow e Shavell[27] sustentam que litigantes têm fortes motivos para compartilhar informações. Poderão compartilhar as favoráveis para fomentar acordo e aprimorar seus termos – como ocorre quando o requerente demonstra que os danos suportados foram superiores aos imaginados pelo ofensor, buscando incrementar a indenização transacionada. Informações *não* serão partilhadas por questões processuais (*v.g.*, informalidade na obtenção da prova), ou custo (*v.g.*, necessidade de perícia dispendiosa) ou impossibilidade (*v.g.*, prova negativa). Ainda, porque são desfavoráveis e irão interferir negativamente, seja para o julgamento ou para o acordo, *de forma mais acentuada do que as presunções decorrentes do silêncio* – notando-se que esta motivação pode ser dissimulada pela possibilidade de incidência das anteriores.

Por outro lado, não se presuma a ilicitude da produção de informação privada,[28] motor de atividades socialmente positivas como a

---

[27] KAPLOW, Louis; SHAVELL, Steven. "Economic analysis of law". *Harvard Law School John M. Olin Center for Law, Economics and Business*, n°. 251 (fev. 1999), p. 58.

[28] Sobre as nuances econômicas que cercam o dever de revelar informações privadas, *ex ante*, entre contratantes, especialmente em contraponto ao erro de manifestação

inovação tecnológica, nem se obrigue seja ela incondicionalmente compartilhada, o que implicaria suprimir o *"retorno necessário do investimento para a obtenção dessa informação"*[29], especialmente caso se trate de informação adquirida *deliberadamente*.

O compartilhamento de informações por determinação judicial tem sua eficácia marcada pelas limitações aventadas, tornando necessária a utilização de sistemas de incentivo, concebidos segundo postulados da Teoria dos Jogos. Assim que a legislação pode instituir mecanismos de revelação, como, *v.g.*, o eficiente sistema de recompensas instituído pela lei americana denominada *False Claims Act*, através do qual, grosso modo, o denunciante de crime contra o patrimônio público se titulariza a receber percentual da indenização que a União lograr recuperar dos ofensores, na proporção de sua colaboração para a descoberta do ilícito, incentivando que terceiros

---

de vontade, ver KRONMAN, Anthony. "Erro, Dever de Revelar a Informação e Direito dos Contratos". *In* RODRIGUEZ, José; SALAMA, Bruno (org.). *Para que serve o Direito contratual?:* Direito Sociedade e Economia. São Paulo: Direito GV, 2014, pp. 383-417.

[29] Nos dizeres de Kronman (KRONMAN, Anthony. "Erro, Dever de Revelar a Informação e Direito dos Contratos". *In* RODRIGUEZ, José; SALAMA, Bruno (org.). *Para que serve o direito contratual?:* Direito Sociedade e Economia. São Paulo: Direito GV, 2014, Para que serve o direito contratual? p. 389), "Na situação em que a não revelação de informações é permitida... o conhecimento envolvido é, normalmente, produto de uma busca custosa. Uma norma que permita a não revelação de informações é a única maneira efetiva de incentivar o investimento na produção de tal conhecimento". A função econômica do mercado é "um processo pelo qual os negociantes mais bem informados fornecem um meio para a compra e a venda da propriedade pelos 'melhores' preços obtidos, e, por esse serviço público prestado, são recompensados, permitido que lucrem com seu conhecimento especial. O processo de negociação em um 'mercado livre' se tornaria tedioso e instável se o negociador tivesse de contar aos outros todos os motivos que o levaram a estabelecer o seu preço". (PATTERSON, Edwin. Essentials of Insurance Law. New York: McGraw-Hill Publishing, 2.ª ed., 1957, p. 447, *apud* KRONMAN, obra citada, p. 431). No entanto, salutar o dever de revelar informações em determinadas circunstâncias, sobretudo em virtude dos custos envolvidos, como ocorre para fins de contratação de seguro, em que a seguradora pode negar cobertura a eventos baseados em informações deliberadamente omitidas pelo segurado (art. 766, do CC).

sejam compensados pelos custos que terão ao denunciar crimes e apresentar provas em juízo.

No Brasil, legislação recente[30] passou a prever benefícios sancionatórios a colaboradores que emprestem efetiva contribuição às investigações. As decisões judiciais relativas a esta espécie probatória terão consequências reais importantes, positivas ou negativas, sendo necessário que a aplicação do instituto vise o nível ótimo de colaboração.

Como sumariza Freire[31] relativamente aos crimes anticoncorrenciais, ao prestigiar a detecção sobre a punição, a lei de clemência visa adicionar elementos de instabilidade aos cartéis, dificultando a sua criação e durabilidade, ao reduzir a confiança entre participantes e ao aumentar os custos de vigilância recíproca, elevando a probabilidade de detecção e punição. Porém, a depender de sua utilização prática, podem surgir efeitos concretos indesejados, com grande colapso dissuasório. Se, *v.g.*, as autoridades passarem a fiscalizar cartéis de forma exclusiva ou preponderante com base nas colaborações, irá desaparecer o risco de detecção geral, fator primordial a induzir agentes à colaboração, o que condenará o instituto à inutilidade prática.

Por outro lado, a má condução dos acordos poderá permitir que cartéis desenvolvam estratégias adaptativas, aproveitando-se da colaboração para atingir fins egoísticos, como o enfraquecimento das empresas concorrentes denunciadas, *"em virtude da sua desvalorização pela elevada multa que têm de suportar e da diminuição da respectiva reputação comercial"*[32]. Com a apresentação de provas contra outras empresas, o colaborador

> expurga do seu passado as condutas anticoncorrenciais por si praticadas, ao mesmo tempo que enfraquece as empresas que partilham consigo o mercado. Paradoxalmente, se esse enfraquecimento propiciar a aquisição, gera-se uma maior concentração de mercado[33].

---

[30] *V.g.*, Leis 12.846/2013, 12.683/2012 e 12.592/11.
[31] FREIRE, Paula. "Análise Econômica dos Programas de Clemência no Direito da Concorrência". *RJLB 192*, ano 1, n° 1 (2015), pp. 191-203.
[32] FREIRE *op. cit* p. 200.
[33] FREIRE, Idem.

Ainda, se muito generosos em relação às sanções, os programas de clemência podem gerar o efeito perverso de *incentivar* o aumento de cartéis, estabelecendo como estratégia dominante o esquema de *colusão seguida de colaboração*, em um cenário no qual as perdas da colaboração, para a empresa, sejam inferiores aos ganhos da cartelização.[34]

Infere-se que também as decisões a respeito do compartilhamento de provas têm potencial para ensejar comportamento adaptativo por parte de agentes, aspecto a ser contemplado pela doutrina e jurisprudência.

5. Os Limites da Competência Judicial

Ainda no afã de estabelecer a correlação entre as vicissitudes da prova judicial e o comportamento de agentes em suas relações, a Análise Econômica do Direito tem se dedicado a pesquisar a *incompetência judicial*[35], que consiste na impossibilidade do juiz de apreender estados de mundo dada a radical assimetria informativa – o *"véu da inverificabilidade"*. Devido a impossibilidade de efetivamente acessar as variáveis relevantes da relação em apreço, o tribunal, por zeloso e capacitado que seja, beneficia imerecidamente determinado litigante, por razões como custo proibitivo, ocultação, impossibilidade de revelação ou alteração de circunstâncias complexas da realidade econômica, tecnológica e social.

A radical deficiência informativa, além de comprometer a acurácia do veredito em detrimento de uma das partes, produz consequências indesejadas nas relações de direito material, porque agentes, antecipando a limitação das cortes, buscarão delas se beneficiar. Como resultado último tem-se a dissipação de recursos e a complicação, ou inibição de relações jurídicas e econômicas que gerariam riqueza e bem-estar social.

Contratos, *v.g.*, poderão lastrear-se em informações que não são verificáveis pelo juiz, tornando-se eficientes apenas quando as partes

---

[34] FREIRE, Idem, p. 201.
[35] ARAÚJO, Fernando. Teoria Econômica do Contrato. 1ª ed. Almedina, 2017, p. 415.

estiverem em cooperação. O instrumento contratual terá cláusulas não verificáveis, ou tornadas obsoletas em virtude de modificação da realidade em que firmadas, abrindo margem às tentativas de manipulação dos limites do julgador.

Especialmente em relações contratuais cuja troca ou cujas prestações sejam diferidas no tempo, sendo impossível clausular todas as possíveis ocorrências futuras relevantes, os contratantes, antevendo a incompetência judicial, podem ter incentivos para fazer promessas que não cumprirão, principalmente quando ausente a sanção reputacional – em realidade, a parte que primeiro cumprir a sua obrigação está concedendo um crédito à outra, sujeitando-se à sua honestidade ou ao seu oportunismo.

Assimetrias informativas serão um incentivo adicional ao agir oportunista, abrindo margem para o surgimento de problemas de agência,[36] seleção adversa,[37] risco moral[38] ou *holdup*,[39] dentre outros,

---

[36] Problemas de agência surgem porque o agente (contratado), se valendo da assimetria informativa, tem incentivos particulares para agir em benefício próprio e em detrimento dos interesses do principal (contratante). Essa possibilidade de que o agente não cuide dos interesses do principal, deixando de entregar bens ou serviços adequados ao cumprimento contratual, induz ao monitoramento e ao controle do principal sobre o agente, medidas que ampliam o custo da relação, reduzindo a sua frequência.

[37] A falta de informação sobre a qualidade de um determinado produto acarreta que sejam negociados produtos por preços médios, com qualidade decrescente, ocasionando a seleção não dos melhores, mas adversa, a expulsar do mercado agentes com bons produtos, que não conseguem operar com preços adequados, reduzindo o número de transações (TIMM, Luciano, obra citada, p. 167). O mercado de veículos usados serve como exemplo, vez que o comprador conhece menos que o vendedor o histórico do automóvel.

[38] Há risco moral de que a própria contratação incentive a alteração prejudicial do comportamento de uma parte em desfavor da outra, que, sem possibilidade de estreito monitoramento, irá adotar cláusulas contratuais para precaução, exigindo compensações e reduzindo a frequência das transações (HOLMSTROM, Bengt. "Moral Hazard and Observability". *The Bell Journal of Economics*, vol. 10, n° 1, 1979, pp. 74-91, *apud* TIMM, *Análise Econômica dos Contratos...*, p. 167). Como exemplo cogite-se o motorista que, porque contratou seguro, passa a conduzir seu veículo imprudentemente.

[39] A contraparte se apropria *"do bem-estar gerado pelo investimento inicial (realizado pela outra parte) sem nada oferecer em contrapartida, tirando partido da eventual irreversibilidade*

afetada a observabilidade do cumprimento do contrato pela parte lesada e considerados os custos para a revelação de fatos ao julgador.

Portanto, o grau de aptidão dos Tribunais para captar e analisar informações sobre fatos jurídicos guarda profundas consequências no íntimo das relações da vida real, pois indivíduos são influenciados pela antevisão da possibilidade do erro em eventual litígio, em seu favor ou em seu detrimento – o que pode acarretar na opção por não contratar, minorando o bem-estarsocial.

A dúvida se o juiz irá alocar *"eficientemente o risco entra em linha de conta entre as partes, afetando-lhes o comportamento, ante a possibilidade de o contratante agir de forma oportunista para ser sobrebeneficiado pela incompetência judicial"*[40]. As chances de que o terceiro imparcial, que irá intervir em caso de desentendimento entre as partes, não possa desvendar a realidade e determinar a correta regra para o caso, provoca comportamento adaptativo dos envolvidos, gerando custos de transação relacionados à prevenção, revelação, negociação ou renegociação.

As possíveis decorrências não se esgotam no contrato. Em geral, a atuação do sistema judicial deve dissuadir atividades ilícitas e incentivar a precaução das nocivas. sem contudo, causar impacto negativo sobre as atividades lícitas, geradoras de riqueza e bem-estarpara a sociedade. Porém, como salienta *Araújo*, *"um padrão errático de decisões judiciais acarretará necessariamente, além de outros efeitos, um excesso (improdutivo) de precaução das partes"*.[41]

No âmbito da responsabilidade civil, a impossibilidade do julgador de obter provas pode gerar aumento desnecessário de precaução dos exercentes de atividade, com dispersão de recursos e inibição de atividades lícitas, *"motivados pela desconfiança que os envolvidos têm*

---

atempada desse investimento inicial", *"tomando de assalto esse investimento refém"* (ARAÚJO, obra citada, p. 49). Como exemplo temos uma fábrica que adapta a sua linha de produção exclusivamente às exigências particulares de determinado fornecedor, ficando refém das condições que ele estipular.

[40] ARAÚJO, Fernando. Teoria Econômica do Contrato. 1ª ed. Almedina, 2017. p. 415
[41] ARAÚJO, Fernando. Teoria Econômica do Contrato. 1ª ed. Almedina, 2017, nota

em relação à competência do tribunal para aferir o que é diligência e negligência"[42], ou pelo temor de que o tribunal não possa interpretar, *ex post factum*, os conceitos de culpa, lembrando-se que a sofisticação e as exigências da responsabilidade civil são bastante dependentes da verificabilidade.

Para ilustrar, nos Estados Unidos da América tem sido objeto de escrutínio, calcado em achados empíricos[43], a hipótese de que a excessiva responsabilização judicial de médicos por imperícia, decorrente das dificuldades do julgador de acessar os parâmetros técnicos da prática profissional, pode implicar na universalização do exercício de medicina defensiva, com negatividades como o encarecimento do serviço de saúde e a submissão de pacientes a dispendiosos e perigosos exames laboratoriais, de pouca utilidade diagnóstica, que se destinam, primordialmente, à eventual defesa do profissional em caso de futura perquirição judicial.

Em resumo, a assimetria informativa pode ser de tal modo radical que implique na *incompetência judicial*, ocasionando resultados judiciais imprecisos, aleatórios ou errôneos. A margem de imprecisão judicial será antecipada pelos indivíduos, modificando seus comportamentos e abrindo margem de ação oportunista pelas partes, que irão manipular tais regras em seu benefício, incorporando-as em suas estratégias. Em última análise, tal impossibilidade poderá implicar na redução da quantidade de atividades lícitas.

Conclusões

Em breves pinceladas buscou-se ilustrar as vicissitudes da natural assimetria informativa no processo judicial e as consequências das decisões probatórias no mundo real.

---

[42] ARAÚJO, Fernando. Teoria Econômica do Contrato. 1ª ed. Almedina, 2017, p. 856

[43] KESSLER, Daniel; McCLELLAN, Mark. "Do Doctors Practice Defensive Medicine?" The Quarterly Journal of Economics, vol. Volume 111, (mai.1996), n°Issue 2 (mai.1996), May 1996, Pagespp. 353-390.

Advoga-se a importância do tema, em especial diante da nova redação da LIND, que tem potencial transformador, com a convicção de que a matéria merece rigorosa sistematização. A doutrina e a jurisprudência devem justificar as soluções propostas ou adotadas não apenas sob o ponto de vista autorreferente aos princípios legais, mas reconhecendo os percalços naturais à obtenção de informações, submetendo à investigação empírica os desdobramentos consequenciais de decisões judiciais relativas à prova.

Ao erigir a visualização de consequências reais como mote a orientar a aplicação do direito, a nova legislação permite, em última análise, sejam adotadas fórmulas que, ao invés de fomentar o oportunismo em nome de princípios jurídicos abstratos, provejam soluções equitativas que favoreçam a melhoria de todos, no que pertine ao processo judicial.

Referências

BADARO, Gustavo H.R.I. *Ônus da Prova no Processo Penal*. São Paulo: Revista dos Tribunais, 2003, p. 17.

BEBCHUK, Lucian A. "Suing Solely to Extract a Settlement Offer", 1988. *apud* SANCHIRICO, Chris W. "The Economic Analysis of Evidence, Procedure and Litigation". *Institute for Law and Economic Research Paper*. University of Pennsylvania, nº 06-04 (2006).

BRASIL. Decreto-lei nº4.657, de 4 de setembro de 1942. Lei de Introdução às normas do Direito Brasileiro. Lei 12.376, de 2010. Brasília, 2010.

BUNDY, Stephen McG.. "Valuing Accuracy – Filling out the Framework: Comment on Kaplow". *The Journal of Legal Studies*, vol. 23, nº 1 (jan. 1994), pp. 411-433.

COOTER, Robert D.; RUBINFELD, Daniel L. "Economic Analysis of the Legal Disputes and Their Resolution". *Journal of Economic Literatures*, vol. 27, nº 3 (1989), pp. 1067-1097.

COOTER, Robert; ULEN, Thomas. *Direito & Economia*. 5ª ed. São Paulo: Bookman, 2010, pp. 167-169.

CRISTOFANI, Claudia. "Ações repetitivas nos juizados cíveis: precisão na quantificação de danos e julgamento por amostragem". *Revista CNJ*. Brasília, vol. 1 (dez/2015), pp. 16-29.

CRISTOFANI, Claudia. *Aspectos Econômicos da Precisão da Decisão Judicial.* 2016. 215 f. Dissertação (Mestrado em Ciências Jurídico-Econômicas) – Faculdade de Direito, Universidade de Lisboa, Lisboa, 2016.

EDMOND, Gary; HAMER, David. "Evidence Law". *In* CANE, Peter; KRITZER, Herbert M. *The Oxford Handbook of Empirical Legal Research.* Oxford University Press, 2010, pp. 661-ss.

EMONS, Winand; FLUET, Claude. "Accuracy Versus Falsification Costs: The Optimal Amount of Evidence Under Different Procedures". *Journal of Law, Economics and Organization,* jul. 2007, pp. 1-30.

FREIRE, Paula. "Análise Econômica dos Programas de Clemência no Direito da Concorrência". *RJLB 192,* ano 1, nº 1 (2015), pp. 191-203.

HOLMSTROM, Bengt. "Moral Hazard and Observability". *The Bell Journal of Economics,* vol. 10, nº 1 (1979), pp. 74-91.

KAPLOW, Louis; SHAVELL, Steven. "Economic analysis of law". *Harvard Law School John M. Olin Center for Law, Economics and Business,* nº 251 (fev/1999), p. 58.

KAPLOW, Louis. "The Value of Accuracy in Adjudication: An Economic Analysis". *The Journal of Legal Studies,* vol. 23, nº 1 (jun. 1994), pp. 307-401.

KESSLER, Daniel; McCLELLAN, Mark. "Do Doctors Practice Defensive Medicine?" *The Quarterly Journal of Economics,* vol.111, nº 2 (mai.1996), pp. 353-390.

KRONMAN, Anthony. "Erro, Dever de Revelar a Informação e Direito dos Contratos". *In* RODRIGUEZ, José; SALAMA, Bruno (org.). *Para que serve o Direito contratual?:* Direito Sociedade e Economia. São Paulo: Direito GV, 2014, pp. 383-417.

KUHN, Thomas Samuel. *A estrutura das revoluções científicas.* São Paulo: Perspectiva, 2009. pp. 116-123.

PATTERSON, Edwin. *Essentials of Insurance Law.* New York: McGraw-Hill Publishing, 2ª ed, 1957.

P'NG, Ivan P.L. "Strategic Behaviour in Suit, Settlement, and Trial". *The Bell Journal of Economics,* vol. 14, nº 2 (1983), pp. 539-550.

POSNER, Richard. "An Economic Approach to the Law of Evidence". John M. Olin Program in Law and Economics Working Paper. nº. 66 (1999), p. 7.

WEITZMAN, Martin. Optimal Search for the Best Alternative. *Econométrica,* vol. 47 (1979), p. 646-648.

Capítulo 12
Comportamento Judicial, Decisões Judiciais, Consequencialismo e "Efeitos Bumerangues"

Luciana L. Yeung

Este capítulo foi baseado em YEUNG, Luciana. "Empirical Analysis of Judicial Decisions". *In* MARCIANO, A.; RAMELLO, G. (Eds.). *Encyclopedia of Law and Economics*. New York, NY: Springer-Verlag, 2018.

1. Introdução

1.1. Decisões Judiciais e Desempenho Econômico

Coase (1960) nos ensinou que os tribunais e os produtos dos tribunais – ou seja, decisões judiciais – impactam a economia. Vários outros autores também demonstraram empiricamente que tribunais em bom funcionamento fornecem um ambiente adequado para atividades produtivas, garantem a execução de contratos e reduzem as incertezas na economia; por outro lado, tribunais que funcionam inadequadamente podem impedir o crescimento econômico, os investimentos, a criação de empregos e aumentam a insegurança (por exemplo WEDER, 1995). Como as decisões judiciais são o principal "produto" dos tribunais, estudar "como os juízes julgam" e "o que explica a tomada de decisões judiciais" se torna uma tarefa crucial para a Análise Econômica do Direito. É disso que trata a área de estudos conhecida como comportamento judicial (*judicial behavior*).

Esse estudo é complexo e vem sendo cada vez mais apoiado por outras áreas do saber, como as ciências cognitivas, a psicologia empírica, as tecnologias e metodologias de *text mining* e a jurimetria. No entanto, estudiosos de diferentes origens (ciências políticas, direito, economia, sociologia etc.) trabalham com este assunto já há várias décadas. Pritchett (1968) descreve Charles G. Haines como um dos pioneiros no estudo do comportamento judicial, com a publicação de "*General Observations on the Effects of Personal, Political, and Economic Influences in the Decisions of Judges*" (1922) no *Illinois Law Review*. O próprio Pritchett é considerado por muitos um dos criadores originais desse campo (EPSTEIN, 2016). No entanto sabe-se que tal tipo de investigação é feita desde, pelo menos, os primeiros anos do século XIX na Europa, com trabalhos interdisciplinares, por exemplo, de Siméon Denis Poisson, um dos grandes teóricos da matemática e da física na França, com sua obra "*Recherches sur la probabilité des jugements en matières criminelles et matière civile*" de 1837. Desde então, o estudo do comportamento judicial só tem avançado.

2. A Teoria de Richard Posner sobre Comportamento Judicial

Uma preocupação frequente entre os estudiosos do comportamento judicial é sobre o que impacta nas decisões dos juízes, e mais precisamente, se seus preconceitos ou ideologias pessoais são determinantes. Um longo debate sobre esta questão – e ainda não concluído – coloca os legalistas de um lado e os realistas do outro. Adeptos do legalismo argumentariam que, quando os juízes julgam, eles estão puramente interpretando a lei, da melhor maneira possível; portanto, dar vida à lei é o principal trabalho judicial. Os realistas, por outro lado, não acreditam que exista uma maneira única e certa de interpretar a lei. Cada juiz, ao decidir, é inevitavelmente influenciado por preconceitos, experiências pessoais e/ou profissionais anteriores – mesmo que tente seguir estritamente as regras legais. Tudo isso pode ser chamado de ideologia. Os estudiosos realistas, então, estão interessados principalmente em criar medidas boas e precisas da ideologia dos juízes.

Adepto da visão realista do comportamento judicial, Posner (2008) explica as atitudes pessoais dos juízes em termos de "preferências bayesianas", conforme definido pelo teorema estatístico de Bayes: probabilidades futuras de ocorrer um determinado tipo de comportamento (ou decisão) podem ser explicadas como função das ocorrências passadas desse mesmo comportamento. Assim, para prever as chances de um determinado tipo de comportamento ou decisão judicial acontecer, os pesquisadores devem avaliar como foram o comportamento e as decisões no passado.

Além disso, Posner categorizou nove teorias do comportamento judicial, após anos de observação e pesquisa, que apresento muito sucintamente abaixo:

1) Atitudinal: a teoria atitudinal explica que as decisões dos juízes são principalmente reflexos de suas preferências políticas, ou o que é chamado de ideologia política;
2) Estratégica: a teoria estratégica argumenta que as decisões dos juízes refletem suas preocupações com fatores externos, como opiniões e pressões provenientes de colegas, outros poderes políticos e o resto da sociedade (opinião pública, mídia, grupos de interesse etc.);
3) Sociológica: essa teoria é focada em grupos menores de juízes e explica por que fatores como a composição do colegiado e da votação afetam a decisão judicial;
4) Psicológica: a teoria psicológica concentra-se em explicar como os preconceitos influenciam a tomada de decisões sob incerteza. Posner propõe que os sistemas legais, especialmente (mas não apenas) os dos Estados Unidos da América (EUA), são fundamentalmente caracterizados por eventos, fatos e informações incertos;
5) Econômica: a teoria econômica apresenta os juízes como indivíduos racionais, maximizadores de utilidade, que se comportam constantemente em resposta a incentivos e restrições. Nesse caso, maximizar a utilidade pode estar relacionado ao desejo de lazer, promoção, boa reputação ou até sentimento interno de satisfação. O modelo econômico pode abranger, assim, as teorias estratégica e sociológica do comportamento judicial;
6) Organizacional: o chamado problema do principal agente (ou problema de agência) é a base da teoria organizacional. Esse modelo considera os juízes como os agentes de um principal

(o governo) e procura explicar as decisões judiciais sob essa perspectiva[1];
7) Pragmática: o modelo pragmático explica que os juízes estão preocupados e consideram as consequências de suas decisões. Também é conhecida como abordagem consequencialista da tomada de decisões judiciais;
8) Fenomenológica: Posner explica que "a fenomenologia estuda a consciência em primeira pessoa – a experiência que se apresenta à mente consciente" (p. 40), de modo que essa teoria se relaciona com a autoconsciência dos juízes ao julgar;
9) Legalista: conforme explicado acima, o legalismo vê a tomada de decisões judiciais como uma interpretação "pura" da lei. Os legalistas acreditam que os juízes ao decidir nos tribunais são impactados apenas por seus esforços em aplicar a lei, não sendo perturbados por outras influências, especialmente quaisquer preferências pessoais ou preconceitos de qualquer tipo.

Posner reconhece que não existe uma teoria única capaz de explicar o fenômeno do comportamento judicial integralmente. Portanto, as teorias acima são, na verdade, complementares e não substitutas.

Este capítulo adota algumas dessas perspectivas (por exemplo, atitudinais, econômicas etc.) e menos outras (fenomenológicas, legalistas). Nas seções subsequentes fornecemos referências para evidências empíricas corroborando algumas dessas teorias.

3. Fatores que Impactam a Decisão Judicial: Evidências Empíricas

Vários fatores podem afetar a decisão judicial além da maneira pela qual os juízes interpretam a lei (como argumentam os legalistas). Isso incluiria fatores internos (como a ideologia de alguém) e fatores

---

[1] Para detalhamento desta teoria profunda e impactante em diversas ciências sociais vale a pena consultar um dos trabalhos clássicos sobre o tema de Jensen e Meckling (1979).

externos (como pressões da opinião pública); alguns destes fatores podem mudar ao longo da carreira de alguém (novamente, a ideologia seria um exemplo, embora aqui estamos falando de ideologia em um sentido amplo), e outros são constantes para um determinado indivíduo (como o fatores gênero ou raça). O resultado – ou seja, a maneira como os juízes julgam – é uma combinação de todos esses fatores em conjunto. Vale dizer também que nenhum deles explica todo o comportamento judicial o tempo todo. Por esse motivo, medir empiricamente o impacto de um determinado fator não é uma tarefa fácil, sendo preciso isolar o efeito dos demais fatores que podem também estar impactando no comportamento. Felizmente muito se avançou nas últimas décadas. Vamos revisar alguma literatura sobre isso.

3.1. Ideologia

Desde a primeira metade do século XX, Pritchett dedicou-se a avaliar como a ideologia pessoal dos juízes afetam suas decisões; conseguiu encontrar evidências entre os ministros da Suprema Corte dos EUA com relação às suas ideologias políticas.

Diversos outros autores seguiram seus trabalhos originais e aprofundaram o entendimento deste fenômeno. Epstein, Landes e Posner (2013), por exemplo, apontam para o fato de que existem medidas *ex ante* e *ex post* da ideologia política dos juízes. Para os ministros da Suprema Corte, a medida *ex ante* mais comum é o partido do presidente que o(a) indicou. Mas como as indicações devem ser aprovadas pelo Senado (isso sendo verdade para muitos países), alguns estudiosos também usaram medidas de influência senatorial para capturar a ideologia dos juízes. Para as medidas *ex post* de ideologia dos magistrados, como seria de esperar, são usadas avaliações dos votos, discursos e artigos dos juízes. Os pesquisadores geralmente combinam análises qualitativas e quantitativas do material escrito e oral produzido pelos magistrados para inferir suas inclinações ideológicas. Epstein, Landes e Posner(2013) mostram que "o autocontrole judicial (na ideologia pessoal) **há muito tempo está em declínio** (desde os anos 1960)". Isso quer dizer que o impacto da ideologia no comportamento judicial dos *Justices* da Suprema Corte vem crescendo ao longo do tempo. Para tribunais inferiores nos EUA, os autores indicam que a ideologia também desempenha um papel, embora em magnitudes mais fracas.

Os impactos da ideologia política não se limitam a magistrados de Supremas Cortes, nem aos dos Estados Unidos da América. Na Itália, Ceron e Mainenti (2015) mostram que a ideologia afeta as decisões judiciais em julgamentos contra membros do parlamento e isso pode acontecer até para um judiciário politicamente independente.

No Brasil, Yeung (2019) usa um conjunto de, aproximadamente, 1.400 decisões do Superior Tribunal de Justiça (STJ). O objetivo original era avaliar se esse tribunal tendia a favorecer devedores em disputas contratuais envolvendo instituições financeiras. Há evidências de que os tribunais brasileiros favorecem as partes mais fracas devedoras em casos de quebras contratuais (ARIDA; BACHA; LARA-RESENDE, 2005). Como resultado geral, a autora não confirma essa evidência anedótica de viés pró-devedor, mas encontrou evidências de decisão afetada por ideologia. Por exemplo, os juízes do STJ decidem de maneira diferente, dependendo de quem é o reclamado: se um indivíduo aparece como reclamado, o devedor tende a ser favorecido de maneira significativa em comparação nos casos em que uma empresa aparece como reclamada. Há indícios, então, de que os juízes acreditam que perante as instituições financeiras, indivíduos precisam de mais "proteção" comparados às empresas. Outra evidência de ideologia foi avaliada indiretamente neste estudo. Sendo um tribunal superior de apelação, o STJ recebe casos de tribunais estaduais de 2º grau de todo o país. A autora mediu se havia algum "fator regional" afetando as decisões do STJ. O único Estado com resultado significativo foi o Rio Grande do Sul: casos vindos de lá foram consistentemente reformados pelos juízes do STJ e na direção de desfavorecer os devedores. Ficou claro que eles usam suas decisões para "corrigir" alguma tendência favorável aos devedores pelos juízes do Tribunal de Justiça do Estado do Rio Grande do Sul (TJRS). Curiosamente há uma discussão teórica duradoura por trás desse fato: historicamente, o Estado do Rio Grande do Sul é conhecido como o berço de um movimento judicial chamado Associação dos Juízes para a Democracia, cujo principal objetivo é promover a "justiça social", ou mais precisamente, a redistribuição da riqueza por meio do judiciário. Sabe-se que muitos juízes desse estado são adeptos desse movimento e, por esse motivo, são mais simpáticos às "questões sociais" e menos favoráveis ao "grande capital", como bancos e grandes empresas. As influências ideológicas em suas decisões não são apenas indisfarçadas, mas de fato, uma afirmação clara. Nesse sentido, os resultados de Yeung (2019) encontram evidências de dois impactos ideológicos: um pelos juízes do Estadodo Rio Grande do Sul, que é pró-devedor, e o outro pelos juízes do STJ, em geral considerando os juízes gaúchos como "tendenciosos". Ambos os resultados foram consistentes e estatisticamente significativos.

Por mais abundantes que sejam as teorias e as evidências empíricas dos impactos da ideologia na tomada de decisões judiciais, esse não é o único fator que explica o comportamento judicial. Seria ingênuo acreditar que os juízes, mesmo os de cortes superiores, seriam capazes de usar seu poder discricionário para perseguir somente suas ideologias pessoais. Outras restrições limitam esses motivos.

3.2. Gênero

O impacto do gênero de um juiz na decisão judicial também foi objeto de vários estudos; trazemos abaixo uma pequena seleção.

Peresie (2005) considera o gênero dos juízes um fator impactante nas decisões dos tribunais de apelação dos EUA em disputas de assédio e discriminação sexual . O gênero atua de maneira direta – ou seja, juízas favorecem mais frequentemente as vítimas de discriminação – e de maneira indireta através do efeito sobre os pares nos colegiados – ou seja, juízas influenciam seus colegas homens ao julgar esses casos. Peresie acha que colegiados com juízas tendem a favorecer supostas vítimas duas vezes mais do que painéis com apenas juízes do sexo masculino. Nesse estudo, o gênero teve mais impacto do que a ideologia nas decisões judiciais.

Farhang e Wawro (2004) encontram um forte efeito de turma (colegiado) por parte das mulheres, ou seja, juízas tendem a influenciar seus colegas homens nas turmas. No entanto, eles descobrem que uma segunda mulher no painel não tem o mesmo efeito que a primeira. Esses autores também tentam encontrar evidências de impacto racial, mas – diferentemente do fator de gênero – não encontram nenhum impacto, embora sejam cautelosos em interpretar esse resultado mais recente.

Boyd, Epstein e Martin (2010) empregam a metodologia do *propensity score* e encontram impacto significativo do gênero em disputas de discriminação sexual. Aqui, como em Peresie (2005), os impactos ocorrem diretamente (decisões monocráticas de juízas) e indiretamente (em contrapartes masculinas em colegiados). Embora os autores tenham analisado 13 tipos de disputas judiciais, apenas nos casos de discriminação sexual o sexo dos juízes foi fator de impacto significativo. Os demais conflitos incluíam algumas questões também sensíveis ao gênero, tais como aborto e assédio sexual; mas em nenhum deles, com exceção da discriminação sexual, o gênero dos juízes afetou.

Outros estudos trazem evidências semelhantes para tribunais fora dos EUA. King e Greening (2007) analisaram decisões do Tribunal Penal Internacional sobre casos de agressão sexual na antiga Iugoslávia. Eles descobriram que as juízas tendem a punir mais severamente os acusados que agrediam mulheres – no que constitui uma "solidariedade de gênero" entre juízas e vítimas. Essa solidariedade também pareceu estar presente em decisões colegiadas formadas apenas por juízes homens, quando em questão estavam vítimas do sexo masculino. As sentenças nesses casos foram, em média, mais de 100 meses mais longas do que aquelas em que havia pelo menos uma juíza no painel.

Grezzana e Poncezk (2012) analisaram mais de 90 mil disputas trabalhistas no Tribunal Superior do Trabalho (TST) do Brasil.

No geral, os autores não encontram evidências de impacto de gênero. No entanto, uma vez que eles controlam o objeto da disputa, o impacto é evidente. Foi o que ocorreu nos casos envolvendo demandas por "equiparação salarial" e "vínculo empregatício e sindical". Nessas circunstâncias, juízas tendem a favorecer litigantes (trabalhadoras), enquanto juízes homens tendem a favorecer trabalhadores do sexo masculino. Mais uma vez, parece haver algum tipo de "solidariedade de gênero" entre juízes e litigantes no TST brasileiro.

Por que o gênero dos juízes teria impacto no comportamento judicial? Boyd, Epstein e Martin (2010) elaboram 4 explicações. Primeiro, homens e mulheres veem e analisam o mundo e a sociedade de maneiras diferentes. As decisões dos juízes homens e juízas mulheres manifestam e expressam (*voice*) as diferenças deste olhar. Segundo a explicação da *representatividade:* as juízas se veem como representantes de todas as mulheres na sociedade e, especificamente, de mulheres litigantes em disputas. Assim, as juízas decidem em favor das mulheres nos casos em que haja interesses particulares para toda a classe de mulheres na sociedade. Terceiro, a explicação *informacional* coloca as juízas como possuidoras de mais informações que seriam valiosas para resolver alguma disputa. Sob tais circunstâncias, seus colegas do sexo masculino se beneficiariam com essas informações privilegiadas, e o efeito seria canalizado através da votação em colegiado. Por fim, a explicação *organizacional* minimizará o impacto do gênero nas decisões judiciais; a visão aqui é que a formação profissional e as regras institucionais do judiciário são claras o suficiente para atenuar as diferenças significativas no comportamento e nas decisões de juízes e juízas. Todas estas explicações foram exploradas, testadas e analisadas por uma rica literatura e Boyd, Epstein e Martin (2010) fornecem referências detalhadas de cada uma dessas abordagens.

Além do gênero existem outros fatores que afetam as decisões judiciais, que estão relacionados a grupos minoritários, como raça, etnia, grupo religioso e formação social, entre outros (por exemplo, um trabalho interessante de Schwartz e Murchison (2016) sobre os impactos de etnia e nacionalidade no Tribunal Constitucional da Bósnia e Herzegovina). Devido às limitações deste capítulo deixaremos esses tópicos de lado, apesar de sua importância indubitável, como a literatura empírica sobre comportamento judicial já demonstrou.

3.3. Votação em Colegiado, "Efeito-Composição" e "Efeito de Pares"

Já vimos algumas evidências de como a composição do colegiado (ou turmas) nos tribunais afeta os padrões de votação dos juízes. Psicólogos sociais e comportamentais há muito estudam os efeitos da pressão dos pares nas organizações, principalmente empresas, e seria de esperar o mesmo em organizações públicas e políticas, como tribunais, Congresso etc.

Epstein, Landes e Posner (2013) têm uma explicação teórica para a ocorrência do efeito de composição de turma e o testam. As turmas podem decidir por unanimidade – quando não houver voto dissidente – ou por não unanimidade – quando houver dissidência. Os autores explicam que existem custos e benefícios para a dissidência e, não raramente, os primeiros mais que compensam os segundos. Os custos da dissidência incluem escrever a opinião divergente, discordar dos colegas, além de custos de reputação infringidos sobre os outros membros da turma. Tudo isso cria aversão a dissidência e, consequentemente, evita-se discordar em questões menores – especificamente questões técnicas – e a dissidência é mais frequentemente causada por discordâncias ideológicas, mais difíceis de resolver por meio de discussão e compromisso. Epstein, Landes e Posner (2013) mostram evidências desse efeito para a Suprema Corte dos EUA de 1953 a 2008. Para outros tribunais inferiores os autores preveem mais discordâncias quando uma apelação está sendo revertida e menos discordâncias em tribunais de apelação menores (os juízes se reúnem com mais frequência, tornando a dissidência muito mais cara). Os autores também preveem que a divergência será inversamente proporcional à carga de trabalho do tribunal, ou seja, quanto mais ocupados e sobrecarregados os juízes forem, menor será a dissidência. Eles ainda consideram que a presença de dissidência afeta a duração da votação por escrito: as opiniões da maioria são mais longas se houver um membro dissidente no colegiado, e ainda mais se houver mais de um. Aparentemente são necessárias mais palavras para justificar uma opinião quando confrontada com oposição. Por fim, os autores vinculam a frequência de discordância à fase na carreira: juízes federais nos EUA tendem a discordar mais durante a primeira metade de suas vidas profissionais.

Fora dos EUA, Smyth (2005) estudou o padrão de dissidência no Supremo Tribunal da Austrália por quase cem anos. Ele encontra evidências de divergências causadas por ideologias políticas, mas nenhuma relação entre a carga de trabalho e a taxa de divergências. Quanto à carreira ativa dos juízes, Smyth encontra evidências do aumento na frequência de dissidência ao longo do tempo (mais divergência com mais experiencia profissional), um resultado distinto do que Epstein, Landes e Posner encontraram para os EUA.

Em relação aos efeitos de pares, há literatura interessante sobre a influência das normas sociais no comportamento judicial. Usando uma abordagem analítica, Harnay e Marciano (2004) constroem um modelo em que mostram que o comportamento judicial não é inteiramente um produto do cálculo individual; em vez disso, reflete as interações em um sistema em que os juízes se preocupam com o que os outros profissionais da comunidade pensam e fazem, e almejam um certo grau de conformidade. Em outras palavras, há evidências de que o comportamento judicial não pode ser explicado apenas pela teoria econômica de Posner, mas deve ser combinado com os elementos da teoria estratégica. Curiosamente, essa "tendência de se conformar" aos precedentes por um juiz é resultado de uma análise de custo-benefício: ele(a) analisa os ganhos esperados de desvio *versus* os ganhos de conformidade com os precedentes, e faz isso no nível pessoal e profissional. De acordo com os autores, isso explica por que os juízes se comportam em conformidade com os precedentes em determinadas circunstâncias e se desviam em outras.

3.4. Pressões Externas: Mídia, Opinião Popular e Grupos de Interesse

Além do efeito exercido pelos pares nas turmas de votação, existem outras fontes de fatores externos que podem influenciar as decisões judiciais. A mídia e a opinião popular sempre restringiram, de alguma forma, o comportamento dos agentes públicos; no entanto, a intensidade desse impacto aumentou exponencialmente com a modernização da tecnologia de telecomunicações. Em alguns países, como no Brasil, as sessões de votação da Suprema Corte são transmitidas ao vivo pelos canais de TV. Embora os cidadãos comuns raramente possam compreender os assuntos discutidos nos tribunais — e especialmente nos tribunais superiores — devido à sua complexidade e tecnicidade, de tempos em tempos as decisões dos juízes estão em destaque nas primeiras páginas dos jornais, nos programas de TV e discutido por cidadãos leigos. Assim, mesmo no caso de juízes que não são eleitos diretamente (como é no Brasil), os magistrados se sentem, de alguma forma, constrangidos pelo que a sociedade tem a dizer sobre os resultados de seu trabalho. Como Epstein e Kobylka (1992) colocam para o caso norte-americano: "A maioria das decisões judiciais modernas reflete a opinião pública. Quando existe uma maioria ou pluralidade clara de votação, mais de três quintos das decisões do Tribunal refletem as pesquisas [nos EUA]. A Suprema Corte moderna parece refletir a opinião pública com a mesma precisão que outros formuladores de políticas" (p. 24).

A literatura empírica sobre os efeitos da mídia, opinião pública e grupos de interesse na decisão judicial é vasta e crescente, mas devido à sua maior exposição e ao seu maior impacto na sociedade, estudos desse tipo concentraram-se principalmente nas decisões dos tribunais superiores. Epstein e Martin (2010), por exemplo, encontram evidências de que as decisões da Suprema Corte dos EUA estão, até certo ponto, alinhadas com a opinião pública. Além da explicação usual de que os juízes se preocupam com sua reputação e aprovação da sociedade, os autores argumentam que isso ocorre porque os próprios juízes são parte da sociedade e do público. Assim, eles estão realmente decidindo com base em suas ideologias pessoais e não apenas como um reflexo de preferências externas. Não seria fácil separar empiricamente esses dois efeitos, e os autores deixam a análise para estudos futuros.

No que diz respeito aos grupos de interesse, Collins e Martinek (2010) encontram evidências de seu impacto na probabilidade de sucesso de recorrentes, mas não de apelantes, nos tribunais de apelações dos EUA. Para a Suprema Corte, Collins e Solowiej (2007) também mostram que grupos de interesse, representados por *amici curiae* apresentados à Corte, afetam a provisão e a quantidade de informações disponíveis para as decisões dos juízes. Um resultado positivo encontrado pelos autores é que a Suprema Corte norte-americana é acessível a uma ampla variedade de grupos de interesse, que refletem uma sociedade democrática e pluralista. No entanto, apesar de sua clara influência, pelo menos no fornecimento de informações, os autores não foram capazes de explicar como e quanto esses grupos de interesse afetam a tomada de decisões judiciais.

Uma observação notável sobre o envolvimento de grupos de interesse em decisões judiciais é feita por Epstein e Kobylka (1992). Eles diferenciam esse tipo de atividade das de outros grupos de pressão política: "Ao contrário das arenas mais tradicionais de *lobby* de grupos, [a importância dos grupos de interesse atuantes no judiciário] não é derivada de seus números, mas dos tipos de argumentos que apresentam no tribunal "(p. 306). Segundo os autores, é desta maneira pela qual se influencia a decisão dos juízes.

Por fim, há também outro tipo de pressão externa que afeta significativamente as decisões judiciais: a advinda de outros poderes, a saber, do Executivo e do Legislativo. A interação entre juízes e esses atores há muito tempo é discutida por estudiosos do Direito e das Ciências Políticas, e é um objeto de estudo sem fim. Especialmente no caso dos Tribunais Supremos, devido à nomeação presidencial de seus juízes, a busca por um melhor entendimento dessa relação está relacionada à questão crucial da independência de poderes.

Lopes e Azevedo (2018) encontram evidências nessa direção para o Brasil, ao comparar os resultados da atuação do Supremo Tribunal

Federal (STF)*versus* do STJ. Apesar dos ministrosde ambos os tribunais serem formalmente indicados pelo presidente , no STF a indicação é mais política, com ligações mais próximas ao Executivo e ao Legislativo. Os presidentes da República também têm mais discrição na nomeação destes ministros do que os do STJ (que seguem lista tríplice indicada pelos próprios ministros da casa). Talvez por isso, estes autores encontram evidências empíricas que o STF é significativamente mais impactado por influências políticas do que o STJ.

Quanto às relações entre tribunais – especialmente a Suprema Corte – e o Congresso, Epstein e Kobylka (1992) afirma que "[elas] não são aleatórias. A composição política do legislador em relação à Corte desempenha um papel importante na determinação do curso dessas relações, sejam elas antagônicas ou amistosas" (p.24). O fato de que os juízes da Suprema Corte devem ser aprovados pelo Senado também impõe uma restrição ao primeiro. No entanto, como as políticas criadas pelo Congresso, se questionadas, podem vir a ser anuladas pela Corte, o fator de poder e o impacto não são um caminho de mão única.

3.5. Maximização do Autointeresse (ou Satisfação)

Outro conjunto de fatores que podem afetar significativamente a tomada de decisão judicial é o desejo que os juízes têm de maximizar os benefícios próprios. Nos termos de Posner, essa é a chamada Teoria Econômica do Comportamento Judicial. No entanto, por "benefícios" não se deve entender apenas ganhos materiais ou pecuniários. Um benefício concreto que os juízes podem tentar maximizar são as chances de ter sucesso em sua carreira. Ao observar o Tribunal Constitucional italiano, Melcarne (2017) corrobora a hipótese de que as preocupações profissionais dos juízes afetam seu comportamento; o motivo é o impacto na reputação de sua conduta. Além disso, essas preocupações são independentes das características pessoais dos juízes. O autor ainda encontrou que os juízes são sensíveis a pressões externas, especialmente os interesses do Poder Executivo, muito em linha com a discussão da seção anterior.

Ainda na Europa, Schneider (2005) confirma que incentivos de carreira afetam o comportamento dos juízes; no entanto, suas observações dos tribunais alemães do trabalho vão além, combinando com preocupações das teorias econômicas de "mercados internos" na estrutura judicial. Como uma combinação de preocupações com a carreira e pressões externas, o autor mostra que "[as] decisões judiciais provavelmente estarão de acordo com as políticas ou opiniões dos órgãos que influenciam sua nomeação. Esses órgãos podem ser tribunais, parlamentos e governos" (p. 140). O autor afirma que seus resultados podem ser generalizados para outras jurisdições de Direito civil, pois a estrutura dos tribunais trabalhistas alemães é a mesma que a encontrada em muitos outros países.

4. Consequencialismo de Decisões Judiciais[2]

Enquanto os juristas debatem se as decisões judiciais *deveriam* ou *não deveriam* se preocupar com as consequências, economistas e jus economistas afirmam categórica e positivamente que as decisões judiciais *têm* consequências, quer goste ou não. Essa diferença no olhar da questão está relacionada com a diferença na natureza das duas ciências. Basta relembrar que a ciência econômica tem um enfoque no comportamento humano. Nesse sentido, o economista é treinado a analisar as consequências de determinada opção de política pública, e não na integridade lógico-dedutiva da norma ou do princípio em jogo. Além disso, a *prática* jurídica é instantânea, preocupa-se mais com o momento presente na tentativa de encerrar aquele caso trazido. Já o economista, dado que precisa entender o impacto comportamental no sistema, sabe que os efeitos políticos, sociais e econômicos podem demorar para acontecer: são como ondas em um lago perturbado, propagam-se por muito tempo até a cessão do efeito. Finalmente, os economistas levam em conta a existência

---

[2] Para discussão mais aprofundada sobre consequencialismo das decisões judiciais ver Yeung (2019b).

das já mencionadas externalidades – efeitos positivos ou negativos gerados para a sociedade, ignorados por aquele que os produzem – uma decisão judicial não impacta somente as partes que trouxeram o litígio, elas são sinalizações para outros indivíduos e empresas, que por sua vez, tomarão decisões que refletirão igualmente em outras pessoas. É a insistência em ignorar as externalidades de suas decisões que faz com que a dogmática jurídica, e as decisões judiciais, acabe gerando o que chamamos de *efeito bumerangue*. Este acontece, por exemplo, quando um juiz profere uma decisão (normalmente com muito boas intenções) para proteger uma pessoa, por exemplo, um hipossuficiente. Mas, pela ignorância de seus efeitos, a decisão acaba voltando e gerando resultados que prejudicam a própria pessoa que se quis inicialmente proteger – tal qual o bumerangue, que após lançado, volta e pode cortar a cabeça do lançador incauto.

Todos os dias, dezenas ou centenas de bumerangues são lançados por juízes bem-intencionados, gerando consequências perversas, se não desastrosas, no resultado final. Uma literatura empírica extensa neste sentido, até mesmo no Brasil, comprovam este fenômeno[3].

5. Implicações e Futuros Direcionamentos

O que se pode inferir dessa breve discussão e revisão dos estudos empíricos sobre decisões judiciais? O que os estudos até agora evidenciaram?

No início os estudos tinham uma abordagem mais positiva: tentativas de capturar tendências em decisões judiciais, fontes de ideologia pessoal e outros fatores que podem impactar os resultados dos tribunais. Ao longo do tempo, com o desenvolvimento de teorias e metodologias, os autores de decisões judiciais adotaram cada vez mais (embora às vezes não explicitamente) uma perspectiva normativa. As evidências resultantes mostram que os juízes são influenciados por fatores como composição das turmas, benefícios materiais

---

[3] Por exemplo: Rezende e Zylbersztajn (2011) e Bertran (2007).

e não materiais, grupos de pressão etc. Com base nisso pode-se perguntar como as instituições devem ser mais bem projetadas para fornecer os incentivos "corretos" para que os juízes se comportem da maneira "adequada", tomando decisões mais democráticas, mais inclusivas, mais eficientes.

Por fim, vale anunciar o que desponta no horizonte nos estudos do comportamento judicial e das decisões judiciais – e as notícias são muito promissoras, sobretudo no Brasil. Iremos nos beneficiar muito em breve – na verdade já estamos começando as nos beneficiar – das tecnologias computacionais de *text mining* e *big data* que vêm se desenvolvendo exponencialmente ano após ano. Estas, combinadas com as metodologias estatísticas e econométricas que, desde as décadas de 1970 não param de avançar cada vez mais rapidamente, trarão um maravilhoso mundo novo nos estudos nesta área.

Referências

ARIDA, P.; BACHA, E. L.; LARA-REZENDE, A. "Credit, Interests, and Jurisdictional Uncertainty: Conjectures on the Case of Brazil". *In* GIAVAZZI, F.; GOLDFAJN, I.; HERRERA, S. (eds.). *Inflation Targeting, Debt, and the Brazilian Experience, 1999 to 2003.* Cambridge, MA: The MIT Press, 2005, pp. 265-293.

BERTRAN, Maria Paula. "A decisão judicial apoiada na Nova Economia Institucional: Acertos e erros dos magistrados brasileiros no caso de revisão dos contratos de arrendamento mercantil de automóveis indexados ao dólar". *UC Berkeley: Latin American and Caribbean Law and Economics Association (ALACDE) Annual Papers.* 2007. Disponível em: <https://escholarship.org/uc/item/1gd0q280>. Acesso em 11 jul. 2020.

BOYD, Christina L.; EPSTEIN, Lee; MARTIN, Andrew D. "Untangling the Causal Effects of Sex on Judging". *American Journal of Political Science.* vol. 54, n° 2 (2010), pp. 389-411.

CERON, Andrea; MAINENTI, Marco. "Toga Party: The Political Basis of Judicial Investigations against MPs in Italy (1983-2013)". *South European Society and Politics,* vol. 20, n° 2 (2015), pp. 223-242.

COASE, Ronald H. "The Problem of Social Cost". *The Journal of Law and Economics.* vol. 3 (1960), pp. 1-44.

COLLINS, Paul M.; SOLOWIEJ, Lisa A. "Interest Group Participation, and Conflict Competition , the U.S. Supreme Court". *Law & Social Inquiry.* vol. 32, n° 4 (2007), pp. 955-984.

COLLINS, Paul M.;MARTINEK , Wendy L. "Friends of the Circuits: Interest Group Influence on Decision Making in the U.S. Courts of Appeals". *Social Science Quarterly.* vol. 91, n° 2 (2010), pp. 397-414.

EPSTEIN, Lee "Some thoughts on the study of judicial Behavior". *William & Mary Law Review,* vol. 57, n 6 (2016), pp. 2017-2073.

EPSTEIN, Lee; MARTIN, Andrew D. "Does Public Opinion Influence the Supreme Court? Possibly Yes (But We're Not Sure Why)". *Journal of Constitutional Law,* vol. 12, n° 2 (2010), pp. 263-281.

EPSTEIN, Lee; KOBYLKA, Joseph F. *The Supreme Court and Legal Change: Abortion and the Death Penalty (Thornton H. Brooks Series in American Law & Society).* Chapel Hill: The University of North Carolina Press, 1992.

EPSTEIN, Lee; LANDES, William M.; POSNER, Richard A. *The Behavior of Federal Judges.* Cambridge: Harvard University Press, 2013.

FARHANG, Sean; WAWRO, Gregoy. "Institutional Dynamics on the U.S. Court of Appeals: Minority Representation Under Panel Decision Making". *Journal of Law, Economics, and Organization.* vol. 20, n° 2 (2004), pp. 299-330.

GREZZANA, Stefânia; PONCZEK, Vladimir. "Gender Bias at the Brazilian Superior Labor Court". *Brazilian Review of Econometrics.* vol. 32, n° 1 (2012), pp. 73-96.

HARNAY, Sophie; MARCIANO, Alain. "Judicial conformity versus dissidence: an economic analysis of judicial precedent". *International Review of Law and Economics.* vol. 23 (2004), pp. 405-420.

HAINES, Charles G. "General Observations on the Effects of Personal, Political, and Economic Influences in the Decisions of Judges". *Illinois Law Review.* vol. 17 (1922), p. 96.

JENSEN, Michael C.; MECKLING, William H. "Theory of the firm: Managerial behavior, agency costs, and ownership structure". *Economics social institutions.* 1979pp. 163-231.

KING, Kimi L.; GREENING, Megan. "Gender Justice or Just Gender? The Role of Gender in Sexual Assault Decisions at the International

Criminal Tribunal for the Former Yugoslavia". *Social Science Quarterly.* vol. 88, n° 5 (2007), pp. 1049-1071.

LOPES, Felipe M.; AZEVEDO, Paulo F. "Government Appointment Discretion and Judicial Independence: Preference and Opportunistic Effects on Brazilian Courts". *Economic Analysis of Law Review.* vol. 9 (2018), n° 2, pp. 84-106.

MELCARNE, Alessandro "Careerism and judicial behavior". *European Journal of Law and Economics.* Vol. 44 (2017), pp. 1-24.

PERESIE, Jennifer L. "Female Judges Matter: Gender and Collegial Decision-making in the Federal Appellate Courts". *The Yale Law Journal*, vol. 114, n° 7 (2005), pp. 1759-1790.

POSNER, Richard A. *How Judges Think.* Cambridge: Harvard University Press, 2008.

PRITCHETT, C. Hermann. "Public Law and Judicial Behavior". *The Journal of Politics,* vol. 30 (1968), 480-509.

REZENDE, Christiane L.; ZYLBERSZTAJN, Decio. "Quebras contratuais e dispersão de sentenças." *Revista Direito GV* 7, n°. 1 (2011), pp. 155-175.

SCHNEIDER, Martin R. "Judicial career incentives and court performance: an empirical study of the German labour courts of appeal". *European Journal of Law and Economics.* Vol. 20 (2005), no 2, pp. 127-144

SCHWARTZ, Alex; MURCHISON, Melanie J. "Judicial Impartiality and Independence in Divided Societies: An Empirical Analysis of the Constitutional Court of Bosnia-Herzegovina". *Law and Society Review.* vol. 50 (2016), n° 4, pp. 821-855.

SMYTH, Russell. "The Role of Attitudinal, Institutional and Environmental Factors in Explaining Variations in the Dissent Rate on the High Court of Australia", *Australian Journal of Political Science.* vol. 40, n° 4 (2005), pp. 519-540.

WEDER, B. "Legal Systems and Economic Performance: The Empirical Evidence" *In* ROWAT, M. *et al.* "Judicial Reform in Latin America and the Caribbean – Proceedings of a World Bank Conference". *World Bank Technical Paper Number 280* (1995). Washington DC: The World Bank.

YEUNG, Luciana. "Empirical Analysis of Judicial Decisions".In MARCIANO, A.; RAMELLO, G.. (Eds.). *Encyclopedia of Law and Economics.* New York, NY: Springer-Verlag, 2018.

YEUNG, Luciana L. "Bias, insecurity and the level of trust in the judiciary: the case of Brazil". *Journal of Institutional Economics*, vol. 15 (2019), n° 1, pp 163-188.

YEUNG, Luciana L. "O Consequencialismo das Decisões Judiciais e das Normas Jurídicas". *In* ARAÚJO, Luiz N.P.; DUFLOTH, R. V. *Ensaios em Law and Economics*. São Paulo: LiberArs, 2019, pp. 173-191.

Capítulo 13
Juízes de Jaleco: a Judicialização da Saúde no Brasil

Paulo Furquim de Azevedo

1. Introdução

Um dos problemas mais complexos em políticas públicas é decidir quais serviços de saúde devem ser disponibilizados para a população de um país. Quando um novo medicamento ou um novo procedimento cirúrgico são desenvolvidos, deve-se incorporá-los a um sistema universal de saúde ou não? Quantos vão se beneficiar deles e a que custo? Quando esse custo for maior do que as alternativas vigentes, quais serviços de saúde devem ser reduzidos para viabilizar os recursos para o novo procedimento? Ou seria melhor financiá-lo por meio de um aumento de impostos e ampliação dos gastos em saúde?

Alguns países, como os Estados Unidos da América (EUA), apresentam uma resposta simples e insuficiente para esse problema. Seu sistema está baseado na escolha individual, de beneficiários de planos de saúde, e das operadoras que podem transacionar grande diversidade de planos, com diferentes graus de cobertura. Outros países, com o Reino Unido, têm organismos especializados para responder esse conjunto complexo de questões. São atores fundamentais na política de saúde, como é o caso do reputado *National Institute for Health and Care Excellence* (NICE), parte fundamental do sistema de saúde pública britânico (*National Health System*).

O Brasil conta também com órgão equivalente, a Comissão Nacional de Incorporação de Tecnologias no SUS (CONITEC), que opina sobre a conveniência ou não de incorporação de novos medicamentos ou procedimentos no Sistema Único de Saúde (SUS) , sendo suas análises muitas vezes estendidas para a saúde suplementar pela Agência Nacional de Saúde (ANS) (MENDES, 2019). Mas há, no Brasil, um ator extremamente relevante para a política de saúde brasileira: o judiciário.

Não faltam fundamentos jurídicos para que conflitos e assuntos sobre saúde tenham como destino as cortes brasileiras. Há inúmeros normativos que tratam do assunto, que ocupa também lugar de destaque na Constituição Brasileira, que em seu art. 196, contém uma expressão utilizada à exaustão nos milhares de processos judiciais envolvendo a prestação desses serviços: "a saúde é direito de todos e dever do Estado".

Centenas de milhares de demandas judiciais encontraram amparo em decisões judiciais, transformando a política pública de saúde e o equilíbrio contratual na relação privada entre operadoras de planos de saúde e seus beneficiários . Há casos de toda espécie, de pedidos de acesso a leito ou medicamentos da lista do SUS, a cirurgias em animais domésticos ou medicamentos cuja segurança e eficácia ainda não foram testadas.

Este foi, por exemplo, o caso da fosfoetanolamina, conhecida como a "pílula do câncer", substância desenvolvida por pesquisadores da Universidade de São Paulo (USP), que ganhou espaço na imprensa antes de ter sido submetida a testes clínicos e, até por isso, ainda não aprovada pela Agência Nacional de Vigilância Sanitária (Anvisa). Entre junho de 2015 e fevereiro de 2016 cerca de 13 mil liminares foram concedidas em desfavor da USP, obrigando a universidade, que, diga-se de passagem, não é empresa farmacêutica, a disponibilizar aos demandantes o suposto medicamento (BUCCI; DUARTE, 2017). Após a conclusão dos testes clínicos constatou-se que a substância não apresentava os requisitos mínimos de eficácia, tendo sido descartada como medicamento contra o câncer. Nesse meio tempo a USP teve de deslocar recursos de suas áreas prioritárias para atender às liminares, e milhares de pacientes ficaram sujeitos a tratamento impróprio para as suas doenças, com provável prejuízo à sua saúde.

O caso da fosfoetanolamina é extremo, mas ilustra possíveis implicações de se transferir para juízes de primeira instância o poder de decidir problemas complexos de política pública, cujos efeitos não são individuais e circunscritos ao caso. Como se verá neste capítulo há inúmeros outros casos em que a política pública de saúde foi moldada por decisões judiciais em inúmeros casos individuais, com pouca ou nenhuma consideração às determinações dos órgãos técnicos responsáveis pelo desenho da política de saúde, como Anvisa, CONITEC ou ANS.

Por outro lado, não são poucos os casos em que operadoras de planos de saúde descumprem contratos ou abusam de sua relação com seus beneficiários. . Também há casos de prefeituras e governos estaduais que descumprem a política pública de saúde orientada pelos mesmos órgãos listados acima. São casos em que o judiciário é chamado a intervir para resolver conflitos no sistema de saúde, um papel absolutamente essencial e central ao bom funcionamento desse sistema. Por esse motivo, a judicialização da saúde é um fenômeno complexo e multifacetado, com implicações variadas sobre o sistema de saúde e sobre a saúde das pessoas.

Este capítulo apresenta uma visão geral sobre a judicialização da saúde e suas diversas implicações. A próxima seção desenvolve em maior detalhe a caracterização desse fenômeno, utilizando para tanto, dados empíricos em nível nacional. A seção seguinte trata especificamente do problema da falta de deferência do judiciário aos órgãos técnicos e suas implicações sobre a política de saúde e de compras públicas, efeitos colaterais da judicialização da saúde. Finalmente, o capítulo se encerra com uma visão geral sobre o problema e possíveis ações para mitigá-lo.

2. Judicialização da Saúde: Características Gerais

O fenômeno da judicialização da saúde é crescente e heterogêneo. Segundo dados de gestão processual, obtidos junto aos tribunais estaduais e federais por meio da Lei de Acesso à Informação, o número de processos judiciais distribuídos anualmente em temas relacionados à saúde aumentou 130% entre 2008 e 2017, bem acima do número total de processos judiciais em geral, que cresceu 50% no mesmo período (AZEVEDO *et al.* 2019).

Esse crescimento teve efeito sobre o equilíbrio dos contratos de planos de saúde e sobre o orçamento público. Segundo o Ministério da Saúde, conforme mostra a Figura 1, seus gastos com demandas judiciais cresceram mais de 10 vezes em seis anos, atingindo R$ 1,3 bilhão em 2016. Efeito semelhante é notado também nas outras esferas de governo, sendo particularmente agudo em municípios, cujo orçamento e capacidade de gestão são constrangidos por liminares judiciais (BLIACHERIENE; MENDES, 2010).

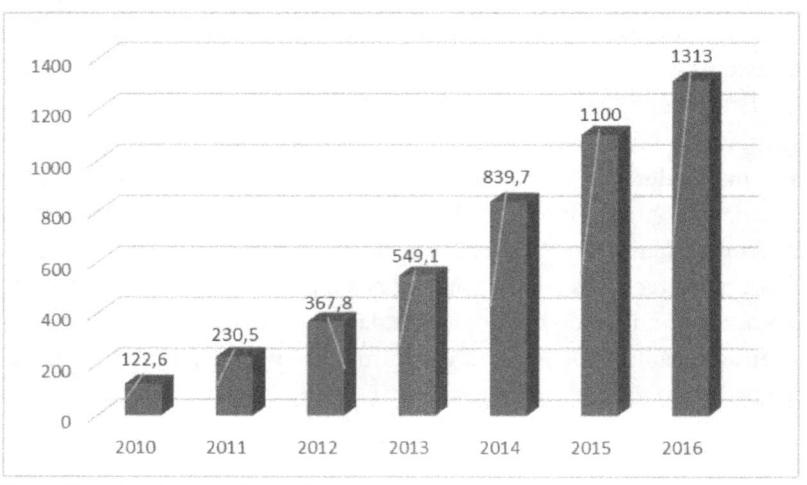

Figura 1

Gastos do Ministério da Saúde do Brasil com demandas judiciais (em milhões de reais)

Ano	Valor
2010	122,6
2011	230,5
2012	367,8
2013	549,1
2014	839,7
2015	1100
2016	1313

Fonte: Ministério da Saúde do Brasil

A intensidade da judicialização da saúde no Brasil é bastante heterogênea regionalmente, um reflexo de características socioeconômicas locais, bem como de ações estratégicas dos principais atores. Enquanto em São Paulo é mais frequente a judicialização de casos da saúde suplementar, em Minas Gerais são mais comuns demandas relativas ao SUS, possivelmente uma decorrência da elevada cobertura de planos de saúde no primeiro, e da crise fiscal que compromete o serviço público no segundo.

Como se nota na Tabela 1, é bastante variável a intensidade de judicialização, medida pela quantidade de processos distribuídos por 100 mil habitantes entre tribunais e ao longo do tempo. Há casos de notável crescimento, como o Tribunal de Justiça do Estado do Ceará, que atingiu mais de 300 novos processos por 100 mil habitantes em 2017, enquanto outros mantêm relativa estabilidade de casos. No caso do Tribunal de Justiça do Estado de São Paulo (TJSP), por exemplo, passado um crescimento inicial, há relativa estabilização após 2014. Essa diferença é em parte explicada pela resposta das autoridades públicas de do Estado de São Paulo e de outros estados, que adotaram estratégias pré-processuais com a finalidade de reduzir a judicialização (VASCONCELOS, 2018).

Há dois tipos de demandas judiciais relacionadas à saúde, que se distinguem pelos efeitos da judicialização sobre o funcionamento do sistema de saúde. No primeiro tipo incluem-se as demandas de pessoas que buscam no judiciário o cumprimento do contrato do plano de saúde, no âmbito da saúde complementar, e as demandas que exigem do poder público o cumprimento da política de saúde, no âmbito do Sistema Único de Saúde. Em ambos os casos, o judiciário desempenha um importante papel, como terceira parte, ao fazer cumprir os termos de um contrato ou as normas da política de saúde, assim como ao dirimir conflitos decorrentes da incompletude desses contratos e normas.

No segundo grupo estão as demandas por procedimentos não cobertos pelo contrato ou pela política de saúde (*e.g.* procedimentos ou medicamentos não aprovados na política do SUS ou fora do rol adotado pela ANS). Este é o caso da fosfoetanolamina, citada na introdução deste capítulo, e de inúmeros pedidos que, embora de natureza individual, contestam a avaliação da política pública de saúde, responsável por decidir quais procedimentos e medicamentos

Tabela 1

Intensidade de judicialização da saúde por tribunais selecionados (nº de processos distribuídos por 100 mil habitantes)

TJ	Região	2010	2011	2012	2013	2014	2015	2016	2017
TJDF	Centro-Oeste	0,04	0,11	0,38	0,93	1,54	4,67	19,65	87,61
TJMS	Centro-Oeste	28,62	47,95	79,28	112,4	154,45	148,61	211,9	214,7
TJMT	Centro-Oeste	77,85	64,86	72,61	67,6	83,02	46,18	45,23	33,58
TJAL	Nordeste	38,35	35,09	60,94	35,41	19,27	48,58	87,38	85,05
TJCE	Nordeste	10,72	15,86	28	46,55	52,63	165,75	65,19	310,68
TJMA	Nordeste	62,5	62,51	51,2	34,66	37,79	31,66	32,18	34,44
TJPE	Nordeste	28,13	36,61	92,13	132,55	59,62	53,94	63,88	66,09
TJPI	Nordeste	0,22	0,22	0,38	0,72	1,25	2,09	1,28	1,89
TJRN	Nordeste	66,47	78,75	76,95	74,51	82,47	72,13	77,64	116,68
TJAC	Norte	0,41	1,21	5,8	14,94	27,46	21,78	31,47	32,06
TJRO	Norte	11,53	14,34	36,41	71,23	17,61	25,73	0,17	0
TJTO	Norte	0,29	3	7,27	12,18	16,97	31,09	38,1	38,7
TJES	Sudeste	0,23	0,25	0,28	0,81	0,62	0,79	1,16	1,67
TJMG	Sudeste	3,2	3,86	5,84	8,92	9,64	10,87	17,26	26,26
TJRJ	Sudeste	24,72	0,14	0,09	0,25	0,7	1,1	0,73	1,03
TJSP	Sudeste	18,74	22,55	33,46	37,86	44,57	48,47	47,72	52,03
TJSC	Sul	6,21	7,68	14,08	29,69	67,8	102,8	121,37	175,73
Total		20,34	19,97	29,59	35,71	35,95	45,41	43,68	67,04

Fonte: Dados de gestão processual dos tribunais, obtidos por meio de Lei de Acesso à Informação, apud Azevedo et al. (2019).

devem ser incorporados ao sistema público ou coletivo. O efeito dessas demandas judiciais, quando acolhidas pelo judiciário, é enfraquecer o contrato e subverter a política pública de saúde, transformada por milhares de decisões judiciais em casos individuais, com precário embasamento técnico e nem sempre consistentes entre si.

A maior parte das demandas é acolhida parcial ou totalmente, muitas vezes com antecipação de tutela por meio de liminares *inaudita altera pars*, sendo apenas aproximadamente 5% declaradas improcedentes. Morgulis (2020), em uma estimação jurimétrica sobre as probabilidades dos resultados das decisões judiciais de primeira instância no TJSP, mostra que o provimento total do pleito do demandante é menor em casos relacionados à saúde pública e em que as partes aleguem hipossuficiência ou baixa renda. Esse resultado é consistente com a literatura qualitativa que já observava haver sinais de regressividade nas decisões judiciais, ao contrário do que seria de se esperar em uma política pública (FERRAZ, 2009).

O resultado mais interessante, contudo, está relacionado às características dos juízes. Aqueles que estão há mais tempo no judiciário tendem a decidir com menor frequência pelo provimento pleno das demandas; e aqueles com maior experiência em casos relacionados à saúde fazem mais uso de citações aos órgãos técnicos e, quando o fazem, tendem a decidir com maior frequência pela improcedência ou procedência plena das demandas (reduzem os casos parcialmente procedentes). Esses resultados indicam que o modo de organização do judiciário, como o estabelecimento de varas especializadas que permitam maior aprendizado dos juízes em casos de saúde, pode contribuir para decisões mais qualificadas, tema aprofundado na próxima seção.

3. A Decisão Individual para um Problema Coletivo

O problema mais fundamental da judicialização da saúde é a dificuldade em conciliar a natureza do problema de saúde, notadamente de natureza coletiva, com o modo em que as demandas pelo tema se apresentam no judiciário, por meio de ações individuais. Ao juiz é apresentado um dilema individual, muitas vezes na forma de uma questão de vida ou morte, em que se sobressaem apenas a pessoa do demandante e a prescrição de seu médico. Por isso é tão comum a antecipação de tutela, na forma de liminares, tendo por base apenas a prescrição médica (WANG, 2015).

Ocorre que a decisão de se dar provimento ou não à demanda judicial é complexa e, necessariamente, apresenta consequências coletivas difíceis de serem antecipadas pelo juiz. Na escala que atingiram as demandas judiciais, essas decisões individuais transformam-se em política não intencional, determinando a alocação dos recursos públicos. Mesmo quando há recursos no orçamento público, critério utilizado por alguns juízes para dar provimento ao demandante, o dilema permanece, pois, deve-se perguntar qual seria a alocação mais apropriada desses recursos considerando todos os seus usos alternativos, algo que os economistas denominam por custo de oportunidade. Essas considerações estão ausentes das decisões judiciais e, mesmo que os juízes assim fizessem, não teriam elementos suficientes para introduzi-las apropriadamente em seus votos.

Foi para dar resposta a esse problema que foram constituídos mecanismos de qualificação da decisão judicial, alguns criados pelo próprio judiciário. É o caso, por exemplo, dos Núcleos de Apoio Técnico do Poder Judiciário (NAT-Jus), órgãos técnicos voltados à assessoria de magistrados em decisões relacionadas à saúde. Para cada caso em que são instados a se manifestar, o NAT-Jus elabora um parecer que fica disponível para consulta de qualquer outro juiz.

Diante da complexidade da decisão pela concessão ou não de um medicamento ou procedimento médico, seria de se esperar que juízes utilizassem o apoio do NAT-Jus em suas decisões. Também, dado se tratar de item tão fundamental na política de saúde, seria de se esperar que a opinião e decisões dos órgãos técnicos, como a CONITEC, fossem levadas em consideração nas decisões judiciais, ainda que para serem contraditadas.

Não é, contudo, o que se nota na análise do texto das decisões judiciais. Por meio de extração de expressões regulares em cerca de 300 mil acórdãos de 15 tribunais brasileiros, foi possível identificar quais decisões citam o NAT-Jus, a CONITEC ou seus protocolos clínicos e diretrizes terapêuticas. Como se nota na Tabela 2, a citação a esses órgãos é extremamente baixa, não atingindo 1% nos casos do NAT-Jus e da CONITEC, o que sugere que a decisão judicial de alta complexidade tende a ser desinformada. Esse resultado é consistente com as conclusões de Wang e Vasconcelos (2019), que mostram que não há efeito relevante dos pareceres da CONITEC sobre as decisões judiciais.

Tabela 2

Mecanismos de qualificação de decisões: NATs, CONITEC e Protocolos

	CONITEC	NAT	Protocolos
Norte	0,55%	0,17%	4,24%
Nordeste	0,07%	0,01%	1,58%
Sudeste	0,10%	0,20%	4,77%
Sul	1,49%	0,07%	8,54%
Centro Oeste	0,04%	2,71%	7,41%
Brasil	0,51%	0,29%	5,83%

Fonte: Adaptado de Azevedo et al. (2019)

Conclusão

Juízes têm decidido pela incorporação de novos medicamentos e procedimentos em casos individuais, mas em uma escala capaz de transformar a política de saúde e desequilibrar os contratos privados entre operadoras de planos de saúde e beneficiários. Essa decisão é feita com a urgência que cada caso individual requer, frequentemente por meio de antecipação de tutela, na maior parte dos casos tendo por base apenas a prescrição do médico do demandante.

É digno de nota que a deferência judicial manifesta-se a um único médico, que tem inúmeros motivos para desconsiderar os custos sociais de sua decisão, e a falta de deferência aos órgãos técnicos, como a CONITEC, cujos pareceres são elaborados por um coletivo de médicos e demais técnicos, responsáveis por avaliar a conveniência ou não da incorporação de novos medicamentos ou procedimentos médicos. Chama especialmente atenção o fato de que foram criados mecanismos de qualificação das decisões judiciais em saúde, construídos para amparar o juiz no dilema que lhe foi apresentado, mas que quase não são utilizados. Nessas circunstâncias, não é de se espantar que proliferem casos como o da fosfoetanolamina e variantes, sem que se considere a segurança do medicamento e sua relação custo-eficácia. São por casos como estes que a judicialização da saúde é normalmente vista como um problema para a saúde e não como uma solução para um problema da saúde.

A mudança passa pelo aprendizado dos magistrados, seja pela formação básica em Direito e Economia da saúde, ausente dos currículos e dos concursos para a magistratura, seja pelo emprego de varas especializadas que podem criar a experiência desse aprendizado. Há notáveis exemplos de juízes conhecedores e deferentes à política de saúde, cientes de estarem diante de um dilema coletivo e não apenas individual, mas ainda são poucos. A meta deveria ser atingir o nível de deferência judicial que desfruta o *National Institute for Health and Care Excellence* (NICE), no Reino Unido, cujos pareceres são a principal peça de fundamentação das decisões do judiciário.

Referências

AZEVEDO, P.F. et al. *Judicialização da saúde no brasil: perfil das demandas, causas e propostas de solução*. São Paulo: Insper – Centro de Regulação e Democracia, Relatório de Pesquisa, Conselho Nacional de Justiça, 2019. Disponível em <https://www.insper.edu.br/wp-content/uploads/2020/07/Relatorio_CNJ-FINAL-.pdf>.

BLIACHERIENE, Ana Carla; SANTOS, José Sebastião dos. "Direito à vida e à saúde: impactos orçamentário e judicial". In: BLIACHERIENE, A.C.; SANTOS, J.S. *Direito à Vida e à Saúde: impactos orçamentário e judicial*. São Paulo: Atlas, 2010.

BUCCI, Maria Paula Dallari; DUARTE, Clarice Seixas. *Judicialização da saúde*: a visão do poder executivo. 2017.

FERRAZ, Octavio. L. M. "The right to health in the courts of Brazil: Worsening health inequities?". *Health and human rights*, 2009, pp. 33-45.

MENDES, Eugênio Vilaça. *Desafios do SUS*. Brasília-DF: CONASS, 2019.

MORGULIS, Maria Clara de A. *Health Litigation, Judge's Experience and Justice Organization*. 2020. (manuscrito)

VASCONCELOS, Natalia Pires de; *Mandado de segurança ou ministério da saúde?: Gestores, procuradores e respostas institucionais à judicialização*. Tese de Doutoramento. Universidade de São Paulo, São Paulo, 2018.

WANG, D. W. L. "Right to health litigation in Brazil: The problem and the Institutional Responses". *Human Rights Law Review*. vol. 15, n° 4 (2015), pp. 617-641.

WANG, D. W. L.; VASCONCELOS, N.P. *The impact of health technology assessment on judicial deference to priority-setting decisions in healthcare: evidence from Brazil*. 2019. (manuscrito)

Capítulo 14
A Análise de Impacto Regulatório e o Aprimoramento das Normas

Fernando B. Meneguin

1. Introdução

Conforme o Primeiro Teorema do Bem-Estar Social, sempre que houver um mercado competitivo, isto é, uma concorrência perfeita, o livre mercado propiciará uma alocação de recursos eficiente do ponto de vista econômico. No entanto, esse teorema é válido sob condições bem restritas.

Sabe-se que existem situações, conhecidas como falhas de mercado, que quebram essa lógica, podendo gerar alocações que não são eficientes. Nesse caso há a necessidade de regulação estatal. Para tanto, normas são elaboradas e, juntamente com elas, é criado um conjunto de incentivos e sanções que apresentam reflexos sobre o funcionamento da economia e da sociedade.

Sem questionar a importância da regulação, há situações em que as normas são concebidas sem o devido cuidado, de forma que geram mais custos do que benefícios. Em outras palavras, ao invés de reduzir falhas de mercado, elas introduzem distorções adicionais, principalmente no ambiente econômico.

Nesse caso, têm-se as chamadas falhas de governo, intervenções governamentais incorretas que geram distorções maiores do que os problemas a que elas se propunham resolver. Esse efeito adverso é conhecido na literatura como *Efeito Peltzman*, situação em que a regulação tende a criar condutas não previstas para os regulados, anulando os benefícios almejados (PELTZMAN, 2007).

Um exemplo clássico de regulação malfeita é encontrado na história recente do Brasil: o Plano Cruzado, ao promover o congelamento de preços para combater uma hiperinflação, não permitiu o ajuste dos valores de mercadorias sujeitas à sazonalidade, gerando um desequilíbrio de preços. Isso agravou o desabastecimento de bens (ninguém se dispunha a vender com prejuízo ou perder oportunidades de lucro) e fomentou o surgimento de ágio para compra de produtos escassos, principalmente os que se encontravam na entressafra, como carne e leite.

Outro exemplo contemporâneo diz respeito ao uso de política fiscal anticíclica. Em momentos de desaceleração econômica é desejável que o setor público amplie gastos ou reduza sua tributação, com vistas a aquecer a demanda privada e estimular a retomada do crescimento. Há de haver, contudo, espaço fiscal disponível. Do contrário, se o Estado já estiver operando em níveis elevados de endividamento, o aumento de gastos se torna contraproducente, pois, se implementado, a consequência natural tende a ser o agravamento da situação que se buscava reverter.

Assim, em que pese a necessidade de atuação do Estado regulador, é natural que se questione acerca da pertinência e da adequação das normas regulatórias. Será que o desenho da norma consegue gerar efeitos que eram realmente os esperados? Será que os custos impostos pela regulação superam os benefícios gerados para a sociedade?

As respostas a essas perguntas direcionam o presente texto para um instrumento que tem recebido bastante atenção nos países associados à Organização para a Cooperação e Desenvolvimento Econômico (OCDE), o chamado *Regulatory Impact Assessment* – Análise de Impacto Regulatório (AIR). Trata-se de uma ferramenta aplicada com a finalidade de subsidiar a elaboração das normas regulatórias e a formulação de políticas públicas, contribuindo para o aumento da racionalidade do processo decisório acerca das potenciais ações governamentais. (MENEGUIN; BIJOS, 2016).

Meneguin e Silva (2017, p. 14) ressaltam que a materialização da intervenção estatal ocorre por meio das políticas e ações que buscam regular situações que necessitam ser resolvidas no interior das coletividades.

Seus limites, formas e conteúdo decorrem de processos decisórios que expressam relações e arranjos de poder que devem, necessariamente, obedecer a critérios essencialmente republicanos e democráticos.

O correto desenho desses limites, formas e conteúdo das intervenções estatais é justamente uma das motivações da AIR. A sua institucionalização modifica paradigmas da administração pública, pois gera o dever de se realizar uma avaliação *ex ante* que preceda a produção de atos normativos. A avaliação *ex ante* abarca

> desde a análise dos motivos que tornam necessária determinada intervenção, o planejamento das ações para o desenvolvimento da iniciativa, a definição dos agentes encarregados de implementá-la, o levantamento das normas disciplinadoras pelas quais será regida, até a fundamental avaliação de seus possíveis impactos (MENEGUIN; SILVA, 2017, p. 18).

Para esse estudo das consequências das normas e regulações, bem como a análise de suas implicações, tem-se o amparo dos ensinamentos da Análise Econômica do Direito. Afinal, as intervenções governamentais alteram a matriz de incentivos na qual os cidadãos estão imersos e a Economia propicia instrumentos para se avaliar os efeitos desses incentivos.

Há que se lembrar que as regulações integram as chamadas instituições na teoria de Douglass North:

> As instituições são as regras do jogo em uma sociedade ou, mais formalmente, são as restrições elaboradas pelos homens que dão forma à interação humana. Em consequência, elas estruturam incentivos no intercâmbio entre os homens, seja ele político, social ou econômico. (NORTH, 1990, pp. 5-6).

Segundo Gico Jr. (2012, p. 30),

> existe um amplo espaço dentro da metodologia jurídica atual para técnicas que auxiliem o jurista a melhor identificar, prever e

explicar as consequências sociais de escolhas políticas imbuídas em legislações *(ex ante)* e decisões judiciais *(ex post)* (GICO JR, 2012, p. 30)

Dessa maneira, sob a égide da Análise Econômica do Direito, é que se discute a Análise de Impacto Regulatório. Para desenvolver o tema introduzido aqui, comenta-se na seção dois as recentes mudanças normativas sobre o assunto em âmbito federal. A terceira seção traz uma apresentação da metodologia da AIR, conforme pesquisas da OCDE e o manual editado pelo Governo Federal. Na seção 4, para ilustrar o tema, tem-se a apresentação de uma AIR realizada pela Agência Nacional de Vigilância Sanitária (Anvisa) sobre rotulagem nutricional. Por fim, tecem-se as conclusões e considerações finais do presente estudo.

2. A Institucionalização da AIR no Brasil

Já houve iniciativas para a disseminação da Análise de Impacto Regulatório (AIR) no âmbito do poder público brasileiro. Pode-se destacar o lançamento, pelo Governo Federal em 2018, da obra intitulada "Diretrizes Gerais e Guia Orientativo para Elaboração de Análise de Impacto Regulatório – AIR", que traz um roteiro de apoio, considerando as boas práticas internacionais, para a confecção de uma avaliação.

Em 2019, a Análise de Impacto Regulatório passa a ter *status* de norma legal. Primeiramente houve a aprovação da Lei nº 13.848, de 2019, destinada às agências reguladoras, cujo art. 6º dispõe que:

> A adoção e as propostas de alteração de atos normativos de interesse geral dos agentes econômicos, consumidores ou usuários dos serviços prestados serão, nos termos de regulamento, precedidas da realização de Análise de Impacto Regulatório (AIR), que conterá informações e dados sobre os possíveis efeitos do ato normativo. (BRASIL, 2019)

Nesse mesmo dispositivo legal há a previsão de regulamento sobre o conteúdo e a metodologia da AIR.

Em seguida houve a publicação de outra norma, a Lei n° 13.874, de 2019, que institui a "Declaração de Direitos da Liberdade Econômica". Novamente a AIR ganha destaque, dessa vez passando a ser obrigatória, não somente para as agências reguladoras, mas para toda a administração pública federal:

> Art. 5° As propostas de edição e de alteração de atos normativos de interesse geral de agentes econômicos ou de usuários dos serviços prestados, editadas por órgão ou entidade da administração pública federal, incluídas as autarquias e as fundações públicas, serão precedidas da realização de análise de impacto regulatório, que conterá informações e dados sobre os possíveis efeitos do ato normativo para verificar a razoabilidade do seu impacto econômico.(BRASIL, 2019)

Esta última promoverá uma grande mudança nos paradigmas da administração pública, pois a AIR deverá ser utilizada inclusive em áreas bem distintas das agências reguladoras, onde historicamente não há uma cultura estabelecida de se considerar a avaliação *ex ante*, como por exemplo, nas ações estatais para a defesa do consumidor[1].

3. Análise de Impacto Regulatório – AIR

Segundo a OCDE (ou na sigla em inglês OECD), em seu relatório intitulado "*OECD Regulatory Policy Outlook 2015*", uma boa regulação deve:

- Servir claramente aos objetivos definidos na política governamental;

---

[1] Para uma discussão sobre a aplicação da AIR na defesa do consumidor, veja Meneguin e Lynn (2019)

- Ser clara, simples e de fácil cumprimento pelos cidadãos;
- Ter base legal e empírica;
- Ser consistente com outras regulações e políticas governamentais;
- Produzir benefícios que compensem os custos, considerando os efeitos econômicos, sociais e ambientais disseminados por toda a sociedade;
- Ser implementada de maneira justa, transparente e de forma proporcional;
- Minimizar os custos e as distorções de mercado;
- Promover inovação por meio de incentivos de mercado;
- Ser compatível com os princípios que promovam o comércio e o investimento, tanto em nível nacional quanto internacional.

Por fomentar essa regulação que atenda aos critérios de economicidade, eficiência, eficácia e efetividade, e que realmente promova o desenvolvimento econômico e o aumento do bem-estar social, é que a AIR ganhou destaque nos países associados à OCDE.

Toda regulação traz efeitos colaterais ou *trade-offs*, no entanto, a boa regulação potencializa os ganhos esperados e diminui a extensão dos efeitos indesejados. Com essa perspectiva é que se demonstra a utilidade da AIR. Essa ferramenta é um instrumento de tomada de decisão que ajuda os formuladores de políticas públicas a desenhar as ações governamentais com base em critérios sólidos, fundamentados em evidências concretas (*evidence-based*[2]) e voltadas para o alcance de seus objetivos.

Por um outro relatório da OCDE, "*Regulatory Policy in Perspective*[3]", a definição da metodologia para avaliar o impacto e comparar as alternativas é crucial para que a AIR seja um documento relevante no momento de subsidiar a escolha da nova política governamental ou da norma regulamentadora que será aprovada.

---

[2] A formulação de políticas públicas baseadas em evidências tem sido recorrentemente preconizada no âmbito da OCDE.

[3] OECD. *Regulatory Policy in Perspective*: A Reader's Companion to the OECD Regulatory Policy Outlook 2015. Paris: OECD Publishing, 2015.

No caso de uma análise focada no problema a ser atacado, as metodologias mais comuns utilizadas pelas administrações públicas, conforme Garoupa (2006) são as seguintes:

- Análise de menor custo – verifica e compara somente os custos para escolher a melhor alternativa. Esse método é mais indicado quando os benefícios são fixos e o agente público deve apenas decidir como atingir esses benefícios;
- Análise de custo-efetividade – mensura quanto do resultado (e não o seu valor) é alcançado para cada unidade monetária alocada ao projeto. Usualmente vem traduzida na forma de uma razão (benefício/custo). Um exemplo típico para utilizar essa metodologia é a avaliação de programas de criação de empregos, em que o indicador seria a quantidade de postos de trabalho por unidade monetária alocada no programa. Outra indicação para essa metodologia é quando se trabalha com vidas (inviável de se quantificar em dinheiro), de forma que a razão para fins de comparação seria, por exemplo, o número de vidas salvas por unidade monetária investida;
- Análise de custo-benefício: nesse caso a comparação é em termos monetários tanto do lado dos custos quanto dos benefícios da política. Na maior parte dos casos, a análise de custo-benefício não capta nada sobre como ocorrerá a distribuição de recursos entre as classes da sociedade, de forma que é importante uma análise complementar para verificar o grau de concentração dos custos e benefícios, em particular se os custos são disseminados e os benefícios concentrados.

Importante destacar que há também métodos mais complexos, como a aplicação de grandes pesquisas ou consultas públicas entre amostras consideráveis dos possíveis afetados pela nova regulamentação, bem como o tratamento econométrico da base de dados organizada.

Apesar de haver diferenças de como a AIR tomou forma em diferentes países, há uma estrutura básica que é similar em todos os documentos. Conforme o relatório *"Regulatory Policy in Perspective"* e consoante discussão já apresentada em Meneguin e Bijos (2016, p. 9) sobre a utilização da AIR como instrumento de melhoria das normas, os principais elementos constitutivos de uma avaliação de impacto regulatório são os seguintes:

a) Definição do problema – é essencial identificar corretamente o problema que se quer atacar. Uma nova regulação é necessária quando há falhas de mercado a serem resolvidas, como informação assimétrica, mercados incompletos ou pouco competitivos, custos de transação elevados, entre outras imperfeições de mercado que geram resultados ineficientes. Uma nova regulação também é necessária quando as atuais regras precisam ser alteradas de forma a melhorar a conquista de seus objetivos. Por fim, novas normas são recomendadas quando a administração pública possui novos objetivos de políticas públicas a serem alcançados;
b) Coleta de dados – ter dados e informações disponíveis sobre o tema correlato ao problema é importante para se conseguir acurácia na avaliação do que se quer resolver e na intervenção a ser realizada. Existem vários métodos empíricos disponíveis como aplicação de questionários, consultas públicas, entrevistas, modelagem econométrica, entre outros;
c) Identificação de opções regulatórias – nessa fase, a necessidade de intervenção governamental deve ser traduzida em opções concretas de ação. É importante assegurar que a intervenção escolhida não seja desproporcional ao problema a ser resolvido;
d) Avaliação das alternativas – uma vez que foram elaboradas as opções para se resolver o problema, deve-se avaliá-las. Nesse ponto utilizam-se as técnicas disponíveis da análise de menor custo, análise de custo-efetividade, análise custo-benefício ou análise de risco. Importante incluir a "opção zero", representando a alternativa que capta a evolução do cenário quando não há mudança na política regulatória;
e) Escolha da política a ser adotada – após a comparação das alternativas, identifica-se a melhor opção. Cabe lembrar que a

AIR é mais um instrumento, e não um determinante, para a escolha resultante do processo político decisório.

Após a implementação da nova regulação ou da nova política pública, o impacto deve ser constantemente monitorado. Se houver a construção de indicadores na avaliação *ex ante*, um acompanhamento *ex post* se torna mais simples e eficiente.

De acordo com o manual "Diretrizes Gerais e Guia Orientativo para Elaboração de Análise de Impacto Regulatório – AIR" publicado pelo Governo Federal (CASA CIVIL DA PRESIDÊNCIA DA REPÚBLICA, 2018, p. 28), a AIR deve respeitar o princípio da proporcionalidade, no sentido de que a profundidade do documento e os recursos utilizados para sua produção devem ser proporcionais à relevância do problema investigado.

Ainda, segundo o citado manual existem algumas etapas essenciais que devem constar na AIR para que atenda a seus propósitos. São elas:

a) sumário executivo em linguagem simples;
b) identificação do problema regulatório que se pretende solucionar;
c) identificação dos atores ou grupos afetados pelo problema regulatório;
d) identificação da base legal que ampara a ação;
e) definição dos objetivos que se pretende alcançar;
f) descrição das possíveis alternativas para o enfrentamento do problema (a opção de não ação, soluções normativas e não normativas);
g) exposição dos possíveis impactos das alternativas identificadas;
h) comparação das alternativas consideradas, apontando justificadamente a mais adequada;
i) breve descrição da estratégia para implementação da alternativa sugerida (monitoramento, fiscalização, bem como a necessidade de alteração ou de revogação de normas em vigor);

j) considerações referentes às manifestações recebidas em processos de participação social;
k) nome completo, cargo ou função e assinatura dos responsáveis.

O Governo Federal, a partir dessas etapas, pretendeu orientar os órgãos da administração pública a realizarem a AIR nas regulações criadas a partir de então. Importante enfatizar que o Guia consiste num roteiro analítico com regras de apoio para a elaboração da AIR, mas não se trata de material vinculante ou cujo objetivo seja engessar as análises. Conforme a ampla literatura da OCDE sobre o tema, bem como a experiência prática das agências reguladoras, existem diversos métodos e técnicas disponíveis, sendo que cada caso concreto indicará o melhor caminho a ser trilhado.

No tópico seguinte, para ilustrar o exposto até aqui, apresenta-se uma AIR realizada pela Anvisa para se desenhar uma nova regulação sobre rotulagem nutricional.

4. Estudo de Caso – Rotulagem Nutricional

Apesar de a AIR ser obrigatória há relativamente pouco tempo no Brasil, a ferramenta já foi utilizada com sucesso para subsidiar a solução de problemas regulatórios. Nesta seção, apresentamos os resultados de uma análise desenvolvida pela Agência Nacional de Vigilância Sanitária (Anvisa).

Trata-se da necessidade de atualização da regulação da rotulagem nutricional dos alimentos inserida como estratégia de saúde pública para promoção da alimentação adequada e saudável.

O primeiro passo de uma AIR é identificar o problema regulatório que se pretende solucionar. Conforme o Relatório de Análise de Impacto Regulatório sobre Rotulagem Nutricional[4] publicado

---

[4] ANVISA. *Relatório de Análise de Impacto Regulatório sobre Rotulagem Nutricional*. Brasília: Gerência-Geral de Alimentos/ANVISA, 2019. Disponível em: <http://portal.anvisa.gov.br/documents/10181/3882585/%281%29Relat%C3%B3rio+de+An%-

pela Anvisa em setembro de 2019, material fonte para esta seção, o problema regulatório que se quer enfrentar é a "dificuldade de utilização da rotulagem nutricional pelos consumidores brasileiros".

Esse problema, segundo o Relatório, possui cinco principais causas. São elas:

a) o baixo nível de educação e conhecimento nutricional;
b) o modelo de rotulagem nutricional não atende às necessidades dos consumidores brasileiros;
c) a confusão sobre a qualidade nutricional provocada pelo modelo de rotulagem nutricional;
d) a ausência de informações nutricionais em muitos alimentos;
e) as falhas na veracidade das informações nutricionais declaradas.

Como consequência do problema regulatório e reforçando a necessidade de atuação do Estado, tem-se uma permanente assimetria de informação entre os consumidores e os valores nutricionais informados nos alimentos, o que gera escolhas distorcidas pelos consumidores. Em outras palavras, a dificuldade de entendimento dos rótulos permite um viés cognitivo por parte do consumidor que pode levá-lo a tomar decisões equivocadas (mesmo quando ele está motivado a ter uma alimentação saudável, por exemplo).

Em seguida, pela metodologia da AIR, cabe a identificação dos afetados pelo problema regulatório. O relatório da Anvisa explica que, para essa etapa, procurou-se ter o máximo de participação social, envolvendo

> consumidores, profissionais de saúde, instituições de ensino e pesquisa, setor produtivo de alimentos, especialistas em comunicação, Sistema Nacional de Vigilância Sanitária (SNVS), instituições da sociedade civil, órgãos do governo e organismos internacionais. (ANVISA, 2019)

C3%A1lise+de+Impacto+Regulat%C3%B3rio+sobre+Rotulagem+Nutricional/3e2c2728-b55a-4296-b5af-6c7960fd6efa>. Acesso em 12 jul. 2020.

No que concerne à base legal, o relatório traz a informação de que

> como o problema regulatório encontra-se diretamente relacionado à regulamentação da rotulagem nutricional de alimentos, o amparo legal para intervenção regulatória da Anvisa é fornecido pela Lei nº 9.782, de 26 de janeiro de 1999, que define o SNVS e cria a Anvisa. (ANVISA, 2019)

Segue ainda importante informação quando se verifica o arcabouço jurídico de uma regulamentação: o que trata da coordenação com o restante do governo ou outras áreas regulatórias. Nesse aspecto há a consideração de que, como

> o objetivo da intervenção guarda relação direta com a proteção e a promoção da saúde, como no caso da rotulagem nutricional, não se verifica competências concorrentes ou complementares com outros órgãos da Administração Pública. (ANVISA, 2019)

Isso não diminui a importância da participação dos diversos setores relacionados.

O objetivo principal da intervenção regulatória está definido bem claramente: "facilitar a compreensão da rotulagem nutricional pelos consumidores brasileiros para a realização de escolhas alimentares" (ANVISA, 2019). Em complementação, há cinco objetivos específicos:

- Aperfeiçoar a visibilidade e legibilidade das informações nutricionais; Reduzir as situações que geram engano quanto à composição nutricional;
- Facilitar a comparação nutricional entre os alimentos;
- Aprimorar a precisão dos valores nutricionais declarados;
- Ampliar a abrangência das informações nutricionais em alimentos.

Atente para uma lição importante que deve ser observada em qualquer desenho regulatório – a relação direta entre problema e os objetivos a serem atingidos. No presente caso, como o problema detectado é a dificuldade por parte dos cidadãos de utilizarem a atual rotulagem nutricional, os objetivos traçados estão perfeitamente adequados para a solução do problema por meio da regulação proposta.

Etapa crucial que deve compor a AIR é o levantamento das possíveis alternativas para se atacar o problema detectado. O cuidado ao se pensar em todas as opções disponíveis consiste no fato, de que quanto maior o rol de soluções, maior é a probabilidade de se escolher a melhor alternativa regulatória.

No relatório da Anvisa discutiram-se alternativas, bem como vantagens, desvantagens e impactos de cada alternativa, juntamente com sua viabilidade técnica. Em primeiro lugar, analisou-se a opção de não ação, de manutenção do *status quo*, ou seja, manutenção do cenário existente sem nova intervenção estatal pela agência. Argumenta-se que, uma vez detectado o problema, não caberia a não ação. Além disso, a ausência de regulação pela Anvisa abriria espaço para outras soluções legislativas, o que poderia ser um problema, dado o caráter estritamente técnico da matéria.

O relatório segue discutindo alternativas, como ações de educação e orientação para a população. Faz também análise detalhada de aperfeiçoamentos nos diferentes modelos e informações relacionados com a rotulagem nutricional.

Os impactos de cada opção são apresentados na perspectiva dos principais agentes envolvidos na potencial regulação: consumidores, setor produtivo e governo. Foram considerados pareceres e informações de associações de produtores de alimentos, de entidades de defesa do consumidor, além de estudos internacionais.

Com a compilação de todos os estudos, a Anvisa teve condições de apontar a solução mais adequada do ponto de vista do bem-estar social. Entre as escolhas feitas optou-se pela "adoção obrigatória de um modelo de rotulagem nutricional frontal semi-interpretativo, no formato de um retângulo com lupa, para informar o alto conteúdo de açúcares adicionados, gorduras saturadas e sódio" (ANVISA, 2019).

Ao final, a implementação das medidas regulatórias passa pela publicação de normas contendo as regras gerais para declaração da rotulagem nutricional frontal, da tabela nutricional e das alegações nutricionais, entre outros dispositivos.

O Relatório da Análise de Impacto Regulatório foi colocado em consulta pública, de forma a garantir ampla participação social no processo regulatório, conferindo maior legitimidade às discussões.

O resultado de todo esse processo agregará qualidade às novas normas de rotulagem nutricional, ampliando o bem-estar social.

Conclusões

Uma vez que o mercado não consegue promover a eficiência em todas as situações, a regulação constitui função essencial do Estado para o bom funcionamento da economia. No entanto, para que as soluções às falhas mercado não se tornem falhas regulatórias, há que se ter cuidado na elaboração das normas. A intervenção governamental deve ser capaz de ofertar ganhos líquidos efetivos à sociedade, estimados a partir do confronto entre custos e benefícios associados.

Para que o setor público não agrave problemas que deveria mitigar, destaca-se a Análise de Impacto Regulatório (AIR) como instrumento bastante útil para subsidiar a elaboração ou revisão das normas regulatórias.

De amplo uso no âmbito da OCDE, a AIR vem contribuindo para o aumento da racionalidade do processo decisório governamental atinente às políticas públicas em geral, sejam elas eminentemente regulatórias ou não.

Deve-se ressaltar que o funcionamento das instituições, no qual se incluem as regulações estatais, precisa estar corretamente calibrado de forma a contribuir com uma eficiente coordenação do sistema econômico, estruturando corretamente os incentivos postos à sociedade.

Com a institucionalização da Análise de Impacto Regulatório na administração federal, espera-se que as escolhas atinentes às políticas públicas brasileiras sejam mais acertadas, promovendo incrementos de bem-estar social e propiciando um arcabouço jurídico mais eficiente e efetivo.

Referências

ANVISA. *Relatório de Análise de Impacto Regulatório sobre Rotulagem Nutricional*. Brasília: Gerência-Geral de Alimentos/ANVISA, 2019. Disponível em: <http://portal.anvisa.gov.br/documents/10181/3882585/%281%29Relat%C3%B3rio+de+An%C3%A1lise+de+Impacto+Regulat%-C3%B3rio+sobre+Rotulagem+Nutricional/3e2c2728-b55a-4296-b5af-6c7960fd6efa>. Acesso em 12 jul. 2020.

BRASIL. Lei 13.848. Dispõe sobre a gestão, a organização, o processo decisório e o controle social das agências reguladoras. Publicada no DOU em 26 jun. 2019.

BRASIL. Lei nº 13.874, de 2019. Declaração de Direitos de Liberdade Econômica. Publicada no DOU em 20 set. 2019.

CASA CIVIL DA PRESIDÊNCIA DA REPÚBLICA. Subchefia de Análise e Acompanhamento de Políticas Governamentais [et al.]. *Diretrizes gerais e guia orientativo para elaboração de Análise de Impacto Regulatório – AIR*. Brasília: Presidência da República, 2018.

GAROUPA, N. "Limites ideológicos e morais à avaliação econômica da legislação". *Cadernos de Ciência de Legislação*, nº 42/43 (jan./jun. 2006). Oeiras/ Portugal: Instituto Nacional de Administração.

GICO Jr., I. "Introdução ao Direito e Economia". *In* Timm, L. B. (ed.) *Direito e Economia no Brasil*. São Paulo: Editora Atlas, 2012.

MENEGUIN, F. B.; BIJOS, P. R. S. "Avaliação de Impacto Regulatório – como melhorar a qualidade das normas. Brasília". *Núcleo de Estudos e Pesquisas/CONLEG/Senado*.(Texto para Discussão nº 193). mar. 2016. Disponível em: <https://www12.senado.leg.br/publicacoes/estudos--legislativos/tipos-de-estudos/textos-para-discussao/TD193/view>. Acesso em: 12 jul. 2020.

MENEGUIN, F. B.; SILVA, R. S. "Introdução". *In* VIEIRA, E. S. S.; MENEGUIN, F. B.; RIBEIRO, H. M.; KÄSSMAYER, K. *Avaliação de impacto legislativo: cenários e perspectivas para sua aplicação*. Brasília: Senado Federal, Coordenação de Edições Técnicas, 2017.

MENEGUIN, F. B.; LYNN, M. "Intervenções para a proteção do consumidor conseguem protegê-lo?" *Revista de Direito do Consumidor,* vol. 125 (set. out. 2019), São Paulo: Thomson Reuters.

NORTH, D. C. *Institutions, institutional change and economic performance.* Cambridge: Cambridge University Press, 1990.

OECD. OECD Regulatory Policy Outlook 2015. Paris: OECD Publishing, 2015.

OECD. *Regulatory Policy in Perspective*: A Reader's Companion to the OECD Regulatory Policy Outlook 2015. Paris: OECD Publishing, 2015.

PELTZMAN, S. "Regulation and the Wealth of Nations: The Connection between Government Regulation and Economic Progress". *New Perspectives on Political Economy*, vol. 3, n° 3 (2007), pp. 185-204.

Capítulo 15
Escassez nos Direitos Intelectuais, Incentivo e Concentração de Riqueza em Tempos de *Blockchain*

Marcia Carla Pereira Ribeiro, Kharen Kelm Herbst

1. Introdução

O capítulo apresenta inicialmente algumas linhas sobre o papel da propriedade privada a partir da Análise Econômica do Direito e sua relação com o desenvolvimento econômico, associando escassez à alocação dos bens e sua relação com eficiência.

O mundo digital revolucionou as formas como os autores criam, publicam, compartilham ou comercializam sua produção na *internet*. O acesso facilitado aos bens intelectuais, ao mesmo tempo em que universaliza conhecimentos – não apenas científicos, mas igualmente culturais – também pode representar um risco à viabilidade de novos processos criativos, já que possibilita além do acesso remunerado, o acesso não remunerado.

Os autores buscam incentivos para a produção, sejam monetários ou reputacionais, e garantir esses incentivos exige identificação de autoria e aplicação dos direitos de propriedade.

Talvez a solução para o dilema entre acesso universalizado e justa remuneração para os autores deva ser extraída das novas tecnologias. Por isso este artigo traz informações sobre a tecnologia *blockchain* que, em razão de suas características, pode ser uma proposta de solução. As instituições jurídicas e econômicas devem fornecer as diretrizes para que essa tecnologia possa ser efetivamente usada para equilibrar esforços e recompensas, maximizando os incentivos à produtividade, mas também garantindo uma concorrência justa e a proteção do interesse público.

Algumas dessas instituições são analisadas neste artigo, levantando-se perguntas – e, talvez, algumas respostas – sobre meios e propósitos de proteção de direitos autorais na era da *blockchain*.

2. Propriedade Privada para o Desenvolvimento Econômico

A partir do entendimento de que "aquele que não tem expectativas de colher, não se dará ao esforço de semear" (BENTHAM, 1843, p. 71), é evidente que a propriedade privada, ao garantir o direito do proprietário de uso dos seus recursos e bens para consumo próprio ou para gerar uma renda (BESLEY; GHATAK, 2010, p. 3), é um essencial incentivo para a produtividade.

Quando se trata de atividades econômicas os agentes buscam maximização de resultados, portanto, a perspectiva da propriedade privada como um incentivo ou recompensa pela produção a coloca em uma posição central no processo de desenvolvimento econômico. Dessa forma a propriedade privada, como uma instituição jurídica e econômica, não apenas satisfaz necessidades individuais, como também concretiza importantes funções sociais. Busca-se, com isso, coibir uma falha de mercado, qual seja, a subprodutividade.

Nesse sentido, Douglass North (1990, p. 110) define a pobreza como um resultado de limitações institucionais nas quais o conjunto de recompensas não encoraja a atividade produtiva. Neste sentido, esforço e trabalho estão intrinsecamente relacionados com a propriedade privada, já que o resultado do trabalho é incorporado direta ou indiretamente ao patrimônio do seu criador (GRONOW, 2016, p. 226). Adam Smith elucidou o conceito de que "a propriedade que cada pessoa tem por seu próprio trabalho é o fundamento original de todas as outras propriedades, por isso é a mais sagrada e inviolável" (SMITH, 1999, p. 138), e Mill (1969, p. 218) enfatizou que a propriedade deve ser garantida quando "produzida por esforços próprios, ou recebida como um presente ou por justo acordo, sem uso da força ou fraudes, daquele que a produziu".

Portanto, os direitos do proprietário são amplos inclusive para fins econômicos diretos ou indiretos. O proprietário tem a faculdade de usar, auferir lucros e escolher a destinação da propriedade (GOMES, 1995, p. 86). Essa extensão de direitos se aplica não apenas para os ativos tangíveis, mas também para os intangíveis e produções intelectuais, pois o criador ou produtor tem o direito de auferir lucros sobre aquilo que criou, publicou ou disponibilizou para o mercado.

Isso é justificado e legitimado pelo conceito de maximização da eficiência, que é condição *sine qua non* para o desenvolvimento econômico. Ao criar exclusividade sobre determinados bens ou ativos que são escassos – ou se tornam escassos em razão de privilégio assegurado pela lei – e definir o titular da propriedade, dois relevantes benefícios emergem: (i) é menos provável que o bem seja subutilizado e (ii) previne-se a tragédia dos comuns (AGUSTINHO, 2011; HARDIN, 1968). Um equilíbrio entre esforço e recompensa é estabelecido, e a propriedade privada otimiza a alocação de direitos e recursos.

Maximizar riqueza depende da maximização do valor agregado dos produtos e serviços, sendo que o valor é determinado pelo montante que o proprietário está disposto a aceitar para vender algo, ou por quanto o comprador está disposto a pagar para comprar algo – o que for maior, em um mercado em bom funcionamento (LANDES; POSNER, 1987).

Nesse sentido os conceitos de eficiência de Pareto ou de Kaldor--Hicks podem ser aplicados para uma melhor compreensão. Ribeiro e Galeski (2009, p. 86) explicam que uma situação é eficiente, de acordo com o modelo teórico de Pareto, quando não é possível melhorar a posição de uma das partes envolvidas sem piorar a posição de outra parte. E o critério de eficiência de Kaldor-Hicks baseia-se na premissa de que, qualquer realocação de direitos ou recursos é considerada eficiente, quando eventual prejuízo, causado a determinada parte, é menor do que o proveito da coletividade, possibilitando que as perdas possam ser compensadas pelos ganhos, gerando a maximização da riqueza e bem-estar social.

A propriedade privada, assim, é um instrumento para a utilização e realocação eficiente de recursos, principalmente os mais escassos. O critério de Kaldor-Hicks prevê que eventuais perdas ou limitações de cunho individual, decorrentes da ausência de um caráter distributivo ou equitativo na propriedade privada, são compensadas por ganhos sociais, legitimando esta instituição fundamental para o desenvolvimento. A propriedade privada precisa, então, ser regida por um arcabouço legal apropriado para incentivar a produtividade (COOTER; ULEN, 2010, p. 90).

A Nova Economia Institucional (NORTH, 1990) coloca os direitos de propriedade como um elemento central da estrutura institucional da economia, sendo um dos fundamentos do mercado, dos negócios e do desenvolvimento. Instituições formam a estrutura de incentivos em uma sociedade e, por isso, são determinantes para a performance econômica. Cooter e Ulen (2016, p. 74) trabalham com a ideia de criar incentivos para usar recursos de maneira mais eficiente, e o uso eficiente dos recursos maximiza a riqueza da nação.

North e Thomas (1973, p. 1) asseveram que uma organização econômica eficiente precisa de arranjos institucionais e direitos de propriedade que criem incentivos, para canalizar o esforço econômico individual em atividades que aproximem os níveis de retorno privado dos níveis de retorno social. Por isso, o desenvolvimento econômico demanda confiabilidade na tutela dos direitos de propriedade.

3. Desafios para Produtos Digitais

O direito de propriedade apresenta diferentes configurações e efeitos, quando considerado em relação a bens materiais ou a bens imateriais. Os bens materiais, por sua própria natureza, são sujeitos ao princípio da rivalidade. Vale dizer, quando um sujeito utiliza o bem, em princípio, não é possível que outro agente o faça nas mesmas condições e ao mesmo tempo. Já os bens imateriais se sujeitam a uma outra lógica, já que qualquer um que consiga reproduzi-lo pode dele fazer uso, ou seja, vários agentes no mesmo espaço de tempo. Para os imateriais vale o princípio da não rivalidade. Logo, se não se admite a alguém que faça uso da marca criada por outro, em razão do registro ter sido conferido a essa terceira pessoa, é porque o Direito admite direito de exclusividade para o seu titular.

É incontestável, ainda, que o desenvolvimento não se desvincula da inovação e que inovar significa disponibilizar ao mercado novos produtos e serviços. O processo de inovação precisa ser estimulado, não apenas pela recompensa quando da comercialização do bem ou do serviço, mas igualmente na condição de processo. No caso de uma patente de invenção não só o bem produzido a partir da inovação, mas igualmente o direito intelectual do inventor, precisam ser resguardados.

Portanto, é custoso produzir, inventar e criar. Mas são ações absolutamente necessárias para a geração de riqueza. Para Cooter e Schafer (2017, p. 11) o desenvolvimento econômico é favorecido por meio de inovações que estão profundamente relacionadas à produção intelectual e, por sua vez, à confiança.

São os efeitos do direito de propriedade intelectual que geram os incentivos. Para titulares de direitos autorais a possibilidade de impedir o uso e acesso desautorizado ao seu trabalho é crucial para a lucratividade, assegurando que a remuneração compensará os recursos investidos na produção.

Entretanto, o maior desafio para os ativos intangíveis é a ausência de escassez dos produtos disponíveis no mercado. É possível que vários agentes façam uso simultâneo de um mesmo produto ou ativo sem interferir no uso uns dos outros, e sem que o produto se esgote (RIBEIRO; FREITAS; NEVES, 2017, p. 515). Isso se tornou ainda mais complexo conforme a *internet* foi difundida com uma cultura de "copiar e colar", intensificada no contexto da Quarta Revolução Industrial (SCHWAB, 2016, p. 13).

Diversos tipos de produção intelectual estão disponíveis como produtos digitais. Alguns já foram criados como produtos digitais e muitos outros foram transferidos para o mundo digital para integrarem esta esfera do mercado.

Como resultado, os modelos de negócios orientados digitalmente revolucionaram a maneira como os autores criam, publicam, compartilham ou comercializam seus produtos na *internet*. Tornou-se muito mais fácil comercializar um produto mundialmente, num contexto no qual as fronteiras são virtualmente inexistentes, e isso tem grande apelo sobre os autores. Apesar disso, a possibilidade de replicar produtos a custo marginal mais baixo – ou até mesmo a custo zero – e as facilidades para anonimizar e plagiar trabalhos na *internet*, não apenas reduzem significativamente o valor monetário dos produtos, como também dificultam as atribuições de autoria prejudicando a remuneração dos criadores.

Os ativos intangíveis demandam altos investimentos iniciais como o capital intelectual, mensurado pelo nível educacional, treinamentos para a função, pesquisas entre outros (COHEN, 2005, p.31), e bons mercados dependem de direitos de propriedade estáveis, bem definidos e bem tutelados, para que se possa estabelecer um preço justo. Há poucos incentivos para o progresso intelectual quando não há propriedade e há dificuldades para monetizar e lucrar com a produção. Demsetz (1967, p. 359) explica:

> Considere os problemas de direitos autorais e patentes. Se uma nova ideia puder ser livremente apropriada por todos, se existirem direitos comuns sobre as novas ideias, faltará incentivos para o desenvolvimento de tais ideias. Os benefícios derivados dessas ideias não se concentrarão em seus autores. Se estendermos algum grau de direitos privados aos autores, essas ideias surgirão em um ritmo mais acelerado. Mas a existência dos direitos privados não significa que seus efeitos sobre a propriedade de terceiros serão diretamente levados em conta. Uma nova ideia pode tornar uma antiga obsoleta e outra mais valiosa. Esses efeitos não serão levados

em conta diretamente, mas podem ser chamados à atenção do autor da nova ideia por meio de negociações de mercado.[1] (DEMSETZ, 1967, p.359)

Bentham (1970) baseia-se no princípio da utilidade, segundo o qual, o mérito de uma ação é determinado levando-se em conta os benefícios que esta ação gera para todos aqueles que por ela serão afetados. As produções intelectuais são potencialmente benéficas para toda a sociedade, então, a recompensa aos autores baseia-se no mérito e na utilidade, e precisa ser proporcional aos benefícios que gera. Por outro lado, uma proteção exacerbada dos direitos autorais pode transformar a estrutura de incentivos (para o autor) em uma rígida estrutura de restrições (para os usuários). Uma análise de custo-benefício é necessária para determinar qual estrutura estará mais próxima da eficiência ótima.

Para Bentham (1843), se a recompensa for reduzida não haverá indivíduos suficientes dispostos a exercer a atividade, ou então, sua performance se limitará, meramente, a um desempenho de qualidade mínima aceitável, pois não há incentivos para aumentar a qualidade ou buscar a excelência.

Na perspectiva de *Law and Economics*, autoria e direitos de propriedade intelectual possibilitam o uso e alocação mais eficiente dos recursos. Em uma abordagem da Nova Economia Institucional, propriedade intelectual é uma instituição que precisa ser combinada com outras instituições políticas e econômicas – considerando, por exemplo, os meios e prazos da proteção dos direitos autorais – para

---

[1] *"Consider the problems of copyright and patents. If a new idea is freely appropriable by all, if there exist communal rights to new ideas, incentives for developing such ideas will be lacking. The benefits derivable from these ideas will not be concentrated on their originators. If we extend some degree of private rights to the originators, these ideas will come forth at a more rapid pace. But the existence of the private rights does not mean that their effects on the property of others will be directly taken into account. A new idea makes an old one obsolete and another old one more valuable. These effects will not be directly taken into account, but they can be called to the attention of the originator of the new idea through market negotiations"*. (Tradução livre das autoras de DEMSETZ, 1967, p. 359).

que possa ser criado um arranjo institucional que seja otimamente eficiente para impulsionar o desenvolvimento.

4. *Blockchain* para a Proteção da Propriedade Intelectual

Com o advento da digitalização, grandes quantidades de materiais protegidos por direitos autorais se tornaram prontamente acessíveis para todos (COHEN, 2005, p. 15). Assim, a *internet* democratizou o acesso a diversos conteúdos, mas também possibilitou um aumento da violação de direitos autorais, pois a difusão do acesso aos produtos intelectuais resulta, muitas vezes, em acesso impróprio ou não autorizado às criações.

O grande desafio consiste em encontrar os meios adequados para fiscalizar, controlar e regular os usos e abusos dos produtos digitais protegidos por direitos autorais. Neste tocante, a *blockchain* é uma tecnologia promissora por ter a capacidade de registrar e rastrear o acesso e o uso de qualquer coisa de valor em um sistema transparente e seguro – uma rede de confiança distribuída ou, como Davidson, De Filippi e Potts (2016) a conceituam, uma "tecnologia de registros distribuídos".

A *internet* proporcionou muitas mudanças positivas, mas apresentou sérios riscos para negócios e atividades econômicas. Sob a primeira geração da *internet*, muitos criadores de produtos intelectuais não receberam as devidas compensações por sua produção (TAPSCOTT; TAPSCOTT, 2016, p.21).

Entretanto, o *blockchain* é uma nova forma de registrar transações econômicas que pode ser programada para gravar virtualmente qualquer coisa que tenha valor e importância para a humanidade, como por exemplo: certificados, licenças, contas financeiras e bancárias, e qualquer coisa que possa ser traduzida em um código, incluindo, para os fins do presente artigo, títulos de autoria e propriedade de produtos intelectuais e digitais. "Podemos garantir que os criadores serão remunerados por sua propriedade intelectual [...] Toda a indústria cultural está sujeita à disrupção e a promessa é a de que os criadores serão devidamente recompensados pelo valor que geram" (TAPSCOTT; TAPSCOTT, 2016, p.14). Isso porque os direitos podem ser gravados no *blockchain* de uma forma que não serão violados.

Urban e Pineda (2018, pp.8-10), descrevem a tecnologia *blockchain* como um registro digital que lista a propriedade de um conjunto de ativos e um histórico das transações, à prova de adulterações, para esses ativos.

> *Blockchains* são operadas por uma rede de computadores ponto a ponto (P2P) na qual cada um dos computadores forma um nó na rede e mantém de forma independente uma cópia completa dos registros. Cada cópia é atualizada regularmente na medida em que os nós da rede trabalham juntos para registrar todas as transações que ocorrem, de forma a garantir que todas as cópias permaneçam consistentes umas com as outras. Esse grupo de transações é então verificado para garantir sua validade e, se confirmado como válido, possui registro de data e hora e é "selado" em um novo 'bloco'. Esse novo bloco é criptograficamente conectado a uma 'cadeia' de outros blocos criada anteriormente e que se estende desde o primeiro bloco ou 'gênesis' que iniciou a *blockchain*. [...] Porque todas as transações são registradas na *blockchain*, é possível rastrear todo o histórico de transações de cada bloco criado. (URBAN;PINEDA, 2018, p. 8)[2]

---

[2] *"Blockchains are operated by a peer-to-peer (P2P) network of computers in which each of the computers that form a node on the network independently maintains a complete copy of the ledger. Each copy is regularly updated as the nodes of the network work together to record every transaction that occurs on the blockchain in a way that ensures all copies remain consistent with each other. This group of transactions is then verified to ensure their validity and, if they are confirmed as valid, they are time-stamped and "sealed" into a new "block." This new block is cryptographically connected to a "chain" of other blocks created earlier and which stretch all the way back to the first or "genesis" block which initiated the blockchain. [...] because every transaction is recorded on the blockchain, it is possible to trace the entire transaction history of each and every bitcoin ever created."* (Tradução livre das autoras de URBAN; PINEDA, 2018, p. 8)

Os autores afirmam que a *blockchain* oferece inovações significativas em termos de organização e coordenação de sistemas de informações, e rastreamento de uma variedade de ativos com integridade e confiabilidade das informações nele registradas, o que permite maior eficiência e descentralização, e pode ajudar a garantir maior privacidade e uma distribuição mais uniforme do poder econômico e social (URBAN; PINEDA, 2018, pp. 2-3).

Zylbersztajn e Sztajn (2005, p. 76) esclarecem que os direitos de propriedade melhor definidos geram menos custos de transação. Se os proprietários e seus direitos estiverem tutelados de maneira confiável haverá maior bem-estar para um número maior de indivíduos, porque, em geral, os benefícios gerados serão maiores do que as eventuais perdas, decorrentes de maior utilidade marginal.

Mesmo que o autor objetive apenas ganhos de reputação como recompensa para a produção intelectual, é necessário que a autoria esteja bem definida, transparente e protegida, evitando plágios ou apropriação indevida da produção por outro indivíduo. A *blockchain* proporciona meios de comprovar a autoria, a propriedade e de preservação dos registros das transações.

Tapscott e Tapscott (2016, p. 47) explicam o funcionamento da tecnologia aplicada ao contexto dos contratos inteligentes:

> Um contrato inteligente fornece um meio para atribuir direitos de uso a outra parte e um compositor pode transferir uma música a um editor ou distribuidor. O código do contrato pode incluir o prazo ou a duração da atividade, a importância de royalties que fluiriam da conta do editor para a conta do compositor durante o prazo e alguns gatilhos para a rescisão do contrato [...] quando, então, o editor não teria mais acesso ao trabalho do compositor registrado na *blockchain*.[3] (TAPSCOTT;TAPSCOTT, 2016, p. 47)

---

[3] "*A smart contract provides a means for assigning usage rights to another party, as a composer might assign a completed song to a music publisher. The code of the contract could include the term or duration of the assignment, the magnitude of royalties that would flow from the publisher's to the composer's account during the term, and some triggers for terminating the contract*

Uma grande variedade de modelos de negócios pode ser criada a partir disso e o autor pode decidir pelo formato que considerar mais viável ou lucrativo. Um vídeo ou uma música, por exemplo, pode estar restrito para ser visto por apenas um usuário por vez; ou, talvez, a primeira reprodução de um vídeo ou música para um usuário seja gratuita, mas as reproduções seguintes sejam pagas. A escassez passa a ser um atributo que pode ser moldado conforme as necessidades – e até mesmo a criatividade – dos autores.

Está claro que a *blockchain* é uma alternativa inovadora que pode garantir conformidade contratual, aplicação e execução dos direitos de propriedade, além de ser uma ferramenta para maior eficiência nos mercados digitais:

> [...] uma análise de foco institucional sobre esta nova tecnologia de coordenação enfoca um aspecto diferente, sendo *blockchain* uma tecnologia fundamental para novas formas de governança, uma vez que cria ordens econômicas governadas por regras. Nessa visão centrada em governança, *blockchains* competem com empresas, mercados e economias, como alternativas institucionais para coordenar as ações econômicas de grupos de pessoas. (DAVIDSON, DE FILLIPI; POTTS, 2016, p. 3).[4]

A vocação de estrutura de governança da tecnologia pode ser confirmada quando esta for demonstrada como opção redutora de custos de transação (COASE, 1960). De fato, a *blockchain* economiza custos de transação – como explicados por Williamson (1985, p. 19) – de monitoramento e aplicação dos direitos de propriedade

---

[...] when the publisher would no longer have access to the composer's work registered on the blockchain." (Tradução livre das autoras de TAPSCOTT; TAPSCOTT, 2016, p.47)

[4] *"[...] an institutionally focused analysis of a new coordination technology focuses on a different aspect, namely as blockchains as a foundational technology for new forms of governance for making rule-governed economic orders. In this governance centred view, blockchains compete with firms, markets and economies, as institutional alternatives for coordinating the economic actions of groups of people."* (Tradução livre das autoras de DAVIDSON; DE FILLIPI; POTTS, 2016, p. 3).

intelectual, mitigando o oportunismo. Portanto, da perspectiva da Nova Economia Institucional, a *blockchain* ajuda a criar um arranjo institucional mais eficiente.

5. Incentivo para a Produção ou Concentração de Riqueza?

Por outro lado, o acesso à informação, conhecimento, cultura e educação é também um objetivo de interesse público (RIBEIRO, FREITAS, NEVES, 2017, p. 519), mas em analogia à tragédia dos comuns (HARDIN, 1968), este acesso não pode entravar incentivos para a produção. Como visto, seja monetário ou reputacional, os incentivos requerem identificação de autoria e proteção dos direitos de propriedade.

Se a propriedade na *blockchain* torna-se realmente transparente e exequível, isso significa que esta tecnologia representa um avanço?

Os direitos de propriedade têm o potencial de gerar riqueza, mas não necessariamente de distribuí-la. A primeira geração da *internet*, anterior à *blockchain*, revelou uma concentração de poder para algumas poucas corporações e plataformas que vieram a dominar os mercados (TAPSCOTT; TAPSCOTT, 2016; RIBEIRO; FREITAS; NEVES, 2017, p. 514). "Apesar da promessa de um mundo empoderado parte a parte, os benefícios políticos e econômicos provaram ser assimétricos – com o poder e prosperidade canalizados para aqueles que já o possuíam" (TAPSCOTT; TAPSCOTT, 2016, p. 4).

A *blockchain* pode mudar este cenário? Novas tecnologias não apenas modificam o que fazemos, mas também a maneira como fazemos (SCHWAB, 2016, p.13). Se é certo que a propriedade privada é o elemento central dos mercados, da geração de riqueza e do desenvolvimento econômico, está definido que a proteção da propriedade é algo que deve ser feito. Mas a *blockchain* abre uma gama de possibilidades sobre como fazê-lo. As formas de escassez e as formas de proteção podem ser moldadas nessa tecnologia. As questões que emergem envolvem tomadas de decisões sobre os critérios que serão utilizados para definir por quanto tempo, por quais finalidades, e para quem um determinado produto será escasso. A escolha dos critérios não estará limitada somente a aspectos de lucratividade e modelo de negócios, em razão do interesse público na garantia de acesso à produção intelectual.

Ramello (2004, p. 5) destaca que o conhecimento pertence intrinsecamente aos contextos coletivos em que é criado, pois se concretiza na esfera simbólica definida pela sociedade e é renovado através do compartilhamento. Há uma dependência vital dos pensamentos de uma pessoa com as ideias daqueles que vieram antes dela, então, consequentemente, os produtos intelectuais são produtos fundamentalmente sociais (HETTINGER, 1989, p. 38). Isso porque novas obras e produções são, em geral, recombinações ou composições, de todo ou parte, de produções anteriormente existentes. Este posicionamento é mais uma face do interesse público envolvido na produção intelectual.

Ainda é cedo para identificar vantagens e desvantagens, mas pelas premissas da Nova Economia Institucional, o progresso depende dos arranjos entre diversas instituições formais e informais (NORTH, 1990).

As atividades econômicas evoluem no decorrer do tempo, os modelos de negócios sofrem constantes modificações, e diante de uma tecnologia disruptiva, alguns aspectos dos direitos de propriedade podem ser reavaliados para assegurar que os propósitos de eficiência e desenvolvimento estão sendo concretizados.

Para Cooter e Ulen (2016, p. 117), patentes e direitos autorais são monopólios temporários que podem variar em amplitude e duração, para os quais reduzir a amplitude ou diminuir a duração dos direitos de propriedade intelectual faz com que diminuam os lucros do monopólio, mas seja aumentada a disseminação. E ampliar a amplitude ou a duração desses direitos proporciona maiores recompensas para a criação, mas reduz a divulgação. Assim, os incentivos à criação e disseminação envolvem uma escolha entre arranjos de perdas e ganhos.

Expandir a amplitude ou a duração desses direitos proporciona maiores recompensas para a criação, mas reduz a sua divulgação.

Assim, os incentivos à criação e disseminação envolvem uma escolha entre arranjos de perdas e ganhos.

Em contraponto, Ramello (2004, p. 2-3) afirma que, embora a teoria econômica utilitarista e neoclássica tenha fornecido um paradigma geral em apoio ao papel dos direitos autorais como incentivo à criação, raramente reconheceu a importância de equilibrar a apropriabilidade concedida pelos direitos autorais com a necessidade de garantir amplo acesso às obras criadas. Há uma ênfase na apropriabilidade acima da acessibilidade, com exceção para Landes e Posner (1989), que explicam que os efeitos do direito autoral para melhorar o bem-estar geral dependem, ambiguamente, de um equilíbrio entre duas forças opostas: um aumento na oferta de novas obras, provocadas pelo incentivo econômico da remuneração pela criação, e, de outro lado, uma diminuição na oferta de novas obras, provocada pelo efeito excludente dos direitos autorais, que, ao reduzir a disseminação do conhecimento, reduz a probabilidade de surgimento de novos agentes produtores, ou, aumenta o custo da produção para esses novos agentes – visto que, para produzir é preciso conhecer, e para conhecer é preciso acessar o que já foi produzido.

Adam Smith (1999, p. 343) reconheceu que um monopólio limitado, como aquele que é garantido por uma patente ou direito autoral, pode servir como uma recompensa apropriada para empreendimentos custosos e arriscados. Esses direitos não são absolutos e as limitações, que são chamadas de *direitos do usuário*, existem para sustentar um equilíbrio entre proteção da propriedade e prevenção de falhas de mercado, como um aumento irrazoável do poder de mercado (DREYFUSS; ZIMMERMAN; FIRST, 2001). Os direitos do usuário compreendem, entre outros, a liberdade de expressão, acesso igualitário, prazos de duração da proteção dos direitos autorais, e em alguns casos, as permissões para utilizar material protegido para fins não comerciais. Todos estes direitos e exceções serão, em alguma medida, regulados no ambiente digital.

A *internet* criou um cenário sem precedentes, com exponencial criação de conteúdo, incluindo criações colaborativas, mas falhou na garantia de direitos autorais. A *blockchain* apresenta uma nova oportunidade na busca do equilíbrio entre esforços e recompensas, desde que os arranjos institucionais possam disciplinar de forma eficiente os direitos. Os líderes deste novo paradigma precisam reforçar reivindicações que possam desencadear inovações econômicas e institucionais que garantam, desta vez, que as expectativas de resultados justos e equitativos sejam alcançadas (TAPSCOTT; TAPSCOTT, 2016, p. 25) – sem que se desconsidere os riscos de captura regulatória.

Contraditoriamente, a tecnologia pode aumentar ou diminuir os níveis de desigualdade econômica e social. Zingales (2015, p. 13) esclarece que certos níveis de desigualdade são essenciais para a concorrência, para o funcionamento saudável dos mercados, e, portanto, para o desenvolvimento. Entretanto, mesmo a desigualdade precisa ser considerada justa pela maioria das pessoas a ela sujeitas, e então, retomando os ensinamentos de Bentham (1970), deve ser respaldada por méritos indissociáveis e, acrescente-se ao pensamento original, à adequada remuneração.

A *blockchain* é uma ferramenta ou uma estrutura de governança promissora, mas em ambos os casos as instituições jurídicas e econômicas prévias são as que fornecem as diretrizes para que essa tecnologia possa ser uma nova maneira de buscar um antigo objetivo: proteger eficientemente os direitos autorais como parte do desenvolvimento econômico, de forma a contribuir para uma equitativa distribuição dos benefícios sociais em equilíbrio com os interesses privados.

Conclusões

A atribuição do direito de propriedade é uma ferramenta jurídica de efeitos econômicos incontestáveis. A propriedade orienta a ação pessoal dos agentes, no sentido não apenas da conservação de seus bens, mas igualmente no sentido de seu uso mais eficiente.

No que se refere aos bens intelectuais, o reconhecimento da titularidade não está associado a aspectos de escassez material – ou da rivalidade no uso – mas a um privilégio reconhecido pelo Direito.

A exclusividade do direito de uso de um bem intelectual cumpre o papel de indução de comportamento à criação e inovação, sob a perspectiva da remuneração.

O desenvolvimento da *internet* ao mesmo tempo em que favoreceu a multiplicação dos acessos às informações, conhecimentos e dados também, em algumas situações, dificultou e em outras impossibilitou, a devida remuneração do titular.

O capítulo buscou despertar nas mentes interessadas uma curiosidade sobre os efeitos potenciais da tecnologia *blockchain* para que seja ultrapassado o dilema que se estabelece entre universalização do conhecimento e justa remuneração do criador. Papel esse indissociável do conteúdo e da força das instituições, formais e informais, quando se objetiva o desenvolvimento social e econômico.

Referências

AGUSTINHO, Eduardo Oliveira. "As tragédias dos comuns e dos anticomuns". *In* RIBEIRO, Marcia Carla Pereira; KLEIN, Vinicius. *O que é Análise Econômica do Direito*: uma introdução. Belo Horizonte: Fórum, 2011, pp. 49-61.

BENTHAM, Jeremy. "An Introduction to the Principles of Morals and Legislation". *In* BURNS, J. H. and HART, H. L. A. *The Collected Works of Jeremy Bentham.* (eds.) London: The Athlone Press, 1970.

BENTHAM, Jeremy. "Manual of Political Economy". *In* BOWRING, John. (ed.) *The Writings of Jeremy Bentham.* vol. 3. Edinburgh: W. Tait, 1843.

BESLEY, Timothy; GATHAK, Maitreesh. "Property Rights and Economic Development". *In* RODRIK, Dani; ROSENZWEIG, Mark (eds). *Handbook of Development Economics.* vol. 5. North-Holland, Elsevier, 2010.

COASE, Ronald. "The Problem of Social Cost". *Journal of Law and Economics,* vol. 3 (1960), pp. 1-44.

COHEN, Jeffrey A. *Intangible assets*: Valuation and economic benefit. New Jersey: John Wiley & Sons Inc., 2005.

COOTER, Robert; ULEN, Thomas. *Direito & Economia*. Tradução de Luiz Marcos Sander e Francisco Araújo da Costa. 5ª ed. Porto Alegre: Bookman, 2010.

COOTER, Robert; ULEN, Thomas. *Law and Economics*. 6th Edition. Book 2. Berkeley Law Books, 2016.

COOTER, Robert; SCHAFER, Hans-Bernd. *O Nó de Salomão*: Como o Direito pode erradicar a pobreza das nações. Tradução de Magnum Eltz. Curitiba, Editora CRV, 2017.

DAVIDSON, Sinclair; DE FILLIPI, Primavera; POTTS, Jason. *Disrupting Governance*: The New Institutional Economics of Distributed Ledger Technology. 2016. Disponível em: <https://ssrn.com/abstract=2811995>. Acesso em: 13 jul. 2020.

DEMSETZ, Harold. "Toward a Theory of Property Rights". *The American Economic Review*, Papers and Proceedings of the Seventy-ninth Annual Meeting of the American Economic Association, vol. 57, n° 2 (may. 1967), pp. 347-359.

DREYFUSS, Rochelle C.; ZIMMERMAN, Diane L.; FIRST, Harry. *Expanding the Boundaries of Intellectual Property*: Innovation Policy for the Knowledge Society. Oxford University Press, 2001.

GOMES, Orlando. *Contratos*. Rio de Janeiro, Forense, 1995.

GRONOW, Jukka. "John Locke, Adam Smith and Karl Marx's Critique of Private Property". *In* GRONOW, Jukka. *On the Formation of Marxism*. Series: Historical Materialism Book Series, vol. 113. Brill Online, 2016.

HARDIN, Garrett. "The Tragedy of the Commons". *Science Magazine*, vol. 162, n° 3859 (dez. 1968), pp. 1243-1248.

LANDES, William; POSNER, Richard A. *The Economic Structure of Tort Law*. Cambridge: Harvard University Press, 1987.

LOCKE, John. *Political writings*. David Wootton (ed.). Hackett Publishing Co, Inc, 1993.

MILL, John Stuart. "A System of Logic". Collected Works of John Stuart Mill, J.M. Robson (ed.) Toronto: Toronto University Press, 1969.

NORTH, Douglass C. *Institutions, Institutional Change and Economic Performance*. Cambridge: Cambridge University Press, 1990.

NORTH, Douglass C.; THOMAS, Robert Paul. *The Rise of the Western World: A New Economic History*. New York: Cambridge University Press, 1973.

RAMELLO, Giovanni. *Private Appropriability and Sharing of Knowledge*: Convergence or Contradiction? The Opposite Tragedy of the Creative Commons. In: Takeyama L., Gordon W. and Towse R. (eds.). Developments in the Economics of Copyright: Research and Analysis. Cheltenham, UK-Northampton, MA, USA: Edward Elgar Publishing, Revised May, 2004.

RIBEIRO, Marcia Carla Pereira; GALESKI, Irineu Júnior. *Teoria Geral dos Contratos*: Contratos empresariais e análise econômica. Ed. Elsevier. 2009.

RIBEIRO, Marcia Carla Pereira; FREITAS, Cinthia O. de A.; NEVES, Rubia C. "Direitos autorais e música: tecnologia, direito e regulação". *Revista Brasileira de Políticas Públicas*. Brasília, vol. 7, nº 3 (2017), pp. 511-537.

SMITH, Adam. *The Wealth of Nations*. Books Iv-V. Andrew Skinner (ed.). London: Penguin Books, 1999.

SCHWAB, Klaus. *A quarta revolução industrial*. Tradução de Daniel Moreira Miranda. São Paulo: Edipro, 2016.

TAPSCOTT, Don; TAPSCOTT, Alex. *Blockchain Revolution*. New York: Portfolio Penguim, 2016.

TASLOW, Ruth; HANDKE, Christian; STEPAN, Paul. *The Economics of Copyright Law*: A stocktake of the literature. Review of Economic Research on Copyright Issues, vol. 5(1), pp. 1-22, 2008.

URBAN, Michael C.; PINEDA, Danielle. *Inside the Black Blocks*: A policymaker's introduction to blockchain, distributed ledger technology and the "*Internet* of Value". Munk School of Global Affairs & Public Policy. Mowat Research #168, 2018.

ZINGALES, Luigi. *Um capitalismo para o povo*: reencontrando a chave da prosperidade americana. Tradução de Augusto Pacheco Calil. São Paulo, BEI Comunicação, 2015.

ZYLBERSZTAJN, Decio; SZTAJN, Rachel. "Law and Economics". *In* ZYLBERSZTAJN, Decio; SZTAJN, Rachel (orgs.). *Direito e Economia*: Análise Econômica do Direito e das Organizações. Rio de Janeiro: Elsevier, 2005.

Capítulo 16
Cidades Experimentais: Minha Cidade, Minhas Regras

Claudio D. Shikida, Diana Coutinho, Diogo Costa

Os autores agradecem a Leonardo M. Monasterio, Marcus R. Xavier pelos excelentes comentários. O texto foi aperfeiçoado graças aos participantes do evento *Charter Cities – uma oportunidade para o desenvolvimento* (Enap, 11/fev/2020), em especial aos palestrantes (Lotta Moberg, Titus Gebel e Luiz Ricardo Cavalcante). Claudio Shikida agradece Mayumi Kanashiro por sua paciência e apoio.

1. Introdução[1]

A riqueza das nações pode ser decomposta em vários fatores. Ao analisar os dados de pesquisa do Banco Mundial de 2006, Bell (2018) estimou que o papel da lei, neste caso, representa, nada mais nada menos que 44% da riqueza de um país. Não à toa, o grande desafio da Análise Econômica do Direito (AED), conforme Cooter (2017), diz respeito ao papel da lei como incentivador da prosperidade econômica.

Contudo, uma coisa é decompor a prosperidade em fatores. Outra é entender como a lei poderia gerar prosperidade econômica, e isso pode ir além da compreensão do conjunto de códigos legais. Ellickson (1991) mostra como a ordem (que poderia ser traduzida como *segurança dos contratos*) pode existir sem leis escritas ou os trabalhos de Elinor Ostrom (por exemplo, Ostrom, Gardner e Walker (1994)) sobre bens de uso comum, para listar apenas os mais famosos.

Pensando na Análise Econômica do Direito com este escopo mais amplo (que inclui leis escritas e normas sociais), pode-se usar

---

[1] Uma observação inicial: com o advento dos livros em leitores digitais como o *Kindle*, citações textuais nem sempre são possíveis com a página exata da edição física do livro. Assim, optamos por citar a localização fornecida pelo leitor digital, quando disponível.

a concepção de Douglass North de instituições ("regras do jogo") classificadas como *formais* e *informais*, e o desafio de se estudar o papel da lei na prosperidade das nações fica mais complicado. Por exemplo, uma breve revisão da literatura de corte macroeconômico encontra evidências a favor da preponderância de elementos formais no desenvolvimento dos países (La Porta, Lopez-de-Silanes e Shleifer (2008), Voigt (2011), Voigt e Blume (2012), Sobel e Coyne, (2011), Acemoglu e Robinson, (2019)) e informais (Guiso, Sapienza e Zingales (2006), Williamson e Mathers (2010), Alesina e Giuliano (2015)).

A construção da riqueza de um país, contudo, não se dá instantaneamente. A interação com outros fatores como as dotações naturais do país na época de sua fundação, as políticas econômicas, o legado colonial etc.[2], não podem ser desprezados, e a literatura, neste sentido, aponta para uma relação mais complexa entre as instituições e a economia. Não há um consenso estabelecido, exceto, talvez, o trivial de que *instituições importam*.

Neste contexto, nosso tema – *charter cities* – surge como uma proposta que, se implementada, permitiria, conforme o modelo adotado, um grau de experimentação ímpar em termos de instituições. Para analisar suas potencialidades e limitações, a próxima seção faz algumas considerações iniciais sobre *charter cities*. A seção seguinte mapeia a diversidade de propostas (ou modelos) existentes

---

[2] O legado colonial, por exemplo, tem efeitos nem sempre triviais sobre a evolução de um país como nos mostram Coates, Heckelman e Wilson. (2010) e Maseland (2018). Aliás, especificamente no caso de ex-colônias, dotações iniciais parecem importantes na determinação de suas instituições (Easterly e Levine (2003), Engerman e Sokoloff (2011)). Mesmo o impacto das leis de um país sobre seu desenvolvimento (geralmente medido como uma variável *dummy* em estudos *cross-countries*) deve ser interpretado com certa cautela, já que o *transplante legal* (Berkowitz, Pistor e Richard. (2003)) não resulta exatamente num clone do código legal original (ver também Garoupa e Liguerre (2012)). Do ponto de vista teórico, a necessidade de se elaborar microfundamentos para o "papel da lei" (*rule of law*) é apontada por Hadfield e Weingast (2014). Obviamente, estes exemplos não esgotam a literatura existente, mas dão uma ideia da complexidade do desafio aos que tentam entender o papel das instituições sobre o desenvolvimento econômico.

e discute brevemente os casos de Hong Kong e Shenzen. Por fim, nas conclusões, faz-se um apanhado crítico sobre o tema.

2. Cidades Experimentais: Observações Iniciais

> Apesar disso, e após demoradas discussões políticas, apenas lhe foi autorizado fundar a colônia planejada como empreendedor particular, sob a condição de não onerar financeiramente a Província de Santa Catarina (Blumenau, 2002, p.10)[3]

O termo *charter city*[4] vem originalmente de Paul Romer[5]. Lutter (2019) tem uma definição sintética: trata-se de *uma cidade que tem uma jurisdição especial para criar um novo sistema de governança*[6]. Nas palavras de Freiman (2013):

> *As proposed by economist Paul Romer, charter cities would resemble special economic zones; that is, small regions that experiment with economic rules that differ from those governing their larger 'host' countries. Yet unlike a special economic zone, a charter city would also experiment with its own legal and political rules. The rules, in turn, can be enforced by a third-party coalition of representatives of foreign countries that enforce these rules at home.* (FREIMAN, 2013, p.40)

O conceito de cidades experimentais vem junto com um imenso desafio não apenas teórico, mas também empírico e derivado do

---

[3] Embora Blumenau não seja uma *charter city*, é sempre importante lembrar que começou como uma colônia privada sob atentos olhares do governo brasileiro. Em outras palavras, arranjos como *parcerias* público-privadas ou mesmo *charter cities* possuem diversos antepassados na história.

[4] O termo *charter city* não possui uma tradução direta para o português. Mesmo em inglês, há quem prefira outros nomes. Braga (2013), após breve análise, sugere *special city*. Coetzee (2017), por sua vez, sugere *start-up city*.

[5] Ver Romer (2009).

[6] No original: "*A charter city is a city given a special jurisdiction to create a new governance system*".

modelo de desenvolvimento econômico elaborado por Romer. Em suas próprias palavras:

> Because ideas are sharable (sic), we benefit from interacting with many people. Growth speeds up when we can trade ideas with a larger number of people (Jones and Romer 2010). With more people, a new idea is more valuable and there are more potential discoverers. This is why international trade is so important. It lets us share the ideas embedded in the goods we exchange. This is also why cities are so important. They are places where millions of people can meet and share ideas. Sharing also means that developing economies that copy existing technologies will see their living standards converge with those in developed economies. (ROMER, 2010, p.2)

O final do trecho desenvolve o argumento central que motiva as cidades experimentais como uma ideia geradora de prosperidade. A analogia de Romer com o comércio internacional o levou a perceber as cidades como *loci* de trocas de ideias e, portanto, de tecnologias. Choques tecnológicos geram a necessidade de novas regras e as dinâmicas que possibilitam estas mudanças são temas centrais na moderna literatura do desenvolvimento econômico.

Como já dito, é uma tarefa bastante difícil buscar resenhar toda a literatura existente sobre mudanças institucionais e seu impacto sobre a riqueza das nações, mas sabemos que o desenho institucional não é trivial. Um dos maiores problemas é que se as instituições não forem flexíveis o suficiente (ao mesmo tempo em que precisam garantir alguma previsibilidade para os indivíduos), podem gerar consequências não intencionais que prejudiquem a sociedade que deveriam ajudar.

Considere a figura da *waqf*. De modo resumido (o leitor interessado pode consultar Kuran (2011)), a *waqf* é uma instituição criada no mundo islâmico (aproximadamente em 750 D.C.) com o objetivo de solucionar problemas de bens públicos por meio da imobilização perpétua de ativos físicos. O incentivo, para o agente privado, baseava-se na proteção contra a expropriação de recursos por parte do governo. Em resumo:

A waqf was statutorily indivisible, and its beneficiaries could include or exclude anyone the founder desired. Hence, establishing a waqf allowed the selection of who would control a property after one's death. It enabled a prosperous merchant to pass his wealth to a single son, thus limiting the benefits accruing to his parents, wife, daughters, and other sons. For that reason, it might seem that the waqf offered a perfect solution to the problem of wealth fragmentation. However, it created other problems, which chapters ahead will lay out, in stages. The waqf restricted the use of assets in ways that hindered adaptations to technological change, the pooling of capital, and organizational development. Hence, it was poorly suited to profit-oriented commerce. (KURAN, 2011, p.80)

A imobilização perpétua de ativos teria sido um dos fatores que, no longo prazo, geraria um hiato entre a Europa e os países do Oriente Médio quando, por exemplo, os custos de navegação transatlântica caíram, permitindo o surgimento dos impérios marítimos. Esse exemplo mostra que não é tanto de governos *inovadores* que precisamos, mas sim de governos *flexíveis*, que permitam a experimentação[7].

Outro caso é o do choque tecnológico representado pelos aplicativos de mobilidade urbana como a *Uber*. Henderson e Churi (2019) chamam a atenção para o impacto desta mudança nas opções dos consumidores, que agora podem *escapar* do transporte regulado

---

[7] Desnecessário dizer que, como políticos possuem horizontes de tempo curtos, o problema se torna mais complexo. Mas vale ressaltar: com a imprevisibilidade inerente à ação humana, é bom que nem tudo seja "inovação o tempo todo". Friedman e Taylor (2011) chamam a atenção para este ponto: "*The limits of human foresight make it impossible to know with certainty whether a proposed innovation will prove beneficial or harmful, and the magnitude of downside risks reduces the optimal level of innovation. Compared to innovation in ordinary markets, the downside risks of policy failure are enormous. The Soviet Union is a case in point. Communism seemed like a reasonable idea to many people, but it was tested in such a high-stakes environment that failure was catastrophic. Conservatives such as Oakeshott (1947, 1962) reasonably assert that we should prefer not to radically remake rules which have proved more-or-less acceptable in the past*". (FRIEDMAN; TAYLOR, 2011, p. 5)

(táxis) para formas alternativas de transporte. Governos flexíveis se adaptam rapidamente e abraçam a ideia de competição ao invés de tentar suprimi-la[8]. O que se assiste até o momento em que este capítulo é escrito, é uma batalha entre governos municipais pela maior combinação possível de votos envolvendo usuários de aplicativos de transporte, seus motoristas e os motoristas de táxi.

Exemplos como os da *waqf* ou da *Uber* nos mostram que as instituições – que nos fornecem previsibilidade – devem ser flexíveis para se adaptarem aos choques tecnológicos, buscando minimizar impactos não intencionais que sejam prejudiciais à sociedade, um desafio nada trivial[9]. No caso de cidades experimentais a discussão ganha uma dimensão bem maior, já que a mudança não diz respeito apenas à regulação de um setor, mas alterações bem mais significativas[10]. De certo modo, as cidades experimentais representam uma flexibilização do modelo tradicional de formação de países que, na visão de Friedman (1977), seguiam uma lógica de maximização de arrecadação de receitas tributárias, com o desafio de propor novos modelos de sustentabilidade para a oferta de bens públicos. Aliás,

---

[8] Considere também este exemplo, dos mesmos autores. "*Balaji Srinivasan, a serial startup entrepreneur and investor, who applied Albert Hirschman's political science thinking to modern-day technology. Hirschman, a political scientist, laid out a model of change in which a person within a given system could advocate for change within that system (voice) or leave the system to build or join another (exit). In a speech at famed technology accelerator Y Combinator, Srinivasan applied this concept to our calcified regulatory system, arguing that rather than using voice to try to change our regulatory system, Silicon Valley should consider an exit approach, creating a new physical space for experimentation that is free from the regulatory and other impediments of the United States*". (HENDERSON; CHURI, 2019, p. 6993)

[9] Não faltam teorias que busquem explicar mudanças institucionais e não haveria espaço suficiente para uma resenha do tema. Contudo, existem duas teorias recentes de mudança que se baseiam na Nova Economia Institucional e na Escolha Pública (*Public Choice*) sendo, portanto, mais familiares aos pesquisadores da AED. Elas encontram-se expostas em: North, Wallis e Weingast (2009) e nos trabalhos de Alston e associados como, por exemplo, Alston (2017) e Alston, Alston, Mueller e Nonnenmacher. (2018).

[10] Moberg (2017) é uma boa referência na discussão sobre efeitos não intencionais neste caso. Em especial, ver o capítulo 2 deste trabalho.

neste contexto, talvez se possa falar em bens quase públicos (como os bens de clube (*club goods*)), para ser mais exato. Não é coincidência, portanto, a interseção entre o tema das cidades experimentais e a literatura sobre federalismo[11].

Então, em princípio, uma sociedade que deseja promover mudanças institucionais teria na prática das cidades experimentais elementos concretos (evidências empíricas) para considerar em suas decisões de voto. Por exemplo, a cidade experimental vizinha do município do eleitor usa certa "política ambiental X" (suponha que seus efeitos se limitem à área da cidade experimental). Digamos que esta melhorou vários indicadores ambientais. Então o eleitor poderia votar por uma política ambiental "X" no próximo ciclo eleitoral. Da mesma forma, formuladores de políticas públicas poderiam adotar a política ambiental "X" em outras cidades na busca de emular os resultados positivos obtidos na cidade experimental hipotética[12].

Mas, como seria uma cidade experimental? A seção seguinte resenha as diversas propostas existentes e qualifica, um pouco melhor, dois supostos exemplos de cidades experimentais: Hong Kong e Shenzen.

3. Cidades Experimentais: Modelos para (quase) todos os Gostos[13]

> (...) we need to increase competition in order to improve policy, but we also need to improve policy in order to increase competition. (FRIEDMAN; TAYLOR, 2012, p. 219)

---

[11] Veja, por exemplo, Friedman e Taylor (2012) e Braga (2013), dentre outros. Os *insights* de Tiebout (1956) e Hirschman (1978), aliás, são sempre citados nesta literatura. Em Stringham (2007) há alguns artigos interessantes sobre alternativas ao fornecimento de bens públicos. As cidades experimentais podem ser consideradas como parte desta literatura (veja, por exemplo, a iniciativa de Oates, 1999, *laboratory federalism*).

[12] Alguns experimentos de políticas públicas similares (os projetos-piloto) têm sido feitos, mas não com o grau de profundidade de uma cidade experimental.

[13] Para uma resenha similar à desta seção, ver Cao (2019).

Cidades experimentais são modelos de estímulo a uma forma de governo mais flexível de maneira mais sustentável são modelos de estímulo a uma forma de governo mais flexível de maneira mais sustentável[14]. Quem necessita de governos ágeis? Pense, por exemplo, naqueles que se refugiam em outros países (imigrantes). Há aqueles que migram porque desejam tentar a vida em um ambiente (institucional, cultural, geográfico etc.) mais compatível com suas preferências e há aqueles que migram porque tiveram sua sociedade destruída por conflitos tribais, guerras regionais ou mesmo desastres ambientais. Em geral, a busca por um nível de bem-estar maior é o objetivo comum daqueles que migram.

Lutter (2019) oferece uma lista de critérios para que se possa definir uma *cidade experimental*. São eles: (a) a cidade experimental deve ser construída em uma área inabitada (evitando problemas de escolha pública de cidades já estabelecidas, por exemplo); (b) a cidade experimental deve ser governada por uma entidade administrativa independente; (c) a entidade administrativa independente deve poder exercer sua autonomia estabelecendo normas de forma ampla[15]. O leitor encontrará estas características em graus diversos nos exemplos que se seguem.

Primeiramente, alguns autores[16] pensam nas cidades experimentais como uma *evolução* das – não tão desconhecidas assim – zonas econômicas especiais (ZEEs)[17]. Estas, conforme Moberg (2017) são

---

[14] Proposta com espírito similar – no que tange à experimentação – seria a do *Laboratory Federalism*. Nesta, estados seriam usados para testar diferentes políticas. Ver Oates (1999) para detalhes. Agradeço ao Leonardo M. Monasterio por me chamar a atenção para este ponto.

[15] Lutter (2019) lista os seguintes itens: registros de empresas e propriedades, políticas educacionais, de transportes, trabalhistas, energéticas, financeiras, regulação da saúde e permissões para construções.

[16] Veja, por exemplo, os textos de Lutter em Lutter, Pritchett, Moser e Bell (2018). Moberg (2017) fala em "Zonas Econômicas Especiais do futuro (ZEE)" ao se referir às cidades experimentais. Corretamente, identifica estas como ZEEs mais radicais no que diz respeito às mudanças institucionais.

[17] Para mais literatura sobre as ZEEs, Bräutigam e Xiaoyang (2011), Braga (2013), Bell (2018), *United Nations Conference on Trade and Development* (2019).

áreas que seguem regras diferentes do restante do país[18]. De forma mais detalhada, podem ser caracterizadas conforme três grandes itens, a saber: (1) o uso de regulação diferenciada, (2) possuir infraestrutura específica e (3) ter fronteiras fisicamente delineadas[19]. Sob esta definição, a diferença entre uma ZEE e uma cidade experimental se dá na dimensão de (1). Exemplificando, enquanto uma hipotética ZEE brasileira[20] prevê isenção de impostos para certos bens, uma cidade experimental pode fazer com que todo o código legal da cidade seja baseado no código britânico.

As ZEEs, como já dito, não são uma novidade na economia ou na história dos países. Relatório da *United Nations Conference on Trade and Development* (UNCTAD) de 2019 informa que, em 1975 já havia 79 delas e, atualmente, são 5400 ZEEs instaladas por todos os continentes[21]. Empiricamente, contudo, não é muito claro se as ZEEs são um "sucesso" em termos de instrumentos de políticas econômicas. As resenhas de Moberg (2017), Gebrewolde (2019) e as poucas análises econométricas encontradas na literatura (Wang (2013), Alkon (2018) e Frick, Rodríguez-Pose e Wong (2019)), além dos resultados mistos, utilizam bases de dados distintas, o que

---

[18] *"SEZs are, in essence, particular areas that abide by different rules than the country as a whole".* (MOBERG, 2017, p.1).

[19] *"Most SEZs share a number of features: (1) they generally have a regulatory and incentive framework that is different from that of the rest of the country; (2) they tend to provide dedicated infrastructure services; and (3) their area of activity is clearly delineated by physical boundaries (FIAS 2008; World Bank 2011; Asian Development Bank 2015). However, zones differ greatly in the application of these features, meaning that a wide variety of SEZs has emerged across the world. Even within countries, it is not infrequent for different forms of SEZs to coexist, each displaying a varying mix of incentive schemes, services, industries, and target markets".* (FRICK; RODRÍGUEZ-POSE; WONG, 2019, p.3)

[20] A título de curiosidade, no Brasil, há dezoito ZEEs (no caso, zonas promotoras de exportação, ou ZPEs), conforme se pode conferir em: <http://www.mdic.gov.br/index.php/zpe>.

[21] Este relatório é muito útil para os que desejam detalhes sobre o tema. Contudo, é um documento inadequado aos que procuram análises científicas sobre os determinantes do sucesso das ZEE. Neste caso, Moberg (2017) é uma leitura mais adequada.

limita bastante qualquer tentativa de generalização dos resultados encontrados[22].

Segundo Castle-Miller (2018), outro modelo de cidades experimentais é o voltado para resolver o problema dos refugiados. O autor também vê esta aplicação como uma extensão do conceito de ZEE[23]: *"Refugee cities would be a type of SEZ designed to facilitate migrant integration. They would be special-status jurisdictions in which displaced people—who would otherwise be barred from working—can be employed, start businesses, access finance, and rebuild their lives"*. (CASTLE-MILLER, 2018, p.2)

A integração dos imigrantes dar-se-ia de modo mais facilitado, por meio de legislação diferenciada neste modelo *humanitário* de cidade experimental, que amplia a ideia de um *campo de refugiados* para uma *cidade de refugiados,* em que poderiam ser feitos investimentos em infraestrutura e oportunidades seriam criadas para o empreendedorismo dos imigrantes. Um exemplo é a ZEE jordaniana *The King Hussein Bin Talal Development Area* (KHBTDA)[24], que emprega refugiados sírios, proposta por Betts e Colier (2016)[25].

Direitos a serem garantidos em cidades experimentais como esta aos refugiados, englobariam: (a) direitos de propriedade, (b) direito ao trabalho, (c) direito à residência e à mobilidade, (d) assistência administrativa, (e) direito à associação, (f) acesso à justiça e (g) tratamento similar aos residentes do país no que tange às condições de acesso à moradia, à educação e às políticas de bem-estar[26]. O complicador diz respeito ao *status* de refugiado e à sua adequação ao modelo de cidade experimental. Considere, por exemplo, o trecho a seguir.

---

[22] No estudo mais recente sobre o tema, Frick, Rodríguez-Pose e Wong (2019) destacam a dificuldade de medir a principal variável em estudos como este, qual seja o desempenho da ZEE. Os autores optam por uma *proxy* original que é a iluminação na região da ZEE à noite.

[23] Este é também o caso de McKinney, Pardalis, Hook e Dias (2020).

[24] Segundo Castle-Miller (2018), a União Europeia e o Banco Mundial têm feito arranjos para incentivar o governo jordaniano a empregar refugiados sírios no país.

[25] Betts e Collier (2016) e Staton (2016).

[26] Castle-Miller (2018), pp.14-20.

> *Within refugee cities, countries could extend rights to property that fulfill Article 13 of the Refugee Convention. Residents of a refugee city could have formal rights to land, such as a lease, and rights to movable property. At the same time, countries could address reluctance to make refugees permanent by setting time limits and expiration dates on leases, business licenses, or work permits. When the expiration date occurs, the country will have enabled refugees to return home on a much better footing then they would have been on otherwise.* (CASTLE-MILLER, 2018, p. 27)

O arranjo institucional para lidar com a situação dos limites no período de tempo pode não ser tão simples. Caso o desenho das regras for adequado, os refugiados retornariam ao seu país de origem (no caso em que a situação econômica ou política se alterou positivamente) ou pediriam mudança de nacionalidade? Como reagirão os grupos de interesse locais diante dos refugiados empresários que gerem prosperidade em seu novo país? Enfim, estas são apenas algumas questões que ilustram a necessidade de se ter cuidado com a construção de novas instituições.

Na mesma linha das cidades para refugiados, Shikida e Xavier (2019a, 2019b) propuseram a ideia de que uma oportunidade para a cidade mineira de Brumadinho seria a sua transformação em uma cidade experimental, com modelo a ser definido em um concurso de projetos internacional em que o júri seria composto por notáveis conhecedores do tema. A título de exemplo, o júri poderia ter, entre seus membros, Paul Romer, Paul Collier, Patri Friedman e outros com *notório* conhecimento sobre cidades experimentais. A ideia, não trabalhada nestes dois artigos jornalísticos, seria de que, posteriormente, este mesmo júri fosse transformado no comitê de boas práticas da cidade experimental, servindo como uma âncora reputacional para as políticas adotadas[27]. Vale notar que refugiados venezuelanos,

---

[27] A ideia da âncora reputacional tem um apelo muito simples e similar ao da taxa de câmbio fixo no início do Plano Real. Qual era a ideia? Sem uma autoridade monetária com reputação de protetora do valor da moeda, ancora-se o mesmo na política monetária de um governo com forte credibilidade neste aspecto (no caso em questão,

haitianos, cubanos etc. seriam bem-vindos neste arranjo de cidade experimental.

Outros tipos de cidades experimentais têm um viés mais libertário. O *Free Private Cities Inc* é um empreendimento de Titus Gebel e sua proposta de cidade experimental se baseia na ideia-acrônimo LEAP (*Legal Economic Administrative Political*) *Zone* ou, em português, uma Zona LEAP (ZLEAP)[28]. Mas que tipos de LEAP seriam estes?

> *Legal: World-class legal system. Independent arbitration. Contract enforcement. Defense of property rights. Efficient dispute resolution. Economic: Low or zero tax. Duty free. Flexible labor rules. Low regulation. Permissionless innovation. Administrative: Private Governance. Competitive Mindset. Executive efficiency. Liability for Errors. Profit incentive. Guaranteed security. Political: Legal Certainty. Rule of law. Clear principles. Transparency. Limited government. Political Autonomy.* (LITVAY, 2019)

Observa-se que as ZLEAPs seguem um arranjo fortemente inspirado em princípios de pensadores liberais/libertários de tendência austríaca, mas não sem exceções. Por exemplo, Gebel (2018) tem uma visão negativa do impacto da imigração. O trecho a seguir ilustra seu pensamento sobre este aspecto.

---

na política monetária norte-americana) por meio do compromisso em se seguir a taxa de câmbio fixa (até que a reputação seja construída, o que, de certa forma, foi alcançado em algum momento do início da adoção do sistema de metas de inflação). De forma similar, um país sem instituições com boa reputação em garantir a prosperidade de uma sociedade pode ser, provisoriamente, substituído por um comitê independente de boas práticas, mas com o qual o governo se comprometa, garantindo-lhe a devida autoridade para que possa promover reformas na cidade experimental. Obviamente, mesmo este comitê é uma das possíveis propostas de âncora reputacional e é preciso muita cautela para o desenho de suas regras, já que o objetivo é incentivar as melhores práticas, do ponto de vista dos moradores da cidade. Caso contrário, pode degenerar para uma configuração sujeita à prática de *rent-seeking*. Um interessante exercício mental é comparar este comitê com a solução dos *seasteders* e fica como sugestão ao leitor.

[28] Ver Litvay (2019) para uma descrição inicial. Para um detalhamento maior, Gebel (2018).

> *The open-border dogma, a typical intellectual brainchild, has what it takes to destroy within one or two generations civilizations that have taken more than a thousand years to grow. But where is the fundamental error of this teaching? It is the assumption that all people are equal and if only the right institutions are established and some education is given to them, success will set in by itself. That would be nice, but it's probably not that easy.*
> (GEBEL, 2018, loc. cit., p. 1726)

Nota-se que o autor ignora os impactos positivos da imigração, tomando apenas como princípio que um suposto *"open-border dogma"* não funcionaria como um indutor da redução de desigualdades. As evidências empíricas não parecem lhe dar suporte[29], enfraquecendo a defesa de seu conceito de cidades experimentais.

O segundo tipo de cidade experimental libertária é o movimento *seasteding*, que propugna a criação de cidades modulares em regiões oceânicas. Os "módulos", ou seja, indivíduos/famílias, no caso, realizariam o ideal de Tiebout-Hirschman de votar com os pés[30]. A abordagem de *libertação* pelos oceanos segue o pressuposto de que mudanças institucionais seriam pouco prováveis.

> *Escaping the current monopolistic equilibrium requires us to focus on the non-institutional determinants of competition: the geographic and technological environment in which governments are embedded. To robustly improve governance, we need to intervene at this bare-metal layer rather than attempt to directly reform existing policies or institutions. We propose an unorthodox form of intervention which we argue would achieve this goal – developing the technology to create permanent, autonomous settlements on the ocean.*
> (FRIEDMAN; TAYLOR, 2012, p. 219)

---

[29] Diversos estudos que mostram evidências favoráveis aos impactos positivos da imigração são citados, por exemplo, no recente Caplan e Weinersmith (2019). Gebel (2018), por sua vez, apenas evoca uma posição normativa, sem sequer recorrer a evidências empíricas em favor do seu argumento.

[30] Ou, neste caso, com as nadadeiras.

Algumas das vantagens apontadas pelos defensores deste modelo são: (a) baixo custo de migração; (b) efetividade da competição de Tiebout; (c) evita a esclerose institucional olsoniana. Todas elas derivam do fato de que, no *seasteding*, o indivíduo (ou a família) pode se deslocar, a baixo custo, com todas as suas posses, rapidamente. O maior entrave ao desenvolvimento deste modelo de *cidades experimentais*, segundo Friedman e Taylor (2012) é o problema da lei, de forma geral (em suas palavras: *international law and politics[31]*). Não é difícil perceber que este é o âmago do problema a ser enfrentado por qualquer proposta de cidade experimental.

Ironicamente, um dos empreendimentos futuros de *seasteding* teve início em um acordo com o governo da polinésia francesa[32]. No debate exposto em Lutter, Pritchett, Moser e Bell (2018), é Moser quem nota que talvez o obstáculo das alterações institucionais não possa ser ignorado. Mais ainda, ela nota um aspecto potencialmente perigoso que surge quando governos criam cidades experimentais. O exemplo é o governo chinês.

> *In essence they are trying to do in Honduras and French Polynesia what various Chinese players are already doing in Malaysia, Sri Lanka, Pakistan, Oman, and more, yet without China's political clout, financial strength, technical skills, or negotiating leverage. As such, China and startup cities advocates have similar instincts for sniffing out corrupt and institutionally weak host countries that are desperate for foreign investment. This is not a recipe for an equal or stable partnership.* (LUTTER; PRITCHETT; MOSER; BELL, 2018, p. 1)

Esta crítica, aliás, chama a atenção para outra polêmica nos debates sobre cidades experimentais: o caso de Hong Kong. Embora citada como exemplo de uma cidade experimental por diversos autores, Cheong e Goh (2013) nos lembram que há

---

[31] Friedman e Taylor (2012), p.229.
[32] O empreendimento está detalhado aqui: <https://www.blue-frontiers.com/en/frenchpolynesia≥.

outros fatores importantes no sucesso de cidades e que não necessariamente são derivados de um código legal distinto. O grau de autonomia das províncias, a relação econômica com a China e peculiaridades geográficas de Hong Kong podem, segundo os autores, explicar mais do sucesso da ex-colônia. Além disso, o aspecto colonial da presença britânica em Hong Kong é um ponto importante a ser considerado[33]. Colônias foram experimentos institucionais, mas não são exatamente exemplos de cidades experimentais[34].

A despeito de se concordar ou não com Cheong e Goh (2013), é fato que se pode aprender um bocado sobre experimentos institucionais com a história da colonização. O estudo, por exemplo, da diversidade institucional da colonização dos Estados Unidos da América (EUA), das capitulações no mundo islâmico[35] ou de alguns exemplos brasileiros (como Blumenau ou a famosa Fordlândia), certamente podem ajudar a entender os fatores de (in)sucesso de certas cidades[36] e não deve ser desconsiderado por aqueles que pretendam propor modelos de cidades experimentais.

---

[33] Cao (2019) destaca um ponto importante sobre Hong Kong. A literatura aponta que Shenzen é um experimento baseado em Hong Kong. Não apenas isto, mas geograficamente Shenzen é próxima a Hong Kong, o que facilita os transplantes institucionais potenciais. É interessante refletir sobre este ponto quando se fala em construir cidades experimentais em países que não possuem "Hong Kong". Para que se obtenham efeitos, por assim dizer, de transbordamento (ou de demonstração) de mudanças institucionais de uma cidade experimental para seu entorno é preciso pensar bem na escolha do local inicial.

[34] Os distúrbios de 2019 em Hong Kong põem em teste, inclusive, a disposição do governo chinês em aceitar um enclave com diferente grau de democracia em seu território. Hong Kong era o 3º colocado no Índice de Liberdade Humana, enquanto a República Popular da China era a 126ª. Ver Vásquez e Porcnik (2019).

[35] Ver Kuran (2011), especialmente os capítulos 11 e 12.

[36] O relato do proprietário inicial de Blumenau está em: Blumenau (2002) [1855]. O caso da Fordlândia é descrito em Grandin (2010). A evolução dos direitos de propriedade e sua relação com diferentes instituições e outros fatores nos casos do Brasil e dos EUA são bem analisadas em: Mueller (2006), Zanella e Westley (2009) e Alston; Harris e Mueller (2012).

Ainda no caso chinês, vale a pena falar um pouco sobre outra vitrine das ZEE/cidades experimentais: Shenzen. Muitas vezes citada como um exemplo de sucesso, a história de Shenzen nos revela uma realidade um pouco distinta. Du (2019) mostra que o sucesso de Shenzen é fortemente baseado em uma combinação peculiar de fatores geográficos e históricos[37] e, o que é mais interessante, defende que o sucesso relativo de Shenzen se deve também a uma dinâmica local (um certo grau de autonomia, portanto, ainda que não o tempo todo) e não tanto de uma política vinda "de cima para baixo" do governo da capital Beijing.

Assim, por exemplo, embora muitos entendam a proposta de Paul Romer de construir uma cidade em um local *praticamente deserto,* como um sinônimo do que ocorreu em Shenzen, o longo relato de Du (2019) nos mostra que a história não corrobora este mito. A narrativa da autora bem poderia ser encontrada em textos de corte Novo-Institucional (*e.g.* North e Wallis (2009), Alston; Harris e Mueller (2012))[38] e mostra como a cidade passou por conflitos políticos e crises econômicas que poderiam ter minado seu sucesso, sem falar nos problemas pouco conhecidos fora da propaganda oficial (como no caso de Baishizou)[39].

Pode-se dizer que uma das lições do estudo de Du (2019) é nos lembrar, que, é sempre importante estudar os fatos antes de se partir

---

[37] *"The influential Shenzhen origin myth, with its emphasis on the miraculous new city, downplays the impact of the original physical geography and distribution of settlements, as well as environmental considerations by early planners. These elements are continuously overlooked in later accounts of the city's planning history. In the 1990s, this myth was used to attract workers to Shenzhen; ten years earlier, however, it was part of an effort just to give the city a chance to exist"*. (DU, 2019, p. 1182).

[38] Este é um tema desafiador para um bom mestrado ou doutorado!

[39] "Baishizhou is commonly known in Shenzhen as the city's poorest, dirtiest, and biggest urban village. It also has the most inhabitants, as well as the highest building and population density, of any urban village in Shenzhen. Roughly two hundred thousand people are crammed into a neighborhood of 2,477 walk-up peasant houses, lined mostly with dark, damp, and refuse-scattered alleyways. Owing to land ownership contestations, the villagers of Baishizhou have not been able to profit from selling property to developers in the way that members of other villages have done". (DU, 2019, p. 4857]

para teorias que nem sempre tenham aderência com os exemplos que lhe são associados[40]. A outra, derivada desta, é que a ideia de que cidades experimentais devam ser instaladas em áreas predominantemente desertas não é necessariamente um pré-requisito de sucesso.

Por outro lado, o estudo dos casos de Hong Kong e Shenzen também levantam dúvidas sobre o papel do governo em seu sucesso. Como visto, há propostas de cidades experimentais em que o governo não tem papel algum, mas há aquelas em que o governo pode ser importante fiador de instituições criadas por um comitê de boas práticas, por exemplo.

Outra interessante sugestão de Cao (2019) é a de que, mesmo que haja um comitê ou um país estrangeiro fiador, os residentes das cidades experimentais possam votar pela (des)continuidade da cidade como uma *charter city*, provavelmente após algum tempo (pode-se pensar em algum arranjo legal que preveja a votação após a divulgação do desempenho dos administradores da cidade em comparação com metas previamente traçadas).

Os exemplos de cidades experimentais vistos nesta seção dificilmente fornecem respostas definitivas acerca de modelos e sucessos. Mas apontam várias pistas importantes que esperamos discutir melhor na conclusão deste capítulo.

Conclusão

> *While the charter-city concept rightly emphasizes the adoption of better policies and institutions, the question is whether it entails the right process to find and implement the right institutions. The institutions of already-prosperous countries may not promote progress in less developed countries if they do not fit with the norms and cultures of those societies.* (MOBERG, 2017, p. 175)

Um rápido panorama sobre o noticiário nos mostra que o país inicia o ano de 2020 sem soluções para um problema tão sério quanto

---

[40] O leitor vai se lembrar do exemplo dos faróis Coase (1974).

o saneamento básico. Por sua vez, a imigração de venezuelanos, que era irrisória há cerca de dez anos, é um problema humanitário sério no Norte do Brasil. Aliás, sobre catástrofes humanitárias, não é preciso olhar para fora de nossas fronteiras: a já citada Brumadinho e Mariana, cidades do Estado de Minas Gerais, experimentaram uma drástica queda em seu padrão de vida com os desastres ambientais dos anos recentes e não apresentam perspectiva de recuperação em curto espaço de tempo.

Todos estes problemas representam oportunidades para formuladores de políticas públicas, e as cidades experimentais são apenas um exemplo de que estas políticas precisam enfrentar o maior de seus desafios: serem estudadas e compreendidas para, se for o caso, avançarem para discussões pelos três poderes de governo, e possam se viabilizar como uma ferramenta de política pública. Ferramenta, aliás, com potencial de gerar diversidade institucional e agilidade (flexibilidade) para o governo.

A resenha feita neste capítulo levanta várias questões importantes para pesquisadores da AED. Por exemplo: que arranjos institucionais seriam os mais adequados para cidades experimentais no Brasil? Até que ponto as cidades experimentais poderiam atuar como verdadeiros experimentos de diferentes modelos de governança, sem descuidar da prosperidade econômica de seus residentes? Como uma política de implantação de cidades experimentais ao longo do território brasileiro deveria ser feita de forma a minimizar o risco de sabotagem por grupos de interesse *rent-seekers*? Seria possível que cidades experimentais estimulassem a mudança institucional nos países? Qual o papel dos setores privado e público no sucesso de um experimento como este?

Estas são apenas algumas dentre muitas questões que merecem mais reflexão pelos pesquisadores da Análise Econômica do Direito. Aliás, talvez as cidades experimentais possam ajudar as sociedades a se planejarem para a futura colonização dos oceanos ou mesmo de outros planetas[41]. Pode-se dizer que as cidades experimentais são uma das

---

[41] Neste sentido, talvez a melhor consequência de se ter várias cidades experimentais seja a de, por meio da concorrência entre diversos modelos institucionais, expor

mais interessantes fronteiras de pesquisa deste século. Uma fronteira que ainda precisa de um extenso estudo e mapeamento. O futuro é incerto, mas promissor. Afinal, como disse Paul Romer: *"There is a scarcity of physical objects, but that's not the constraint on what we can do"*[42].

Referências

ACEMOGLU, D.; ROBINSON, J. A. "Rents and economic development: the perspective of Why Nations Fail". *Public Choice*, vol. 181, n° 1 (2019), pp.13-28.

ALESINA, A.; GIULIANO, P. "Culture and Institutions". *Journal of Economic Literature*, vol. 53, n° 4 (2015), pp. 898-944.

ALKON, M. "Do special economic zones induce developmental spillovers? Evidence from India's states". *World Development Elsevier*, vol. 107 (2018), pp. 396-409.

ALSTON, L. J. "Beyond Institutions: Beliefs and Leadership". *Journal of Economic History*, vol. 77, n° 2 (2017), pp. 353-372.

ALSTON, L. J.; HARRIS, E.; MUELLER, B. "The development of property rights on frontiers: endowments, norms, and politics". *Journal of Economic History*, vol. 72, n° 3 (2012), pp. 741-770.

ALSTON, E.; ALSTON, L. J.; MUELLER, B.; NONNENMACHER, T. *Institutional and Organizational Analysis*: Concepts and Applications. Cambridge University Press, 2018.

BELL, T. W. *Your next government?*: from the nation state to stateless nations. Cambridge University Press, 2018.

BERKOWITZ, D.; PISTOR, K.; RICHARD, J. F. "Economic development, legality, and the transplant effect". *European Economic Review*, vol. 47, n° 1 (2003), pp. 165-195.

BETTS, A.; COLLIER, P. "Jordan's Refugee Experiment". *Foreign Affairs*, 28 abr. 2016. Disponível em: <https://www.foreignaffairs.

---

claramente os problemas das consequências não intencionais das políticas públicas. De qualquer forma, um bom grau de aversão ao risco é recomendável, dados os poucos estudos de caso que temos.

[42] Citado em Postrel (1999) p.64.

com/articles/middle-east/2016-04-28/jordans-refugee-experiment>. Acesso em: 13 jul. 2020.

BLUMENAU, H. *A colônia alemã Blumenau na província de Santa Catarina no sul do Brasil*. Blumenau: Instituto Blumenau (original de 1855), 2002.

BRAGA, L. L. N. *Special Cities: Theoretical Backgrounds and Honduran ZEDE*. Modernização Dos Governos e Inovação Administrativa – Congresso Internacional Governo, Gestão e Profissionalização Em Âmbito Local Frente Aos Grandes Desafios de Nosso Tempo, 2013, pp. 1-16.

BRÄUTIGAM, D.; XIAOYANG, T. "African Shenzhen: China's special economic zones in Africa". *Journal of Modern African Studies*, vol. 49, nº 1 (2011), pp. 27-54.

CAO, Lan. "Charter Cities". *William and Mary Bill of Rights Journal*, v. 27 (2019). Disponível em: <https://scholarship.law.wm.edu/wmborj/vol27/iss3/6/>. Acesso em: 13 jul. 2020.

CAPLAN, B. D.; WEINERSMITH, Z. *Open borders*: the science and ethics of immigration. First Second, 2019.

CASTLE-MILLER, M. "The Law and Policy of Refugee Cities: Special Economic Zones for Migrants". *Chapman Law Review*, vol. 21, nº 2 (2018), p. 303.

CHEONG, K. C.; GOH, K. L. "Hong Kong as charter city prototype - When concept meets reality". *Cities*, vol. 35 (2013), pp. 100-103.

COASE, R.H. "The Lighthouse in Economics". *Journal of Law and Economics*, vol.17, nº 2 (1974), pp.357-376.

COATES, D.; HECKELMAN, J. C.; WILSON, B. "The political economy of investment: Sclerotic effects from interest groups". *European Journal of Political Economy*, vol. 26, nº 2 (2010), pp. 208-221.

COETZEE, M. "Charter cities: What if we could start from scratch?". *Construction Research and Innovation*, vol. 8, nº 4 (2017), pp. 117-120.

COOTER, R. D. *O Nó de Salomão*: Como o Direito Pode Erradicar a Pobreza das Nações. Curitiba: Editora CRV, 2017.

DU, J. *The Shenzhen experiment the story of China's instant city*. Harvard University Press, 2019.

EASTERLY, W.; LEVINE, R. "Tropics, germs, and crops: How endowments influence economic development". *Journal of Monetary Economics*, vol. 50, nº 1 (2003), pp. 3-39.

ELLICKSON, Robert C. *Order without Law: How Neighbors Settle Disputes*. Cambridge, MA: Harvard University Press, 1991.

ENGERMAN, S. L., & SOKOLOFF, K. L. (2011). Economic development in the Americas since 1500: endowments and institutions. Cambridge University Press.
FREIMAN, C. (2013). Cosmopolitanism Within Borders: On Behalf of Charter Cities. *Journal of Applied Philosophy*, 30(1), 40-52.
FRIEDMAN, D. "A Theory of the Size and Shape of Nations". *Journal of Political Economy*, vol. 85 (1977), pp. 59-77.
FRIEDMAN, P.; TAYLOR, B. *Entry Barriers and Innovation in the Market for Governance*, 2011.
FRIEDMAN, P.; TAYLOR, B. "Seasteading: Competitive Governments on the Ocean". *Kyklos*, vol. 65, n° 2 (2012), pp. 218-235.
FRICK, S. A.; RODRÍGUEZ-POSE, A.; WONG, M. D. "Toward Economically Dynamic Special Economic Zones in Emerging Countries". *Economic Geography*, vol. 95, n° 1 (2019), pp. 30-64.
GAROUPA, N.; LIGUERRE, C. G. "The Evolution of the Common Law and Efficiency". *Georgia Journal of International and Comparative Law*, vol. 40, n° 2 (2012), pp. 307-340.
GEBEL, T. *Free Private Cities:* Making Governments Compete For You. Createspace Independent Publishing Platform, 2018.
GEBREWOLDE, T. M. *Special Economic Zones Evidence and prerequisites for success*. International Growth Centre, mai. 2019.
GRANDIN, G. *Fordlandia*: the rise and fall of Henry Ford's forgotten jungle city. Picador USA, 2010.
GUISO, L.; SAPIENZA, P.; ZINGALES, L. "Does culture affect economic outcomes?". *The Journal of Economic Perspectives*, vol. 20 (aug. 2006), pp. 23-48.
HADFIELD, G. K., & WEINGAST, B. R. "Microfoundations of the Rule of Law". *Annual Review of Political Science*, vol. 17, n° 1 (2014), pp. 21-42.
HENDERSON, M. T.; CHURI, S. *The trust revolution*: how the digitization of trust will revolutionize business and government. Cambridge University Press, 2019.
HIRSCHMAN, A. O. "Exit, Voice, and the State". *World Politics*, vol. 31, n° 1 (1978), pp. 90-107.
KURAN, T. *The long divergence*: how Islamic law held back the Middle East. Princeton University Press, 2011.
LA PORTA, R.; LOPEZ-DE-SILANES, F.; SHLEIFER, A. "The Economic Consequences of Legal Origins". *Journal of Economic Literature*, vol. 46,

nº 2 (2008), pp. 285-332. Disponível em: <https://doi.org/10.1257/jel. 46.2.285≥. Acesso em: 13 jul. 2020.

LITVAY, F. "Free Private Cities as complete LEAP Zones". *Free Private Cities.* 30 aug. 2019. Disponível em: <https://www.freeprivatecities. com/en/free-private-cities-as-complete-leap-zones/>. Acesso em: 13 jul. 2020.

LUTTER, M.; PRITCHETT, L.; MOSER, S.; BELL, T. W. "Startup Cities". *Cato Unbound.* 11 jul. 2018. Disponível em: <https://www. cato-unbound.org/print-issue/2378>. Acesso em: 13 jul. 2020.

LUTTER, M. "What is a Charter City?". *Charter Citties Institute.* 26 mar. 2019. Disponível em: <https://www.chartercitiesinstitute.org/post/what-is-a-charter-city>. Acesso em: 13 jul. 2020.

MASELAND, R. "Is colonialism history? the declining impact of colonial legacies on African institutional and economic development". *Journal of Institutional Economics*, vol. 14, nº 2 (2018), pp. 259-287.

MCKINNEY, J.; PARDALIS, A.; HOOK, B.; DIAS, Pedro. Brasil - Relatório de Projeção Econômica de Zonas de Prosperidade. Tipolis Consult/Institute for Competitive Governance, 2020.

MOBERG, L. *The political economy of special economic zones*: concentrating economic development. Routledge, 2017.

MUELLER, B. "A Evolução Histórica dos Direitos de Propriedade Sobre Terras no Brasil e nos EUA". *História Econômica & História de Empresas*, vol. 9, nº 1 (jan. jun. 2006), pp. 23-54.

NORTH, Douglass C; WALLIS, John Joseph; WEINGAST, Barry R. *Violence and Social Orders.* New York: Cambridge University Press, 2009.

OATES, W. E. "An Essay on Fiscal Federalism". *Journal of Economic Literature*, vol. 37, nº 3 (1999), pp. 1120-1149.

OSTROM, E.; GARDNER, R.; WALKER, J. *Rules, Games, and Common-Pool Resources.* Cambridge University Press, 1994.

POSTREL, V. *The Future and its Enemies*: The Growing Conflict Over Creativity, Enterprise, and Progress. Free Press, 1999.

ROMER, P. *Why the world needs charter cities.* jul. 2009. TEDGlobal 2009. Disponível em: <https://www.ted.com/talks/paul_romer_why_the_world_needs_charter_cities>. Acesso em: 13 jul. 2020.

ROMER, P. *Technologies, Rules, and Progress*: The Case for Charter Cities. 3 mar. 2010. Center for Global Development. Disponível em: <https://

www.cgdev.org/publication/technologies-rules-and-progress-case--charter-cities>. Acesso em: 13 jul. 2020.

SHIKIDA, C. D.; XAVIER, M. R. S. *A cidade experimental de Brumadinho: o futuro pode ser melhor*. 04 dez. 2019. JOTA, 2019a.

SHIKIDA, C. D.; XAVIER, M. R. S. *A cidade experimental de Brumadinho*. 07 dez. 2016. O Tempo, 2019b.

SOBEL, R. S.; COYNE, C. J. "Cointegrating Institutions: The Time--Series Properties of Country Institutional Measures". *The Journal of Law and Economics*, vol. 54, nº 1 (2011), pp. 111-134. Disponível em: <https://www.journals.uchicago.edu/doi/abs/10.1086/652304?mobileUi=0& >. Acesso em: 13 jul. 2020

STATON, B. *An Experiment In Jordan's Desert Aims To Provide Jobs For Syrian Refugees*. 08 jan. 2016. Huffington Post. Disponível em: <https://www.huffpost.com/entry/syrian-refugees-jordan-employment_n_579f66ebe4b08a8e8b5ea0d8>. Acesso em: 13 jul. 2020.

STRINGHAM, E. P. (org). *Anarchy and the Law*. Oakland: The Independent Institute, 2007.

TIEBOUT, C. M. "A Pure Theory of Local Expenditures". *Journal of Political Economy*, vol. 64, nº 5 (1956), pp. 416-424.

UNITED NATIONS CONFERENCE ON TRADE AND DEVELOPMENT. *World Investment Report 2019*: Special Economic Zones. United Nations Publications. Disponível em: <https://unctad.org/en/PublicationsLibrary/wir2019_en.pdf>. Acesso em: 13 jul. 2020.

VÁSQUEZ, I.; PORCNIK, T. *Human Freedom Index 2019*: A Global Measurement of Personal, Civil, and Economic Freedom. Cato Institute. Disponível em: <https://www.cato.org/sites/cato.org/files/human-freedom-index-files/2019-human-freedom-index-update-2.pdf>. Acesso em: 13 jul. 2020.

VOIGT, S. "Empirical constitutional economics: Onward and upward?". *Journal of Economic Behavior and Organization*, vol. 80, nº 2 (2011), pp. 319-330.

VOIGT, S.; BLUME, L. "The economic effects of federalism and decentralization-a cross-country assessment". *Public Choice*, vol. 151, nº 1–2(2012), pp. 229-254.

WANG, J. "The economic impact of Special Economic Zones: Evidence from Chinese municipalities". *Journal of Development Economics*, vol. 101, nº 1 (2013), pp. 133-147.

WILLIAMSON, C. R.; MATHERS, R. L. "Economic freedom, culture, and growth". *Public Choice*, vol. 148 (mai. 2010), pp. 313-335.

ZANELLA, F.; WESTLEY, C. "The Western Expansion as a Common Pool Problem". *American Journal of Economics and Sociology*, vol. 68, n° 3 (2009), pp. 775-789.

Capítulo 17
Métodos Empíricos Aplicados à Análise Econômica do Direito

Thomas Victor Conti

1. Introdução

Mais de 40 anos após o início da chamada *revolução da credibilidade*[1] nos estudos econômicos, ela continua a pleno vapor. Enquanto em 1960 mais da metade dos artigos publicados nos periódicos mais prestigiados de Economia eram puramente teóricos, em 2010 esse percentual havia caído para 19,1%.[2] No mesmo período, artigos empíricos usando dados públicos ou privados aumentaram de 45% para 64,3%, e dois métodos praticamente inexistentes – os trabalhos empíricos usando experimentos e o uso de simulações para testar teorias – em 2010, respondiam somados por 17% do total de artigos publicados nestes periódicos.

Embora números mais atualizados para o biênio 2019/2020 ainda não estejam disponíveis, a tendência consistente indica que a fatia dos estudos empíricos (incluindo experimentos) e simulações deve ter crescido mais um pouco e a teoria pura continuará a perder um pouco de espaço.

---

[1] ANGRIST, Joshua D.; PISCHKE, Jörn-Steffen. "The Credibility Revolution in Empirical Economics: How Better Research Design Is Taking the Con out of Econometrics". Journal of Economic Perspectives, vol. 24, n° 2 (2010), pp. 3-30.

[2] HAMERMESH, Daniel S. "Six Decades of Top Economics Publishing: Who and How?". Journal of Economic Literature, vol. 51, n° 1 (2013), pp. 162-172.

Pesquisas de abordagem empírica também cresceram nos periódicos especializados de Direito em língua inglesa. Entre 1990 e 2009 praticamente, duplicaram.[3] Artigos mencionando a palavra "empírico", em inglês, eram 0% das publicações de 1950 e perto de 60% em 2010.[4] Daniel Ho e Larry Kramer defendem que o Direito também passa por uma revolução empírica:

> O fato de que não apenas especialistas e defensores dedicados, mas também uma ampla gama de acadêmicos, cortes e tomadores de decisão estão lidando com dados é um sinal da vitalidade da revolução empírica. Essa tendência pode ser mais visível em Stanford do que em outras escolas de Direito, porém o movimento está por toda parte.[5]

Diante desse quadro, estudiosos do Direito têm muito espaço de pesquisa a ganhar, avançando em suas preocupações empíricas e ficando a par dos novos métodos de trabalho e pesquisa com dados. Neste artigo apresento um panorama breve, não exaustivo, com o intuito de ajudar mostrar a relevância dos novos métodos e um pouco do panorama atual em Direito e Economia.

Na Parte II exponho as formas mais utilizadas atualmente de se obter bases de dados adequadas para pesquisas empíricas em Análise Econômica do Direito (AED). Hoje, muito do potencial inovador de uma pesquisa está no ineditismo da base de dados que lhe dá suporte. Destaco a importância crescente das bases de dados privadas e de métodos algorítmicos de extração de dados, e aponto alguns dos seus problemas subjacentes.

Na Parte III comento sobre a grande área da inferência causal, as contribuições e os desafios que trouxe para a AED. Em geral,

---

[3] HEISE, Michael. "An Empirical Analysis of Empirical Legal Scholarship Production, 1990-2009". University of Illinois Law Review, vol. 2011 (2011), p. 1739.

[4] HO, Daniel E.; KRAMER, Larry. "Introduction: The Empirical Revolution in Law". *Stanford Law Review*, vol. 65, n° 6 (2013), pp. 1195-1202.

[5] HO, Daniel E.; KRAMER, Larry, Introduction: The Empirical Revolution in Law, *Stanford Law Review*, v. 65, n. 6, p. 1195–1202, 2013.

estudos empíricos têm como motivação ganhar um entendimento sobre uma intervenção, ação ou mudança, que foi ou que será realizada na sociedade. Para isso, é preciso entender as causas reais por trás dos fenômenos, distinguindo-as de meras correlações e as separando de outras variáveis envolvidas. Diferenciar correlação de causalidade é bem mais complexo do que parece à primeira vista.

Na Parte IV destaco outra gama de estudos empíricos na AED cuja importância tem crescido no mundo todo, inclusive no Brasil. São os relatórios técnicos de Análises de Custo-Benefício para reformas jurídicas. Embora pouco presentes na academia, a crescente pressão sobre todos os níveis da administração pública por mais transparência e acompanhamento de resultados têm levado à necessidade de estimar os efeitos de mudanças jurídicas. O arcabouço teórico e metodológico da AED se encontra especialmente bem posicionado para responder a essas demandas.

O capítulo termina com algumas considerações a respeito dos métodos empíricos apresentados, possibilidades de pesquisa e publicação.

2. Obtenção de Dados

A pesquisa empírica avançou, em parte naturalmente, como resposta ao avanço tecnológico. O custo para armazenar, compartilhar e analisar dados tem se reduzido ano após ano, aumentando a oferta de dados para análise em uma pesquisa acadêmica nas ciências sociais aplicadas.

Dados jurídicos se tornaram objeto especial de interesse de mais de uma área do conhecimento. Propriedade privada, regulação e impacto regulatório, meio ambiente, indenizações, crime, corrupção, contratos, impostos, dentre outros temas, envolvem uma interação constante com os dispositivos legais. Usando métodos contemporâneos de raspagem de dados – números, textos, imagens – é possível compilar bases com processos, decisões judiciais e mudanças jurídicas com alto nível de detalhamento.

Centros de pesquisa e pesquisadores individuais têm montado bases desse tipo que, depois de organizadas e limpas, podem servir para mais de um estudo. Tem sido cada vez mais comum pesquisadores que estruturaram bases de dados de interesse amplo colocarem-nas à disposição pública, via repositório online ou criação de um pacote estatístico para linguagens de programação, como *R* ou *Python*. Junto com a gestão da base de dados ou do código os pesquisadores responsáveis lançam um artigo acadêmico explicando a metodologia por trás da criação e organização da base. Outros pesquisadores que façam uso da base criada – em geral gratuitamente – pede-se que citem o artigo que explica o método da base para dar os devidos créditos aos criadores. Artigos sobre novas bases de dados são cada vez mais bem vindos em periódicos da área temática mais próxima da base de dados, porém quando essa modalidade de publicação ainda não é aceita, há periódicos especializados em publicação de novas bases de dados ou novos pacotes estatísticos para análise de dados.

A sistematização destas iniciativas é um fator determinante para alavancar as pesquisas empíricas no Direito. Identificar as principais fontes de bases de dados jurídicas organizadas, como extraí-los, onde publicar estudos etc., forma parte importante do conhecimento de fronteira para expandir os métodos empíricos.[6]

Um exemplo recente da importância deste tipo de iniciativa alinhada com a abordagem da Análise Econômica do Direito foi a criação do *Coronavirus Government Response Tracker*, da *Blavatnik School of Government* na Universidade de Oxford. A equipe de pesquisadores mapeia com a máxima velocidade possível todas as leis que vêm sendo adotadas pelo mundo na tentativa de proporcionar o distanciamento social. Também criam um indicador da força do isolamento, chamado *Stringency Index*. Os resultados são disponibilizados na forma de gráficos interativos, download da base de dados completa organizada por país e data, e uma API para fácil

---

[6] REEVE, Allison C.; WELLER, Travis. "Empirical Legal Research Support Services: A Survey of Academic Law Libraries". *Law Library Journal*, vol. 107 (2015), p. 399.

comunicação com softwares automatizados de pesquisadores do mundo todo.⁷ A Figura 1 ilustra o resultado da base de dados criada para alguns países selecionados.

Figura 1

Comparação das respostas de seis países (*stringency index*) conforme aumentaram os casos de coronavírus

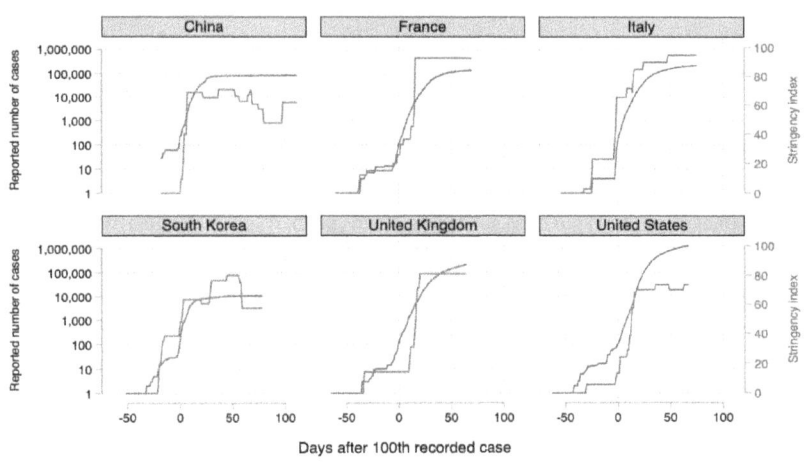

Dados de 9 de maio de 2020. Dados de países individuais podem estar com atraso.
Fonte: Oxford COVID-19 Government Response Tracker.⁸

No contexto da pandemia do novo coronavírus é inquestionável a importância de termos conhecimento empírico do Direito aplicado em diferentes lugares, com metodologia sólida que permita a comparação. Embora recente, a iniciativa foi citada em editorial da revista *Nature* destacando a importância de comparações internacionais e de compartilhamento de melhores práticas⁹ – algo difícil de realizar sem

---

⁷ HALE, Thomas; WEBSTER, Sam; PETHERICK, Anna *et al.* *Oxford COVID-19 Government Response Tracker*. Blavatnik School of Government. Oxford, UK, 2020.
⁸ *Ibid.*
⁹ NATURE. "Coronavirus: share lessons on lifting lockdowns". *Nature*, vol. 581 (06 mai. 2020), p. 8.

um indicador que ajude a filtrar as medidas. Métodos empíricos no Direito em geral e na Análise Econômica do Direito apenas generalizam a importância dessa abordagem realista quanto às consequências das normas jurídicas para todas as outras áreas do Direito.

Exemplos de extração/obtenção e manejo de dados como este resultam da melhor tecnologia de dados e redes organizadas de pesquisa pelo mundo, mas não chegam a fazer uso de técnicas estatísticas inovadoras na criação da própria base de dados. Dois métodos mais recentes trazem um potencial promissor de avançar na expansão da fronteira de possibilidades de análises empíricas em Análise Econômica do Direito.

Um deles é o uso de técnicas de aprendizado de máquina (*machine learning*) para mapear quantidades imensas de texto escrito, identificar padrões ou realizar sínteses que permitam estudos empíricos radicalmente inovadores. Criação de redes de legislação,[10] redes neurais para resumir documentos,[11] e/ou processamento de linguagem natural para identificar temas mais relevantes em determinado cenário ou filtrar uma base proibitivamente grande de ser analisada.[12] Por enquanto esta modalidade de aplicações tem sido mais comumente encontrada em empresas *startups* voltadas a oferecer produtos para o mercado jurídico. No entanto, dada a falta de profissionais qualificados no mercado e a crescente competitividade nas publicações acadêmicas, é de se esperar que é apenas uma questão de tempo até que métodos similares venham a revolucionar a forma com que a pesquisa empírica no Direito e Economia é feita.

---

[10] SAKHAEE, Neda; WILSON, Mark C. "Information extraction framework to build legislation network". *Artificial Intelligence and Law*, 2020.

[11] TRAN, Vu; LE NGUYEN, Minh; TOJO, Satoshi et al. «Encoded summarization: summarizing documents into continuous vector space for legal case retrieval". *Artificial Intelligence and Law*, 2020.

[12] DALE, Robert. "Law and Word Order: NLP in Legal Tech". *Natural Language Engineering*, vol. 25, nº 1 (2019), pp. 211 – 217; MOK, Wai Yin; MOK, Jonathan R. "Legal Machine-Learning Analysis: First Steps towards A.I. Assisted Legal Research". *In Proceedings of the Seventeenth International Conference on Artificial Intelligence and Law.* Montreal: Association for Computing Machinery, 2019, pp. 266-267.

O outro método promissor de fronteira para viabilizar novas modalidades de bancos de dados e pesquisas empíricas é o chamado *data-fusion*, proposto por estudos do renomado cientista da computação Judea Pearl. Trata-se do uso de técnicas estatísticas avançadas para permitir o uso simultâneo de bancos de dados diferentes, coletados de forma distinta e com potenciais vieses múltiplos, fundindo-os em um único banco de dados que permita fazer inferências e estudos empíricos específicos, bem desenhados. Pode permitir um tratamento mais rigoroso do problema da generalização ou validade externa dos modelos estimados na análise empírica.[13] O potencial desta metodologia ainda não foi aproveitado, porém os avanços teóricos – todos bastante recentes – têm se desenvolvido e também é possível que no futuro tenhamos um aumento na adoção desse tipo de técnica por praticantes.

A dinâmica de crescente trabalho para criação de bases de dados novas e mais sofisticadas, somada à importância crescente da análise empírica para publicação nos melhores periódicos, pode levar a problemas científicos e éticos na condução da pesquisa. A possibilidade de uma pesquisa com dados inéditos é um incentivo para que acadêmicos desejem acessar microdados de grandes empresas, podendo gerar conflito de interesse entre o resultado da pesquisa e empresas que também queiram usar uma publicação acadêmica como estratégia publicitária.[14]

---

[13] BAREINBOIM, Elias; PEARL, Judea. "Causal inference and the data-fusion problem". *Proceedings of the National Academy of Sciences*, vol. 113, n° 27 (2016), pp. 7345-7352.

[14] Um exemplo recente do potencial para esse tipo de conflito é a crítica pelo economista Hubert Horan a algumas pesquisas econômicas sobre a *Uber*, feitas com bases de dados inacessíveis da empresa a outros pesquisadores, e que se tornaram matérias em jornais ainda em preprint e com potenciais conflitos entre autores e a empresa. HORAN, Hubert. *Uber's "Academic Research" Program: How to Use Famous Economists to Spread Corporate Narratives*. Promarket. 5 dez. 2019; Matéria e investigação do *Times Higher Education* também encontrou conflitos de interesse nessa agenda de pesquisa e expressou preocupação. MATTHEWS, David. *Bias fears over Uber academic research programme*. Times Higher Education; Discussões mais gerais sobre ética

3. Inferência Causal

O lema "correlação não é causalidade" é comumente repetido em faculdades de Economia e por todas as áreas, porém raramente há um avanço em relação a essa afirmação correta. Se causalidade não é correlação, o que é a causalidade e como identificá-la?[15] A grande área da inferência causal pode ser resumida como uma tentativa de criar métodos que sejam consistentes na resposta a essa pergunta.

O raciocínio da causalidade exige, pelo menos, a noção de que uma mudança em uma variável (causa) levará a uma mudança em outra variável (efeito), ainda que entre as causas e os efeitos existam uma série de variáveis mediadoras difíceis de identificar, e a precedência temporal das causas ante os efeitos seja de prazos longos que também dificultem a observação. Além disso, avaliar a existência de uma relação causal exige também um raciocínio lógico abdutivo.[16] Na abdução é necessário raciocinar considerando causas potenciais alternativas e efeitos potenciais alternativos e avaliar, por contrafactuais, o que ocorreria na ausência de uma ou mais destas causas, se o resultado se manteria ou não, e com qual relevância.

Desta forma, a causalidade é mais exigente que a correlação. Por exemplo, caso se espere que uma nova lei ambiental reduza a poluição, não é suficiente observar que após a aprovação da lei o nível de poluição caiu para concluir que o efeito foi produzido pela nova lei. Esta associação seria no máximo uma correlação negativa entre a força do dispositivo legal e o nível de poluição – quanto mais forte a lei, menor a poluição. O raciocínio causal exige que encontremos evidências suficientes para afirmar que *na ausência da lei o nível de poluição teria sido maior*. Isto é, a relação causal entre os incentivos

---

profissional e de publicação em Economia pode ser encontrada em DEMARTINO, George; MCCLOSKEY, Deirdre N. *The Oxford Handbook of Professional Economic Ethics*. Oxford: Oxford University Press, 2016.

[15] PEARL, Judea; MACKENZIE, Dana. *The Book of Why*: The New Science of Cause and Effect. 1ª ed. New York: Basic Books, 2018.

[16] DOUVEN, Igor. "Abduction". *In* ZALTA, Edward N. (ed.). *The Stanford Encyclopedia of Philosophy*. Stanford University, 2017.

criados pela lei e o nível final de poluição permite, inclusive, que após a adoção da lei o nível de poluição aumente, desde que tenhamos boas razões e evidências para acreditar que na ausência da lei a poluição teria *aumentado mais*.

Nosso raciocínio causal funciona bem para atividades cotidianas. Em situações sociais mais complexas e/ou mais dispersas ao longo do tempo, ele pode, e costuma falhar, e nesses casos dependemos do rigor teórico e empírico para pisar em chão firme. No entanto, encontrar evidências do que poderia ter acontecido é muito difícil, quando não impossível, pois é necessário avaliar e excluir toda sorte de possíveis outras causas e efeitos que não foram observados ou não são conhecidos/imaginados – é o chamado viés de variável omitida.

Nas ciências físicas e biológicas, o contexto de laboratório de experimentos permite uma engenharia de controle destas muitas variáveis externas alternativas. Um exemplo extremo do nível de controle atingido na física é o caso do sensor LIGO, que para detectar a existência de ondas gravitacionais necessitou de precisão para captar uma perturbação 10 mil vezes menor que o raio de um próton.[17] Só foi possível certificar que uma perturbação dessa magnitude no sensor seria de fato causada por uma onda gravitacional após excluir todas as outras fontes possíveis de perturbação, com câmaras à vácuo gigantescas e até ajustes para corrigir o efeito da curvatura da Terra sobre os sensores.

É evidente que este nível de precisão e controle sobre variáveis externas é inalcançável nas ciências sociais aplicadas. Quando não impossíveis *de facto*, são impossíveis *de jure* – direitos fundamentais e a ética impedem que se realizem experimentos tão intrusivos. Apesar das limitações epistêmicas impostas por essas condições materiais e jurídicas, ter um maior grau de confiança sobre a resposta para perguntas causais é uma necessidade política e social.

No limite, toda lei, regulação e decisão judicial pressupõe algum modelo causal a respeito dos efeitos que produzirão na realidade.

---

[17] LIGO - LASER INTERFEROMETER GRAVITATIONAL-WAVE OBSERVATORY. *Quick Facts about LIGO*. LIGO Lab Caltech.

Abandonar a busca de respostas científicas para o desafio da causalidade muitas vezes é o mesmo que aceitar respostas muito ruins, modelos inconsistentes e desprovidos de qualquer evidência.

A dificuldade de lidar com a causalidade leva a tomar como padrão ouro da evidência científica os experimentos aleatórios controlados (*Randomized Controlled Trials – RCTs*). Em RCTs, embora raramente se tenha um nível de controle como em um laboratório, é central a preocupação de criar grupos comparáveis e aplicar um tratamento em apenas um deles. Este tratamento, se distribuído aleatoriamente, não tem outras causas. Assim, a diferença observada no efeito médio de interesse entre o grupo tratado e o não tratado poderá ser interpretada como uma diferença causada pelo tratamento – satisfeitos os diversos pressupostos do experimento.

Em Direito e Economia muitas vezes esta separação de grupos se dá por limites municipais ou estaduais entre quem adotou ou não adotou determinada legislação. Em outros casos como em Economia comportamental pode-se tornar aleatório o envio de determinado *nudge* para parte de uma população e não outra. Políticas públicas podem passar por uma etapa avaliativa de menor escala na qual a separação de grupos ajuda a interpretar os efeitos causais.

O avanço das pesquisas econômicas usando desenhos de experimentos aleatórios controlados se deu a partir dos anos 1990.[18] Em 2019, os economistas Abhijit Banerjee, Esther Duflo e Michael Kremer foram laureados com o Prêmio Nobel de Economia "pela abordagem experimental em reduzir a pobreza global",[19] sendo grandes expoentes deste programa de pesquisa focado em estudos controlados.

No entanto, embora promissora, a estratégia dos experimentos controlados possui muitos limites práticos. Gelbach e Klick destacam que, praticamente toda a área de Análise Econômica do Direito

---

[18] GELBACH, Jonah B.; KLICK, Jonathan. "Empirical Law and Economics". *The Oxford Handbook of Law and Economics*, vol. I (2017): Methodology and Concepts.

[19] THE ROYAL SWEDISH ACADEMY OF SCIENCES. *The Sveriges Riksbank Prize in Economic Sciences in Memory of Alfred Nobel 2019*. Nobel Prize.

Penal ou Processual Penal não permitiria conduzir estudos desse tipo por questões éticas.[20] Em outros casos o limite se daria por impossibilidade financeira de custear grupos de controle grandes ou experimentos conduzidos por prazos muito longos.

Há um movimento recente, controverso e interno à área do Direito que defende que os benefícios potenciais de uma distribuição aleatória em pequena escala de uma lei para sabermos seus efeitos causais são grandes e os custos pequenos, e que a flexibilização de algumas destas regras pode ser benéfica para a pesquisa e melhoria da legislação.[21] Iniciativas muito inovadoras à parte, segue verdadeiro que diversas situações sociais não poderão ser estudadas com desenho de pesquisa RCT, o que leva a busca dos melhores substitutos possíveis.

Os desenhos experimentais e quase experimentais foram adotados desde cedo na Análise Econômica do Direito. As mudanças legais em diferentes níveis de jurisdição, próximos uns dos outros, permitem que grupos próximos sejam afetados por leis muito diferentes e as comparações sejam interpretadas como potencialmente causais. Como o experimento nunca é perfeito, métodos estatísticos diversos foram criados para separar a variabilidade gerada por variáveis omitidas nos dados ou no modelo, mas conhecidas na prática por conhecimento intuitivo.

Métodos como Diferenças em Diferenças, Variáveis Instrumentais, Controle Sintético, *Propensity Score*, dentre outros, são adotados na literatura de fronteira da AED levando a melhorias substanciais na qualidade da pesquisa empírica, formulação de novas hipóteses e teorias. Cada método possui um conjunto de pressupostos necessários para que as estimativas encontradas para o efeito tenham, de fato, interpretação causal, e alguns desses pressupostos precisam ser assumidos como verdadeiros à luz apenas da intuição ou conhecimento especializado da área – fato "inevitável e desconfortável"[22].

---

[20] GELBACH; KLICK, *op. Cit.*
[21] ABRAMOWICZ, Michael; AYRES, Ian; LISTOKIN, Yair. "Randomizing Law". *University of Pennsylvania Law Review*, vol. 159 (2010), p. 929.
[22] GELBACH; KLICK, *op. Cit.*

Apesar do desconforto há também oportunidades nos estudos observacionais que podem ser perdidas com experimentos aleatórios de campo ou em laboratório. Em ciências sociais o processo de tornar aleatório, ou a moldura laboratorial necessária para estes estudos, podem contaminar os resultados com outras variáveis omitidas que não existiriam em um estudo observacional. Um estudo laboratorial experimental que tenha identificado um efeito causal com precisão precisa lidar com o problema de não saber se o efeito encontrado é generalizável para outro contexto. Um estudo observacional tem maior dificuldade de identificar o efeito causal, porém se o fizer de forma competente pode ter maior confiança nessa generalização ao menos para o contexto regional/jurisdicional que foi estudado.

Esta temática da inferência causal tem passado por grandes inovações teóricas e metodológicas. Duas grandes abordagens para interpretação de modelos causais são a de Neyman-Rubin[23] (também conhecido como *potential outcomes*) e a de Judea Pearl[24] dos Grafos Direcionados Acíclicos (*Directed Acyclic Graphs – DAGs*).

Em AED e em Economia, como um todo, a abordagem Neyman-Rubin é muito mais tradicional em influente. Mas a formalização de Pearl para os efeitos causais apoiados em DAGs foi provada, matematicamente completa, apenas recentemente,[25] e tem havido uma profusão de novos avanços metodológicos usando o arcabouço matemático criado. Algoritmos novos para modelar relações causais extremamente complexas, ou até para inferir um modelo causal a partir dos dados, são inovações instigantes.

Guido Imbens, que desenvolveu com Angrist e Rubin o método de variáveis instrumentais e outras técnicas indispensáveis de inferências causais, recentemente publicou um longo texto para

---

[23] IMBENS, Guido W.; RUBIN, Donald B. *Causal Inference for Statistics, Social, and Biomedical Sciences: An Introduction*. New York: Cambridge University Press, 2015.

[24] PEARL, Judea. *Causality*: Models, Reasoning and Inference. 2ª ed. New York: Cambridge University Press, 2009.

[25] HUANG, Yimin; VALTORTA, Marco. "Identifiability in causal Bayesian networks: a sound and complete algorithm". *In Proceedings of the 21st national conference on Artificial intelligence - Volume 2*. Boston, Massachusetts: AAAI Press, 2006, pp. 1149-1154.

discussão comparando as abordagens de Pearl e Neyman-Rubin, concluindo que a abordagem de Pearl "merece a atenção de todos os pesquisadores e usuários da inferência causal como uma das suas metodologias principais". Imbens credita a não adoção de DAGs à falta de estudos empíricos em Economia, até o momento, que demonstrem com força e convencimento o potencial do método.[26] Assim, embora pouco representado na literatura de AED e com prováveis dificuldades de aceitação em periódicos de Economia comparado com o arcabouço dos POs (*potential outcomes*), na humilde opinião deste autor vale a pena acompanhar o desenvolvimento de novos estudos empíricos nessa área, pois há um latente potencial inovador.

Um último ponto relevante sobre inferência causal e os métodos supracitados é que cada vez menos a aplicação deles em temas do Direito ou da AED está condicionada à pesquisa nestas áreas. Estatísticos, cientistas da computação, epidemiologistas, formuladores de políticas públicas e outros especialistas de áreas distintas têm cada vez mais adotado métodos empíricos tendo leis, legislação e decisões judiciais como objeto de pesquisa.

Um exemplo representativo desse fenômeno é a pesquisa deste momento, de crise mundial do coronavírus, sobre os impactos de diferentes leis de restrição de mobilidade ou de normas sanitárias sobre a velocidade de contágio do vírus. Embora os epidemiologistas sejam por excelência os mais habilitados para prever o comportamento do vírus e da epidemia, o impacto das leis de restrição sobre o comportamento das pessoas seria por excelência a área de estudo da Análise Econômica do Direito. No entanto, pesquisadores de todas as áreas estão interessados no tema e farão pesquisas sobre isso.

A generalização dos métodos estatísticos avançados para todas as áreas da ciência permite essa diversidade, ficando o avanço teórico econômico comportamental como o grande diferencial da AED

---

[26] IMBENS, Guido W., Potential Outcome and Directed Acyclic Graph Approaches to Causality: Relevance for Empirical Practice in Economics, *Journal of Economic Literature*.

para se distinguir destas outras abordagens.[27] A temática geral ganha escala e melhores contribuições por um lado, porém pressiona os pesquisadores do Direito e da AED a uma constante necessidade de atualização. Não é fácil assimilaras técnicas de inferência na fronteira do conhecimento estatístico, de um lado, e o olhar abrangente para periódicos e pesquisas de muitas outras áreas para acompanhar a fronteira do conhecimento no tema de interesse.

Diante dessa pressão acredito que a pesquisa empírica em AED será realizada cada vez mais por grupos de pesquisa, e provavelmente, com grupos de pesquisa cada vez mais interdisciplinares.

Apenas por curiosidade, explorei essa hipótese extraindo metadados por *webscraping* dos artigos publicados no *Journal of Law and Economics* (JLE) de 1957 a 2019, totalizando 1.600 artigos. Por limitações no formato dos artigos e disponibilização não gratuita, ative-me aos dados dos artigos disponibilizados com Resumo (*Abstract*) público e com caracteres reconhecíveis, ficando apenas os dados de 697 artigos publicados de 1993 a 2019. A Figura 2 abaixo mostra o crescimento no número médio de autores por artigos no JLE:

Vemos que o número médio de autores passou de 1,5 em torno de 1993-1995 para 2,5 por artigo em 2019. Esse número certamente é afetado por muitas outras variáveis que não apenas a pressão pela fronteira empírica, como por exemplo, os próprios incentivos à publicação e número de citações. Porém é razoável supor que as competências diversas necessárias para (1) conhecer o fenômeno jurídico e econômico de fundo; (2) conhecer a fronteira das técnicas estatísticas mais adequadas para o caso em questão; e (3) programar a extração de dados ou a organização de bases de dados cada vez mais complexas, são difíceis de se encontrar em uma única pessoa sem que haja prejuízos para a eficiência do desempenho em alguma dessas funções.

A mensagem é otimista para todos os interessados na área da Análise Econômica do Direito que se sintam impedidos por não

---

[27] PANHANS, Matthew T.; SINGLETON, John D. "The Empirical Economist's Toolkit: From Models to Methods". *History of Political Economy*, vol. 49, n° suplementar (2017), pp. 127-157.

Figura 2

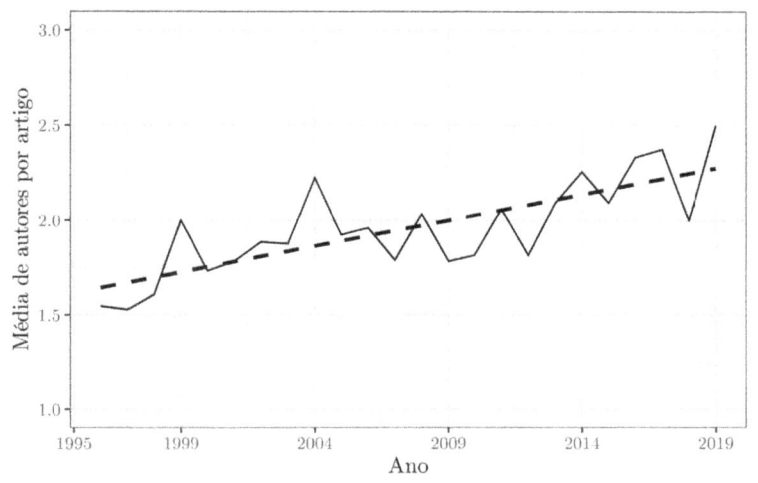

Número médio de autores por artigo publicado no *Journal of Law and Economics*, 1994-2019, média móvel de 3 anos

Fonte: Elaboração própria a partir de dados públicos extraídos do *Journal of Law and Economics*.

estarem na fronteira estatística ou computacional – poucos estão. Minha hipótese é que o futuro da AED no Brasil e no mundo estará, em grande medida, dependente da criação de grupos de pesquisa interdisciplinares com forte espírito colaborativo e disposição a criar pontes de conhecimento.

4. Análise Custo-Benefício e Previsão

Uma linha diferente de método empírico em Análise Econômica do Direito busca trazer respostas para problemas que exigem previsão de resultados. Trata-se da Análise Custo-Benefício(*Cost Benefit Analysis – CBA*), na qual o objetivo central é a avaliação dos benefícios potenciais *versus* custos de oportunidade de diferentes leis, regulações, decisões judiciais ou políticas públicas.

Apesar de não ser de forma alguma incompatível com métodos de inferência causal, são distintos pelas restrições de ação a que estão sujeitos.

Em muitas situações reais o tempo disponível para se obter uma resposta razoável é menor, assim como a disponibilidade de dados. Por mais que idealmente leis e políticas públicas devessem ser pensadas no longo prazo, onde o fator tempo não é tão significativo, na prática muitas intervenções exigem uma avaliação de curto prazo sobre seu potencial impacto. Nestes casos o tempo necessário para coletar uma base de dados significativamente grande, e com uma estratégia de identificação adequada para as variáveis e efeitos que se quer medir, pode ser impossível.

No lugar da inferência causal – que certamente seria mais rigorosa –, métodos de CBAs servem para auxiliar na adoção de uma lógica de pressupostos, argumentação e aprofundamento das escolhas alternativas que dá um embasamento maior para a decisão pública. Por conta das limitações do método empírico empregado, o espaço para publicação destes trabalhos em periódicos é mais reduzido. E mesmo se houvesse, o fator limitante do tempo seria um empecilho de toda forma.

Assim, critérios de máximo rigor na estratégia de identificação são menos importantes que critérios satisfatórios à luz da literatura prévia sobre o tema, do conhecimento de especialistas da área, dos agentes específicos sobre os quais a política pública ou reforma jurídica vista, do estabelecimento razoável de valores para a tomada de decisão e tratamento explícito dos riscos envolvidos em diferentes escolhas.[28]

Para compensar a falta de revisão cega por pares, níveis elevados de transparência na exposição dos pressupostos, argumentos e bases de dados utilizadas são desejáveis e necessários. Menosprezar

---

[28] BOARDMAN, Anthony; GREENBERG, David; VINING, Aidan *et al*. *Cost-Benefit Analysis*. 4ª ed. Boston: Pearson, 2010; PEA – INSTITUTO DE PESQUISA ECONÔMICA APLICADA. *Avaliação de Políticas Públicas – Guia Prático de Análise Ex Ante*. Brasília: Casa Civil da Presidência da República, 2018, vol. 1; IPEA – INSTITUTO DE PESQUISA ECONÔMICA APLICADA. *Avaliação de Políticas Públicas – Guia Prático de Análise Ex Post*. Brasília: Casa Civil da Presidência da República, 2018, vol. 2.

as Análises de Custo Benefício apenas por não terem o mesmo rigor estatístico e publicação em periódicos é arriscado, pois em geral, o substituto delas não é um artigo impecável em um periódico de fronteira, mas sim uma política pública, ou reforma jurídica irresponsável, sem qualquer interesse genuíno em avaliar seus custos e benefícios à luz das melhores evidências e razões *possíveis*. No lugar de uma análise razoável e transparente de custos e benefícios, ficamos reféns de análises sem qualquer transparência, e com custos e benefícios desconhecidos, dificultando a cobrança *ex-post*.

Estudiosos da AED têm muito a ganhar nesta área de pesquisa, assim como formuladores de políticas públicas, reformadores da legislação e juízes. O arcabouço metodológico da CBA auxilia o trabalho de encontrar melhores respostas e auxilia o trabalho acadêmico de avaliar as consequências das decisões tomadas.

Um breve comentário sobre outra área de aplicação de métodos empíricos em temas da AED, porém também com menor espaço nos periódicos científicos, é o emprego de novas técnicas estatísticas de previsão. A pesquisa econômica e do Direito em geral, e da AED em específico, nos periódicos não têm apresentado grande interesse em realizar previsões à revelia de considerações causais. No entanto, com técnicas modernas de aprendizado de máquina é possível que esse estado de coisas mude em breve, conforme novas ideias de como aliar técnicas de previsão com modelos causais e arcabouços teóricos.[29]

Conclusões

Neste capítulo meu objetivo foi apenas o de representar uma fotografia do estado de coisas de alguns problemas e métodos empíricos relevantes para a pesquisa em Análise Econômica do Direito e

---

[29] CHEN, Daniel L. *Machine Learning and the Rule of Law*. Law as Data, Santa Fe Institute Press, ed. M. Livermore and D. Rockmore, 2019; CHEN, Daniel L. "Judicial analytics and the great transformation of American Law". *Artificial Intelligence and Law*, vol. 27, nº 1 (2019), pp. 15-42.

apontar caminhos em que a área está avançando. Para cada um dos tópicos aqui abordados há uma vasta literatura e o tratamento dado não foi mais que um "aperitivo". Nas bibliografias indicadas foi dada ampla preferência para livros e artigos que possibilitem o estudo mais aprofundado dos temas tratados, mas partindo do começo.

A consideração final mais importante que tenho a colocar é reiterar que considero o futuro da AED como programa de pesquisa profícuo estritamente dependente da criação de grupos de pesquisa grandes e multidisciplinares. A generalização de métodos estatísticos e computacionais para todas as áreas da ciência tende a diluir a primazia da AED como *a abordagem* mais centrada na análise empírica, positiva, de consequências. Manter a relevância da área, expandi-la e inová-la é possível, porém envolverá alavancar o conhecimento de fronteira em diferentes áreas da ciência.

Se hoje no Brasil vemos a Análise Econômica do Direito enfrentar resistência e dificuldade em avançar na pauta de que a avaliação rigorosa de consequências importam para o Direito, na fronteira do conhecimento mundial é possível que a dificuldade maior da AED nas próximas décadas será manter a importância metodológica das teorias econômicas e jurídicas clássicas ante a avalanche de novas áreas, métodos e estudos que avaliarão as consequências do Direito.

Referências

ABRAMOWICZ, Michael; AYRES, Ian; LISTOKIN, Yair. "Randomizing Law". *University of Pennsylvania Law Review*, vol. 159 (2010), p. 929.

ANGRIST, Joshua D.; PISCHKE, Jörn-Steffen. "The Credibility Revolution in Empirical Economics: How Better Research Design Is Taking the Con out of Econometrics". *Journal of Economic Perspectives*, vol. 24, n° 2 (2010), pp. 3 – 30.

BAREINBOIM, Elias; PEARL, Judea. "Causal inference and the data-fusion problem". *Proceedings of the National Academy of Sciences*, vol. 113, n° 27 (2016), pp. 7345 – 7352.

BOARDMAN, Anthony; GREENBERG, David; VINING, Aidan et al. *Cost-Benefit Analysis*. 4ª ed. Boston: Pearson, 2010.

CHEN, Daniel L. "Judicial analytics and the great transformation of American Law". *Artificial Intelligence and Law*, vol. 27, nº 1 (2019), pp. 15-42.

CHEN, Daniel L. *Machine Learning and the Rule of Law*. Law as Data, Santa Fe Institute Press, ed. M. Livermore and D. Rockmore, 2019. Disponível em: <https://papers.ssrn.com/abstract=3302507>. Acesso em: 14 jul. 2020.

DALE, Robert. "Law and Word Order: NLP in Legal Tech". *Natural Language Engineering*, vol. 25, nº 1 (2019), pp. 211-217.

DEMARTINO, George; MCCLOSKEY, Deirdre N. *The Oxford Handbook of Professional Economic Ethics*. Oxford: Oxford University Press, 2016.

DOUVEN, Igor. "Abduction". *In* ZALTA, Edward N. (ed.). *The Stanford Encyclopedia of Philosophy*. Stanford University, 2017. Disponível em: <https://plato.stanford.edu/archives/sum2017/entries/abduction/>. Acesso em: 14 jul. 2020.

GELBACH, Jonah B.; KLICK, Jonathan. "Empirical Law and Economics". *The Oxford Handbook of Law and Economics*, vol. I (2017): Methodology and Concepts.

HALE, Thomas; WEBSTER, Sam; PETHERICK, Anna et al. *Oxford COVID-19 Government Response Tracker*. Blavatnik School of Government. Oxford, UK, 2020. Disponível em <https://covidtracker.bsg.ox.ac.uk/>. Acesso em 14 jul. 2020.

HAMERMESH, Daniel S. "Six Decades of Top Economics Publishing: Who and How?". *Journal of Economic Literature*, vol. 51, nº 1 (2013), pp. 162-172.

HEISE, Michael. "An Empirical Analysis of Empirical Legal Scholarship Production, 1990-2009". *University of Illinois Law Review*, vol. 2011 (2011), p. 1739.

HO, Daniel E.; KRAMER, Larry. "Introduction: The Empirical Revolution in Law". *Stanford Law Review*, vol. 65, nº 6 (2013), pp. 1195-1202.

HORAN, Hubert. *Uber's "Academic Research" Program: How to Use Famous Economists to Spread Corporate Narratives*. Promarket. 5 dez. 2019. Disponível em <https://promarket.org/ubers-academic-research-program--how-to-use-famous-economists-to-spread-corporate-narratives/>. Acesso em: 14 jul. 2020.

HUANG, Yimin; VALTORTA, Marco. "Identifiability in causal Bayesian networks: a sound and complete algorithm". *In Proceedings of the 21st national conference on Artificial intelligence - Volume 2*. Boston, Massachusetts: AAAI Press, 2006, pp. 1149-1154.

IMBENS, Guido W. Potential Outcome and Directed Acyclic Graph Approaches to Causality: Relevance for Empirical Practice in Economics. *Journal of Economic Literature*, Disponível em: <https://www.aeaweb.org/articles?id=10.1257/jel.20191597>. Acesso em: 20 jul. 2020.

IMBENS, Guido W.; RUBIN, Donald B. *Causal Inference for Statistics, Social, and Biomedical Sciences: An Introduction*. New York: Cambridge University Press, 2015.

IPEA - INSTITUTO DE PESQUISA ECONÔMICA APLICADA. *Avaliação de Políticas Públicas - Guia Prático de Análise Ex Ante*. Brasília: Casa Civil da Presidência da República, 2018, vol. 1. Disponível em <http://bit.ly/2lRteCs>. Acesso em 14 jul. 2020.

IPEA - INSTITUTO DE PESQUISA ECONÔMICA APLICADA. *Avaliação de Políticas Públicas - Guia Prático de Análise Ex Post*. Brasília: Casa Civil da Presidência da República, 2018, vol. 2. Disponível em < https://www.ipea.gov.br/portal/index.php?option=com_content&view=article&id=34504%3Aavaliacao-de-politicas-publicas-guia-pratico-de-analise-ex-post-volume-2&catid=410%3A2018&directory=1&Itemid=1>. Acesso em 14 jul. 2020.

LIGO - LASER INTERFEROMETER GRAVITATIONAL-WAVE OBSERVATORY. *Quick Facts about LIGO*. LIGO Lab Caltech. Disponível em <https://www.ligo.caltech.edu/page/facts>. Acesso em: 14 jul. 2020.

MATTHEWS, David. *Bias fears over Uber academic research programme*. Times Higher Education. Disponível em: <https://www.timeshighereducation.com/news/bias-fears-over-uber-academic-research-programme>. Acesso em: 14 jul. 2020.

MOK, Wai Yin; MOK, Jonathan R. "Legal Machine-Learning Analysis: First Steps towards A.I. Assisted Legal Research". *In Proceedings of the Seventeenth International Conference on Artificial Intelligence and Law*. Montreal: Association for Computing Machinery, 2019, pp. 266 – 267. (ICAIL '19). Disponível em: <https://doi.org/10.1145/3322640.3326737>. Acesso em: 14 jul. 2020.

NATURE. "Coronavirus: share lessons on lifting lockdowns". *Nature*, vol. 581 (06 mai. 2020), p. 8.

PANHANS, Matthew T.; SINGLETON, John D. "The Empirical Economist's Toolkit: From Models to Methods". *History of Political Economy*, vol. 49, nº suplementar (2017), pp. 127-157.

PEARL, Judea. *Causality*: Models, Reasoning and Inference. 2ª ed. New York: Cambridge University Press, 2009.

PEARL, Judea; MACKENZIE, Dana. *The Book of Why*: The New Science of Cause and Effect. 1ª ed. New York: Basic Books, 2018.

REEVE, Allison C.; WELLER, Travis. "Empirical Legal Research Support Services: A Survey of Academic Law Libraries". *Law Library Journal*, vol. 107 (2015), p. 399.

SAKHAEE, Neda; WILSON, Mark C. "Information extraction framework to build legislation network". *Artificial Intelligence and Law*, 2020. Disponível em <https://doi.org/10.1007/s10506-020-09263-3>. Acesso em: 14 jul. 2020.

THE ROYAL SWEDISH ACADEMY OF SCIENCES. *The Sveriges Riksbank Prize in Economic Sciences in Memory of Alfred Nobel 2019*. Nobel Prize. Disponível em <https://www.nobelprize.org/prizes/economic-sciences/2019/press-release/>. Acesso em: 14 jul. 2020.

TRAN, Vu; LE NGUYEN, Minh; TOJO, Satoshi *et al.* «Encoded summarization: summarizing documents into continuous vector space for legal case retrieval". *Artificial Intelligence and Law*, 2020. Disponível em <https://doi.org/10.1007/s10506-020-09262-4>. Acesso em: 14 jul. 2020.

Capítulo 18
Regulação de Aplicativos de Transporte

Cristiano Aguiar de Oliveira

1. Introdução

Quando em 9 de janeiro de 2007 Steve Jobs anunciou um novo produto da Apple chamado de *Iphone*, talvez não fosse possível se ter uma ideia das possibilidades de negócios que este aparelho poderia gerar. Tratava-se do primeiro modelo de *smartphone*, um aparelho de telefone equipado com *GPS* e conectado à *internet*, comparável a um computador, porém com custos mais baixos e com a capacidade para processar programas (aplicativos) com as mais variadas finalidades e áreas de atuação.

Desde então, os *smartphones* vêm evoluindo a sua capacidade de processamento e de armazenamento destes aplicativos, o que contribui para ampliar a cada dia que passa a quantidade de serviços que podem ser obtidos através do uso destes aparelhos[1]. No entanto, é possível observar que dentro de uma quase infinidade de opções, as inovações tecnológicas na forma de aplicativos que obtiveram o maior sucesso foram as que pertencem a chamada *Economia*

---

[1] As principais lojas virtuais, *Apple App Store* e *Google Play Store*, já ultrapassaram a marca de 1,5 milhões de aplicativos disponíveis em cada uma delas, conforme pode ser visto em: STATISTA. *Number of apps available in leading app stores as of 1st quarter 2020*. mai. 2020. Disponível em: <https://www.statista.com/statistics/276623/number-of-apps-available-in-leading-app-stores/>. Acesso em: 16 jul. 2020.

Compartilhada, ou seja, aquelas que se aproveitaram da disseminação dos *smartphones* para criar plataformas na *internet* capazes de aproximar por estes aparelhos potenciais consumidores e vendedores, lhes dando a garantia de uma negociação segura em um modelo de negócios *"peer to peer"* (ou simplesmente P2P) com baixos custos de transação[2].

Outra característica destes aplicativos é que eles focaram na troca descentralizada, ou seja, em um modelo de negócios em que estes não atuam como produtores de bens e serviços, mas são apenas facilitadores que garantem uma troca confiável entre as partes por meio de uma plataforma na internet (SUNDARARAJAN, 2016). Ademais, estes aplicativos estão preparados para intermediar um grande número de trocas, de forma que se beneficiam das externalidades de rede que surgem quando existem muitos produtores e consumidores em um mesmo mercado. Neste caso existem ganhos de escala que beneficiam (reduzem custos) ambos os lados da negociação[3].

Embora alguns destes aplicativos da Economia Compartilhada tenham criado mercados até então inexistentes, outros atingiram diretamente setores tradicionais da economia, como por exemplo o setor de aluguel de carros, de hospedagem e o de transporte de passageiros. Neste último, a partir da iniciativa inovadora da *Uber*[4] houve uma transformação relevante, pois no mercado de transporte de passageiros cada meio de transporte oferece um conjunto diferente de vantagens e desvantagens, de forma que os consumidores

---

[2] Nem sempre é fácil realizar uma transação de mercado, uma vez que, é necessário descobrir com quem se deseja negociar, informar às pessoas que se deseja negociar e em que termos, conduzir negociações que levem a uma barganha, elaborar um contrato, realizar a inspeção necessária para garantir que os termos do contrato sejam observados, e assim por diante. (Coase, 1960)

[3] Isto fica evidente no caso dos aplicativos de transporte de passageiros em que um número maior de motoristas reduz o tempo de espera por parte dos passageiros e tornando o serviço mais atrativo para novos passageiros, que ao mesmo tempo aumentam o número de viagens realizadas pelos motoristas.

[4] Atualmente a *Uber* tem vários concorrentes que oferecem um serviço parecido, tais como *Lyft*, *Cabify*, *Grab*, *Curb*, *DiDi*, entre outros aplicativos locais.

baseiam sua escolha a partir de vários critérios, tais como o seu custo, duração, conforto, conveniência, confiabilidade, segurança, acessibilidade, e possivelmente, até suas consequências ambientais. Os aplicativos de transporte ganharam o seu espaço no mercado ao oferecer um modelo de plataforma na *internet* que aproxima motoristas e passageiros de forma eficiente a um preço competitivo (HALL; KRUEGER, 2016). Estes não só trouxeram novos consumidores que passaram, por exemplo, a reduzir em alguns locais o uso de carro próprio, mas também captaram consumidores de meios de transporte públicos, como transportes coletivos (ônibus e trens) e de transporte individual por táxi.

Resumidamente, as razões que levaram os aplicativos a conquistarem um espaço relevante neste mercado é que estes oferecem a preços baixos um serviço confiável quase instantâneo de marcação de viagens. Através do aplicativo é possível obter informações fundamentais para a tomada de decisão sobre qual meio de transporte será utilizado, como por exemplo, o conhecimento antecipado do tempo de espera pelo carro, da duração da viagem e de seu custo. Vale lembrar que o tempo gasto para chegar ao destino é um dos principais componentes da decisão, juntamente com o preço do serviço. Ademais, os aplicativos fornecem outras comodidades aos passageiros, tais como o rastreamento por *GPS*, que torna desnecessário especificar um endereço de coleta, e o pagamento por cartão de crédito ou débito, que torna desnecessário o uso de dinheiro na transação. Isto torna o trabalho do motorista menos suscetível a assaltos e, portanto, mais seguro.

Como os motoristas conectados aos aplicativos utilizam carros para o transporte de passageiros é possível afirmar que os aplicativos de transporte pertencem a um mercado relevante que certamente inclui os serviços de táxi. Todavia, o mercado em que os serviços de táxi estão inseridos não é único e pode ser dividido em três seguimentos (ESTEVES, 2015b): (i) o segmento de pontos de táxi, conhecido na literatura internacional como *taxi rank*; (ii) o segmento de rua, conhecido como *hailing* e (iii) o segmento porta a porta, também conhecido como *pre-booking*, *taxi-booking* ou *phone booking*. Em princípio os aplicativos podem ser substitutos dos táxis em todos os seguimentos, porém o seguimento mais atingido pela chegada dos aplicativos de transporte é o terceiro, pois, os aplicativos utilizam um mecanismo de marcação de viagens que é mais eficiente. Contudo, como será visto mais adiante na terceira seção deste capítulo, os diferenciais em relação ao serviço de táxi que tornam os aplicativos competitivos neste mercado não são exatamente o seu sistema de marcação de viagens, uma vez que este pode ser facilmente copiado pelos serviços de táxi, mas o uso de preços dinâmicos e do seu sistema de avaliação de motoristas e passageiros.

Embora o uso de aplicativos de transporte de passageiros tenha muitos benefícios, ele tem sido controverso no que tange a sua adequação às regras vigentes nos mais variados segmentos do Direito. Em primeiro lugar porque, assim como será descrito na próxima seção deste capítulo, a maioria das cidades do mundo possuem regulações rigorosas para serviços de transporte de passageiros por carros. Embora as empresas dos aplicativos enfatizem que não prestam serviços de transporte, os seus concorrentes, em especial, as empresas de táxi, argumentam que estas empresas contornam os regulamentos e as taxas de licenciamento, que elas precisariam cumprir e pagar.

Em segundo lugar porque existem dúvidas se o seu sistema de checagem de motoristas e seu sistema de avaliações por si só são capazes de garantir a segurança de motoristas e passageiros. Concorrentes e legisladores frequentemente questionam os critérios para aceitação de carros e motoristas utilizados pelos aplicativos, assim como se observa no judiciário questionamentos a respeito da sua responsabilidade civil e criminal no caso de acidentes ou crimes praticados contra passageiros. A responsabilidade das empresas (ou a falta dela) pelos atos e conduta de seus motoristas certamente tem sido um dos tópicos mais controversos do debate sobre transporte com o uso de aplicativos.

Em terceiro lugar porque são também questionadas as relações de trabalho entre a empresa do aplicativo e os motoristas que utilizam a plataforma. Há uma controvérsia nos tribunais para definir se estes são trabalhadores avulsos (*independent contractors*) ou se são trabalhadores contratados pelas empresas de aplicativos (*employees*) e, portanto, desta forma, seriam elegíveis a terem remuneração em um período de férias e/ou de afastamento por doença e/ou de necessidade de conserto do carro.

Por fim, estas empresas enfrentam a resistência de governos, em especial, de governos locais responsáveis pela regulamentação e fiscalização dos serviços de transporte. Pois como será visto na terceira seção deste capítulo, o sistema de avaliação proposto pelos aplicativos compete diretamente com o modelo estatal de regulação, que busca garantir a confiabilidade dos meios de transporte públicos.

Independente de se tomar algum lado nestas questões, o fato é que existe uma tentativa de forçar os aplicativos de transporte de passageiros a cumprir regulamentos que foram criados quando essas empresas e tecnologias não poderiam sequer ser imaginadas. Na verdade, Crespo (2016) define em poucas palavras a situação: "... são empresas do século XXI que operam com as leis do século XX". Logo, é normal que haja tanta controvérsia, em primeiro lugar, porque pelas razões apresentadas, os aplicativos naturalmente estão em uma área cinzenta da legislação e, em segundo lugar, porque a legislação a respeito do transporte de passageiros já era controversa mesmo antes da chegada dos aplicativos de transporte.

No Brasil a Constituição Federal no artigo 22 prevê a competência da União para legislar a respeito da Política Nacional de Transportes. Ao mesmo tempo em que a Lei Federal 12.468/2011 estabelece que "é atividade privativa dos profissionais taxistas a utilização de veículo automotor, próprio ou de terceiros, para o transporte público individual remunerado de passageiros". Logo, estabelece o monopólio da atividade de transporte de passageiros por carro para motorista de táxi. Porém, a Lei Federal 12.587/2012 que instituiu as diretrizes da Política Nacional de Mobilidade Urbana não previa o transporte público por carros. Isso somente ocorreu com o complemento desta última com a Lei 13.640/2018, que passou a regular o transporte remunerado privado individual de passageiros desde então.

Todavia, mesmo existindo uma legislação federal mais geral e que não deixa claro quem tem a responsabilidade de legislar a respeito do tema, o Brasil sempre seguiu a tradição internacional de deixar a regulação do transporte de passageiros a cargo dos municípios. São os municípios que definem, por exemplo, o que é um "táxi"; prescrevem responsabilidades financeiras e de seguros; detalham o número de licenças de táxi permitidas e o procedimento para a emissão de licenças; prescrevem procedimentos de licença de motorista; delimitam serviços prestados por táxis e definem as tarifas e o método de cálculo das tarifas. Como estas regulamentações são locais, o mercado de táxi sempre foi limitado geograficamente aos municípios, uma vez que as licenças sempre foram limitadas ao município de origem do carro.

Entretanto os aplicativos transformaram este mercado local em um mercado global. Isto fica evidente quando se observa os números apresentados pela *Uber*, empresa líder mundial neste novo mercado global. Fundada em 2010 na cidade de São Francisco nos Estados Unidos da América, a *Uber* hoje atua[5] em quase 70 países, mais de 10 mil cidades, com um total de mais de 27 mil funcionários e mais de 5 milhões de motoristas cadastrados. No Brasil, desde a sua entrada na cidade do Rio Janeiro em junho de 2014, já expandiu a sua atuação para mais de 500 cidades e as informações atuais disponibilizadas pela empresa mostram que ela já conta com mais de 1 milhão motoristas cadastrados no país.

Esta combinação de mercado global com regulamentação local faz com que as empresas de aplicativos de transporte enfrentem muitas disputas legislativas e judiciais. Em alguns casos, seja por proibições ou por regras muito restritivas que inviabilizavam economicamente o negócio, as empresas simplesmente desistiram de atuar em determinadas cidades, tais como Londres e Barcelona; e países, como Dinamarca, Hungria e Bulgária. No Brasil, embora a Lei

---

[5] Fonte: UBER (equipe). *Fatos e dados sobre a Uber*. 18 fev. 2020. Disponível em: <https://www.uber.com/pt-BR/newsroom/fatos-e-dados-sobre-uber/>. Acesso em 16 jul. 2020.

13.640/2018 preveja a legalidade dos aplicativos e haja uma decisão do Supremo Tribunal Federal que não permite que os aplicativos sejam proibidos[6] por leis municipais, ainda hoje as empresas de aplicativos de transporte seguem enfrentando dificuldades para se estabelecerem com regras estáveis. Isto porque, apesar de haver outra decisão do mesmo tribunal limitando a regulação dos aplicativos aos termos previstos na Lei 13.640/18[7], o artigo 11-b desta mesma Lei estabelece que cabe às autoridades de trânsito e ao poder público municipal definir os requisitos de idade máxima e as características dos veículos. Logo, os municípios seguem com poderes discricionários capazes de inviabilizar economicamente os aplicativos de transporte, de forma que este seguimento do mercado brasileiro segue sob constante ameaça de legislações municipais.

Nesse contexto, este capítulo visa avaliar de forma geral os modelos de regulação estatal de transporte de passageiros por carros proposto pelos municípios e o modelo de regulação proposto pelos aplicativos de transporte. Isto será feito na segunda e na terceira seção. Será visto na terceira seção que parte da explicação para existência de disputa entre os legisladores, autoridades de transporte municipais e os aplicativos, se deve ao fato de os aplicativos serem, na verdade, reguladores privados que disputam o mercado de "confiança" com o modelo estatal. Além disso, este capítulo trata em sua quarta seção dos temas que ainda estão em aberto no debate a respeito da regulação dos aplicativos de transporte, como por exemplo, a responsabilidade dos aplicativos pela segurança de passageiros e motoristas, as relações de trabalho e também de temas relacionados à defesa da concorrência. Ao final são apresentadas algumas

---

[6] SUPERIOR TRIBUNAL FEDERAL (imprensa). *STF considera inconstitucional proibição por lei municipal de transporte individual por aplicativos*. 08 mai. 2019. Disponível em: <http://portal.stf.jus.br/noticias/verNoticiaDetalhe.asp?idConteudo=410556>. Acesso em 16 jul. 2020.

[7] UBER (equipe). *STF decide que regulação de aplicativos não pode extrapolar Lei Federal*. 10 mai. 2019. Disponível em: <https://www.uber.com/pt-BR/newsroom/stf-decide-que-regulacao-de-aplicativos-nao-pode-extrapolar-lei-federal/>. Acesso em 16 jul. 2020.

conclusões seguidas de reflexões sobre o futuro do serviço, assim como são apresentadas algumas sugestões de diretrizes a serem seguidas na legislação baseadas em princípios da Teoria Econômica.

2. A Regulação Tradicional do Mercado de Transporte de Passageiros em Áreas Urbanas

Embora o transporte por carros (táxis) normalmente seja mais caro que o transporte público coletivo oferecido por ônibus e trens, ele pode oferecer maior flexibilidade e conveniência para os seus consumidores. Estes fazem um trajeto porta a porta que garante a segurança e o conforto do passageiro, uma vez que, ele não fica exposto aos contratempos que existem em trajetos realizados a pé e/ou em um ambiente de grande movimentação de pessoas, por exemplo, o clima desfavorável ou a suscetibilidade a crimes. Desta maneira, serviços de táxi podem ser uma alternativa de transporte segura para idosos, para pessoas que não podem dirigir ou não possuem carro, para turistas e para pessoas que estão ou querem chegar a um local não atendido por transporte coletivo. Ademais, o transporte por carros também permite transportar objetos com maior facilidade e segurança do que em transportes coletivos e motocicletas, ao mesmo tempo em que fazem um trajeto direto, sem paradas, que reduz o tempo entre a origem e o destino do passageiro.

É claro que esta segurança e conforto tem um custo relativamente alto quando comparado a outros meios de transporte. Em parte isto se deve ao fato de que o setor de transporte de passageiros por carro é fortemente regulado pelo Estado por vários motivos, mas sobretudo, porque apesar de gerarem benefícios, mais carros nas ruas geram externalidades negativas, como poluição do ar e congestionamento do tráfego, e isto são problemas sérios em cidades médias e grandes. Além disso, há uma preocupação com a segurança tanto de motoristas quanto de passageiros.

Considerando estes motivos, apesar de pequenas variações de um local para outro, as regulações do serviço de transporte de passageiros costumam tratar das condições de entrada no mercado, do estabelecimento de tarifas, de restrições geográficas para a atuação, do licenciamento de prestadores de serviços qualificados, do treinamento de motoristas, certificação, aparência de veículos e de suas regras operacionais, como por exemplo, o impedimento de compartilhar viagens, de forma que seja possível atender simultaneamente a vários passageiros.

O controle de entrada no mercado e a regulação tarifária podem ser considerados os dois pilares da regulação do setor. Estas regras visam inibir a concorrência predatória, quando um número excessivo de carros combinado com preços livres, acarretaria preços muitos baixos, que além de gerar os problemas de congestionamento e poluição, e tornaria muito difícil manter um padrão mínimo de qualidade e de segurança. Assim, a cobrança na forma de tarifa fixa ou teto, com ou sem o uso do taxímetro, visa entre outras finalidades, garantir ao proprietário do táxi uma remuneração capaz de garantir o cumprimento de todos os requisitos estabelecidos pela legislação e uma rentabilidade suficiente para tornar o serviço economicamente viável e atraente.

Estes instrumentos se mostraram ao longo do tempo muito importantes para garantir a prestação do serviço com a qualidade esperada. Até mesmo porque vários estudos mostram que iniciativas que visavam desregulamentar este mercado, deixando de aplicar um destes instrumentos, tiveram efeitos adversos (TEAL; BERGLUND, 1987; DEMPSEY, 1996; TONER,1996 BEKKEN, 2007). Por exemplo, quando a entrada é desregulada, mas as tarifas permanecem reguladas, o atendimento de áreas rentáveis tende a aumentar enquanto o atendimento às áreas menos rentáveis diminui.

Por sua vez, quando a entrada regulada é combinada com a liberdade de estabelecer preços também se observam efeitos adversos. Pois neste caso, embora a flexibilidade de preços seja um instrumento importante para equilibrar a oferta e demanda pelo serviço, principalmente em horários de pico, há a necessidade de uma desgastante negociação de preços entre motoristas e passageiros, que elevam consideravelmente os custos de transação. Ademais, os motoristas estão em uma posição vantajosa em relação ao passageiro, em especial no seguimento de *hailing* (pegar passageiros na rua), uma vez que possuem uma vantagem informacional a respeito dos preços cobrados por ele e por seus concorrentes, de forma que estes podem obter um novo passageiro a um custo mais baixo que o passageiro pode obter outro táxi.

Deste modo, os preços fixos sob a forma de tarifas e o uso de taxímetro visam reduzir estes custos de transação e os problemas causados pela assimetria informacional, ao garantir que os passageiros tenham uma informação clara de quanto serão cobrados pelo serviço e a certeza de que todos os táxis cobrarão o mesmo preço.

Outro motivo relevante para a regulação neste setor é a segurança do passageiro. Os consumidores do serviço gostariam de ter a garantia de que estão em um veículo seguro, guiado por alguém que está devidamente habilitado e que pode ser identificado caso ocorra algum problema. Assim, se utiliza como instrumento regulatório o licenciamento de veículos e de motoristas para se garantir padrões mínimos para o serviço oferecido. Por exemplo, costuma ser exigida, de forma periódica, a certificação de treinamento do motorista e de qualidade do veículo. Além disso se costuma impor um seguro obrigatório na prestação do serviço, que seja capaz de cobrir eventuais perdas tanto de motoristas quanto de passageiros, no caso de acidentes.

Entretanto, cabe ressaltar que neste modelo regulatório a garantia da qualidade do veículo e da qualificação do motorista é dada por uma entidade pública, responsável tanto pelo licenciamento quanto por sua fiscalização. Neste caso é possível afirmar que não há muita homogeneidade no mundo quanto à sua forma de organização dos órgãos reguladores. Em alguns casos existe um regulador nacional, em outros casos há uma autoridade local responsável por promulgar e fazer cumprir as regras em todo o setor de transporte de passageiros. Em alguns casos o órgão regulador é específico para o transporte por carros, em outros não (ABELSON, 2010).

Por fim, a regulação de transporte público por carros costuma estabelecer restrições geográficas para a atuação dos licenciados e/ou a sua fixação em pontos (*ranks*). Isto não somente ocorre porque as legislações são locais, mas também porque se busca fornecer um serviço com padrão adequado em cada parte da cidade. Assim se evita que, por exemplo, haja a concentração da sua oferta em áreas mais lucrativas, tais como distritos comerciais centrais, aeroportos, estações ferroviárias e zonas densas de hotéis, e um atendimento insuficiente em outras partes da cidade porque os motoristas desejam evitar corridas curtas ou para locais aos quais existe pouca probabilidade de obter uma corrida (receita) de ida e volta. Desta maneira, para garantir um nível adequado de cobertura de serviço nas jurisdições emissoras de licenças, as permissões para operar serviços de táxi geralmente são condicionadas por regras que limitam geograficamente a coleta de passageiros, a fixação em pontos e pelas obrigações de serviço dentro da jurisdição.

Muito embora estas regras, usadas em todo o mundo com pequenas variações, tenham boas intenções e visem corrigir algumas falhas de mercado que certamente existem neste setor (assimetria de informação e externalidades, por exemplo), elas não são imunes a problemas.

A capacidade do órgão regulador estatal de supervisionar os padrões estabelecidos pela legislação é altamente questionável. Não se pode ignorar que os custos de monitoramento são altos e o poder discricionário de supervisão, fornecido a alguns funcionários públicos, abre a possibilidade de algum tipo de captura regulatória pelos grupos regulados (STIGLER, 1971; PELTZMAN, 1976)[8]. Esta captura gera poucos incentivos aos consumidores para fazerem reclamações a respeito de comportamentos desviantes por parte de motoristas, que por sua vez, diante de chances pequenas de alguma punição por parte do órgão regulador, não possuem incentivos a prestarem um bom atendimento.

Assim, antes da chegada dos aplicativos, não era incomum observar nos taxistas uma alta taxa de rejeição de corridas (ABELSON,

---

[8] Nesse contexto, os altos custos no mercado secundário de licenças (venda e aluguel de medalhões de táxi) são uma forte evidência de ganhos de renda por um grupo de *rent seeking* (BAGCHI, 2017).

2010) ou algumas formas de trapaça, como a cobrança de um preço mais alto do que permitido pela regra tarifária ou a utilização de um caminho mais longo para chegar ao destino (BALAFOUTAS et al., 2013). Segundo Balafoutas et al. (2013) as trapaças ocorriam, principalmente, quando o motorista identifica que o passageiro é uma forma de turista, ou seja, quando este desconhece o local e o trajeto mais curto ou quando o motorista percebe que não haverá um relacionamento repetido com o passageiro.

Também se questiona a capacidade do órgão regulador estatal em estabelecer o número ideal de veículos licenciados para oferecer o serviço. Esta é uma crítica recorrente porque o que se observa é que em vários locais a oferta é rígida há muito tempo, enquanto a população e número de consumidores potenciais tem uma trajetória crescente, e isto resulta em uma demanda não atendida (ABELSON, 2010). Ou seja, se observam situações em que mesmo existindo consumidores dispostos a pagar por uma corrida de táxi, eles não podem adquiri-lo, porque os veículos simplesmente não estão disponíveis e/ou porque os motoristas são impedidos de cobrar tarifas que tornariam a prestação desse serviço mais interessante.

Isto fica evidente, por exemplo, quando há a falta de serviço nos horários em que são mais procurados, como nos dias de chuva (FARBER, 2015). Vários autores mostraram que a elasticidade da oferta de mão de obra para taxistas é negativa devido à existência de uma renda de referência (CAMERER et al., 1997; CHOU, 2002; ARGAWAL et al., 2015; OLIVEIRA; MACHADO, 2017b). Assim, os taxistas autônomos trabalhariam até atingir uma meta diária e/ou mensal de renda pré-estabelecida. Por exemplo, em dias de chuva, essa meta pode ser alcançada mais rapidamente, portanto, eles optam por parar de trabalhar mais cedo e, por esta razão, durante o resto do dia haveria escassez no serviço oferecido.

Com o objetivo de solucionar esses problemas vários órgãos reguladores locais buscaram aumentar a oferta de veículos e motoristas licenciados, no entanto, esta medida ignora o fato de que o problema não é o número de veículos e motoristas, mas os incentivos a que os motoristas estão expostos. Dias chuvosos, por exemplo, representam custos mais altos para os motoristas, devido ao risco de acidentes, gastos com combustível e desgaste na condução em congestionamentos e, portanto, um tráfego mais lento. Se o motorista já alcançou uma meta específica ou é capaz de produzir a mesma renda em outro dia com custos mais baixos, o motorista o fará e removerá o veículo da circulação em dias de chuva.

Por todas estas razões apresentadas é possível concluir que embora a regulação do serviço de transporte por carros tenha boas razões para existir, não se pode negar que tem problemas que, aparentemente, os órgãos reguladores não conseguem resolver utilizando os instrumentos tradicionais. O que se observava em todo o mundo até a chegada dos aplicativos de transporte eram problemas de escassez e de preços inflacionados artificialmente para gerar ganhos, tanto para proprietários das licenças, quanto para os agentes reguladores (*rent seeking*), e uma consequente perda de bem-estar dos passageiros em termos de perdas de excedente do consumidor.

Desse modo, não surpreende que exista uma pressão considerável por parte dos motoristas de táxi, em muitos mercados locais, para banir os aplicativos e manter as restrições de entrada no mercado de transporte, o que lhes permitiria lucrar com um desequilíbrio duradouro e artificial entre demanda e oferta. É justamente nesse cenário que os aplicativos de transporte de passageiros se firmam com altas taxas de aceitação por parte de consumidores e experimentam taxas, igualmente altas, de crescimento no mercado sem haver perdas significativas por parte dos taxistas (ESTEVES, 2015a; CHANG, 2017; OLIVEIRA; MACHADO, 2017a; BERGER *et al.*, 2018), o que é um forte indício da existência de uma demanda não atendida por corridas.

3. A Regulação Proposta pelos Aplicativos de Transporte de Passageiros

De uma maneira simples, o que os aplicativos de transporte fazem é conectar as pessoas através de uma plataforma na *internet*, dando aos consumidores acesso a carros que eles não teriam de outra forma, pois, sem o auxílio da tecnologia, existem custos muito altos para encontrar uma correspondência adequada e segura para concluir esta transação. Mais especificamente, as plataformas reduzem o custo dos intermediários responsáveis por conectarem passageiros e motoristas, eliminando equipamentos especializados, como rádios, taxímetros e processadores de cartão de crédito, pois estes serviços podem ser providos pelo aplicativo instalado nos *smartphones* de ambas as partes. Estas plataformas permitem que informações bastante úteis sejam comunicadas aos consumidores e aos motoristas, como por exemplo, mostrar o rosto, o veículo e a placa do motorista a um passageiro, e a foto do passageiro a um motorista, ajudando a se reconhecerem.

Além disso, os aplicativos de transporte também melhoram a eficiência alocativa, não somente ao designar os motoristas mais próximos ao local de partida do passageiro, mas também utilizando o local de destino preferencial do motorista para encaminhá-lo para uma corrida com o destino nas proximidades do seu local interesse. Por exemplo, quando um motorista informa que quer retornar à sua residência o aplicativo o direciona para uma corrida cujo destino é no seu bairro. Estas funcionalidades garantem um maior trabalho útil dos veículos ao longo do dia, melhorando o ajuste entre a oferta e a demanda (HALL; KRUEGER, 2015).

Todavia, estes ganhos não são necessariamente os principais diferenciais dos aplicativos de transporte. É possível afirmar que parte relevante da explicação de seu sucesso se deve à sua atuação como um regulador, que inova em relação à regulação estatal, ao propor um mecanismo diferenciado para determinar preços e um sistema de avaliação de motoristas e passageiros.

Em princípio, o sistema de preços dos aplicativos é bastante semelhante ao utilizado pelo serviço de táxi, com valores estabelecidos por quilômetros percorridos e tempo de parada, além de um valor mínimo para uma viagem[9]. Embora existam questionamentos se

---

[9] Alguns aplicativos, como o *Lyft*, inicialmente deixavam os passageiros contribuírem com o que estivessem dispostos, mas depois passaram a ter um modelo de tarifas

esta forma de estabelecer preços, tanto por táxis quanto por aplicativos, não seria uma forma de cartel, em que as empresas de aplicativos seriam os agentes da coordenação deste cartel, a verdade é que, conforme já comentado anteriormente, a negociação de preços é um custo de transação relevante que pode prejudicar principalmente os consumidores. Assim, a forma mais eficiente de precificação passa pelo estabelecimento de uma forma de precificação realizada por um intermediário, que tanto pode ser um agente público, quanto um agente privado que tenha conhecimento a respeito dos custos envolvidos na atividade e de sua demanda.

Nesse aspecto talvez o único diferencial dos aplicativos seja que eles informam uma estimativa bastante aproximada do preço a ser pago antes de se confirmar o interesse pela corrida. Isso permite, por exemplo, que consumidores consultem mais de um aplicativo em pouco tempo e escolham a opção que melhor satisfaça a condição de preço, conforto e tempo para chegar ao destino. Porém vale ressaltar que esta não é uma característica exclusiva dos aplicativos, uma vez que os táxis que participam de aplicativos também podem informar os seus preços antecipadamente, bem como alcançar a eficiência alocativa descrita anteriormente, desde que possuam informações georreferenciadas de motoristas e de passageiros.

No entanto, diferentemente do serviço de táxi, os aplicativos de transporte utilizam um sistema flexível de preços, conhecido como preço dinâmico (*surge pricing*), estabelecido por um algoritmo de aprendizado de máquina que usa todas as informações disponíveis para avaliar a quantidade de consumidores e motoristas disponíveis em uma determinada área, e em um determinado momento.

Um número maior de consumidores em relação ao número de motoristas disponíveis ativa um multiplicador no preço que

---

tal como os demais aplicativos. O único aplicativo que ainda mantém o modelo de negociação é o *Blablacar*, no entanto, este aplicativo não faz a marcação instantânea da corrida, logo, há um período de negociação que possibilita o surgimento de interessados na carona pelo preço estabelecido pelo motorista.

desencoraja os consumidores e, ao mesmo tempo, incentiva os motoristas inativos naquele momento a se tornarem disponíveis. Isso tende a ocorrer com maior frequência durante o amanhecer, especialmente nos finais de semana e horários de pico nas grandes cidades (HALL et al., 2015). O preço dinâmico é uma forma de equilibrar a oferta e a demanda do serviço sem os problemas comuns de escassez produzidos pela regulamentação estadual[10].

No entanto esse mecanismo por si só não garante reduções no tempo de espera ou na provisão do serviço nos momentos ou locais em que a demanda é muito baixa. Para manter um serviço ininterrupto, os aplicativos de transporte geralmente oferecem bônus aos motoristas na forma de valores fixos de pagamento por um determinado período de ativação ou estabelecendo a garantia do valor mínimo de cobrança. Além disso, a comissão do aplicativo não costuma ser cobrada sobre o valor excedente ao preço base[11].

Como destacado anteriormente, o outro diferencial dos aplicativos de transporte é a avaliação tanto de motoristas, quanto de passageiros. Em seu sistema de avaliação os aplicativos podem facilmente perguntar aos participantes a respeito das experiências que acabaram de concluir e coletar informações positivas e negativas sobre a maioria, ou a totalidade de suas transações. Isso reduz significativamente os custos de monitoramento e é uma maneira muito mais eficiente de supervisionar, porque os critérios de avaliação são baseados nos

---

[10] Hall et al. (2015) mostram que a ausência do mecanismo de preços dinâmicos no Ano Novo de 2015 levou o aplicativo a não concluir cerca de 75% das chamadas feitas no período devido à insuficiência de motoristas ativos. Segundo os autores, em um cenário com preços e oferta fixos (como o serviço de táxi sob regulamentação estatal), quando a demanda supera a oferta, há um número considerável de consumidores, dispostos a pagar mais pelo serviço, que ficam de fora do mercado.

[11] Embora os economistas geralmente acreditem que o aumento dos preços seja eficiente, os preços dinâmicos são decididamente impopulares. Tanto isto é verdade que, em resposta à pressão do público, por exemplo, a *Uber* concordou em limitar os preços durante emergências e em doar os seus lucros nestas situações para instituições de caridade (RAUCH; SCHLEICHER, 2015).

interesses dos consumidores e não nos interesses de um regulador ou de um grupo de interesse específico[12].

Ademais, informações positivas são coletadas (condições do carro e a conduta do motorista ao dirigir e ao tratar o passageiro), para serem compensadas na forma de benefícios. Motoristas com boa avaliação recebem alguns bônus em dinheiro e privilégios, por exemplo preferência em filas que ocorrem em aeroportos, ou de atender clientes que também possuem boa avaliação. Por sua vez, os motoristas com conduta inapropriada ou avaliação ruim são excluídos da plataforma. Enfim, fica claro que neste modelo regulatório, cada consumidor é ao mesmo tempo um cliente e um agente de monitoramento do comportamento dos motoristas.

Por sua vez, no modelo estatal de fiscalização, um passageiro insatisfeito com o serviço prestado por um motorista de táxi pode anotar o número do seu registro ou o número da placa do veículo e tentar apresentar uma reclamação ao proprietário da frota ou ao regulador local, mas, a maioria dos passageiros antecipa que tais reclamações geralmente têm efeito limitado. Submeter uma avaliação negativa ao aplicativo é muito mais fácil e, ao que parece, significativamente mais provável que produza alguma resposta.

Consumidores também são avaliados, então se um passageiro é barulhento ou anti-higiênico, as plataformas podem emitir um aviso, alertar futuros prestadores de serviços ou até desativar a conta do cliente. Essa abordagem para a triagem de passageiros é certamente melhor do que a realizada por um motorista que possivelmente negue a prestação do serviço a determinados clientes baseados em uma inspeção visual do passageiro ou por causa de informações a respeito da corrida, como por exemplo, a curta duração ou o bairro de origem ou de destino.

---

[12] Em outras palavras, esse mecanismo de classificação permite reduzir os problemas de risco moral causados por ações ocultas no serviço de transporte urbano de passageiros. Assim, o principal (regulador/*Uber*) recebe informações diretamente de seus consumidores e inibe ações oportunistas por parte dos motoristas (agentes), excluindo aqueles que apresentam um esforço abaixo do nível estabelecido pelo regulador.

Enfim, existem problemas de assimetria de informação que fazem com que o transporte de passageiros por carro tenha que desenvolver mecanismos capazes de oferecer segurança tanto a passageiros quanto a motoristas. Por esta razão, tanto o modelo estatal de regulação quanto o modelo proposto pelos aplicativos buscam oferecer mecanismos capazes de convencer que é seguro para um passageiro entrar no carro de alguém estranho, e vice-versa. Estes envolvem um sistema de avaliação prévia, que inclui verificar identidades do passageiro e do motorista, verificar motoristas e veículos, e um sistema de avaliação corrente, que permite entre outras coisas, criar um mecanismo de reputação.

Nesse cenário em que o sistema tem que ser confiável para ambos participantes, o modelo de avaliação desenvolvido pelos aplicativos tem um papel relevante como garantidor da confiança e segurança das operações. Pois, muito provavelmente, os passageiros se sentem mais seguros ao entrar em um carro de um motorista com mais de mil corridas registradas com cinco estrelas do que em um táxi licenciado por um regulador estatal em que não se tem qualquer informação prévia a respeito de seu comportamento (RAUCH; SCHLEICHER, 2015).

Os aspectos aqui elencados deixam evidentes que os aplicativos de transporte são concorrentes dos reguladores estatais, já que propõem um arcabouço regulatório distinto do estatal, com forte componente tecnológico e interativo, em que os participantes contribuem ativamente com a fiscalização do funcionamento. Em suma, são reguladores privados cujo interesse é obter o maior número possível de corridas, algo que depende de motoristas e passageiros satisfeitos, ou seja, sua sobrevivência no mercado depende de ganhos de bem-estar, algo que não ocorre necessariamente no modelo regulatório estatal. Até porque existem indícios fortes de que a regulamentação estatal dos serviços de transporte por carro sempre esteve a serviço dos proprietários de licenças de táxi, conforme previsto pela Teoria de Regulação Econômica de Stigler (1971).

Seguindo este raciocínio é possível concluir que as autoridades locais responsáveis pela regulação de transporte por carros, mesmo diante de seus evidentes benefícios em termos de ganhos de bem-estar na forma de excedente do consumidor, aumento da concorrência, redução de custos de transação e de assimetria de informação e utilização de capacidade ociosa, sem que isto implique em uma redução na qualidade do serviço prestado (HALL; KRUEGER, 2015; COHEN *et al.*, 2016; CHEN *et al.*, 2019), buscam proibir ou regular com um rigor excessivo os aplicativos de transporte porque estes desafiam o seu modelo regulatório. Eles são concorrentes diretos no mercado de regulação ou, simplesmente, do mercado de confiança.

Isto não significa que o modelo regulatório proposto pelos aplicativos seja imune a críticas, e que toda tentativa de impor regras aos aplicativos é uma tentativa de manter um modelo de regulação que beneficia somente os órgãos reguladores e os proprietários das licenças. A regulação proposta pelos aplicativos de transporte deixa algumas lacunas que são temas de intensos debates. Estas serão tratadas na próxima seção.

4. Regulando o Regulador Privado

À medida em que as empresas de aplicativos de transporte aumentam a sua participação no mercado de transportes, enfrentam pressões na forma de processos judiciais e legislações advindas de vários grupos diferentes. As mais relevantes, provavelmente, são as exercidas pelas autoridades locais questionando o cumprimento de suas regras, e pelos motoristas dos aplicativos, que contestam a ausência de vínculo de emprego com estas empresas. Entretanto não é somente isto, pois ainda é possível observar motoristas e operadores de táxi contestando em alguns locais os aplicativos por outras razões, que vão desde concorrência desleal até práticas comerciais enganosas. Nestes últimos casos, com pouco sucesso.

No que diz respeito aos questionamentos levantados por autoridades locais de trânsito, desde o princípio houve uma contestação aos aplicativos porque estes violavam as regras de licenciamento local, e porque muitos consideravam o modelo regulatório proposto pelos aplicativos incapaz de prover segurança a passageiros e motoristas. Havia um medo de que a inação das autoridades reguladoras colocasse em risco a população, e isto pudesse levar a uma atenção negativa da mídia, trazendo custos políticos elevados (DOST-MOHAMMAD; LONG, 2015).

Uma das primeiras mudanças ocorridas, devido a este processo de pressão política, foi a imposição de um seguro comercial para as corridas realizadas com a intermediação dos aplicativos. Como os aplicativos trabalham com motoristas que utilizam carros próprios ou alugados, muitos deles possuíam um seguro particular, mas que não tinha validade para o uso comercial. De forma que tanto o motorista quanto os passageiros, na verdade, estavam descobertos de qualquer proteção tão logo a seguradora identificasse que o carro estava sendo usado para fins comerciais. Como os custos do seguro comercial são maiores do que os seguros particulares, e como muitos motoristas disponibilizavam apenas uma parte do uso de seu carro para prestar um serviço através dos aplicativos, não compensava assumir os riscos de operar sem seguro e nem de pagar o custo do seguro. Identificando que este problema desincentivava motoristas a integrarem a sua plataforma, as empresas de aplicativos passaram a assumir o ônus do seguro comercial[13].

Ainda relacionado à segurança, há um debate que persiste a respeito dos critérios de seleção de carros e motoristas. Embora alguns aplicativos até realizem entrevistas e inspeções presenciais, existem outros que realizam todo o processo de seleção a distância, apenas com o envio de documentos de forma *online*. É um fato que, independente dos procedimentos adotados pelos aplicativos, os seus critérios

---

[13] No Brasil esta obrigatoriedade está prevista na forma de Lei. A Lei 13.640/18 estabelece a exigência de contratação de seguro de Acidentes Pessoais a Passageiros (APP) e do Seguro Obrigatório de Danos Pessoais causados por Veículos Automotores de Vias Terrestres (DPVAT), além de estabelecer a exigência da inscrição do motorista como contribuinte individual do Instituto Nacional do Seguro Social (INSS). Isto garante, entre outros benefícios, que o motorista tenha acesso a uma remuneração no caso de não poder trabalhar devido a algum acidente de trabalho.

sempre foram muito mais brandos do que os utilizados pelos reguladores locais para licenciar motoristas de táxi. E isso obviamente criou um conflito com a legislação local que resultou, inclusive, no banimento ou no desinteresse dos aplicativos por determinadas cidades e países que faziam cumprir as regras estabelecidas.

Os formuladores das regras propostas pelos aplicativos sabem que regras muito restritivas de ingresso reduzirão significativamente o número de motoristas disponíveis, e que isto diminuirá a sua competitividade no mercado de transportes, pois, menos motoristas implica em mais tempo de espera por parte dos passageiros. Porém, estas empresas confiam que o sistema de avaliação será capaz de identificar motoristas não qualificados, e que a possibilidade de expulsão da plataforma é um incentivo suficiente para que se atinja o objetivo de que o motorista tenha uma boa conduta, e consequentemente o passageiro tenha uma corrida segura[14]. O licenciamento restritivo imposto pelo modelo estatal de regulação, conforme foi visto na segunda seção deste capítulo, não garante os incentivos para atingir estes objetivos. Na verdade, muitas destas restrições servem somente para criar barreiras à entrada de novos motoristas no mercado, uma vez que, diante da ausência de fiscalização e de mecanismos de punição a condutas ruins, a licença se torna um instrumento pouco útil para garantir a segurança dos passageiros.

No Brasil, a legislação acabou sendo branda com relação aos critérios mínimos para a seleção de motoristas por parte das empresas de aplicativos. A Lei 13.640/18 estabelece apenas duas condições mínimas em seu artigo 11-b: possuir Carteira Nacional de Habilitação na categoria B ou superior que contenha a informação de que exerce atividade remunerada e apresentar certidão negativa de antecedentes criminais. No entanto, o mesmo não pode ser dito a respeito dos critérios de seleção dos carros, pois a mesma Lei deixou

---

[14] Visando aumentar a segurança dos passageiros muitos aplicativos tem introduzido novos recursos, tais como botões de pânico e compartilhamento de informações sobre viagens, que antes não estavam disponíveis. Todos esses mecanismos podem facilitar os procedimentos de reclamações e sanções.

a responsabilidade de estabelecer as características para a autoridade de trânsito e pelo poder público municipal e do Distrito Federal. Isto significa, na prática, que cada município do Brasil é capaz de criar legislações restritivas o suficiente para inviabilizar economicamente os aplicativos de transporte. Logo, neste ponto, a manutenção da prestação de serviços de transporte de passageiros nos municípios brasileiros segue à mercê dos interesses locais de cada um dos municípios, criando uma disputa quase infinita entre as empresas de aplicativos e os grupos de interesse que atuam nestes locais.

Por sua vez, o questionamento levantado pelos motoristas a respeito de sua relação de trabalho com as empresas de aplicativo tem obrigado estas empresas a se defenderem nos tribunais mundo afora[15]. Vários motoristas têm demandado judicialmente no Brasil e no resto do mundo pedindo para serem reconhecidos como empregados destas empresas e, portanto, fazendo jus a direitos trabalhistas, tais como férias, seguro desemprego etc. O argumento central das empresas de aplicativos contrário a estas demandas é que os motoristas são na verdade contratados autônomos (*independent contractors*), que servem a múltiplos clientes (*i.e.* mais de uma plataforma) por um período limitado e com o direito de decidir não somente a respeito do período trabalhado, mas também como o trabalho será feito. Estas características violariam, por exemplo, uma das características estabelecidas pela legislação brasileira para definir o vínculo empregatício, a subordinação[16]. De forma

---

[15] Este movimento, provavelmente, iniciou-se em outubro de 2012, com centenas de processos contra a *Uber* em vários estados americanos. Os entendimentos são bastante controversos. Malos *et al.* (2018) mostram que existem entendimentos a favor dos aplicativos, como no caso da Filadélfia, e entendimentos contrários, como no norte da Califórnia. Neste último, o vínculo foi reconhecido ao mesmo tempo que se reconheceu que as leis atuais não tinham como ser aplicadas e que seria necessário alterar a legislação no sentido de tornar mais clara como esta seria aplicada aos motoristas de aplicativo e demais trabalhadores da economia compartilhada.

[16] Este é, neste momento, o entendimento predominante na Justiça do Trabalho brasileira. AGÊNCIA BRASIL. "Em decisão inédita, TST diz que motorista não é empregado do Uber". *Infomoney*. 5 fev. 2020. Disponível em: <https://www.infomo-

que os motoristas seriam autônomos que devem administrar os custos e as receitas das operações, ou seja, seriam as "empresas de transporte", enquanto as empresas de aplicativo seriam meros intermediários[17].

Cabe chamar a atenção para o fato de que ao classificar os trabalhadores desta forma os aplicativos não se responsabilizam pelo comportamento do motorista ou pelos custos de manutenção de veículos. Isso torna essas empresas altamente lucrativas, pois podem transferir a responsabilidade civil, a conformidade regulatória e inclusive impostos para os motoristas. Assim, independente se esta argumentação está correta ou não, o fato é que assumir a contratação dos motoristas inviabiliza economicamente os aplicativos de transporte, uma vez que isto aumenta consideravelmente os custos de transação e os custos com impostos, assim como a sua responsabilidade por danos. Todavia, cabe salientar, que isto imporia custos a um regulador privado que, por exemplo, os reguladores estatais responsáveis por licenciar táxis, não possuem.

Por outro lado, é um fato que não cumprir alguns requisitos legais de licenciamento e não ter que cumprir regras trabalhistas dá uma vantagem competitiva aos aplicativos de transporte. Estes foram os primeiros argumentos utilizados por operadores de táxi para acusar as empresas de aplicativos de violarem as regras de defesa da concorrência. No entanto, estes argumentos foram rechaçados mundo afora por várias autoridades de defesa da concorrência, que sempre viram com bons olhos o incremento na concorrência provido pela chegada dos aplicativos no relevante mercado de transporte de passageiros. Outra linha de contestação nesta mesma área é de que a

---

ney.com.br/carreira/em-decisao-inedita-tst-diz-que-motorista-nao-e-empregado--do-uber/>. Acesso em 16 jul. 2020.

[17] Por exemplo, os modelos de negócios têm sido um fator significativo nas decisões dos tribunais sobre a categorização das plataformas de transporte e, portanto, a determinação de qual regulamento se aplica a eles. Embora a *Uber* tenha sido classificada como prestadora de serviços de transporte e, portanto, sujeita a regulamentos de transporte pelo Tribunal de Justiça Europeu (TJE), a *BlaBlaCar* foi considerada um intermediário eletrônico pelo Tribunal Comercial de Madri Nº 2 (OECD, 2018).

existência de externalidades de rede seriam responsáveis por criar monopólios locais no transporte por aplicativos. No entanto, ao que tudo indica, este mercado apresenta características semelhantes a um mercado contestável[18], como as propostas por Baumol (1982).

Talvez a contestação mais bem fundamentada de violação de regras de defesa da concorrência, mais especificamente de práticas anticoncorrenciais, foi o processo contra a *Uber* pela utilização do *software* conhecido como *"Hell"* (ANCHUSTEGUI; NOWAG, 2017). Embora o caso não se concentrasse apenas em uma violação do direito da concorrência, se alegou que o *software Hell* foi desenvolvido pela *Uber* com a intenção de rastrear os motoristas dos concorrentes (*Lyft*) e identificar os que trabalhavam em mais de um aplicativo para poder fornecer incentivos (recompensas monetárias) para dirigir exclusivamente para a *Uber*. A consequência final desta iniciativa teria sido reduzir o número de motoristas ativos que trabalhavam para a *Lyft*, e assim, aumentar o tempo de espera dos passageiros da *Lyft* por um carro, o que os levaria a preferir a *Uber*. Na prática parece que, em última análise, o esquema não teve prosseguimento porque ficou muito caro pagar aos motoristas à medida que a rede *Lyft* e o número de motoristas que trabalhavam com mais de uma plataforma cresciam.

5. Conclusões e Perspectivas para o Futuro

Até os críticos mais contumazes dos aplicativos de transporte tendem a reconhecer que eles fornecem um serviço satisfatório com um uso mais eficiente de recursos, maior conveniência, menos assimetria de informações e menores preços. Ou seja, os aplicativos de transporte e compartilhamento de viagens parecem oferecer serviços que melhoram o bem-estar daqueles que os utilizam e, em alguns casos, até daqueles que não o fazem. Pois, parte de suas inovações também

---

[18] Ver Martin (2000) para uma revisão da teoria dos mercados contestáveis e suas limitações.

foram incorporadas por concorrentes e muitos deles mudaram o seu comportamento diante da concorrência[19].

Neste contexto, muitos autores concluem que forçar tecnologias inovadoras a obedecer às regulamentações existentes, criadas muito antes que alguém imaginasse a sua presença, está longe de ser a melhor solução (ALLEN, 2014; EDELMAN; GERADIN, 2015; POSEN, 2015; CRESPO, 2016; DARBÉRA, 2016; MILLER, 2016). Sobretudo porque muitas destas regras foram criadas apenas para gerar barreiras à entrada de concorrentes e gerar algum tipo de ganho de privilégio (*rent seeking*).

O mesmo raciocínio vale para a criação de novas regras de licenciamento, o que se observa em vários legislativos municipais de todo o Brasil, como por exemplo, impedir o uso de veículos alugados ou com origem em outros locais. Estas regras de licenciamento visam apenas restrições de oferta capazes de diminuir a competitividade dos aplicativos ao aumentar o tempo de espera por um carro. Estas legislações locais, aparentemente permitidas pela lacuna deixada na Lei 13.640/18, são um forte retrocesso.

É importante deixar claro que a queda no interesse pelos meios de transporte tradicionais se deve exclusivamente às escolhas feitas pelos consumidores e não ao fato de os aplicativos de transporte não seguirem as regras estabelecidas pela legislação vigente. Isto na verdade foi outro ganho para os consumidores, pois as regras propostas pelos aplicativos mostraram que era possível obter um serviço de transporte confiável sem a necessidade do aval estatal. Logo, a existência de concorrência no "mercado de confiança" foi muito bem-vinda.

O que se recomenda é justamente o oposto do que vem sendo feito, ou seja, que se criem instrumentos que permitam e incentivem os prestadores de serviços tradicionais a competir com as novas empresas[20], como estratégia para aumentar o bem-estar dos consumidores.

---

[19] Wallsten (2015) mostra que houve uma queda significativa no número de reclamações a respeito dos serviços de táxi na cidade de Nova Iorque.

[20] Estas diretrizes vão ao encontro ao entendimento de várias autoridades de defesa da concorrência pelo mundo afora. Por exemplo, o *Canadian Competition Bureau* (2017)

Isto é possível de se realizar, por exemplo, através de pequenas alterações na regulação que podem fazer uma grande diferença, como por exemplo, transformar os preços fixos em preços máximos. Isto daria maior flexibilidade para motoristas de táxi acompanharem as flutuações na demanda pelo serviço de transporte, que costumam ocorrer de acordo com o horário e dia da semana. Além disso, seria importante que os carros que transportam passageiros sejam também equipados/monitorados por *GPS*, pois isto permitiria aos consumidores obterem informações de tempo de espera e tempo estimado para a chegada ao destino. Como comentado anteriormente, estas informações são importantes para a decisão dos consumidores a respeito do meio de transporte que irão escolher.

Por fim, é importante salientar que o setor precisa de regras claras em todas as esferas discutidas neste capítulo para que sejam capazes de garantir a estabilidade jurídica que o setor precisa para se desenvolver, uma vez que muitas empresas deixam de entrar neste mercado devido aos altos custos com atividades (jurídicas) que não seriam a sua atividade fim. Isto pode contribuir para o aumento da produtividade de toda a economia, gerando assim crescimento econômico e bem-estar para todos.

Referências

ABELSON, P. "The High Cost of Taxi Regulation, with Special Reference to Sydney". *Agenda: A Journal of Policy Analysis and Reform*, vol. 17, nº 2 (2010), pp. 41-70.

AGARWAL, S.; DIAO, MI; PAN, J.; SING, T. F. "Are Singaporean Cabdrivers Target Earners?". mar. 2015. Rochester, NY: Social Science

---

sugere que, para oferecer condições equitativas, "os regulamentos sobre táxis precisam ser relaxados e os regulamentos sobre novos fornecedores podem precisar ser aumentados para garantir que objetivos políticos legítimos, como segurança pública, sejam alcançados". Também sugere aos reguladores que considerem os táxis tradicionais e os carros de aplicativos sob uma única classificação, para que não existam diferenças significativas entre eles e que estes possam concorrer sob as mesmas condições.

Research Network. Disponível em: <https://papers.ssrn.com/abstract=2338476>. Acesso em: 15 jul. 2020.

AGÊNCIA BRASIL. "Em decisão inédita, TST diz que motorista não é empregado do Uber". *Infomoney*. 5 fev. 2020. Disponível em: <https://www.infomoney.com.br/carreira/em-decisao-inedita-tst-diz-que-motorista-nao-e-empregado-do-uber/>. Acesso em 16 jul. 2020.

ALLEN, D. *The Sharing Economy: How Over-regulation Could Destroy an Economic Revolution*, nov. 2014. Disponível em: <https://darcyallen.net/2014/12/01/the-sharing-economy-how-over-regulation-could-destroy-an-economic-revolution/>. Acesso em: 15 jul. 2020.

ANCHUSTEGUI, I.; NOWAG, J. "How the Uber & Lyft Case Provides an Impetus to Re-Examine Buyer Power in the World of Big Data and Algorithms". *SSRN Scholarly Paper*. Rochester: Social Science Research Network, 2017.

BAGCHI, S. *A Tale of Two Cities*: An Examination of Medallion Prices in New York and Chicago. jan. 2017. Disponível em: <http://dx.doi.org/10.2139/ssrn.2901489>. Acesso em 15 jul. 2020.

BALAFOUTAS, L.; BECK, A.; KERSCHBAMER, R.; SUTTER, M. "What Drives Taxi Drivers? A Field Experiment on Fraud in a Market for Credence Goods". *Review of Economic Studies*, vol. 80, n° 3 (2013), pp. 876-891.

BAUMOL, W. J. "Contestable markets: an uprising in the theory of industry structure". *American Economic Review*, vol. 72, n° 1 (1982), pp. 1-15.

BEKKEN, J.T. "Experiences with (De-)Regulation in the European Taxi Industry". *In* EUROPEAN CONFERENCE OF MINISTERS OF TRANSPORT (ECMT). *(De)Regulation of the Taxi Industry, Round Table 133*. Paris: OECD Publishing, pp. 31-58, 2007.

BERGER, T.; CHEN, C.; FREY, C. B. "Drivers of disruption? Estimating the Uber effect". *European Economic Review*, vol. 110 (2018), pp. 197-210.

CAMERER, C. *et al.* "Labor Supply of New York City Cabdrivers: One day at a time". *The Quarterly Journal of Economics*, vol. 112, n° 2 (1997), pp. 407-441.

CANADIAN COMPETITION BUREAU. *Modernizing Regulation in the Canadian taxi industry*, 2015. Disponível em: < https://www.competitionbureau.gc.ca/eic/site/cb-bc.nsf/eng/04007.html>. Acesso em: 15 jul. 2020.

CHANG, H.-H. "The Economic effects of Uber on taxi drivers in Taiwan". *Journal of Competition Law & Economics*, vol. 13, n° 3 (2017), pp. 1-29.

CHEN, K.; CHEVALIER, J.A.; ROSSI, P.E.; OEHLSEN, E. "The Value of Flexible Work: Evidence from Uber Drivers". *Journal of Political Economy*, vol. 127, n° 6 (2019), pp. 2735-2794.

CHOU, Y. K. "Testing alternative models of labour supply: evidence from taxi drivers in Singapore". *The Singapore Economic Review*, vol. 47, n° 1 (2002), pp. 17-47.

COASE, R.H. "The Problem of Social Cost". *Journal of Law and Economics*, vol. 3 (1960), pp. 1-44.

COHEN, P.; HAHN, R.W.; HALL, J.; LEVITT, S. D.; METCALFE, R. "Using Big Data to Estimate Consumer Surplus: The Case of Uber". *National Bureau of Economic Research*, set. 2016. Disponível em: <http://www.nber.org/papers/w22627>. Acesso em: 15 jul. 2020.

CRESPO, Y. N. "Uber v. Regulation: 'Ride-Sharing' Creates a Legal Gray Area". *Miami Business Law Review*, vol. 25, n° 1 (2016), pp. 79-110.

DARBÉRA, R. *Principles for the regulation of for-hire road passenger transportation services*, 2016. Disponível em: </paper/Principles-for-the-regulation-of-for-%C2%ADhire-road-la-Darb%C3%A9ra/eb3bdf-7d20ea46f5289d5863bceea4d7af76c0d9>. Acesso em: 15 jul. 2020.

DEMPSEY, P. S. "Taxi industry regulation, deregulation and reregulation: an analysis of taxi markets". *Transportation Law Journal*, vol. 24, n° 1 (1996), pp. 73-120.

DOSTMOHAMMAD, S.; LONG, J. *Regulating the sharing economy: applying the process for creative destruction*, 2015. Disponível em: <https://cappa.ca/wp/wp-content/uploads/2017/06/DostmohammadLong_RegulatingtheSharingEconomy.pdf>. Acesso em: 15 jul. 2020.

EDELMAN, B. G.; GERADIN, D. "Efficiencies and Regulatory Shortcuts: How Should We Regulate Companies like Airbnb and Uber?". *SSRN Scholarly Paper*, Rochester: Social Science Research Network, 2015.

ESTEVES, L. A. "Rivalidade após entrada: o impacto imediato do aplicativo Uber sobre as corridas de táxi porta-a-porta". *Documentos de trabalho do CADE*, 03, 2015a.

ESTEVES, L. "Uber: o mercado de transporte individual de passageiros – regulação, externalidades e equilíbrio urbano". *Revista de Direito Administrativo*, vol. 270 (2015b), pp. 325-361.

FARBER, H. S. "Why you Can't Find a Taxi in the Rain and Other Labor Supply Lessons from Cab Drivers". *The Quarterly Journal of Economics*, vol. 130, nº 4 (2015), pp. 1975-2026.

HALL, J.; KENDRICK, C.; NOSKO, C. *The Effects of Uber's Surge Pricing*: A Case Study, 2015. Disponível em: <http://economicsforlife.ca/wp-content/uploads/2015/10/effects_of_ubers_surge_pricing.pdf>. Acesso em: 15 jul. 2020.

HALL, J. V.; KRUEGER, A. B. "An Analysis of the Labor Market for Uber's Driver-Partners in the United States". National Bureau of Economic Research, nov. 2016. Disponível em: <http://www.nber.org/papers/w22843>. Acesso em: 15 jul. 2020.

MALOS, S.; LESTER, G. V.; VIRICK, M. "Uber Drivers and Employment Status in the Gig Economy: Should Corporate Social Responsibility Tip the Scales?". *Employee Responsibilities and Rights Journal*, vol. 30, nº 4 (2018), pp. 239-251.

MARTIN, S. "The theory of contestable markets". *Mimeo*, 2000. Disponível em: <http://www.krannert.purdue.edu/faculty/smartin/aie2/contestbk.pdf>. Acesso em: 15 jul. 2020.

MILLER, S. R. "First Principles for Regulating the Sharing Economy". *SSRN Scholarly Paper*. Rochester: Social Science Research Network, 2016.

OECD. *Taxi, ride-sourcing and ride-sharing services - Background Note by the Secretariat*, 2018. Disponível em: <https://one.oecd.org/document/DAF/COMP/WP2(2018)1/en/pdf>. Acesso em: 15 jul. 2020.

OLIVEIRA, C.; MACHADO, G. *O impacto da entrada da Uber no mercado de trabalho de motoristas de táxi no Brasil*: evidências a partir de dados longitudinais (working paper), 2017a. Disponível em: <https://www.researchgate.net/publication/317846547_O_impacto_da_entrada_da_Uber_no_mercado_de_trabalho_de_motoristas_de_taxi_no_Brasil_evidencias_a_partir_de_dados_longitudinais>. Acesso em: 15 jul. 2020.

OLIVEIRA, C.; MACHADO, G. *Vou de táxi? Uma análise da oferta de trabalho de motoristas de táxi no Brasil (working paper)*, 2017b. Disponível em: <https://www.researchgate.net/publication/317846735_Vou_de_taxi_Uma_analise_da_oferta_de_trabalho_de_motoristas_de_taxi_no_Brasil>. Acesso em: 15 jul. 2020.

PELTZMAN, S. "Toward a More General Theory of Regulation". *The Journal of Law and Economics*, vol. 19, nº 2 (1976), pp. 211-240.

POSEN, H. A. "Ridesharing in the Sharing Economy: Should Regulators Impose Uber Regulations on Uber?". Iowa Law Review, vol. 405 (2016). Disponível em: < https://ilr.law.uiowa.edu/print/volume--101-issue-1/ridesharing-in-the-sharing-economy-should-regulators--impose-ueber-regulations-on-uber/>. Acesso em: 15 jul. 2020.

RAUCH, D.; SCHLEICHER, D. "Like Uber, But for Local Governmental Policy: The Future of Local Regulation of the 'Sharing Economy'". *SSRN Scholarly Paper*, Rochester: Social Science Research Network, 2015.

STATISTA. *Number of apps available in leading app stores as of 1st quarter 2020*. mai. 2020. Disponível em: <https://www.statista.com/statistics/276623/number-of-apps-available-in-leading-app-stores/>. Acesso em: 16 jul. 2020.

STIGLER, G. J. "The Theory of Economic Regulation". *The Bell Journal of Economics and Management Science*, vol. 2, nº 1 (1971), pp. 3-21.

SUNDARARAJAN, A. *The Sharing Economy: The End of Employment and the Rise of Crowd-Based Capitalism*. Cambridge: MIT Press, 2016.

SUPERIOR TRIBUNAL FEDERAL (imprensa). *STF considera inconstitucional proibição por lei municipal de transporte individual por aplicativos*. 08 mai. 2019. Disponível em: <http://portal.stf.jus.br/noticias/verNoticiaDetalhe.asp?idConteudo=410556>. Acesso em 16 jul. 2020.

TEAL, R. F.; BERGLUND, M. "The impact of taxicab deregulation in the USA". *Journal of Transport Economics and Policy*, vol. 21, nº 1 (1987), pp. 37-56.

TONER, J. P. "English experience of deregulation of the taxi industry". *Transport Reviews*, vol. 16, nº 1 (1996), pp. 79-94.

UBER (equipe). *Fatos e dados sobre a Uber*. 18 fev. 2020. Disponível em: <https://www.uber.com/pt-BR/newsroom/fatos-e-dados-sobre-uber/>. Acesso em 16 jul. 2020.

UBER (equipe). *STF decide que regulação de aplicativos não pode extrapolar Lei Federal*. 10 mai. 2019. Disponível em: <https://www.uber.com/pt-BR/newsroom/stf-decide-que-regulacao-de-aplicativos-nao-pode-extrapolar-lei-federal/>. Acesso em 16 jul. 2020.

WALLSTEN, S. "The Competitive Effects of the Sharing Economy: How is Uber Changing Taxis?". Technology Policy Institute, 2015. Disponível em: <https://techpolicyinstitute.org/wp-content/uploads/2015/06/the-competitive-effects-of-the-2007713.pdf>. Acesso em: 15 jul. 2020

Capítulo 19
Assimetrias de Informação na Nova Lei de Licitação e o Problema da Seleção Adversa

Marcos Nóbrega, Diego Franco de Araújo Jurubeba

1. Introdução

A deflagração do processo de completa mudança do marco legal das contratações públicas no Brasil se deveu ao apontamento, por uma Comissão Especial do Senado Federal, de que a Lei n° 8.666/1993 "cria insegurança para os administradores públicos" e "deixa margens excessivas para práticas desleais de quem vende para a administração".[1] A partir desse diagnóstico a referida Comissão Especial apresentou a primeira redação de um projeto de lei que visava substituir integralmente as normas atualmente vigentes, o que colocou o Brasil no vasto rol de países e organizações supranacionais que recentemente alteraram, ou estão em vias de mudar, significativamente suas políticas regulatórias a respeito do tema.[2]

Depois de tramitar por quatro comissões do Senado, esta Casa aprovou um texto-base e o encaminhou à Câmara dos Deputados para revisão. Por sua vez, a Casa revisora influou significativamente

---

[1] SENADO FEDERAL. *Relatório final da Comissão Especial Temporária de Modernização da Lei de Licitações e Contratos (lei n° 8.666/1993)* – CTLICON. 1993.

[2] Inovação, sustentabilidade e inclusão são temas centrais na agenda de reformas promovidas em diversos países, a exemplo daqueles que integram a Organização para a Cooperação e Desenvolvimento Econômico (OCDE) (*cf.* OECD. *Public procurement for innovation: good practices and strategies*. Paris: OECD, 2017, p. 3).

o projeto de lei mediante a aprovação de uma extensa redação substitutiva (subemenda substitutiva global reformulada), que foi remetida à Casa iniciadora em setembro de 2019. Conforme preconiza o art. 65, parágrafo único, da Constituição, compete agora ao Senado realizar o exame das alterações que a Câmara introduziu no texto originariamente submetido à revisão.[3] Todavia, como será visto adiante, em razão de um requerimento de apensação durante a tramitação do processo legislativo na Casa revisora, a apreciação pela Casa iniciadora será pautada pela possibilidade regimental de eliminar dispositivos de quase toda redação atual.

Considerando que a tramitação em ambas as Casas legislativas ocorreu em regime de urgência, é plausível que logo tenhamos uma nova lei que incidirá sobre parcela expressiva do Produto Interno Bruto. Desse modo, abre-se ao jus-economista mais uma frente de trabalho, uma vez que o advento de novos procedimentos licitatórios traz a certeza de que haverá a reconfiguração do *feixe de incentivos* que molda o funcionamento de um mercado relevante em nosso país.

No campo doutrinário, um olhar para trás aponta que o estudo jurídico da licitação raramente tentou explicar, prever e entender o comportamento dos atores envolvidos nos processos de contratação pública. No mais das vezes, o trabalho dos juristas restou confinado à mera análise descritiva das normas positivadas na lei,[4] de modo que o desafio proposto no presente trabalho é avançar neste largo campo inexplorado pela análise normativa do Direito aplicável às licitações. Sendo assim, vamos analisar alguns dispositivos que tratam dos critérios de habilitação e a possibilidade de usar mecanismos de *signaling* e *screening* para mitigar a assimetria de informações existentes entre a administração e os licitantes. Antes, porém, conceituaremos os principais argumentos, para indicar que regras de revelação de informação são indispensáveis, em qualquer processo de reforma de qualquer legislação sobre licitações no país.

---

[3] Art. 65, parágrafo único, da Constituição Federal.
[4] NÓBREGA, Marcos. *Direito e Economia da Infraestrutura*. Belo Horizonte: Ed. Fórum, 2019, pag. 21.

2. Que Nova Lei Poderemos Ter?

Ao contrário do que se poderia imaginar, a redação final do Projeto de Lei do Senado (PLS) nº 559/2013, aprovado em dezembro de 2016, não será considerada a redação original para efeitos comparativos entre os textos produzidos por ambas as casas legislativas. Contendo algumas novidades colhidas a partir de experiências do Direito estrangeiro, a maior parte dos 131 artigos do PLS 559/2013 consistia no agrupamento e reorientação de normas já contidas em nossos diplomas sobre licitações e contratos públicos: lei nº 8.666/1993 (Lei Geral de Licitações), lei nº 10.520, de 2002 (Lei do Pregão),lei nº 12.462/2011 (Lei do Regime Diferenciado de Contratações Públicas – RDC) e lei nº 13.303/2016 (Lei das Estatais).

Quando do seu recebimento pela Câmara dos Deputados, o PLS 559/2019 passou a ser denominado projeto de lei (PL) nº 6.814/2017 e deu ensejo à criação de uma Comissão Especial para analisá-lo. Depois de tramitar por pouco mais de um ano, o plenário da Câmara recebeu e aprovou o requerimento nº 8.165/2018, de autoria do Deputado José Guimarães, cujo teor pleiteava que o PL nº 6.814/2017 fosse apensado ao PL nº 1.292/1995. Este último teve origem na aprovação pelo Senado, em 1995, do PLS 163/1995, que visava inserir dois parágrafos ao art. 72 da Lei nº 8.666/1993.[5] Sem movimentação processual desde então, o PLS 163/1995 havia ficado esquecido nas prateleiras da Câmara dos Deputados por 23 anos e, subitamente, passou a atrair centenas de proposições que, de qualquer forma, resvalassem no tema das contratações públicas.

---

[5] A alteração proposta pelo projeto de lei de número 1.292/1995 é a seguinte: Art. 1º O art. 72 da Lei nº 8.666, de 21 de junho de 1993, passa a vigorar com a seguinte redação:"Art. 72: § 1º O contratado é obrigado a cientificar à administração, em oito dias, as subcontratações que realizar. §2ºO pagamento dos benefícios obtidos pelo contratado perante a Administração Pública, em decorrência de reajustamento de preços ou em função de revisão contratual para a manutenção do equilíbrio econômico-financeiro inicial do contrato, somente será efetivado após a comprovação de que eventuais subcontratantes passem a usufruir, proporcionalmente aos seus encargos, as mesmas vantagens do contratado"

A manobra legislativa, aprovada sem alarde, alterou o objeto da Comissão Especial da Câmara Deputados e tornou prejudicado o texto do PLS 559/2013 (PL 6.814/2017).[6] Em outras palavras, o PLS 559/2013 acabou arquivado e o envelhecido PLS 163/1995 retornou ao Senado elevado à condição de redação original da proposição de novo marco legal.[7]

Em um mundo que se transforma cada vez mais rápido seria recomendável que o legislador ordinário tivesse se aprofundado no debate global acerca das melhores práticas para licitar e contratar com eficiência. Nesse contexto, empenhar-se por normatizar procedimentos flexíveis de contratação e pinçar experiências, que comprovadamente têm gerado bons resultados noutros países, seriam providências esperadas daqueles que fazem as leis. Com efeito, as versões votadas nas comissões do Senado até contemplaram sucessivas estratégias oriundas de legislações estrangeiras. Todavia, como costuma ocorrer em processos legislativos conduzidos com uma visão demasiadamente voltada para dentro, diversas emendas

---

[6] Assim decidiu a Mesa Diretora da Câmara dos Deputados em 16 de março de 2008: "Apense-se o Projeto de Lei n. 6.814/2017 ao Projeto de Lei n. 1.292/1995. (...) Altere-se, ainda, o nome da Comissão Especial do Projeto de Lei n. 6.814/2017, para passar a se referir ao Projeto de Lei n° 1.292/1995, que encabeçará o bloco em apreciação".

[7] O Deputado João Arruda ainda chegou a apresentar o requerimento n° 8373/2018, visando a desapensação dos projetos por considerá-la indevida e não atender aos pressupostos regimentais: "o PL n° 1.292, de 1995, tem a ele apensadas outras 223 proposições e a tramitação em conjunto das matérias pode se transformar em relevante obstáculo à boa apreciação por esta Casa Legislativa do conteúdo relevante e urgente que é a Nova Lei de Licitações proposta pelo PL n° 6.814, de 2017, tão aguarda por todos os setores envolvidos. Veja-se, por outro lado, que o PL n° 1.292, de 1995, e seus 223 apensados tratam de temas pontuais dentro do tema genérico de licitações contratos e visam a modificar dispositivos específicos da legislação vigente. Tem-se, assim, que o objeto e escopo das proposições são diversos: enquanto o PL n° 1.292, de 1995, e seus demais apensados pretendem alterar pontos específicos de normas sobre licitações, o PL n° 6.814, de 2017, apresenta uma Nova Lei de Licitações e Contratos, substituindo as três principais normas vigentes sobre o assunto". A Mesa Diretora, no entanto, indeferiu o pleito.

parlamentares incorporadas à redação final dada pela Câmara desfiguraram as finalidades de alguns institutos e procedimentos inspirados em práticas internacionais.

Dado o momento do processo legislativo, não haverá abertura para o Senado dar solução diversa em questões abordadas no texto recebido da Câmara. Na prática, considerando o conteúdo diminuto do PLS 163/1995, a Casa iniciadora poderá aprovar ou rejeitar quase todos os dispositivos compreendidos na redação final do PL nº 1.292/1995[8], podendo ainda cindir disposições presentes em artigos, parágrafos e alíneas, desde que não modifique ou prejudique o sentido da norma.[9]

Em geral, a redação finalizada na Câmara dos Deputados é extensa (mais de 180 artigos) e vai na contramão de uma simplificação do sistema de compras nacional. De qualquer forma é preciso analisar alguns dos seus dispositivos a partir de uma nova perspectiva, que busque enxergar na legislação os incentivos que ela cria para os autores envolvidos no processo de contratação pública.

3. A Licitação como Mecanismo de Revelação de Informações

A licitação é um mecanismo de revelação de informações. Ela existe porque há dificuldades de transmissão de informações entre os governantes e os particulares que poderiam ser contratados para suprir as necessidades do Estado. Do contrário, se as informações fossem livres, perfeitas e gratuitas, não haveria necessidade de certame licitatório, bastaria ao gestor público contratar diretamente o particular

---

[8] Segundo o art. 287 do Regimento Interno do Senado Federal, "o substitutivo da Câmara a projeto do Senado será considerado série de emendas e votado, separadamente, por artigos, parágrafos, incisos, alíneas e itens, em correspondência aos do projeto emendado, salvo aprovação de requerimento para votação em globo ou por grupos de dispositivos".

[9] Art. 285 do Regimento Interno do Senado Federal c/c art. 137 do Regimento Comum do Congresso Nacional.

que melhor atendesse aos seus critérios de escolha. No mundo real, porém, sempre haverá uma assimetria entre o governo e os licitantes, de modo que a licitação é o mecanismo que o gestor lança mão para captar informações dos possíveis contratados e, só então, elencá-los de acordo com aqueles critérios de escolha. O ponto central da discussão de licitação, portanto, é a questão da informação, ou melhor, de como atenuar a sua imperfeição. A maioria das falhas em procedimentos licitatórios provoca ineficiências e má alocação de recursos. Infelizmente todos os defeitos são colocados na conta da má qualidade da gestão pública ou da corrupção de gestores e de empresários mal-intencionados. De fato, boa parte das dificuldades em procedimentos licitatórios, em todos os países, se dá por esses dois fatores, mas não se pode tributá-los com a culpa exclusiva pelas ineficiências existentes.

Na verdade, problemas surgem em razão da própria essência dos competitórios, considerando que as ineficiências aparecem porque as modelagens existentes são incapazes de revelar a quantidade suficiente de informação para garantir procedimentos mais eficientes. Assim, o grande desafio daqueles que pensam procedimentos licitatórios é estabelecer mecanismos que promovam essa revelação de informação.

É impressionante como o tema da informação (ou falta dela) é negligenciado pelo Direito brasileiro, quer seja pela legislação ou (o que parece mais grave) pelos seus aplicadores. O Poder Judiciário em geral, e os Tribunais de Contas em particular, vivem em um mundo que não existe mais. Internalizam as regras jurídicas como se operássemos em um ambiente ideal pensado pelos doutrinadores neoclássicos do século XIX. Um mundo onde teríamos informação perfeita, racionalidade absoluta, contratos completos e ausência de custos de transação.

Para ilustrar como funciona um mecanismo de revelação de informação vejamos um exemplo simples. Conta o Antigo Testamento[10] que duas mulheres compareceram diante do Rei Salomão

---

[10] *Cf.* BÍBLIA, A. T.*1 Reis 3:16-28*

reclamando a maternidade de um recém-nascido. Após ouvi-las o rei pediu que trouxessem a sua espada e anunciou a decisão de partir a criança ao meio, entregando metade a cada mulher. Nesse momento, a verdadeira mãe, tomada pelo instinto maternal, abriu mão de sua parte e rogou ao rei que entregasse a criança viva à falsa mãe. O rei, então, percebendo que apenas a verdadeira mãe poderia ter esse sentimento, mandou lhe entregar o bebê vivo.

Ao declarar a decisão de dividir a criança ao meio, o Rei Salomão nada mais fez do que estabelecer um mecanismo de revelação de informação para tentar descobrir quem era a verdadeira mãe da criança. Da mesma forma as licitações serão tão mais bem-sucedidas, quanto mais conseguirem extrair informações dos licitantes. E nesse ponto, a Nova Lei de Licitação (NLL) deve ser analisada. Antes disso, porém, é preciso entender o papel da informação no funcionamento dos mercados.

4. A Economia da Informação

A informação é um bem econômico que desempenha uma função relevante para a compreensão de diversos fenômenos e problemas do mundo real. Embora seja produzida, guardada, consumida, copiada e transacionada,[11] a informação é um bem bastante peculiar. Afinal, que outro bem pode ser retido e repassado ao mesmo tempo?[12]

A publicação do seminal artigo *"The Use of Knowledge in Society"*, de Friedrich Hayek, em 1945, é considerada o marco inaugural da chamada Economia da Informação. Deve-se ao economista e filósofo austríaco a percepção de que o sistema de preços opera como um mecanismo de comunicação da informação.[13] Ao investigar

---

[11] BIRCHLER, Urs; BÜTLER, Monika. *Information economics*. Abingdon: Routledge, 2007, p. 6.

[12] *Ibid.*, p. 1

[13] HAYEK, Friedrich A. "The Use of Knowledge in Society". *The American Economic Review*, v. 35, nº 4 (1945), p. 526.

o problema da construção do raciocínio econômico, Hayek observou que o conhecimento das circunstâncias não é dado aos indivíduos de maneira concentrada, mas em pequenas partes de informações incompletas e frequentemente contraditórias.[14] Cada indivíduo possui algum tipo de informação única que lhe dá vantagem perante os outros, e cuja utilização benéfica à sociedade, somente depende da sua vontade e ação colaborativa.[15]

A teoria da informação é recorrente na análise de diversos mercados e muitos autores que atuam nessa área têm sido agraciados com o Prêmio Nobel de Economia. Nesse sentido, destacam-se os trabalhos de George A. Akerlof, Michael Spence e Joseph Stiglitz, que estabeleceram os fundamentos dessa teoria ainda na década de 1970.

4.1. Akerlof e o Problema dos Limões

Em seu seminal artigo *"The Market for 'Lemons': Quality Uncertainty and the Market Mechanism"*, George Akerlof apresentou o problema dos limões, em que utilizou o mercado de carros usados nos Estados Unidos da América (EUA) para ilustrar um quadro de seleção adversa. O princípio dos limões é simples: na presença de informações assimétricas, os bens de baixa qualidade afastam do mercado os bens de boa qualidade.

Para fins de simplificação, Akerlof apresenta um modelo em que classifica os carros em quatro tipos: novos ou usados e bons ou ruins (vulgarmente conhecidos como "limões"). Os novos podem ser bons ou ruins, assim como os usados também podem ser bons ou ruins.[16] Diante desse cenário algumas indagações surgem naturalmente: por que o vendedor de um bom carro usado nunca está satisfeito com o preço que o mercado está disposto a pagar pelo seu veículo? Por que

---

[14] *Ibid.*, p. 519.
[15] *Ibid.*, pp. 521-522.
[16] AKERLOF, George A. The Market for "Lemons": Quality Uncertainty and the Market Mechanism. *The Quarterly Journal of Economics*, v. 84, n. 3, Aug. 1970, pp. 489-490.

os carros novos perdem imediatamente valor ao saírem da concessionária? Ou mesmo, por que quanto mais novo for o carro usado, mais valor relativo perderá em relação ao carro zero quilômetro?

Para responder a essas questões, Akerlof recorre à teoria da agência (agente-principal) para asseverar que, no mercado de carros usados, existe uma assimetria de informações a respeito da qualidade dos veículos. No mundo real, o vendedor possui mais informações sobre a qualidade do carro a ser vendido do que os possíveis compradores.[17] Por conseguinte, o comprador do carro sempre terá boas razões para suspeitar do motivo pelo qual o vendedor deseja se desfazer do bem, de modo que ele irá avaliá-lo como sendo de qualidade duvidosa.

Esse raciocínio parece até simplista, considerando que muitos economistas já haviam se debruçado sobre o tema da assimetria de informação. Porém, Akerlof vai além e capta novos parâmetros que colocaram em xeque a generalização de modelos econômicos até então utilizados, inclusive em sofisticados modelos de equilíbrio geral.

Como decorrência do fato de que os compradores não conseguem distinguir claramente um carro bom de um carro ruim, Akerlof chega a algumas conclusões. Em primeiro lugar, tem-se que o preço do carro usado não poderá ser o mesmo do carro novo, pois do contrário, seria vantajoso para o dono de um "limão" trocá-lo por um carro novo, e assim, obter gratuitamente mais uma chance de adquirir um carro bom. Segundo, visto que os compradores sempre suspeitam da qualidade dos veículos, a barganha será orientada pelo preço médio dos carros usados disponíveis no mercado. Em consequência, o proprietário de um carro bom tende a ficar aprisionado ao bem, dado que não se sentirá estimulado a vendê-lo porquanto dificilmente conseguirá receber uma oferta condizente com valor que ele atribui ao bem.[18]

Dada a relutância dos proprietários de carros bons em vendê-los por um valor menor do que estimam para os seus bens, os "limões"

---

[17] *Ibid.*, p. 489.
[18] Akerlof, p. 489-490; PINDYCK, Robert S.; RUBINFELD, Daniel L. *Microeconomics*. 9. ed. Harlow: Pearson, 2018, pp. 646-647.

tendem a se tornar a maioria dos veículos disponibilizados no mercado de carros usados. Resta, então, configurado o problema da seleção adversa, o qual tende a se ampliar gradativamente. Ora, como as expectativas dos potenciais compradores irão se alterar quando eles perceberem que o mercado está majoritariamente composto de carros de média ou baixa qualidade, o preço cairá novamente provocando uma nova retração na oferta, já que agora os donos de carros de média qualidade não terão mais incentivos para vendê-los. E assim por diante até que a qualidade caia tanto que não haja mais bens transacionados a qualquer preço.[19]

O problema dos "limões" ilustra uma importante falha de mercado que impõe obstáculos para que seus participantes estabeleçam transações mutuamente benéficas.

Como destacam Fisman e Sullivan[20], Akerlof conseguiu simplificar algo muito mais complexo, rompendo com os modelos econômicos abstratos e jogando luz sobre a necessidade da economia estar atenta ao mundo real. Em momento anterior, o modelo neoclássico de análise de mercados tão somente estimaria uma curva de demanda, uma de oferta e um preço de equilíbrio, tendo como parâmetros implícitos a assimetria informacional e a qualidade uniforme dos bens. Tamanha simplificação é inadequada para analisar mercados que lidam com acentuadas informações assimétricas e estão sujeitos a desvios de eficiência. Mais do que isso, é preciso considerar como os agentes econômicos de fato se comportam e quais são os incentivos existentes nas relações.

Seja no mercado de carros usados ou em qualquer outro com forte assimetria de informação, ocorrerá o problema de seleção adversa. Aliás, bom que se diga, sempre haverá algum tipo de assimetria de informações no mercado, restando saber se tal imperfeição é suficientemente contundente para ensejar alguma medida corretiva do próprio mercado (autorregulação) ou do governo.

---

[19] Akerlof, p. 490.
[20] FISMAN, Ray; SULLIVAN, Tim. *The Inner Lives of Markets: How people shape then and the shape us*. London: Jonh Murray Learning Press, 2016.

4.2. Um Exemplo do Mercado dos "Limões"

Vejamos um exemplo para ilustrar os argumentos de Akerlof[21].

Já sabemos que é muito difícil avaliar a qualidade do carro usado e vamos considerar um mercado onde existam apenas dois tipos de carros, carros bons (CB) e carros ruins (CR).

O carro bom vai valer 3.000 para o comprador e 2500 para o vendedor, ao passo que o carro ruim vai valer 2000 para o comprador e 1000 para o vendedor.

Vamos também adotar como premissas que o número de carros ruins é o dobro do número de carros bons. Assim, nesse mercado, 1/3 dos carros serão bons e 2/3 terão qualidade ruim. Dessa forma, em um mercado perfeito, com informação simétrica onde o vendedor e comprador conseguem avaliar exatamente a qualidade do bem, o carro bom seria comprado por 3.000 e o carro ruim por 2.000. Isso porque se fosse oferecido 3.000 pelo carro bom, ele seria vendido, ao passo que se fosse oferecido 2000 pelo carro ruim, ele também seria vendido. Sob a ótica da venda do carro, o proprietário aceitaria vender o carro bom por 2.500 e o dono do carro ruim aceitaria colocá-lo no mercado por 1.000.

Suponha agora que nenhuma das partes sabe a qualidade dos carros e que 2/3 do mercado é composto por carros ruins e o restante por carros bons. Logo:

Comprador	%	Vendedor	%
Carro bom: 3.000	1/3	Carro bom: 2.500	1/3
Carro ruim: 2.000	2/3	Carro ruim: 1.000	2/3
Valor esperado: 2.333		Valor esperado: 1.500	

Nesse caso, o comprador tem uma probabilidade de adquirir um carro bom por 3.000 x 1/3 = 1000, ao passo que o carro ruim será

---

[21] Esse exemplo é explicitado pelo professor CARREIRA Junior, José Marcos. "Seleção Adversa, Sinalização e Teoria dos Seguros". *Youtube*. Disponível em: <https://www.youtube.com/watch?v=nifxSwng5_g>. Acesso em 16 jul. 2020.

adquirido por 2.000 x 2/3 = 1.333. Assim, o valor esperado para que o carro seja comprado no mercado será o seguinte:

3.000 x 1/3. + 2.000 x 2/3 =
1.000 + 1.333   = **2.333 Valor esperado**

Sob a ótica da venda dos carros, se eles forem bons, deverão ser vendidos por 2.500 x 1/3 = 833, enquanto que o carro ruim deverá ser vendido por 1.000 x 2/3 = 666, assim:

2.500 x 1/3 + 1.000 x 2/3 =
834 + 666   = **1500 Valor esperado**

Então, como achar um equilíbrio quando nenhuma das partes sabe a real qualidade do carro?

O valor de equilíbrio para a compra do carro é 2.333 e como esse valor é maior do que o preço esperado para o vendedor do carro, ele fará negócio.

O problema desse tipo de mercado é que o vendedor comumente sabe muito mais sobre a qualidade do carro do que o comprador. Temos, portanto, uma assimetria de informação. Assim, qual seria o preço de equilíbrio em um mercado com essas características? Suponha a seguinte análise da faixa de preços:

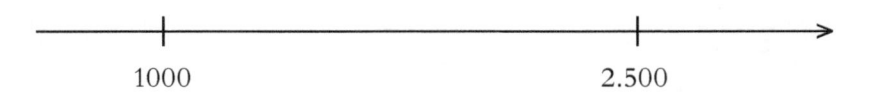

```
———————————+————————————————————+————————→
           1000                 2.500
```

Abaixo de 1.000 não haveria qualquer venda porque esse é o preço mínimo que o proprietário do carro ruim estaria disposto a vendê-lo. Assim, acima de 1.000, os carros ruins começam a ser ofertados no mercado.

Como vimos, os carros bons somente começarão a ser ofertados no mercado a partir do preço de 2.500. Assim, entre 1.000 e 2.500 (linha amarela) só teríamos carros ruins ofertados. Por óbvio, se o preço for acima de 2.500 (linha verde), tanto carros bons quanto ruins serão ofertados.

É bom lembrar que a probabilidade de carros bons é de 1/3 e de carros ruins é de 2/3 e considerando que o valor esperado de equilíbrio é 2.333, nenhuma transação ocorrerá acima de 2.500 porque o comprador saberá intuitivamente que provavelmente pagará muito por um carro ruim.

Observem que os carros serão ofertados no intervalo de 1.000 a 2.500 (faixa amarela), no entanto, os compradores racionalmente vão saber que somente existirão carros ruins ofertados, considerando que o valor dos carros bons para o proprietário é 2.500.

Sabendo disso, nesse intervalo (1.000 – 2.500) o comprador vai oferecer o preço de 2.000 que é quanto vale o carro ruim para ele. Ele não chegará nem a ofertar 2.333, porque nesse caso ele somente poderá adquirir carros ruins, pagando um preço excessivo por eles.

Em resumo, o equilíbrio desse mercado será 2.000 e somente carros ruins serão comercializados.

O vendedor de carros usados tem expertise suficiente para saber se o carro que ele está vendendo é bom ou ruim, mas tentará ao máximo empurrar um carro de qualidade inferior ao consumidor, omitindo a informação do comprador. Assim, haverá uma assimetria de informação entre o vendedor e o comprador de carro usado, caracterizando esse mercado e tantos outros que lidam com acentuadas assimetrias de informação.

Nesse tipo de mercado, ou em qualquer outro com forte assimetria de informação, ocorrerá o problema de seleção adversa, ou seja, os carros ruins expulsarão os carros bons do mercado, gerando ineficiência.

É bom lembrar que o trabalho de Akerlof foi além de mercados de carros usados, é útil para tantos outros que apresentam assimetrias informacionais, desde mercado financeiro ao mercado de trabalho. Ao introduzir as distorções provocadas pela informação assimétrica, Akerlof rompe que os modelos econômicos abstratos e lança olhar sobre mercados reais.

O problema é como resolver o problema das assimetrias informacionais. Embora somente exista uma, e somente uma, informação correta, há inúmeras maneiras de comunicar algo imperfeito, ou seja, há inúmeras formas de provocar "ruídos" nesses sinais.

Embora Akerlof tenha sido um pioneiro, o tema é recorrente em Economia. Os trabalhos de Rothschild e Stiglitz[22] sobre mercado de seguros, e Michael Spence[23] sobre mercado de trabalho, também merecem destaque.

Em uma vertente mais especializada da Teoria da Informação também podemos considerar os trabalhos seminais de James Mirrless[24] com o tema da taxação sobre a renda e Willian Vickrey,[25] com um papel decisivo para o aperfeiçoamento das modelagens de leilões. Vickrey foi pioneiro na explicitação dos mecanismos que podem gerar resultados melhores e seus achados foram fundamentais para desvendar os incentivos existentes em processos licitatórios.

Segundo Dias[26], existem duas opções distintas para diminuir as assimetrias de informação. A primeira é detectar as hipóteses de interação de mercado, como no caso de mercados de carros usados. Outra possibilidade é determinar qual das partes toma a iniciativa de diminuir as assimetrias. Se é a parte menos informada (geralmente o Governo em procedimentos licitatórios), por mecanismos de monitoramentos e controle ou mesmo algum tipo de modelagem

---

[22] Rothschild, M.; Stiglitz, Joseph. "Equilibrium in Competitive Insurance Markets: An Essay on the Economics of Imperfect Information" (1976). *In* DIONNE, Georges; HARRINGTON, Scott E. (eds.). *Foundations of Insurance Economics.* Dordrecht: Springer, 1992.

[23] SPENCE, Michael. Job Market Signaling, *The Quarterly Journal of Economics*, v. 87, n. 3., Aug. 1973, pp. 355-374.

[24] MIRRLESS. James. "The Optimal Structure of Incentives and Authority Within an Organization." *Bell Journal of Economics and Management Science.* vol. 7 nº 1 (1976), pp. 105-131.

[25] VICKREY, William. "Counterspeculation, Auctions and Competitive Sealed Tenders". *Journal of Finance*, vol. 16, nº 1(1961), pp. 8-39.

[26] DIAS, Marco Antônio Guimarães. *Análise Estratégica de Investimentos e de Decisões com Teoria de Jogos e Jogos de Opções Reais.* Notas de aula. PUC- Rio. Disponível em: <http://marcoagd.usuarios.rdc.puc-rio.br/ele2005.html>. Acesso em: 16 jul. 2020.

de *screening* (menu de contratos, por exemplo), ou pela parte mais informada (os licitantes) por sinalização (*signaling*).

É claro que um dos enfoques mais importantes da Teoria da Informação é encarar a assimetria de informação como uma falha de mercado. Assim, a teoria convencional determina a existência de mercados completos quando as características dos bens vendidos são livremente observáveis por todos os participantes do mercado. Essa, muitas vezes, é a falaciosa premissa existente nos procedimentos licitatórios. Embora os bens pareçam homogêneos, não se pode observar *ex ante* qual a valoração que cada participante denota ao bem. Isso é mais dramático no caso de serviços. E aqui, um ponto essencial é o diferencial entre preço e valor. O preço é um sinalizador incompleto do valor que cada licitação dá a um determinado bem. O desafio dos procedimentos licitatórios é como desenhar incentivos para diminuir as assimetrias de informação. E nesse ponto passa a ser relevante considerar como a informação é disponibilizada, como se dá a sua dispersão e em que grau essa dispersão afeta o mercado e a alocação de recursos. Ainda conforme análise de Dias[27], Kenneth Arrow[28] observou dois tipos de assimetria de informação. Uma delas considerando as ações não observáves (*moral hazard*) ou o caso da informação oculta (seleção adversa).

O conceito de seleção adversa é tomado emprestado da Teoria da Seleção Natural de Charles Darwin. De acordo com o autor, os mais aptos sobreviveram aos menos capazes de conviver com adversidades. Quando há informação assimétrica, os produtos de melhor qualidade são expulsos pelos produtos de pior qualidade, determinando uma seleção de natureza adversa porém, porque acaba gerando uma ineficiência.

No caso da seleção adversa e nas licitações, o governo aceita a proposta do licitante vencedor e com ele contrata, no entanto não tem condições de saber exatamente todas as informações detidas pelo proponente. Nesse caso, aspectos como estrutura de custos,

---

[27] Dias, *op. Cit.*
[28] ARROW, Kenneth. *Social Choice and Individual Values*. New York: Wiley, 1963.

governança ou mesmo verdadeira capacidade da empresa em executar a obra ou serviço, fica apenas no âmbito de suposições.

É bem verdade, contudo, que o procedimento licitatório contempla mecanismo de revelação de informação que se dá pelos critérios de qualificação. Ocorre, todavia, que esses critérios são burocráticos, estabelecem elevados custos de transação (que serão repassados para os preços) e são pouco eficientes para revelar todas as informações necessárias para o governo ter certeza que o vencedor do procedimento licitatório terá, de fato, condições de executar a obra ou serviço.

É muito comum, sobremodo em obras, que as empresas acabem propondo seus preços sabendo *ex ante* que não conseguirão executá-la por aquele valor. O fazem no intuito de ganhar o certame, e tão logo começam a execução do contrato, arguem administrativamente ou judicialmente o reequilíbrio econômico financeiro do contrato, argumentando, no mais das vezes, as mais estapafúrdias razões.

Fica claro então que o preço que o licitante proporá no procedimento licitatório dependerá da probabilidade por ele estimada de conseguir rapidamente um reequilíbrio econômico financeiro do contrato. E mais, esse preço também levará em consideração a estimativa dos custos de transação que a empresa contratante incorrerá para perseguir seu pleito (nesse caso, os custos de corrupção também serão estimados).

A seleção adversa é um dos maiores problemas (senão o maior) de modelagem nos procedimentos licitatórios. Ela cria uma quantidade grande de distorções e limitações de mercado, acabando por impedir a administração de adquirir os melhores serviços e os produtos de melhor qualidade. Também cria elevados custos adicionais para minorar as imperfeições produzidas. O custo do controle é um bom exemplo disso.

Temos que encontrar mecanismos para minimizar o problema da seleção adversa. Algumas opções são possíveis:

a) *Procedência*: evidente que as pessoas desejam comprar automóveis de quem conhecem e confiam. Isso é bem verdade porque se vendermos um carro a um conhecido, certamente conseguiremos melhor preço do que vender em uma agência de veículos. Deste modo, faria sentido exigir na fase de qualificação de licitação documentos que sinalizem a qualidade do produto, como por exemplo, certificados ISO[29] ou mesmo Cartas de Exclusividade. Durante muito tempo os órgãos de controle rechaçaram essas exigências por entendê-las afrontosas ao princípio da igualdade, quando na verdade, podem funcionar como importante mecanismo de revelação de informação para o governo.

b) *Reputação*: por óbvio tentamos comprar um carro de quem já conhecemos ou de uma loja recomendada por um amigo próximo. Assim, as empresas apresentam valores quanto a sua posição no mercado, sendo um elemento intrínseco de revelação de informação. Os procedimentos licitatórios tratam esse fator de forma controversa. Ao passo que podem estabelecer critérios na qualificação técnica, devem evitar que esses critérios maculem a igualdade dos licitantes (art. 37, XXI). Isso às vezes é um contrassenso, porque acaba por igualar os diferentes impedindo a administração de escolher a firma mais confiável do mercado.

Esse problema aparece quando a administração tenta escolher uma determinada marca ou um confiável executor do serviço. Ela o faz porque conhece as características intrínsecas do produto. Aliás, foi o mercado que liberou informação suficiente para determinar que aquela marca é melhor e mais confiável. Bem, não é preciso ir mais longe para descobrirmos que é vedada a preferência de marca nos procedimentos licitatórios. Mais uma vez ocorre o problema da seleção adversa, os piores acabam expulsando os melhores produtos do mercado.

c) *Garantia*: isso parece óbvio. É o que fazem as novas firmas para convencer o público que possuem bons produtos. Uma fábrica de automóveis chinesa tem como principal elemento de sua propaganda

---

[29] Temos também muitas ressalvas quanto a utilização de certificados ISO, que muitas vezes são burocratizados e são mais usados como instrumentos de marketing, com pouca preocupação com a sinalização de qualidade.

a garantia de 6 anos, tentando com isso convencer o consumidor que possui um bom e confiável produto. Da mesma forma funcionam os critérios de garantia estabelecidos pelos procedimentos licitatórios, muito embora, mais sinalizem robustez financeira do que capacidade técnica.

Um efeito semelhante tem um fundo garantidor (como os da parcerias público-privadas – PPPs, por exemplo) que sinaliza que o governo estaria disposto a dar lastro ao empreendimento diante de eventuais dificuldades. Isso se justifica para criar incentivos para participação do setor privado, considerando que muitas PPPs são formatadas como modelagem de *project finance* onde o fluxo de caixa é o verdadeiro garantidor do projeto. Cumpre, no entanto, lembrar que se não existir uma legislação adequada para normatizar o funcionamento dessa garantia, um problema de risco moral (*moral hazard*) surgirá, caracterizado pela diminuição do ímpeto do setor privado em cumprir adequadamente o contrato ou ter suficiente diligência financeira.

A visão que temos do controle é muito ingênua[30]. Açodado pela estrita legalidade, quando resolve atuar *ex ante* apenas empurra o problema para a fase de execução contratual, quando é bem mais caro e ineficiente o controle. Deveria na verdade apreciar os editais de licitação sob a lupa das assimetrias informacionais e dos incentivos determinados para tentar minorar as distorções do sistema.

Na hipótese de *moral hazard* há uma assimetria *ex post* à celebração do contrato. O licitante vencedor acredita que poderá executar o objeto pelo preço acertado, no entanto, quando começa a execução contratual, percebe iludido quanto ao *mister*. Assim tenta por todas as formas, quer seja por reequilíbrio econômico financeiro ou por trapaça, restabelecer o contrato ao patamar desejável. Uma forma comum de minorar o *moral hazard* é a reputação. E nesse caso mecanismos mais eficientes de qualificação devem ser contemplados quando da emissão dos editais licitatórios.

---

[30] NÓBREGA, Marcos. *Os Tribunais de Contas e o Controle dos Programas Sociais*. Belo Horizonte: Fórum, 2011. p. 136.

Esse ponto dos contratos chama atenção para uma questão importante. É inconteste que algum esforço tem sido feito pelo Governo do Brasil para aprimorar a legislação de compras governamentais e o Regime Diferenciado de Contratações Públicas (RDC) é um bom exemplo disso. No entanto, grande parte do problema continua intocada. Trato da disciplina jurídica dos contratos celebrados pela administração. O arcabouço legal que o envelopa resta sombreada por conceito e parâmetros arcaicos. O fetiche do princípio da supremacia do poder público sobre o particular e a visão obliterada pelo radicalismo legalista escondem a abordagem de aspectos importantes como contratos incompletos, custos de transação e eficiência. Assim, a parte da legislação que trata de contratos administrativos não foi ainda reformada e terá que sê-la nos próximos anos.

Vê-se que como a legislação de licitação no Brasil (lei 8666/93 e leis especiais) é insuficiente para dirimir as assimetrias de informação e o problema dos incentivos existentes na escolha das propostas mais vantajosas para a administração, e como todas essas deficiências serão carreadas para a execução contratual, repensar a teoria dos contratos administrativos e, urgentemente, reformar a legislação sobre o assunto, resta imperioso. Mas isso foge ao escopo desse trabalho.

4.3. A Nova Lei de Licitação e a Tentativa de Minorar as Assimetrias de Informação

Vários são os dispositivos do projeto da nova lei de licitação que tentam minorar as assimetrias de informação entre o licitante e o governo comprador dos bens. Logo no art. 6°, que se presta a estabelecer os principais conceitos da lei, no inciso XLIV, é dito que a pré-qualificação é o procedimento seletivo prévio à licitação, convocada por meio de edital e destinada à análise das condições de habilitação, total ou parcial, dos interessados ou do objeto. Essa claramente é uma forma de sinalizar ao mercado e estabelecer padrões *ex ante* para facilitar a escolha das empresas mais à frente. O problema como veremos, é que essa pré-qualificação (assim como a qualificação) deve ter condições de revelar informações úteis sobre a empresa que será contratada, como por exemplo, idoneidade, capacidade de executar o objeto, confiabilidade, histórico etc.

Em relação às regras de habilitação, o art. 60 estabelece que é na fase da licitação que é verificado o conjunto de informações e documentos necessários e suficientes para demonstrar a capacidade do licitante de realizar o objeto da licitação, dividindo-se em:

I   jurídica;
II   técnica;
III fiscal, social e trabalhista;
IV   econômico-financeira.

É importante saber se essas regras de habilitação são capazes de revelar informação útil para descobrirmos se o licitante terá condições de executar adequadamente o contrato. Nesse sentido, o artigo subsequente (art. 61) estabelece os parâmetros que deverão ser observados na fase de habilitação, a saber:

— *poderá ser exigida dos licitantes a declaração de que atendem aos requisitos de habilitação, respondendo o declarante pela veracidade das informações prestadas, na forma da lei;*
— *será exigida a apresentação dos documentos de habilitação apenas pelo licitante vencedor, exceto quando a fase de habilitação anteceder a de julgamento;*
— *em qualquer caso, os documentos relativos à regularidade fiscal somente serão exigidos em momento posterior ao julgamento das propostas, e apenas do licitante mais bem classificado;*
— *será exigida declaração do licitante de que cumpre as exigências de reserva de cargos prevista em lei para pessoa com deficiência e para reabilitado da Previdência Social, bem como em outras normas específicas.*[31]

---

[31] CÂMARA DOS DEPUTADOS. Redação final do Substitutivo da Câmara dos Deputados ao Projeto de Lei n. 1292/95 (nova Lei de Licitações), do Senado Federal. Brasília: Câmara dos Deputados, 2019.

Embora sejam exigências importantes não trazem inovações em relação aos diplomas de licitação já existentes. São, em essência, mais formalidades burocráticas do que dispositivos que revelem a capacidade real do contratado executar a avença ou mesmo da qualidade do produto.

Nesse sentido, os comandos estabelecidos nos parágrafos desse artigo 61 vão no mesmo sentido. Vejam:

> *§ 1º Constará do edital de licitação cláusula que exija declaração dos licitantes, sob pena de desclassificação, de que suas propostas econômicas compreendem a integralidade dos custos para atendimento dos direitos trabalhistas assegurados na Constituição Federal e nas leis trabalhistas, normas infralegais, convenções coletivas de trabalho e termos de ajustamento de conduta vigentes na data de entrega das propostas.*
>
> *§ 2º Quando a avaliação prévia do local de execução for imprescindível para o conhecimento pleno das condições e peculiaridades do objeto a ser contratado, o edital de licitação poderá prever, sob pena de inabilitação, a necessidade de o licitante atestar que conhece o local e as condições de realização da obra ou serviço, ficando assegurado ao licitante o direito de realização de vistoria prévia.*
>
> *§ 3º Para os fins previstos no § 2º, o edital de licitação sempre deverá prever a possibilidade de substituição da vistoria por declaração formal assinada pelo responsável técnico da licitante acerca do conhecimento pleno das condições e peculiaridades da contratação.*
>
> *§ 4º Para os fins previstos no § 2º, se licitante optar por realizar vistoria prévia, a Administração deverá disponibilizar data e horário diferentes para os eventuais interessados.*[32]

É bem verdade, no entanto, que os mais efetivos aspectos para sinalizar a qualidade do contrato *ex ante* estão estabelecidos nos critérios adotados de qualificação técnico-profissional e técnico-operacional. Aí é que regras de *signaling* e *scrhenning* deverão ser mais efetivas para comunicar o "tipo" do licitante. Percebe-se, porém, que essa

---

[32] Idem.

revelação de informação nunca será perfeita e o que deve ser perseguido é a *"core information"*, ou seja, a parcela de informação essencial para o contratante (no caso o governo) discernir se a empresa pode prestar o serviço adequadamente. Logo, informações sobre governança da empresa, capacidade operacional e tantas outras informações *interna corporis* serão despiciendas ou exigirão um esforço pouco razoável para coletá-las. Além disso, é necessário também considerar os "ruídos" que ocorrem na liberação dessas informações, o que sempre tornará impossível a eliminação de assimetrias de informação.

No projeto da Nova Lei de Licitação, os critérios adotados de qualificação técnico-profissional e técnico-operacional estão estabelecidos no art. 65:

> I *apresentação de profissional, devidamente registrado no conselho profissional competente, quando for o caso, detentor de atestado de responsabilidade técnica por execução de obra ou serviço de características semelhantes, para fins de contratação;*
>
> II *certidões ou atestados, regularmente emitidos pelo conselho profissional competente, quando for o caso, que demonstrem capacidade operacional na execução de serviços similares de complexidade tecnológica e operacional equivalente ou superior, bem como documentos comprobatórios emitidos na forma do § 3º do art. 84;*
>
> III *indicação das instalações e do aparelhamento e do pessoal técnico adequados e disponíveis para a realização do objeto da licitação, bem como da qualificação de cada um dos membros da equipe técnica que se responsabilizará pelos trabalhos;*
>
> IV *prova de atendimento de requisitos previstos em lei especial, quando for o caso;*
>
> V *registro ou inscrição na entidade profissional competente, quando for o caso;*
>
> VI *declaração de que o licitante tomou conhecimento de todas as informações e das condições locais para o cumprimento das obrigações objeto da licitação.*
>
> *§ 1º A exigência de atestados restringir-se-á às parcelas de maior relevância ou valor significativo do objeto da licitação, assim consideradas*

aquelas que tenham valor individual igual ou superior a 4% (quatro por cento) do valor total estimado da contratação.

§ 2º Observado o disposto no caput e no § 1º, é admitida a exigência de atestados com quantidades mínimas de até 50% (cinquenta por cento) das parcelas a que se refere o § 1º, sendo vedadas limitações de tempo e locais específicos relativas aos atestados.

§ 3º Salvo na hipótese de contratação de obras e serviços de engenharia, as exigências a que se referem os incisos I e II do caput, a critério da Administração, poderão ser substituídas por outra prova de que o profissional ou a empresa possui conhecimento técnico e experiência prática na execução serviço de características semelhantes, hipótese em que as provas alternativas aceitáveis deverão ser previstas em regulamento.

§ 4º Serão aceitos atestados ou outros documentos hábeis emitidos por entidades estrangeiras, quando acompanhados de tradução para o português, salvo se comprovada a inidoneidade da entidade emissora.

§ 5º Em se tratando de serviços contínuos, o edital poderá exigir certidão ou atestado que demonstre que o licitante tenha executado serviços similares ao objeto da licitação, em períodos sucessivos ou não, por um prazo mínimo, que não poderá ser superior a 3 (três) anos.

§ 6º Os profissionais indicados pelo licitante na forma dos incisos I e III do caput deverão participar da obra ou serviço objeto da licitação, admitindo- se a substituição por profissionais de experiência equivalente ou superior, desde que aprovada pela Administração.

§ 7º Sociedades empresárias estrangeiras atenderão à exigência prevista no inciso V do caput por meio da apresentação, no momento da assinatura do contrato, da solicitação de registro junto à entidade profissional competente no Brasil.

§ 8º É admitida a exigência da relação dos compromissos assumidos pelo licitante que importem em diminuição da disponibilidade do pessoal técnico referido nos incisos I e III do caput.

§ 9º O edital poderá prever, para aspectos técnicos específicos, que a qualificação técnica poderá ser demonstrada por meio de atestados relativos a potencial subcontratado, limitado a 25% (vinte e cinco por cento) do objeto a ser licitado, hipótese em que mais de um licitante poderá apresentar atestado relativo ao mesmo potencial subcontratado.

§ 10º. Em caso de apresentação por licitante de atestado de desempenho anterior emitido em favor de consórcio do qual ele tenha feito parte, se o atestado ou o contrato de constituição do consórcio não identificar a atividade desempenhada por cada consorciado individualmente, serão adotados os seguintes critérios na avaliação de sua qualificação técnica:

I caso o atestado tenha sido emitido em favor de consórcio homogêneo, todas as experiências atestadas deverão ser reconhecidas para cada uma das empresas consorciadas na proporção quantitativa de sua participação no consórcio, salvo nas licitações para contratação de serviços técnicos especializados de natureza predominantemente intelectual, em que todas as experiências atestadas deverão ser reconhecidas para cada uma das empresas consorciadas;

II caso o atestado tenha sido emitido em favor de consórcio heterogêneo, as experiências atestadas deverão ser reconhecidas para cada consorciado de acordo com os respectivos campos de atuação, inclusive nas licitações para contratação de serviços técnicos especializados de natureza predominantemente intelectual.

§ 11º. Na hipótese do § 10, para fins de comprovação do percentual de participação do consorciado, caso esse não conste expressamente do atestado ou certidão, deverá ser juntada ao atestado ou à certidão cópia do instrumento de constituição do consórcio.

§ 12º. Na documentação de que trata o inciso I do caput, não serão admitidos atestados de responsabilidade técnica de profissionais que, na forma de regulamento, tenham dado causa à aplicação das sanções previstas nos incisos III e IV do art. 154 em decorrência de orientação proposta, prescrição técnica ou qualquer ato profissional de sua responsabilidade.[33]

Parece pouco provável que essa miríade de atestados, além de consumir tempo e recursos das empresas licitantes, possa sinalizar

---

[33] Idem.

realmente se as empresas podem executar adequadamente os serviços. Assim, perdemos a oportunidade de estabelecer mecanismos de *rating* para empresas e desta forma dar uma pontuação extra para aquelas que executaram adequadamente o contrato. Nesse caso, poderiam ser considerados vários parâmetros como o análise do preço contrato *vis-à-vis* o preço final pago, ou seja, a incidência de aditivos como pontuação para aferir a eventual pontualidade na execução do objeto ou mesmo a qualidade dos bens utilizados.

Com novas ferramentas tecnológicas, como *blockchain*, podemos aferir em tempo real a utilização de insumos e adimplemento das obrigações.

Nesse diapasão de "mais do mesmo", veja o que o a nova lei fala de habilitação econômico-financeira (art. 67)

> Art. 67. A habilitação econômico-financeira visa a demonstrar a aptidão econômica do licitante para cumprir as obrigações decorrentes do futuro contrato, devendo ser comprovada de forma objetiva, por coeficientes e índices econômicos previstos no edital, devidamente justificados no processo licitatório, e será restrita à apresentação da seguinte documentação:
> – balanço patrimonial, demonstração de resultado de exercício e demais demonstrações contábeis dos dois últimos exercícios sociais;
> – certidão negativa de feitos sobre falência expedida pelo distribuidor da sede do licitante.
>
> § 1º A critério da Administração, poderá ser exigida declaração, assinada por profissional habilitado da área contábil, atestando que o licitante atende aos índices econômicosprevistos no edital.
> § 2º Para o atendimento do disposto no caput, é vedada a exigência de valores mínimos de faturamento anterior e de índices de rentabilidade ou lucratividade.
> § 3º é admitida a exigência da relação dos compromissos assumidos pelo licitante que importem em diminuição de sua capacidade econômico-financeira, excluídas parcelas já executadas de contratos firmados.
> § 4º A Administração, nas compras para entrega futura e na execução de obras e serviços, poderá estabelecer, no edital, a exigência de capital

mínimo ou de patrimônio líquido mínimo equivalente a até 10% (dez por cento) do valor estimado da contratação.
§ 5º É vedada a exigência de índices e valores não usualmente adotados para a avaliação de situação econômico-financeirasuficiente ao cumprimento das obrigações decorrentes da licitação.
§ 6º Os documentos referidos no inciso I do caput se limitarão ao último exercício no caso de a pessoa jurídica ter sido constituída em menos de dois anos.[34]

Além da qualificação, outra forma de estabelecer mecanismos de *signaling* é a pré-qualificação, que é o procedimento seletivo prévio à licitação, convocado por meio de edital, destinado à análise das condições de habilitação, total ou parcial, dos interessados ou do objeto, onde os requisitos são solicitados *ex ante*. A pré-qualificação é considerada um instrumento auxiliar e busca selecionar previamente os licitantes que reúnam condições de habilitação para participar de futura licitação ou de licitação vinculada a programas de obras ou de serviços objetivamente definidos, bem como os bens que atendam às exigências técnicas ou de qualidade estabelecidas.

Nesse mesmo sentido, a possibilidade de fazer prova da qualidade conforme estabelece o Art. 40. A prova de qualidade de produto apresentado pelos proponentes como similar ao das marcas eventualmente indicadas no edital (art. 40). Isso é admitido por qualquer um dos seguintes meios:

- *comprovação de que o produto está de acordo com as normas técnicas determinadas pelos órgãos oficiais competentes, pela Associação Brasileira de Normas Técnicas (ABNT) ou por outra entidade credenciada pelo Instituto Nacional de Metrologia, Qualidade e Tecnologia (Inmetro);*
- *declaração de atendimento satisfatório emitida por outro órgão ou entidade de nível federativo equivalente ou superior que tenha adquirido o produto;*

---

[34] Idem.

— *certificação, certificado, laudo laboratorial ou documento similar que possibilite a aferição da qualidade e da conformidade do produto ou do processo de fabricação, inclusive sob o aspecto ambiental, emitido por instituição oficial competente ou por entidade credenciada.*[35]

Conclusões

Em que pese diversos países e organizações supranacionais tenham buscado aperfeiçoar suas normas e políticas regulatórias sobre licitação nas últimas décadas, é preciso mais do que análises positivas. Há muito já se enxerga que a eficiência na aplicação das contratações perpassa por explicar, prever e entender o comportamento dos atores envolvidos no processo.

E no caso brasileiro, marcado pela tradição legalista, corre-se o risco de perpetuar velhas práticas se encararmos o novo marco legal pelas lentes de um "retrovisor jurisprudencial", ou mesmo da tradicional (e desgastada) doutrina para enfrentar o tema no Brasil.

Isso certamente aparece em licitações onde os critérios de qualificação estipulados pela lei 8666/93 e por todas as outras específicas legislações de licitação (Concessões, PPP, RDC e Lei das Estatais) são absolutamente insuficientes para revelar as verdadeiras qualidades dos licitantes ao governo. Assim, embora regularidade fiscal ou qualificação técnica digam muito, muita informação fica anuviada pelo manto da assimetria informacional. Aspectos como governança corporativa ou mesmo capacidade administrativa são encobertos. Sem falar nas informações possuídas pelos licitantes quanto à qualidade dos bens e serviços prestados durante a execução contratual, bem como com a quantidade envolvida.

Com o projeto da Nova Lei de Licitação perde-se uma grande oportunidade de trazer relevantes avanços em regras de revelação de informação e diminuição de assimetrias informacionais, muito

---

[35] Idem.

embora dispositivos específicos tentem estabelecer (mesmo que de forma tímida) mecanismos de *signaling* e *rating* que, de fato, já são bem-vindos para aperfeiçoar os sistemas de compras no país.

Referências

AKERLOF, George A. "The Market for 'Lemons': Quality Uncertainty and the Market Mechanism". *The Quarterly Journal of Economics*. vol. 84, n°. 3 (aug. 1970), pp. 488-500.

ARROW, Kenneth. *Social Choice and Individual Values*. New York: Wiley, 1963.

BIRCHLER, Urs; BÜTLER, Monika. *Information economics*. Abingdon: Routledge, 2007.

CÂMARA DOS DEPUTADOS. Redação final do Substitutivo da Câmara dos Deputados ao Projeto de Lei n. 1292/95 (nova Lei de Licitações), do Senado Federal. Brasília: Câmara dos Deputados, 2019.

CARREIRA Junior, José Marcos. "Seleção Adversa, Sinalização e Teoria dos Seguros". *Youtube*. Disponível em: <https://www.youtube.com/watch?v=nifxSwng5_g>. Acesso em 16 jul. 2020.

DIAS, Marco Antônio Guimarães. *Análise Estratégica de Investimentos e de Decisões com Teoria de Jogos e Jogos de Opções Reais*. Notas de aula. PUC- Rio. Disponível em: <http://marcoagd.usuarios.rdc.puc-rio.br/ele2005.html>. Acesso em: 16 jul. 2020.

FISMAN, Ray; SULLIVAN, Tim. *The Inner Lives of Markets: How people shape then and the shape us*. London: Jonh Murray Learning Press, 2016.

HAYEK, Friedrich A. "The Use of Knowledge in Society". *The American Economic Review*, vol. 35, n° 4 (1945).

MIRRLESS. James. "The Optimal Structure of Incentives and Authority Within an Organization." *Bell Journal of Economics and Management Science*. vol. 7 n° 1 (1976), pp. 105-131.

NÓBREGA, Marcos. *Direito e Economia da Infraestrutura*. Belo Horizonte: Ed. Forum, 2019

NÓBREGA, Marcos. *Os Tribunais de Contas e o Controle dos Programas Sociais*. Belo Horizonte: Forum, 2011.

ORGANIZAÇÃO PARA A COOPERAÇÃO E DESENVOLVIMENTO ECONÔMICO (OCDE). *Public procurement for innovation: good practices and strategies.* Paris: OECD, 2017, p. 3.

PINDYCK, Robert S.; RUBINFELD, Daniel L. *Microeconomics.* 9ª ed. Harlow: Pearson, 2018, pp. 646-647.

ROTHSCHILD, M.; STIGLITZ, Joseph. "Equilibrium in Competitive Insurance Markets: An Essay on the Economics of Imperfect Information" (1976). *In* DIONNE, Georges; HARRINGTON, Scott E. (eds.). *Foundations of Insurance Economics.* Dordrecht: Springer, 1992.

SENADO FEDERAL. *Relatório final da Comissão Especial Temporária de Modernização da Lei de Licitações e Contratos (Lei nº 8.666/1993)* – CTLICON. 1993.

SPENCE, Michael. Job Market Signaling, *The Quarterly Journal of Economics*, v. 87, n. 3., Aug. 1973, pp. 355-374.

VICKREY, William. "Counterspeculation, Auctions and Competitive Sealed Tenders". *Journal of Finance*, vol. 16, nº 1(1961), pp. 8-39.

Capítulo 20
Análise Econômica das Falências e Recuperações de Empresa

Orlando Celso da Silva Neto

1. Introdução

Por que precisamos (se é que precisamos) de regimes jurídicos específicos para tratar da insolvência? O que se esperar destes regimes?
O mundo seria muito diferente se todas as pessoas e empresas pagassem seus compromissos em dia. O judiciário teria bem menos trabalho, o *"spread"* de juros seria reduzido, credores teriam maior previsibilidade nas suas operações. Advogados e consultores teriam menos trabalho, custos transacionais seriam grandemente reduzidos. Este não é o mundo em que vivemos. Nem todo crédito é pago quando de seu vencimento; nem todo crédito é pago, e isso gera reações por parte dos titulares dos créditos.

Devedores não pagam seus débitos por todos os tipos de motivos. Quando um devedor, que possui a obrigação de pagamento (ou seja, aquele que não tem um justo motivo para não pagar), deixa de pagar sua obrigação na data aprazada, a legislação permite ao credor a tomada de medidas para reaver seu crédito. Não se conhece um único país em que inadimplências não tenham sanções e remédios jurídicos. Os principais mecanismos – variáveis conforme o "pacote de direitos" que o credor tem, que depende da natureza do crédito e as vezes até dos sujeitos envolvidos[1] – são a retomada de bens,

---

[1] Por exemplo, o pacote de direitos pode variar em função do credor ser instituição financeira ou não, ou do devedor ser consumidor.

para extinguir a obrigação ou como medida preparatória à alienação extrajudicial de bens, a cobrança ou execução judicial do crédito e o pedido de falência[2].

Sistemas jurídicos tratam de inadimplência do devedor empresarial de duas grandes maneiras[3]. De um lado o tratamento da inadimplência individualizada, quando se presume para fins legais que o devedor tem capacidade presente ou futura de pagamento, mesmo se não o fizer de forma voluntária (seu patrimônio pode responder pela dívida), no jargão jurídico ele é solvente; de outro, os regimes jurídicos que tratam da situação da inadimplência significativa e generalizada, trazendo soluções que pressupõem o exercício coletivo de pretensões creditícias, o tratamento jurídico da insolvência do devedor[4].

No Brasil, o ordenamento jurídico da insolvência do devedor é composto por regras sobre falência e recuperação de empresas (lei 11.101/2005 como principal, com conexões com a legislação esparsa) e regulações esparsas para a insolvência de certos agentes econômicos específicos (lei 5.764/71 para cooperativas, lei 6024/74 para instituições financeiras, lei 9.658/98 para operadoras de planos de saúde, DL 73/66 para seguradoras, além de várias outras). Existe uma preocupação legislativa em dar solução adequada[5] a interesses

---

[2] Na sistemática brasileira atual, o credor não pode solicitar que o devedor inicie um procedimento de recuperação judicial, o que é objeto de críticas que serão analisadas mais à frente.

[3] Neste artigo não será abordada a *"non-business bankruptcy"*, ou seja, a falência pessoal (que no Brasil geralmente é doutrinariamente referida como situação de superendividamento ou sobre-endividamento), cujo regime atual é o procedimento referente à insolvência civil.

[4] Não é impossível que exista situação em que um devedor possua um único credor cujo montante da exigibilidade ou soma das exigibilidades seja tal que, por si só, torne o devedor insolvente. Aliás, na jurisprudência do DL 7661/45 (antiga Lei de Falências) esta chegou a ser uma questão relevante, hoje superada. A situação é rara e não tem maiores consequências jurídicas.

[5] Por adequada se quer dizer uma solução que seja socialmente menos gravosa (implique em menor perda de valor) à soma dos envolvidos do que a que seria obtida com a aplicação do regime jurídico ordinariamente aplicável às obrigações,

envolvidos, incluindo aqueles de detentores de interesse não diretamente objeto da relação jurídica inadimplida (ou seja, que não apenas o devedor e o credor).

Os dois institutos (falência e recuperação) caracterizam-se por serem regimes jurídicos diferenciados (se comparados com o regime jurídico normal, ou seja, aquele aplicável fora da situação de crise), aplicáveis somente quando a empresa está em crise, no seu sentido jurídico/econômico. Por isso esses regimes são chamados também de regimes jurídicos da crise empresarial[6]. A discussão sobre as características da crise é muito importante do ponto de vista econômico e de administração de empresas e certamente que, na perspectiva normativa, o ordenamento poderia ser aprimorado com *"insights"* sobre a natureza da crise, mas o fato é que, nos regimes brasileiros, a origem, natureza e demais características do estado de crise são pouco relevantes no tocante à produção de efeitos jurídicos[7].

---

seu descumprimento e às ações dos credores. Há, ao menos na base teórica que justifica, regras especiais tanto da recuperação quanto da falência, uma preocupação com a preservação e maximização do valor da empresa. Obviamente, nem todos os envolvidos são satisfeitos ou sequer minimamente contemplados ao final do processo.

[6] Crise empresarial e suas razões são objeto frequente de estudos pela Administração de Empresas e pela Economia, e apenas ocasionalmente pelo Direito. Mesmo no mundo jurídico, estranhamente, há quantidade significativamente maior de estudos sobre a crise empresarial no campo do Direito econômico do que no campo do Direito empresarial, o que se justifica pela proximidade com a Economia e com a necessidade de se criar parâmetros para aplicação da *failing firm theory* (vide infra).

[7] Uma característica muito importante das recuperações de empresa é que este fenômeno não é puramente jurídico. Ao contrário, muitas vezes o aspecto jurídico é o menos relevante. A chave da recuperação geralmente está em medidas administrativas (*turn around*), e não no simples uso do regime jurídico. É preciso diagnosticar corretamente a origem da crise para que as medidas necessárias possam ser tomadas para sua superação. Sem isso a recuperação judicial é um mero complicador social, prolongador do sofrimento da empresa e daqueles que tem relação com ela, além de possível meio escuso para possibilitar que certos agentes econômicos (controladores ou diretores do devedor) obtenham ou continuem a obter proveito ilícito em detrimento de diversos outros. Aliás, conforme se demonstrará mais adiante, a utilização da recuperação judicial (assim como a falência) no Brasil tem atingido resultados

A ideia predominante *é* evitar a paralisação da empresa viável (que ocorreria em função da perda dos ativos essenciais à produção) porque entende-se que a venda forçada de seus ativos levaria a uma perda de valor tanto da empresa (pessoa jurídica) quanto para os acionistas, trabalhadores, outros *stakeholders* e para os próprios credores (se comparado com o equacionamento de sua crise[8]). Isso faz sentido em muitos casos, mas há sérios problemas (em todos os ordenamentos de forma geral, mas especialmente no brasileiro) com a estrutura legal que permite definir a viabilidade da empresa, e as regras materiais e processuais, para guiar esta tentativa de recuperação (se aplicável). Aqui também, análise econômica – principalmente a normativa – pode proporcionar subsídios relevantes aos legisladores.

Outra ideia que também orienta – ou deve orientar – os sistemas jurídicos e a aplicação destes pelos judiciários nacionais é permitir a maior recuperação de crédito possível aos credores[9]. Ordenamentos

---

pífios, sendo utilizada no mais das vezes apenas como meio socialmente danoso de se prolongar a liquidação forçada inevitável.

[8] Essa é uma ideia bem estabelecida na doutrina e jurisprudência, mas já questionada por Baird e Rasmussen (*The end of bankruptcy*. Stanford Law Review, 2002): *"To the extent we understand the law of corporate reorganizations as providing a collective forum in which creditors and their common debtor fashion a future for a firm that would otherwise be torn apart by financial distress, we may safely conclude that its era has come to an end."*

[9] Um credor de uma sociedade insolvente já se encontra em uma situação difícil, em qualquer ordenamento, mesmo naqueles com regras mais pró-credor e com melhor administração de procedimentos. Fisher e Martel, 2009, pp. 131-132, relatando a experiência canadense (British Columbia) afirmam: *"On average, ordinary creditors of reorganizing firms are offered 38.2 cents per dollar of claims. More than 90 percent of payments are made by installment at least one month after court confirmation. The typical proposal reimburses creditors within 14 months in three installments. As shown in Table 4, creditors of liquidating firms are much worse off. Ordinary creditors receive an average of 2.5 cents per dollar of claims in liquidation. Preferred creditors, who are by law fully reimbursed in reorganization, receive 23.2 cents per dollar of claims in liquidation. Ordinary creditors receive nothing in 77 percent of the liquidations; preferred creditors receive nothing in 53 percent of the liquidations. Lastly, administration costs average $48,400 for reorganization files and $6,200 for liquidation files. The largest component of administration costs in reorganization is the fee paid to*

diversos darão pesos diferentes a estas duas ideias (máxima recuperação de crédito x preservação da empresa), não absolutamente antagônicas, mas que muitas vezes podem conflitar. Os ordenamentos (e a maneira como são aplicados[10]) farão o *trade-off* nas áreas de incompatibilidade destas duas concepções.

A ideia de preservar a empresa com restrição dos direitos dos credores é sensata e pode muitas vezes ser aplicada de forma eficiente, mas também pode levar a graves ineficiências. Estas ineficiências podem derivar da arquitetura legal, tanto no que diz respeito ao direito positivo quanto da aplicação jurisprudencial. Na jurisprudência brasileira, por exemplo, cristalizou-se verdadeiro dogma de *preservação da empresa*, muitas vezes confundindo-se a preservação das atividades e de seus elementos com a preservação da estrutura de controle da sociedade empresária, mesmo naqueles casos em que a empresa[11] não deve ser preservada[12], ou só deve ser preservada

---

the bankruptcy trustee, which typically accounts for 69 percent of the costs. For the liquidation files, trustees' fees account for 80 percent of total administration costs. Administration costs are relatively small relative to total debt: for both reorganization and liquidation files, they amount to less than 5 percent of debt."

[10] A advertência de que a aplicação efetiva é relevante (e que pode ser diferente da lei escrita) é pertinente porque, em todo o mundo, os ordenamentos referentes à insolvência deixam grande espaço para a atividade das cortes, muitas vezes porque as práticas da Economia se modernizam mais rapidamente do que as leis escritas. Assim, é importante entender e analisar tanto as regras escritas quanto sua efetiva aplicação prática.

[11] É fundamental distinguir-se entre empresa, o exercício organizado da atividade empresarial, e sociedade empresária (ou empresário), o titular da atividade empresarial organizada. Muitas vezes a empresa merece ser preservada, mas somente se dissociada do seu titular; outras nem mesmo a empresa merece ser preservada, por ser ineficiente.

[12] Fábio Ulhoa Coelho (*Curso de Direito Comercial*. São Paulo: Saraiva, 2000, vol. 3 pp. 245-246) coloca, com muita propriedade, que: "nem toda falência é um mal. Algumas empresas, porque são tecnologicamente atrasadas, descapitalizadas ou possuem organização administrativa precária, devem mesmo ser encerradas. Para o bem da economia como um todo, os recursos – materiais, financeiros e humanos – empregados nessa atividade devem ser realocados para que tenham otimizada a capacidade de produzir riqueza. Assim, a recuperação da empresa não deve ser vista como um

dissociada do empresário. Além disso há pouca atenção aos resultados alcançados[13].

Há também um fato frequentemente esquecido no Direito brasileiro: a empresa, dissociada do empresário, também pode ser preservada mediante processo de falência bem conduzido[14]. A falência (liquidação) sempre romperá o vínculo dominial entre o empresário e os ativos de sua propriedade, mas não há qualquer razão para que o processo, se bem conduzido, prejudique a empresa (atividade econômica).

Saindo um pouco da matéria puramente jurídica, a verdade é que devem ser escolhidos critérios – preferencialmente objetivos – para se definir quando uma empresa é irrecuperável e adotar-se, com presteza e sem receio, quando for o caso (ou seja, quando

---

valor jurídico a ser buscado a qualquer custo. Pelo contrário, as más empresas devem falir para que as boas não se prejudiquem. Quando o aparato estatal é utilizado para garantir a permanência de empresas insolventes inviáveis, opera-se uma inversão inaceitável: o risco da atividade do empresário para os seus credores".

[13] Sobre os resultados, apesar da ausência de pesquisas de maior amplitude, ver, deste autor SILVA NETO, Orlando. *An analysis of reorganizing bankruptcies in Brazil: assessing and understanding failure or success*, 2017. Disponível em: <https://papers.ssrn.com/sol3/papers.cfm?abstract_id=3095529>. Acesso em 18 jul. 2020. e *Abuse of vote by prevalent creditors in reorganizing bankruptcies: the unintended consequences of judicial activism*, 2020. Disponível em: <https://papers.ssrn.com/sol3/papers.cfm?abstract_id=3573540>. Acesso em: 18 jul. 2020, nos quais se verifica que na quase totalidade das intervenções judiciais "ativistas", os resultados foram os exatos opostos daqueles desejados.

[14] NUNES, Marcelo Guedes; BARRETO, Marco Aurélio Freire. "Alguns apontamentos sobre comunhão de credores e viabilidade econômica". *In* CASTRO, Rodrigo R. Monteiro de; ARAGÃO, Leandro Santos de. *Direito societário e nova lei de falências e recuperação de empresas*. São Paulo: Quartier Latin, 2006, p. 310. Apontam: "o fato é que a recuperação não deve ser vista como uma panaceia a ser utilizada por todos os empresários que não conseguem cumprir com as suas obrigações. A falência da empresa também possui a sua função social e evitá-la a qualquer custo não seria um objetivo correto. Se o empresário não reúne as condições econômicas e intelectuais necessárias à condução de seu negócio, a manutenção do capital empregado sob sua gestão estará ocorrendo de maneira ineficiente e em prejuízo da maximização da riqueza da sociedade em que ele atua."

a recuperação não for viável), a solução falimentar, seja para que a empresa (conjunto de fatores, atividade econômica organizada) possa continuar com um novo operador, seja para que os ativos possam ser usados em nova destinação, ou para que possam ser usados na mesma destinação sob nova titularidade. Nem sempre a recuperação judicial de uma empresa em crise é uma boa providência. Frequentemente a falência, se conduzida de forma célere e eficiente (como, a propósito, determina a própria lei), é o melhor remédio, até mesmo para o empresário ou acionista(s) da empresa[15]. Infelizmente, isto não tem ocorrido no Brasil.

Outra maneira de se enxergar a crise é vê-la como quebra de confiança entre credores e devedor; o devedor em crise perde a confiança (que se reflete, inclusive, no corte de linhas de crédito) de seus credores. Esta quebra de confiança pode se justificar inclusive por defeitos de informação da parte do devedor. Por exemplo, Rachel Sztajn bem enuncia a relação entre *dever* informacional, risco da atividade empresarial e crise da empresa:

> Pode-se, pois, considerar, a crise da empresa como forma de quebra da confiança dos credores em relação àquele devedor. Quem assume riscos com recursos próprios aceita os imponderáveis do investimento que faz. Já quem assume riscos com recursos de terceiros transfere-lhes ônus, nem sempre desvendados.
> (...)
> Aceite-se que análise da estrutura de capital de qualquer sociedade empresária – relação entre recursos próprios e dívida – reflete seja no custo de capital próprio quanto no de terceiros, mas também permite analisar a propensão ou aversão a riscos. Há pessoas que aceitam riscos, conquanto tentem precificá-los, fazem cálculos considerando a relação custo-benefício.

---

[15] *Ibid.*, p. 311: "a falência, apesar de ser inicialmente prejudicial aos interesses dos empregados, é saudável para a Economia como um todo, uma vez que permitirá a realocação dos recursos humanos e financeiros empregados na atividade deficitária em outras atividades mais eficientes".

(...)
Informação é o conjunto de dados ou sinais emitidos ou enviados que devem ser entendidos por quem os recebe. A confiança ou confiabilidade nos sinais recebidos é construída ao longo do relacionamento entre quem informa e quem recebe a informação. Informação e sua qualidade são centrais para a tomada de decisão pelos agentes racionais.

Risco não significa incerteza. No caso da crise da empresa, fatores incertos podem contribuir e, nesses casos, a correção dos efeitos adversos nem sempre é simples ou controlável. A imprevisibilidade pode decorrer de decisões governamentais, intervenção em políticas setoriais, mudanças de preferências de consumidores, avanços tecnológicos, que por mais que se tente antecipá-los para evitar os efeitos deletérios, tal resultado nem sempre é atingido.[16] (SZTAJN, 2014, p.115)

Outra justificativa para regimes jurídicos especiais tratarem da crise da empresa é que ela possui *stakeholders* (detentores de interesses) outros que apenas os acionistas[17], e estes interesses também devem ser considerados. Entender a empresa como um polo gravitacional de diversos interesses e seus detentores (os *stakeholders*) é uma abordagem interessante e que encontra, além da base econômica, fundamento legal na medida em que a própria lei enuncia propósitos múltiplos para sua aplicação (no Brasil, lei 11.101/2005, art. 47 – recuperação; art. 75- falência).

---

[16] SZTAJN, Rachel. "A Recuperação de Empresas em Crise: Incompletude Contratual e Reputação". *Revista de Direito Empresarial – ReDE*. São Paulo, n° 4 (jul. 2014), p. 115.

[17] Coelho, Curso, *op cit.*, p. 245, afirma que a crise: "pode ser fatal, gerando prejuízos não só para os empreendedores e investidores que empregaram capital no seu desenvolvimento, como para os credores e, em alguns casos, num encadear de sucessivas crises, também para outros agentes econômicos. A crise fatal de uma grande empresa significa o fim de postos de trabalho, desabastecimento de produtos ou serviços, diminuição na arrecadação de impostos e, dependendo das circunstâncias, paralisação de atividades satélites e problemas sérios para a economia local, regional ou até mesmo nacional".

O *princípio da preservação da empresa* que orienta as decisões dos agentes envolvidos (incluindo o juiz) deve ter seu real significado e conteúdo bem compreendidos, não apenas para que se possa fazer a adequada análise (econômica ou puramente dogmática), mas também para possibilitar o controle *ex post* dos resultados da política.

Seria importante que ordenamentos e aplicadores entendessem que há empresas que devem ser descontinuadas e não tentassem, a todo custo, preservá-las. Um bom parâmetro divisório para definir empresas (atividade econômica organizada) que devem continuar e empresas que devem ser encerradas é o critério da operação positiva proposto por Schwartz[18]. Se a operação como atualmente praticada se mostra inviável, mas modificações administrativas e reduções de custo de capital podem viabilizá-la, a mudança de gestão será fundamental (e, possivelmente, não poderá ser realizada sem a modificação da atual estrutura de propriedade).

2. A Análise Econômica das Recuperações e Falências

A análise econômica dos regimes de recuperação e falência leva em consideração a teoria econômica sobre *"bankruptcy"* (reorganização e liquidação) norte-americano[19], principal fonte de inspiração da nossa lei, bem como as experiências de outros países, com as devidas

---

[18] Vide citação supra.
[19] É importante mencionar que o sistema norte-americano não é, ao contrário do que muitos acreditam, fortemente pró-credor. Como apontam Rafael La Porta e Florencio Lopez-de-Silanes ("Creditor protection and bankruptcy reform". *In* CLAESSENS, Stijn; DJANKOV, Simeon; MODY, Ashoka. "Resolution of financial distress". *WBI Development studies.* Washington, 2001, pp. 65-90. Disponível em: <https://elibrary.worldbank.org/doi/pdf/10.1596/0-8213-4906-6>. Acesso em: 18 jul. 2020, p. 71): *"The United States remains one of the most anticreditor common law countries: it permits automatic stay on assets, allows unimpeded petition for reorganization, and lets managers keep their jobs following reorganization. The average aggregate creditors' rights score for common law countries is 3.11, by far the highest among the four families, but the United States scores only 1 on creditors rights."*

adaptações à realidade brasileira. Muito da teoria norte-americana não é aplicável (não por incorreta, mas simplesmente por tratar-se de outro ordenamento, outra cultura de negócios e outra realidade) e, mesmo em relação ao que é aplicável, é preciso contextualizar os fenômenos nacionais.

Conforme já se mencionou, uma boa legislação de insolvência, ao menos em teoria, visa dissolver rapidamente empresas ineficientes, realocar os ativos produtivos para agentes mais competentes e, em relação àquelas empresas que são operacionalmente viáveis, mas que tenham sido atingidas por situações financeiras desfavoráveis, criar regras e incentivos que possam permitir seu soerguimento. Deste conjunto de objetivos aparentemente simples surgem inúmeras questões e discussões[20], e muitas vezes as respostas doutrinárias e jurisprudenciais são insuficientes ou inadequadas por não levar em consideração os incentivos e o comportamento estratégico. Juízes e outros operadores muitas vezes não possuem as ferramentas que a análise econômica proporciona para a compreensão do complexo conjunto de incentivos e interesses em jogo na insolvência.

Uma discussão relevante diz respeito à opção (decisão/momento/agente) pelo regime de insolvência. A utilização do procedimento de insolvência será eficiente se os ativos da empresa tiverem mais valor em um uso alternativo do que no uso atual, e a não utilização – continuar

---

[20] Uma síntese do dilema vivido pelos formuladores das leis de insolvência é feita por Bruna Pamplona de Queiróz ("O (des)incentivo ao financiamento às empresas em recuperação judicial no Brasil: uma análise comparativa com o modelo norte-americano de DIP *financing*", dissertação de mestrado, pp. 68-69): *"[...]* a LRF pode influenciar o comportamento tanto do devedor quanto dos credores. Por um lado, se o devedor estiver demasiadamente protegido por lei, situações de *moral hazard* serão incentivadas, como o inadimplemento e a assunção excessiva de riscos por parte dos gestores. Nesses casos, a previsão de punições pode ser alternativa para evitar o comportamento oportunista do devedor. Por outro lado, se a legislação for pró-credor, haverá aversão à tomada de créditos e de riscos pelo devedor, de modo a desincentivar a iniciativa empreendedora até mesmo de projetos de valor presente líquido positivo à empresa. Ademais, os credores tenderão a conceder créditos irracionais ou serão incentivados a liquidar empresas ainda que essas se encontrem economicamente viáveis."

operando, mesmo em dificuldades — será eficiente se os ativos da empresa tiverem maior valor na empresa do que se leiloados. Obviamente eficiência nem sempre é a preocupação do tomador de decisão, cuja opção racional é uma estratégia de maximização da riqueza individual em detrimento da riqueza geral. Um bom sistema seria aquele que induzisse o tomador de decisão a decidir de acordo com os parâmetros de eficiência supramencionados, mas não é isso que se vê na prática.

A análise econômica tradicional da *"bankruptcy"* (no Brasil, recuperação e falência, aqui referidos como "regimes de insolvência") preconiza que o mercado (mais especificamente, os credores, ou um conjunto formado por credores e potenciais investidores) deve decidir se a empresa continua ou se será liquidada.

Se continuar a funcionar, o mercado deve também decidir[21] se os controladores reterão este controle, se permanecerão com participação minoritária ou se serão completamente excluídos da participação na entidade. Na teoria mais pura da análise econômica, um agente governamental (no Brasil, essa função caberia ao juiz, auxiliado pelo administrador judicial e leiloeiro) conduziria leilões, nos quais poderiam ser feitos lances de diversas modalidades.

Isto levaria à maximização de valor, porque se credores e terceiros interessados preferissem aquisições individuais dos diversos bens ao invés da compra da totalidade da empresa (*going concern*), o maior valor seria obtido pela soma dos lances específicos; se preferissem a continuidade da empresa, o maior lance (que ultrapassaria a soma dos lances individuais pelos bens específicos) seria o da compra da totalidade[22]. Isto geraria o maior valor, mas apenas na perspectiva

---

[21] Para deixar absolutamente claro, esta é a formulação teórica. No Brasil a lei dispõe que esta decisão é apenas parcialmente dos credores, na medida em que é o devedor que propõe sua recuperação, não podendo ser forçado pelos credores a fazê-lo, e também é o devedor que apresenta o plano, o qual pode apenas ser aceito ou rejeitado pelos credores.

[22] Schwartz (2011, p. 27) afirma: *"... a state official should auction insolvent firms to the market, free of current claims. If economic value would be maximized by a piecemeal liquidation, the highest bids will be for individual assets; if continuing the firm as an economic entity would maximize value, then the highest bids would be for the firm as an unit."*

dos credores atuais, sem considerar os efeitos sobre outros *stakeholders*. Mesmo entre os credores poderia não haver interesse nessa modalidade, porque as regras de prioridade de crédito resultariam que alguns credores (os prioritários) receberiam a integralidade de seus créditos, enquanto outros nada receberiam.

Surge aqui a oportunidade de entender as diferenças entre análise econômica dos regimes de insolvência, na teoria e na prática. A sistemática enunciada acima é a preferência teórica da análise econômica (ou de uma parte da literatura), porque maximiza valor dos ativos (individuais ou do conjunto), mas nenhum sistema jurídico atual adota exatamente esta fórmula. Mesmo não existindo aplicação prática da fórmula teórica ideal, a Análise Econômica do Direito (AED) ainda tem muito espaço para ajudar na análise da eficiência normativa das regras de determinado ordenamento, propondo soluções de aplicação do que existe, bem como de modificação para otimização (maximização de eficiência) do conjunto de regras.

Esta seria a primeira etapa da abordagem econômica – estudar e definir a arquitetura do sistema, de forma a verificar sua eficiência. Em relação aos sistemas estatais já existentes, eventualmente, orientar mudanças no sentido de torná-los eficientes (se for este o desejo do formulador de políticas públicas). O segundo passo é determinar, se existirem pagamentos decorrentes da alienação de ativos ou da empresa, como "dividir a torta". Novamente aqui exsurge a diferenciação entre teoria e prática.

Começa-se pela análise propositiva. A aplicação das ferramentas da Economia ao Direito levará à conclusão de que a forma mais eficiente de distribuição dos recursos disponíveis aos credores é respeitando-se arranjos particulares (conforme os contratos da empresa). Credores podem proteger-se *ex ante* do risco de insolvência (e inadimplência) mediante contrato (se estes forem respeitados[23]), exigindo *vínculos* entre o crédito e determinados ativos do devedor,

---

[23] Conforme se verá, no Brasil, o Judiciário não respeita os direitos decorrentes da lei em nome do princípio da preservação da empresa. Se regras legais não são respeitadas, não há por que acreditar que arranjos contratuais o seriam.

que ficarão indisponíveis a terceiros e *reservados* para a satisfação do crédito[24].

Se estas indisponibilidades e *reservas* não forem transparentes e respeitadas pelo judiciário, a insegurança gerada levará a um aumento do custo de crédito vinculado a estas operações. Esse é um problema enfrentado na prática brasileira, com intervenções judiciais ativistas nas recuperações judiciais que estendem o *stay period* (período de suspensão das ações), restringem direitos de credores titulares de bens em posse do devedor, em função da criação de uma *teoria da essencialidade do ativo* não prevista em lei[25], e criam teorias justificadoras de *abuso de voto*, que na prática impedem o direito de voto previsto em lei aos credores[26], e assim por diante. Isso, obviamente, tem um custo no preço dos financiamentos. Esse acréscimo é difícil de medir[27], mas certamente existe.

Na prática, no entanto, ordenamentos nacionais raramente deixam a critério das partes contratantes fixar em contrato a prioridade

---

[24] Obviamente este modelo simplificado pode apresentar problemas de externalidades em relação a credores preexistentes ou em ambientes de muitos credores, com obrigações nascidas em momentos diferentes. Mas em um ambiente com poucos credores, ou com informação dos credores que o universo patrimonial disponível no devedor pode ser reduzido posteriormente em função das indisponibilidades de patrimônio especificamente destinado a credores posteriores, não há por que deixar de acreditar que possa ser aplicado.

[25] Tecnicamente a previsão existe, mas limita-se ao período de suspensão (artigo 49, lei 11.101/2005).

[26] Ver SILVA NETO, Orlando. *Abuse of vote by prevalent creditors in reorganizing bankruptcies: the unintended consequences of judicial activism*, 2020. Disponível em: <https://papers.ssrn.com/sol3/papers.cfm?abstract_id=3573540>. Acesso em: 18 jul. 2020.

[27] Formação do preço de financiamento é complexa e influenciada por muitas variáveis, algumas macroeconômicas, sendo difícil atribuir a medida exata do aumento do custo em função do ativismo judicial. Jacopo Ponticelli (2014), no entanto, aponta que: "*The evidence in the literature indicates the relevance of creditors' legal protection in supporting the development of credit markets. However, as stated by Djankov et al. (2008), institutions that regulate insolvency usually perform poorly, mainly in developing countries. This happens because bankruptcy procedures in these countries are often extremely inefficient (too long and costly) and secured creditors rights are not well protected*".

do crédito em caso de insolvência. Ao contrário, a maior parte (se não todos) impõe a observância obrigatória de certa ordem dependendo da natureza do crédito. A análise econômica vai recomendar que ordenamentos criem *regras padrão (default)*[28], mas que permitam às partes negociar prioridades diferentes[29]. A estruturação de preferências decorrente da natureza dos créditos chama-se, na doutrina norte-americana, de regra da prioridade absoluta (*absolute priority rule*), prioridade (conjunto de direitos) que pode ser decorrente tanto do contrato quanto da lei. No Brasil só faz sentido se falar em regra de prioridade como um conjunto de prioridades decorrentes da lei *(par conditio creditorum)*, tanto na recuperação (em que estas prioridades podem ser objeto de certa negociação *ex post* na fase negocial da recuperação) quanto na falência (em que estas prioridades decorrem da lei e não podem ser negociadas, nem *ex ante* [contrato] nem *ex post* [falência]). Credores e devedor não podem contratar preferências específicas, apenas adequar suas contratações às preferências legais.

Outro objeto de estudo da análise econômica é a eficiência dessas alocações legais de prioridades, e a doutrina majoritária vai no sentido de considerar eficiente a alocação de prioridades absolutas até o limite do valor do bem para aqueles créditos garantidos (*secured*) por

---

[28] Eduardo Goulart Pimenta (2019, p. 67) afirma: "Os concursos de credores – e particularmente a falência – reservados às situações de devedor insolvente almejam constantemente submeter estes credores a pagamentos que mais se assemelhem aos resultados de uma execução singular contra devedor solvente. É o que se pode chamar de paradoxo falimentar: a falência é um procedimento concursal que tem por objetivo aproximar seus resultados efetivos, para os credores, o máximo possível de situações extraconcursais. Atingir esta meta seria a concretização da eficiência no processo falimentar". É verdade que os sistemas estatais de insolvência organizam a execução coletiva com base em direitos preexistentes, mas parece que a eficiência no processo falimentar se mede também por outros parâmetros, conforme se demonstra neste artigo.

[29] O Direito norte-americano permite, dentro das classes, notadamente no âmbito dos *unsecured credits* (créditos sem garantia, credores quirografários), a existência de "acordos de subordinação" que concedem a certos créditos prioridade sobre outros. Estes acordos podem prever ordem cronológica (a regra "*me-first*"), ordem cronológica inversa ("*last-lender-first rule*") ou outras regras.

bens específicos. Vale notar, no entanto, que Lucian Bebchuk e Jesse Fried[30], por outro lado:

> *find that according full priority to secured claims leads to distortions in the arrangements negotiated between commercial borrowers and their creditors, which in turn generate a number of inefficiencies. Our analysis indicates that these inefficiencies could be reduced or eliminated by according only partial priority to secured claims, and that a rule of partial priority therefore may well be superior to the rule of full priority from the perspective of efficiency.* (BEBCHUK; FRIED, 1996)

Uma característica da análise econômica da insolvência é que ela também leva em consideração os efeitos que o regime tem sobre o comportamento das partes (credores e devedores) antes da insolvência, ou seja, na definição das condições de contratação do crédito. Partes sofisticadas considerarão a insolvência um risco e anteciparão (precificarão) os retornos que terão em caso de instauração de um dos regimes de insolvência, considerando também que *"these payoffs and constraints affect the interest rate the borrowing firm must pay, and the interest rate in turn affects the firm's ability to finance projects and its incentive to invest effort in them"*[31][32]. Nessa perspectiva, um bom sistema é aquele que facilita a criação de riqueza por seu efeito na taxa de juros *ex ante*, e *"the set of good projects that firms can finance and the incentive for firms to invest efficiently (...) are maximized when the interest rate is minimized*[33]*"*.

---

[30] *"The uneasy case for the priority of secured claims in bankruptcy"*, 1996.

[31] Schwartz, *op. cit.* p. 29.

[32] Interessante notar que tanto a insolvência em si quanto a escolha do regime de insolvência pelo devedor afetam as taxas de juros *ex ante*. Não precisar do regime de insolvência leva a juros menores, mas a escolha do regime eficiente também leva a juros menores do que a escolha ineficiente. Michelle White (2005, p. 13) afirma que *"when managers (...) make inefficient bankruptcy decisions, creditors' return is likely to be lower and they respond by raising interest rates and/or reducing credit availability."*

[33] Schwartz, *op. cit.* p. 29.

Nesse sentido, Michelle White[34] lembra que *"one objective of bankruptcy is to repay creditors enough that credit remains available on reasonable terms. Reduced access to credit makes debtors worse off because business need to borrow in order to start up and grow (...)"*

A partir dessas constatações pode-se perceber, mais uma vez, quão nefasto para o sistema é o ativismo judicial que desconsidera regras legais claras, o que acontece com frequência no Brasil. O judiciário deve respeitar e aplicar o sistema legal em vigor. Um judiciário ativista que tome decisões sem adequada informação, baseado exclusivamente em critérios vagos de preservação da empresa, alterará significativamente a constatação supra e as partes considerarão que o sistema de insolvência apresenta riscos e incertezas que acarretam reduzida recuperação de crédito, exigindo em contrapartida maiores taxas de juros *ex ante*, inviabilizando o financiamento de muitos projetos de menor retorno e penalizando todo e qualquer potencial tomador de recursos, mesmo aqueles com menor risco de insolvência. Não é nenhuma coincidência – embora seja justo se mencionar não ser esta a única causa – que o Brasil figure em péssimas colocações nos rankings mundiais de recuperação de crédito[35].

Outro *insight* que a Análise Econômica do Direito proporciona é a constatação de que um bom sistema de insolvências deve tentar maximizar o conjunto de projetos que o mercado financiará. Ficou claro o efeito que o regime de insolvência pode ter no custo do crédito, mas ele também pode afetar a liquidez do (quantidade disponível de crédito) mercado. Essa é uma percepção que passa longe do operador jurídico tradicional, mas que permite análises interessantes. A princípio qualquer projeto de retorno positivo é de interesse social, porque aumenta a riqueza geral, de forma que quanto maior a

---

[34] *"Economic analysis of corporate and personal bankruptcy law"*. 2005, p. 3.
[35] O mais conhecido deles é o índice *"Doing business"* do Banco Mundial. O Brasil figurou em 2020 na 77ª posição na resolução da insolvência (THE WORLD BANK. *Doing Business*. Disponível em: <https://portugues.doingbusiness.org/pt/data/exploreeconomies/brazil>. Acesso em: 18 jul. 2020.), com uma taxa de recuperação de 18,2 centavos por dólar.

disponibilidade de crédito para projetos de retorno positivo, melhor em termos sociais.

Outra revelação da análise econômica é que um sistema de insolvência que aumenta a recuperação de crédito aumenta o nível de esforços do devedor no desempenho de suas funções[36], tanto *ex ante* (quando da definição dos projetos) quanto *ex post* (durante a execução de projetos), depurando o mercado de investimentos e proporcionando que bons projetos encontrem financiamento, reduzindo o número de projetos de má qualidade (valor negativo) buscando financiamento.

3. A Característica Obrigatória (Ordem Pública) dos Regimes de Insolvência: Consequências

A maior parte dos – se não todos – sistemas de insolvência estatais é de ordem pública e, portanto, de aplicação obrigatória, deixando pouco – ou nenhum – espaço para as partes escolherem *ex post* regras aplicáveis ao tratamento da crise. Obviamente as partes barganham *ex ante* a forma de contratação levando também em consideração as regras mandatórias incidentes em caso de insolvência, e os credores preferirão contratos de financiamento vinculados a garantias

---

[36] Alan Schwartz faz este raciocínio em termos de esforço no sucesso de projetos, mas a extrapolação para um nível geral de sucesso da companhia é igualmente válida. O raciocínio é facilmente percebido do ponto de vista econômico, e pode ser assim simplificado: na medida em que bons projetos geram bons retornos, o ganho do credor (ser repago) é limitado ao valor do contrato, enquanto os ganhos excedentes (ao pagamento do credor) são auferidos e retidos pela sociedade. Isso incentiva a sociedade a só engajar-se em bons projetos; em um sistema de insolvência que privilegie a recuperação de crédito, só esses bons projetos serão aceitos e propostos pelo devedor, porque ele nada ganhará em razão do fracasso do projeto; em um sistema de insolvência que privilegie a continuidade da sociedade, com valor residual aos acionistas do devedor, projetos piores serão captados e menor esforço (no exemplo de Schwartz, ou piores práticas de gestão, no nosso exemplo) será empreendido pelo devedor, porque mesmo que ocorra o fracasso e a insolvência, o devedor receberá algum benefício.

eficientes. No exemplo brasileiro, preferencialmente contratos vinculados a ativos de titularidade do credor, os quais, em caso de falência, são excluídos da arrecadação e liquidação forçada, servindo o ativo como garantia/pagamento da dívida. Em caso de recuperação podem ser retomados se o devedor estiver inadimplente[37].

A maior parte da literatura de Análise Econômica do Direito entende que este sistema obrigatório é ineficiente (se comparado com outras possíveis alternativas negociais), e que seria mais eficaz permitir que as partes contratassem regras específicas para o caso da insolvência. Isso faria com que os credores sempre exigissem pagamento integral antes dos acionistas em caso de insolvência, mesmo na ocorrência de reorganização. A vantagem desse tipo de contratação é a criação de um incentivo para que a empresa aplique os recursos obtidos dos credores em bons projetos, mas também pode levar a uma situação em que certos investimentos cuja característica, apesar do valor negativo, seja a capacidade de gerar algum caixa por algum tempo, sejam feitos com o devedor recebendo o caixa desse período[38, 39]. No evento da insolvência, o projeto teria sido esvaziado (com eventual geração de caixa sido apropriada pelo devedor), nada restando para os credores[40]. Como a prática brasileira tem mostrado,

---

[37] Teoricamente, mesmo em caso de reorganização, estes ativos poderiam ser retomados, excetuando-se o *"stay period"*. A jurisprudência do Supremo Tribunal de Justiça (STJ) distorceu o conjunto de direitos decorrentes do vínculo dominial, reduzindo a eficácia deste tipo de contratação.

[38] Essa é uma das situações de risco moral existentes. Como diz Michelle White (citado, p. 16): *"(...) the moral hazard problem pointed out by Stiglitz (1972) and Jensen and Meckling (1976) that, in the presence of debt, managers favor risky projects over safe ones, even if risky projects offer lower expected returns, because equity gains disproportionately from risky projects if they succeed. This effect applies to firm's bankruptcy decision as well as to investment decisions more generally."*

[39] Obviamente, se o credor souber dessa característica dificilmente fará o investimento. Mas problemas de assimetria de informação *ex ante* e de comportamento do devedor *ex post* podem gerar essa situação.

[40] Schwartz (op. cit. p. 36) afirma: *"a contract that gives the insolvent firm a portion of the insolvency return – a 'soft' procedure – ameliorates this problem, but would worsen the firm's incentive to invest. Thus, there is a tradeoff at the lending stage, between two incentive problems:*

a possibilidade de controladores e administradores do devedor continuarem extraindo rendimentos de projetos inviáveis é um dos principais motivadores do pedido tardio de recuperação judicial (durante a operação sem fiscalização dos credores é mais fácil para o devedor extrair esta renda do *projeto com valor negativo* – a empresa) e também do pedido de recuperação judicial sucedido por plano de má qualidade (porque, ainda que a fiscalização dos credores e da corte acarrete certa restrição às possibilidades do devedor de extrair renda, alguma possibilidade permanece).

Outro ponto muito analisado na AED é a questão da maximização de valor na insolvência. Liquidação tem várias vantagens sobre reorganização, mas nem sempre será a melhor (mais eficiente) solução. Há diversas variáveis em jogo e a predominância de determinadas variáveis dependerá das regras jurídicas incidentes e da estrutura de incentivos geradas por essas regras[41].

No já clássico "*The uneasy case for corporate reorganizations*[42]", Douglas Baird menciona que a análise do Direito das reorganizações empresariais deveria começar analisando se credores que tem direitos sobre os ativos do devedor barganhariam por esses direitos antes da reorganização, se a lei não os concedesse espontaneamente. E sua conclusão é que é difícil sustentar a ideia de uma venda fictícia[43]

---

to encourage the firm to exert optimal effort ex ante; *and to induce the firm, conditional on project failure, to enter a bankruptcy system.*"

[41] Fisher e Martel (2009, p. 134), afirmam: "*Overall, the liquidation-reorganization framework suggests the following 7 variables should impact the bankruptcy decision: the value of unsecured claims, the value of free assets, the liquidation value of assets for secured creditors, the reduction in debt claims, the difference in transactions costs between liquidation and reorganization, uncertainty of the firm's earning prospects, and the size of the firm.*"

[42] BAIRD, Douglas G. "The Uneasy Case for Corporate Reorganizations". *The Journal of Legal Studies*, vol. 15, n° 1 (jan. 1986), pp. 127-147..

[43] Baird expõe que na (sistemática americana da) recuperação ocorre uma "venda fictícia" dos ativos do devedor comprometidos com o pagamento dos credores, para o próprio devedor, o pagamento sendo o rearranjo de compromissos no plano. A ideia central do seu artigo é que é difícil justificar a recuperação quando a liquidação acabaria com problemas de "*valuation*" (o valor de venda para terceiros seria sempre o valor real de mercado dos ativos, enquanto na venda fictícia, como não há

(recuperação) sobre a venda real dos ativos (liquidação), existindo poucas situações em que recuperação é mais eficiente do que liquidação[44]. Esse é um ponto de vista robusto e com o qual este autor se alinha, mas o fato é que tanto as leis quanto as práticas judiciais americanas e brasileiras dão ampla prioridade e preferência à reorganização.

Uma das ocasiões em que reorganização poderá ser uma opção melhor é quando o maior valor da sociedade empresária é *"industry specific"* (específico para determinada atividade industrial) e todo o setor estiver sofrendo os efeitos de certa crise, descapitalizado e sem liquidez. Neste caso, como os principais potenciais interessados do leilão serão os concorrentes do devedor, e como os concorrentes também estão descapitalizados, os valores máximos de proposta serão inferiores aos alcançados em uma situação de normalidade. Com isso, é provável que a continuidade da empresa (conceitualmente, conforme já mencionado, a alienação aos seus próprios donos) tenha maior valor nessa situação de estresse geral.

Outra ocasião é quando o sistema jurídico não proporciona segurança sobre a inexistência de responsabilidade, ou quanto à verdadeira condição operacional e de mercado do negócio alienado (situação que se verifica frequentemente nos casos brasileiros).

---

competição de mercado entre compradores, o ativo pode ser sub ou supervalorizado). Este autor concorda e entende que deveria haver mais liquidações conduzidas de forma expedita.

[44] Baird obviamente escreve a partir da experiência americana, em que o tempo do processo é uma preocupação, mas certamente não é a principal preocupação ou fator influenciando os resultados finais. No Brasil, a má condução das falências é notória, o que leva à enorme perda de valor (e dá peso ao argumento pró-reorganização). Sobre a importância da boa condução do processo de falência e rápida liquidação dos ativos, Eduardo Goulart Pimenta (2019, p. 69) afirma: "*Quanto mais se adia a efetiva repartição dos bens, mais perderão todos os envolvidos. A falência torna-se, então, não uma maneira de transferir os bens do devedor para seus credores, mas uma fonte de custo social. Aumenta a distância entre o valor dos bens do devedor e o montante atualizado de seus débitos. Ao contrário, se o processo falimentar é célere, maximiza-se o valor de mercado dos bens do devedor e são reduzidos tanto os encargos financeiros de seus débitos, quanto os custos com a administração da falência*".

Incerteza reduz preço (valor) a ser pago, e pode ser que o maior valor esteja na continuidade. Como resposta a estes problemas, um bom ordenamento deve focar em reduzir incerteza, quanto a direitos legais do adquirente e criação de obrigações de transparência e revelação para os acionistas e administradores do devedor, inclusive com responsabilização pessoal, e não em incentivar reorganizações.

4. A Reorganização Extrajudicial (*Non-Bankruptcy Workouts*)

A incerteza e os custos envolvidos em uma reorganização podem ser altos. Para o devedor há o risco de que o plano não seja confirmado e a liquidação seja ordenada ou, em alguns sistemas, de que seja aprovado um plano contra sua vontade. Para os credores há a divergência de interesses em função de suas prioridades, o risco de liquidação (que para os credores quirografários significa uma decisão de valor negativo) e os custos de coordenação. Para os administradores do devedor (naqueles sistemas onde há a situação de agência), o risco de que sejam exonerados caso sua tentativa não dê certo.

Por essas e outras razões, o devedor em crise muitas vezes tentará negociar uma saída, contanto que não seja o procedimento de reorganização judicial (nos Estados Unidos da América, um *workout*). Muitas vezes, estes *workouts* – propostas do devedor aos credores – não serão aceitos, e isto pode ocorrer por duas razões principais. Uma delas diz respeito ao comportamento estratégico do devedor – se credores começarem a aceitar propostas de *workouts*, devedores terão incentivos de propor tais arranjos mesmo fora de situações de crise. Este comportamento só consegue ser evitado se credores forem extremamente rigorosos e criteriosos na aceitação destas propostas. Como resultado, muitas propostas apresentadas por devedores efetivamente em crise, mesmo convincentes e bem formuladas, são rejeitadas.

A segunda razão para o insucesso do *workout* é que alguns credores têm interesse em agir de forma individual e colocar-se em posição de *houldout,* rejeitando a proposta para obter compensações melhores, mesmo se a maioria dos credores já a tiver aceitado e mesmo se essa for razoável. Esse (o problema do *holdout*) não é um problema novo e nem exclusivo desse tipo de situação, mas essa é uma situação das mais propícias à sua ocorrência, porque se o número de credores (ou o valor de seus créditos) em posição de *holdout* for pequeno, há uma grande chance de a estratégia dar certo.

5. O Problema da Reorganização: Prejuízos e Redução de Valor para os Credores

Já se mencionou que a liquidação de ativos é geralmente a solução mais eficiente para lidar com a situação do devedor insolvente. Sob certas circunstâncias, no entanto, a reorganização pode ser mais eficiente (ao menos teoricamente) quando os ativos são específicos ou quando a economia encontra-se em contração geral.

O *U.S Bankruptcy Code* adota, em teoria[45], esta preferência pela liquidação, e exige, para que um juiz confirme o plano de reorganização, a demonstração de que este represente (passe por um teste de) o *melhor interesse dos credores* (*best interest of creditors*), o que significa que "*each class of creditors receive at least what it would have received if the firm liquidated under Chapter 7 (...) regardless of how firms emerge from Chapter 11, creditors must receive as much or more than they would receive if the firm liquidates under Chapter 7.*"[46]

A prática, no entanto, tem mitigado esta exigência[47]. Há várias razões para isso e uma delas é um problema de agência modificado.

---

[45] Diz-se em teoria porque na prática há mais pedidos de reorganização do capítulo 11 (deve ser considerado que o capítulo 11 também pode resultar em liquidação) do que de liquidação do capítulo 7.

[46] Michelle White, *op. cit.*, p. 9.

[47] No Brasil o juiz não tem estes poderes, mas é certo que muitos planos aprovados não representam o "melhor interesse dos credores" devido à (má concebida) arquitetura de incentivos contida na lei.

Durante a recuperação administradores de empresas devem agir no melhor interesse dos credores, mas a ação racional é agir no melhor interesse dos acionistas (não no dos credores) ou, no que é mais comum, em seu interesse próprio[48]. Este desvio deveria ser prevenido pela supervisão de credores e da corte de insolvências, mas na prática não é[49], sendo geralmente reconhecido que os mecanismos de controle da lei são fracos e que muitas vezes os credores sofrem uma perda muito maior ao final da reorganização do que teriam sofrido se tivesse ocorrido a rápida liquidação. Conforme já se viu, o devedor geralmente terá interesse na recuperação mesmo quando a liquidação é socialmente mais eficiente.

Há outros problemas associados, como o custo e o tempo do processo, incluindo custas desde contratação de *experts* e consultores, a (muitas vezes) necessidade de obtenção de novos créditos para financiar a tentativa de recuperação (significando que muitas vezes credores anteriores à recuperação serão prejudicados em caso de liquidação, porque o crédito do financiador obtém uma *superprioridade*). Todos estes fatores podem fazer com que o suposto benefício da recuperação – preservar o valor da empresa – seja anulado e até ultrapassado pelos custos e pela perda de valor decorrente da continuidade da empresa sob (má) administração do devedor. Isso é raramente considerado por magistrados.

6. A Economia do Procedimento de Insolvência: quem Deveria Optar por Liquidar ou Reorganizar?

Outra questão em que a AED pode trazer *insights* importantes é sobre qual o melhor (mais eficiente) tomador de decisão sobre o procedimento de insolvência a ser seguido. Reorganização tende

---

[48] Devido à pulverização de capital, própria das companhias abertas norte-americanas, não costuma existir um acionista investidor controlador que exerça forte supervisão sobre os administradores e possa direcionar e supervisionar suas ações.

[49] Michelle White (*op. cit.* p. 10): "(...) often bankruptcy court supervision fails to prevent waste and asset-stripping".

a prejudicar credores garantidos (mesmo se, em tese, isso não devesse acontecer), porque os ativos garantidores perdem valor e sua retomada fica restrita. Por outro lado, se o crédito for incluído na reorganização, também há prejuízos porque ocorrerá redução de principal e juros; nos Estados Unidos da América a reorganização tende a transferir parte desse valor para os credores não garantidos. No Brasil, além da perda de valor aos credores com garantia, a prática tem mostrado (com raras exceções) que há perda de valor também para os credores não garantidos[50]. Além disso, o próprio processo de negociação preparatório, ou realizado durante a recuperação, é ineficiente[51].

Como já se disse em outra oportunidade[52], o sistema brasileiro coloca a decisão de admitir ou não a tentativa de recuperação do devedor na mão dos credores, mas esta é uma decisão tomada sob regras que geram incentivos distorcidos, o que leva a uma grande taxa de aprovação de planos destinados ao fracasso[53] (por não conterem condições mínimas de reestruturação, por fundarem-se em premissas e/ou previsões irreais etc.).

Certos sistemas deixam a decisão de (tentar) reorganizar ou liquidar não para o devedor (ou de seus administradores, quando há uma situação de agência), nem para os credores, mas adotam processos mistos, envolvendo todos os interessados (incluindo administrador

---

[50] A perda de valor se caracteriza pela perda de posição creditícia, com o aumento do passivo e novos credores com maiores preferências na futura liquidação, reduzindo o valor da recuperação a um valor negativo (inferior a zero, porque além da perda de todo o crédito há também custos de participação na recuperação).

[51] Michelle White (*op. cit.* p.10): *"... many economists have argued that the negotiation process in reorganization is itself economically inefficient and should be replaced."*

[52] SILVA NETO, Orlando. *An analysis of reorganizing bankruptcies in Brazil: assessing and understanding failure or success*, 2017. Disponível em: <https://papers.ssrn.com/sol3/papers.cfm?abstract_id=3095529>. Acesso em 18 jul. 2020.

[53] Eduardo Goulart Pimenta (2019., p. 103): "O credor somente orientará sua conduta no sentido da recuperação da unidade empresarial se perceber que esta é, se comparada ao fechamento do empreendimento e recebimento de seus direitos em um concurso com os demais credores do falido, a escolha mais eficiente".

judicial) e com decisão final pelo juiz do processo. São exemplos o Reino Unido, França, Alemanha e Suécia (onde a regra é liquidação). Essa fórmula resolve alguns dos problemas existentes no sistema brasileiro, em que a decisão dos credores é virtualmente sempre aprovar o plano, ainda que mal concebido.

7. Algumas Ideias para a Reforma dos Sistemas de Insolvência

O consenso hoje é que não existe um único procedimento de insolvência que seja, em todos os casos e sob todas as circunstâncias, o procedimento mais economicamente eficiente. Com isso tem surgido estudos e propostas para modelos de regimes de insolvência que possam ser aplicados de maneira específica, conforme o estado da economia ou da crise.

Um resumo destas propostas é apresentado por Michelle White (*2005*), sendo a primeira que todas as empresas em regimes de insolvência sejam necessariamente leiloadas. Se estiverem operando que sejam leiloadas como "*going concerns*" (ou seja, em um leilão que envolva também os intangíveis não contabilizados, tais como fundo de comércio, clientela etc.), mantida sua atividade provisoriamente sob supervisão da corte (ou mista - corte e devedor) até que o comprador assuma a administração. Se não estiverem operando, que sejam leiloadas em pedaços (*piecemeal*).

Obviamente há riscos e desvantagens neste tipo de proposta também. Por exemplo, se poucas empresas insolventes forem leiloadas, potenciais compradores podem achar que somente maus empreendimentos estão disponíveis (o problema dos "*lemons*", de Akerlof) e responder com propostas de compra de baixo valor. Se os leilões exigirem "*disclosures*" (informações) semelhantes aos de uma oferta de ações, os custos podem impactar significativamente no valor residual disponível aos credores. Outro problema, já comentado neste artigo, é que potenciais compradores são empresas do mesmo ramo da companhia insolvente, e se a crise for setorial, estes potenciais compradores não terão caixa para fazer boas propostas, o que levará a (i) o vencedor do leilão seja uma empresa de setor diferente; ou (ii) que a proposta vencedora seja baixa. Por fim, leilões rápidos podem forçar compradores a fazer propostas sem total informação sobre o real valor da empresa, o que resultará em lances de valores menores do que os máximos potenciais.

Uma segunda proposta é a criação de uma sistemática de opções que poderia levar à correta valoração dos ativos da empresa insolvente. Nessa sistemática, os credores de menor prioridade poderiam exercer uma opção de comprar a posição de credores de posição superior (e, por conseguinte, sua prioridade de recebimento) por determinado valor, devendo todas as opções serem exercidas concomitantemente[54]. Esse processo seria bastante rápido, permitindo a saída do regime de insolvência em poucos meses.

A terceira proposta diz respeito à possibilidade de serem contratadas regras específicas para tratar da insolvência, ao invés de serem usadas as regras hoje obrigatórias dos sistemas estatais. Alan Schwartz foi o primeiro a defender que existiria um ganho de eficiência se credores e devedores pudessem escolher algumas regras do procedimento de insolvência quando negociam seus contratos de dívida. Seu argumento é que devedores insolventes sempre têm incentivos para pedir sua reorganização, mesmo quando a liquidação seria claramente mais eficiente, e que contratos que garantissem ao devedor uma parte do valor da sociedade, em caso de liquidação, equilibrariam o balanço de incentivos, levando à liquidação quando esta for mais eficiente e à reorganização quando esta opção apresentar maior eficiência.

Uma quarta proposta é considerar contratos como substitutos do regime estatal obrigatório. Nessa proposta, cujo principal

---

[54] O sistema teria como uma das principais vantagens resguardar o princípio da prioridade absoluta, pois como coloca Michelle White (*op. cit.*, p. 29) "*regardless of whether the options are exercised, the APR is always followed, since each creditor either ends up with full payment ($ 1) or else ends up owning a share of the reorganized firm worth less than $ 1 and lowering ranking claims receive nothing.*"

formulador é Barry Adler, algumas das dívidas de devedores em crise financeira seriam convertidas em capital, "de baixo para cima" (dos credores com a menor prioridade até os com maior prioridade), no montante suficiente para tornar a empresa solvente, evitando assim a necessidade de um regime de insolvência (e com a eventual perda de controle pelos atuais acionistas). Há fortes críticas à incompletude na proposta[55].

8. Empresas de Valor Negativo e Incentivos para Evitar os Regimes de Insolvência

A Análise Econômica do Direito também permite compreender um fenômeno que existe em todos os ordenamentos, mas que é especialmente relevante na realidade brasileira. A verdade é que não há regras adequadas para que empresas de valor negativo sejam removidas do mercado, ao mesmo tempo em que há enormes incentivos para que os proprietários destas empresas (acionistas controladores da pessoa jurídica empresária) a mantenham ativa mesmo com valor negativo.

Na prática isso significa que muitas empresas não requererão sua autofalência mesmo quando inviável sua continuidade (apesar da lei 11.101/2005 mencionar ser isso um dever[56] não há qualquer sanção ao empresário ou a seus administradores) e que só requere-

---

[55] Michelle White (*op. cit.*, p. 33) afirma: *"The proposal has a number of problems. An important one is that Adler assumes complete information, so that creditors and equity always agree on the firm's value. If the parties disagreed on the firm's value or the firm's value were unknown, then it would not be clear whether the firm is insolvent and the debt conversion procedure should go into effect. Another problem is that if information were asymmetric, then managers would have a strong incentive to default strategically, i.e, to claim insolvency even when the firm's financial condition is good, since doing so allows them to avoid repaying the firm's debt (...) In addition, there would be a high level of filtering failure, since failing firms would continue to operate as long as their revenues covered variable costs, even if their assets were more variable in some other use."*

[56] Lei 11.101/2005, artigo 105.

rão sua reorganização quando eventual *turnaround,* se possível for, exigirá sacrifício gigantes dos credores[57]. Existe uma série de razões para isso: em primeiro lugar, o ordenamento não impõe sanções pelos pedidos tardios, ao contrário do que ocorre na lei alemã, por exemplo, em que o pedido tardio de insolvência gera responsabilidade pessoal dos administradores pelos danos causados aos credores[58]. Depois, enquanto a empresa estiver sob controle de seus atuais sócios e administradores sempre há meios de se extrair renda dela, mesmo que a operação seja deficitária. Essa é uma patologia, na medida em que esta renda extraída significa um prejuízo aos credores, mas a ação racional (na perspectiva dos administradores ou dos acionistas[59]) é estender por tanto tempo quanto possível a continuidade da empresa[60].

---

[57] Isto é verdade no Brasil, mas também é a praxe de vários outros países. Falando sobre a experiência canadense, FISHER, Timothy; MARTEL, Jocelyn. "An empyrical analysis of the firm's reorganization decision". *Revue de la Association Française de Finance*, vol. 30, nº 1 (2009), pp. 121- 149, afirmam: *"Not surprisingly, firms filing for protection under the BA are in a precarious financial position. Firms in reorganization have a mean asset/debt ratio of 57 percent. Firms in liquidation are in an even worse financial position, with a mean asset/debt ratio of just 21 percent. Reorganizing firms rely more on secured financing than liquidating firms. About 82 percent of reorganization proposals involve some secured claims compared with 48 percent of the liquidation cases. Secured debt represents 30 percent of total debt for reorganizing firms and about 18 percent for liquidating firms. Moreover, on average, one fifth of the total debt of reorganizing firms is owed to a single secured creditor, suggesting that individual secured creditors may have a significant amount of bargaining power over firms attempting to renegotiate loans. On the whole, bankrupt firms have only a handful of secured creditors."*

[58] Estatuto de insolvências (*Insolvenzordnung*) de 5 de outubro de 1994, conforme atualizado pelo artigo 19 da lei de 20 de dezembro de 2011. *Section 15ª – Obligation to Request in the Case of Legal Persons and Associations Without Legal Personality(1) Where a legal person becomes illiquid or overindebted, the members of the board of directors or the liquidators shall file a request for the opening of proceedings without culpable delay, at the latest, however, three weeks after the commencement of insolvency or overindebtedness. (...)*

[59] Esta distinção só é relevante quando existir potencial problema de agência, o que é difícil na prática brasileira, em que o controle societário e concentrado e a supervisão do controlador sobre o administrador costuma ser forte.

[60] Isto só não será verdadeiro se administradores e acionistas enxergarem um valor maior (para si, não em termos sociais) na empresa recuperada, se comparada com a

Sistemas mais eficientes permitem que credores consigam, com certa rapidez, obter uma decisão judicial que inicie um regime de insolvência, seja uma liquidação forçada (falência), seja uma reorganização forçada (independentemente do devedor, com destituição dos administradores por estes nomeados). Não há a possibilidade de reorganização forçada no Brasil[61].

Conclusão

Muitos temas ficaram de fora deste artigo, mas naqueles abordados, percebe-se que a análise econômica permite compreensão diferenciada das funções dos regimes de insolvência. Para que servem os regimes, quais os conjuntos ou características das regras desejadas, como se comportam os agentes, quais as externalidades geradas, onde se encontram as eficiências e as ineficiências.

O pensamento econômico contra majoritário (se considerado o pensamento jurídico predominante) leva a conclusões surpreendentes (para o jurista). Como a de que a liquidação é geralmente preferível à reorganização (desde que bem conduzida), que falência também é meio de preservação da empresa, que as partes não se orientam pelo bem-estar social, mas sim pela maximização do interesse próprio (e que isso é normal e desejável), que uma lei de insolvências deve facilitar a criação de riqueza focando na recuperação de crédito[62], o que gera uma externalidade positiva ao refinar o número de bons

---

possibilidade de extração de renda pelo período 'n' (período no qual operará, até que um credor consiga forçar sua liquidação).

[61] Deve ser mencionado, no entanto, que nas discussões para a reforma da lei 11.101/2005, a versão até agora mais avançada (Substitutivo ao PL 6.229/2005, ao qual foi apensado o PL 10.220/2018), contempla a possibilidade de imposição de plano pelos credores.

[62] Schwartz (p. 49) *"a business bankruptcy law should facilitate the creation of economic wealth. The law can do this by creating institutional structures that permit the maximization of creditor returns in the insolvency state. Such structures – a good bankruptcy law – increase the set of positive value projects that credit markets can fund and improve the incentives of firms to invest effort in these projects."*

projetos financiados e reduzir seu custo, que o devedor terá incentivos para manter funcionando uma empresa com valor negativo e que a maximização do valor, supostamente derivada da continuidade da empresa, nem sempre ocorre, dentre diversas outras.

Quer o leitor concorde ou não com estas descobertas (conclusões) decorrentes da aplicação das ferramentas da Economia aos regimes de insolvência, esta maneira de pensar permite *insights* diferenciados que enriquecem a aplicação prática e a discussão normativa do assunto.

Referências

AKERLOF, George; ROMER, Paul. "Looting: the economic underworld of bankruptcy for profit". *Brookings Papers on Economic Activity*. N° 2 (1993). Disponível em: <https://www.brookings.edu/bpea-articles/looting-the-economic-underworld-of-bankruptcy-for-profit/>. Acesso em 18 jul. 2020.

ARAUJO, Aloísio P.; FERREIRA, Rafael; FUNCHAL, Bruno. "The Brazilian bankruptcy law experience". *Journal of Corporate Finance*, vol. 18, n° 4 (2012), pp. 994 – 1004. Disponível em: < https://ideas.repec.org/a/eee/corfin/v18y2012i4p994-1004.html>. Acesso em 18 jul. 2020.

BAIRD, Douglas; RASMUSSEN, Robert. "The end of bankruptcy". *U Chicago Law & Economics, Olin Working Paper No. 173; Vanderbilt Law and Economics Research Paper*, n° 02-23 (2002). Disponível em: <https://ssrn.com/abstract=359241>. Acesso em 18 jul. 2020.

BAIRD, Douglas G.; BERNSTEIN, Donald S. "Absolute Priority, Valuation Uncertainty, and the Reorganization Bargain". *Yale Law Journal*, vol. 115, (2006), p. 1930; *U Chicago Law & Economics, Olin Working Paper*, n° 259 (2005). Disponível em: <https://papers.ssrn.com/sol3/papers.cfm?abstract_id=813085>. Acesso em: 18 jul. 2020.

BAIRD, Douglas. "The rights of secured creditors after RESCAP". *University of Illinois Law Review*, n° 2 (2015). Disponível em: <https://illinoislawreview.org/wp-content/ilr-content/articles/2015/2/Baird.pdf>. Acesso em 18 jul. 2020.

BAIRD, Douglas G. "The Uneasy Case for Corporate Reorganizations". *The Journal of Legal Studies*, vol. 15, n° 1 (jan. 1986), pp. 127-147.

BEBCHUCK, Lucian; FRIED, Jesse. "The uneasy case for the priority of secured claims in bankruptcy". *Yale Law Journal*, vol. 105 (1996), pp. 857-934.

BRIS, Arturo; WELCH, Ivo; ZHU, Ning. "The Cost of Bankruptcy: Chapter 7 Liquidation vs. Chapter 11 Reorganization". *The Journal of Finance*, vol. 61, n° 3 (2006), pp. 1253-1303.

COELHO, Fábio Ulhoa. *Curso de Direito Comercial*. São Paulo: Saraiva, 2000, vol. 3.

EASTERBROOK, Frank H. "Is Corporate Bankruptcy Efficient?". *Journal of Financial Economics*, vol. 27, n° 2 (1990), pp. 411-417.

FISHER, Timothy; MARTEL, Jocelyn. "An empyrical analysis of the firm's reorganization decision". *Revue de la Association Française de Finance,* vol. 30, n° 1 (2009), pp. 121-149.

JUPETIPE, Fernanda Karoliny Nascimento; MARTIN, Eliseu; MÁRIO, Pueri do Carmo; DE CARVALHO, Luiz Nelson Guedes. «Bankruptcy costs in Brazil in comparison to north American studies". Revista Direito GV, vol. 13, n°1 (2017). Disponível em: <http://www.scielo.br/scielo.php?script=sci_arttext&pid=S1808-24322017000100020>. Acesso em 18 jul. 2020.

LA PORTA, Rafael; LOPEZ-DE-SILANES, Florencio. "Creditor protection and bankruptcy reform". *In* CLAESSENS, Stijn; DJANKOV, Simeon; MODY, Ashoka. "Resolution of financial distress". *WBI Development studies*. Washington, 2001, pp. 65-90. Disponível em: <https://elibrary.worldbank.org/doi/pdf/10.1596/0-8213-4906-6>. Acesso em: 18 jul. 2020.

LEITE, Luiz Eduardo. "Legal uncertainty on financing distress companies refinancing in Brazil". *International Journal of insolvency Law*, vol. 2 (2018). Disponível em: <http://ojs.imodev.org/index.php/IJIL/article/view/225>. Acesso em: 18 jul. 2020.

LUKASON, Oliver; URBANIK, Artjom. "Why Reorganization of Firms Fails: Evidence from Estonia: Discussions on Estonian economic policy: Theory and practice of economic Policy in the European Union", n°1 (2013). Disponível em: <https://ssrn.com/abstract=2335982>. Acesso em 18 jul. 2020.

Miller, Merton H. "Leverage". *In* BHANDARI, Jagdeep; ADLER, Barry. *Corporate bankruptcy*: economic and legal perspectives. Cambridge University Press, 1996.

NUNES, Marcelo Guedes; BARRETO, Marco Aurélio Freire. "Alguns apontamentos sobre comunhão de credores e viabilidade econômica". *In* CASTRO, Rodrigo R. Monteiro de; ARAGÃO, Leandro Santos de. *Direito societário e nova lei de falências e recuperação de empresas.* São Paulo: Quartier Latin, 2006.

ORENG, Mariana; SAITO, Richard; SILVA, Vinícius A.B. "Bank responses to corporate reorganization: evidence from an emerging economy". BAR – Brazilian Administration Review Maringá, PR, Brazil, vol. 16, nº 1 (2019). Disponível em: <http://dx.doi.org/10.1590/1807-7692bar2019180053>. Acesso em: 18 jul. 2020.

PIMENTA, Eduardo Goulart. *Direito, Economia e Recuperação de Empresas.* Editora Fi., 2019. Disponível para download em https://www.editorafi.org/716direito

PONTICELLI, Jacopo. *Court enforcement and firm productivity: evidence from a bankruptcy reform in Brazil,* 2012. Disponível em: <https://www.researchgate.net/publication/254944626_Court_Enforcement_and_Firm_Productivity_Evidence_from_a_Bankruptcy_Reform_in_Brazil/citation/download>. Acesso em 20 ago 2020.

PONTICELLI, Jacopo; ALENCAR, Leonardo. "Court Enforcement, Bank Loans and Firm Investment: evidence from a bankruptcy reform in Brazil". *Working Paper Series,* nº 425 (abr. 2016). Disponível em: < https://www.bcb.gov.br/pec/wps/ingl/wps425.pdf>. Acesso em: 18 jul. 2020.

QUEIRÓZ, Bruna Pamplona de. O (des)incentivo ao financiamento às empresas em recuperação judicial no Brasil: uma análise comparativa com o modelo norte-americano de DIP financing. dissertação de mestrado.

SCHWARTZ, Alan. "The law and economics approach to corporate bankruptcy". *In* WALD, Arnoldo (org.) *Doutrinas essenciais de Direito empresarial:* recuperação empresarial e falência. Volume VI. São Paulo: Revista dos Tribunais, 2011.

SCHWARTZ, Alan. "A theory of loan priorities". *In* BHANDARI, Jagdeep; ADLER, Barry. *Corporate bankruptcy:* economic and legal perspectives. Cambridge University Press, 1996

SILVA NETO, Orlando. *An analysis of reorganizing bankruptcies in Brazil: assessing and understanding failure or success, 2017.* Disponível em: <https://papers.ssrn.com/sol3/papers.cfm?abstract_id=3095529>. Acesso em 18 jul. 2020.

SILVA NETO, Orlando. *Abuse of vote by prevalent creditors in reorganizing bankruptcies: the unintended consequences of judicial activism*, 2020. Disponível em: <https://papers.ssrn.com/sol3/papers.cfm?abstract_id=3573540>. Acesso em: 18 jul. 2020.

SZTAJN, Rachel. A "Recuperação de Empresas em Crise: Incompletude Contratual e Reputação". *Revista de Direito Empresarial – ReDE*. São Paulo, n° 4 (jul. 2014), p. 114.

THE WORLD BANK. *Doing Business*. Disponível em: <https://portugues.doingbusiness.org/pt/data/exploreeconomies/brazil>. Acesso em: 18 jul. 2020.

WAISBERG, Ivo; SACRAMONE, Marcelo Barbosa; GUEDES NUNES, Marcelo; CORRÊA, Fernando. *Recuperação judicial no Estado de São Paulo – 2ª fase*. Disponível em: <https://abj.org.br/wp-content/uploads/2019/04/Recuperacao_Judicial_no_Estado_de_Sao_Pa.pdf>. Acesso em: 18 jul. 2020.

WHITE, Michelle J. "Economic analysis of corporate and personal bankruptcy law". *National Bureau of Economic Research*, 2005. Disponível em: <https://www.nber.org/papers/w11536>. Acesso em: 18 jul. 2020.

WHITE, Michelle J. "The corporate bankruptcy decision". *Journal of Economic perspectives*, vol. 3, n° 2 (Primavera 1989), pp. 129-151.